高等学校公共课系列教材

大学生心理健康与创新素质培养
——理论与实践

主　编　王博韬
副主编　王雪微　魏　萍

西安电子科技大学出版社

内 容 简 介

本书从科学心理学的角度出发，深入细致地介绍了大学生在成长、成才过程中表现出的各类心理现象、心理规律、常见心理困扰及其有效的心理调适技巧等，具体内容包括：大学生心理发展特点与常见心理问题、个体心理咨询与团体心理辅导、大学生自我认知与人格发展、学习心理、创造力心理、情绪管理、压力管理、职业规划、人际交往、恋爱心理以及生命教育等。全书结构紧凑，内容详实生动，具有良好的可读性和实践性。

本书既可作为高校大学生心理健康教育课程的教材，也可作为广大心理学与教育学工作者、爱好者的专业性参考资料，还可作为大学生和青年朋友提高自身心理素质的科普性阅读材料。

图书在版编目（CIP）数据

大学生心理健康与创新素质培养 ：理论与实践 / 王博韬主编. 西安 ：西安电子科技大学出版社, 2025. 7. -- ISBN 978-7-5606-7687-6

Ⅰ. G444

中国国家版本馆 CIP 数据核字第 2025SE7789 号

策　　划　陈　婷
责任编辑　张　玮
出版发行　西安电子科技大学出版社（西安市太白南路 2 号）
电　　话　（029）88202421　88201467　　邮　　编　710071
网　　址　www.xduph.com　　电子邮箱　xdupfxb001@163.com
经　　销　新华书店
印刷单位　陕西日报印务有限公司
版　　次　2025 年 7 月第 1 版　　2025 年 7 月第 1 次印刷
开　　本　787 毫米×1092 毫米　1/16　　印　　张　19.5
字　　数　453 千字
定　　价　45.00 元
ISBN 978-7-5606-7687-6

XDUP 7988001-1

本书编委会

主　编

西安电子科技大学　王博韬 副教授

副主编

西安电子科技大学　王雪微 副教授　　西安电子科技大学　魏　萍 教授

编　委

西安电子科技大学	宋宝萍	教授	陕西师范大学	段海军	教授
西安石油大学	肖　琼	教授	陕西学前师范学院	王碧梅	副教授
西安文理学院	蔺素琴	副教授	西安工业大学	陈泊蓉	博士
西安电子科技大学	张　宁	讲师	西安电子科技大学	刘　伟	讲师

前　言

党的二十大报告明确指出，要重视心理健康和精神卫生工作。2018年，教育部印发《高等学校学生心理健康教育指导纲要》，明确要求各类高校要健全心理健康教育课程体系，把心理健康教育课程纳入学校整体教学计划，实现大学生心理健康教育全覆盖。2023年教育部等十七个部委联合印发《全面加强和改进新时代学生心理健康工作专项行动计划(2023—2025年)》，进一步要求要把学生心理健康工作摆在更加重要的位置。

好的课程建设离不开高质量教材的有力支撑。根据中国人民大学俞国良教授的观点，心理健康与大学生的创造力之间存在着辩证统一的关系，心理健康是大学生创造力产生的重要前提，而创造力则是大学生心理健康的最高表现形式。为此，本书根据大学生群体好奇心强、探索欲广、勇于挑战、乐于创新的心理发展特点，在原有心理健康教育内容的基础上，适时地增加了与大学生创造力培养相关的内容并将二者有机地融为一体。希望大学生在掌握心理健康知识的同时，还能通过思维的发散，学会举一反三、主动迁移，从而达到激发其内在创造力的目的。

本书作者均为具有多年一线心理健康教学经验的优秀教师。全书结构体系严谨，内容丰富、详实，语言生动、活泼。每个章节都设计了丰富、有趣的心理实践活动，希望读者能在学习理论知识的同时，通过自己的亲身体验，感受心理学的奇妙与美好。

分享交流、博览众长、共同提高是大学生心理健康教育发展的必经之路。本书在编写的过程中，参考了诸多专家、学者的相关著作，特别是西北工业大学心理健康教育团队、上海交通大学心理健康教育团队在本门课程的设置和教学方式上的分享，使我们深受启发。在此向他们致以最诚挚的感谢。

王博韬

2025年1月

目　录

第一部分　揭开心灵的面纱：走进科学心理学

第二部分　健康“心”观念：心理健康第一印象

第三部分　遇见更好的自己：认识自我，提升自我

第四部分　幸福生活的密码：提高心理潜能，累积心理资本

第五部分 绽放生命的美好：挫折应对与生命教育

第 一 部 分

揭开心灵的面纱：走进科学心理学

《创世纪(部分)》油画

意大利文艺复兴时期著名艺术家米开朗基罗创作于 1508 年

第 1 章　心理与心理学

什么是人的心理？什么又是心理学？对于这样的问题，我们常常会感到既熟悉又陌生。熟悉感往往与感性相连，主要来自我们在日常生活里对自身各种内心活动的真切感受；而陌生感则更多地与理性相关，毕竟我们很少有机会通过科学的态度与方法去认识自己的“内心”世界。本章我们将从科学视角，介绍什么是人的心理与心理学。

1.1　心理活动的实质

面对人类无形但又复杂多样的心理活动，许多科学家都曾对人类心理产生的实质进行过认真、细致的思考。例如，有人希望能像机械师和化学家一样，分析并描绘出人类在心理上的结构与组成(构造主义)；有人则希望能像软件工程师一样，关注人们在心理活动中的表达与效用(机能主义)。然而，尽管这些历史观点在一定程度上揭示了人类心理活动的某些重要方面与原理，但受当时科学观和方法论的限制，人们仍无法了解心理活动的全貌。直至辩证唯物主义观点被引入心理学，人们才对自身的心理活动有了更加清晰、全面的认知：“心理是人脑的机能，是客观世界在人脑中的主观反映。”

1.1.1　心理是人脑的机能

心理是人脑的机能。这为我们指明了人类心理产生的客观化物质基础——人类的脑。

1. 脑的外观结构

正常成年人的脑质地柔软、湿润，一般大小近似柚子，重约 1.5kg，约占身体总体重的 2%。从外观来看，人脑由大脑、小脑和脑干三部分组成，大脑在前，小脑在后，脑干位于大脑下端，被大脑包裹(见图 1.1.1)。

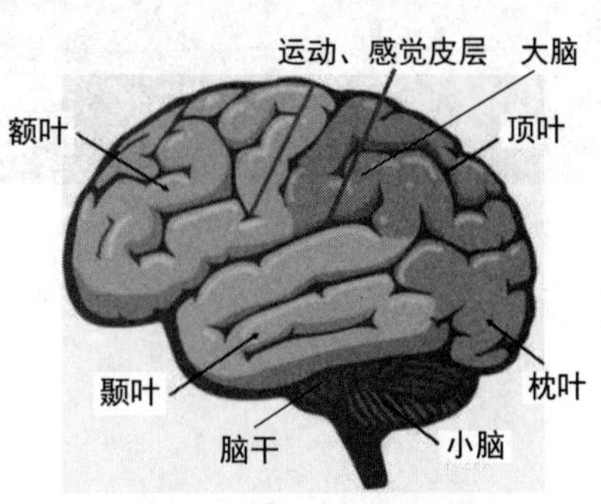

图 1.1.1　脑的外观结构图

1) 大脑

大脑占整个脑总重量的 80%以上，执行着人类思维、记忆、言语和控制肌肉运动等重要功能。按照从前向后的裂纹，大脑首先可以被划分为左、右两个对称的半球。左半球主要负责与言语相关的功能，如词语的学习、物体的命名等；右半球主要负责对非言语信息的加工，如空间感知、形状识别、音乐欣赏等。左、右两个半球由充满大量横行纤维的胼胝体相连，它能帮助信息在两个半球间得到有效传递与交换。

按照每个大脑半球表面所特有的褶皱(脑回)，又可以进一步将每个大脑半球划分为不同的区域。常见的脑区有：额叶，位于大脑最前部，靠近额头；顶叶，位于大脑顶端，靠近头顶；枕叶，位于大脑后部，靠近枕骨；颞叶，位于大脑中部，靠近耳朵。除此之外，我们还能在大脑的皮层上明显地观察到一个位于额叶与顶叶之间，从左耳到右耳横跨整个大脑顶部的特殊区域——运动、感觉皮层。

不同的脑区执行着各自特定的功能。额叶位于额头之下，是思维的发源地，主要负责推理、判断、问题解决等高级心理活动；顶叶在头顶位置，主要负责定位、计算和某些类型的识别工作；颞叶位于耳朵上方，它不仅与听觉(语言)密切相关，还与长时记忆的加工关系密切；枕叶，位于后脑勺，是视觉加工的主要区域。此外，运动皮层主要与身体的运动技能相关，它的主要作用是和小脑一起，共同完成动作技巧的学习。从脑区发育看，婴幼儿大脑发展成熟的顺序是枕叶—颞叶—顶叶—额叶。

2) 小脑

小脑主要负责调节躯体的平衡、肌肉张力(使不同的肌肉细胞交替收缩)以及协调随意运动。最新的研究表明，小脑还与记忆的形成有关，那些被称为肌肉记忆的程序性知识，如关于怎样骑车、怎样游泳、怎样跳绳的知识都储存于小脑之中。

3) 脑干

脑干主要负责管理与监控那些与维持生命相关的各项生理活动，如呼吸、血压、体温、消化功能等。同时，脑干内的网状激活系统还与脑的觉醒、意识的出现密切相关。因此，脑干也被称为生命中枢，一旦脑干受损，往往会给机体带来致命后果。

2. 脑的内部结构(三位一体的脑模型)

脑是生物亿万年进化来的产物。在保留原有功能的基础上，随着环境条件改变，人脑的功能也在不断地丰富和完善。通过梳理不同脑功能出现的先后顺序，神经科学家 Paul MacLean 提出了三位一体的脑模型(如图 1.1.2 所示)。

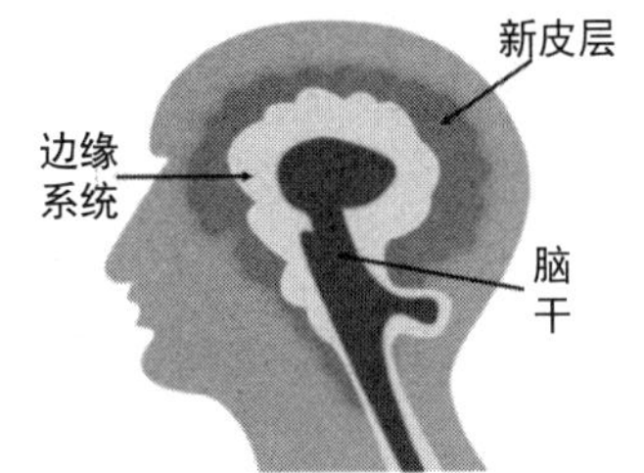

图 1.1.2　三位一体脑模型

1) 脑干

如前所述，脑干是我们的生命中枢，在生命的产生与维持中发挥着重要的作用。从脑的产生与发展上看，脑干也是脑内最古老最深层的区域，由于它和爬行类动物的脑在结构和功能上非常相似，因此也被称为“爬行类动物的脑”。脑干不是一个思维脑，但却掌管着我们的生存功能。所有信息在进入执行高级思维功能的脑区之前，都必须经过脑干。脑干存在的主要目的，在于不惜一切代价地维护我们有机体的生存。例如，当我们在草丛中发现一条蛇时，此时，我们的高级思维还来不及去思考“蛇是什么品种？”“它是否有毒？”等这些需要理性与知识的参与才能回答的问题，但这却并不妨碍脑干的工作，它快速地接管了我们对身体的控制权，通过奔跑，帮助我们来躲避潜在的危险。

2) 边缘系统

从时间上看，边缘系统在生物神经系统中的出现要晚于脑干；从位置上看，边缘系统位于脑干上方；从结构上看，边缘系统内所包含的大部分组织与结构(如海马体、杏仁核等)都以左右对称的方式存在于头脑之中；从机能上看，边缘系统涉及生物体的学习、记忆等重要的心理活动，也与情绪产生与加工密切相关。由于这些功能与哺乳动物所具有的脑功能极其相似，因此边缘系统也常常被科学家称作“哺乳动物的脑”。

边缘系统的主要职责是控制与有机体饮食、睡眠、激素分泌和情绪加工等相关的心理与行为，使它们始终处于合理的范围之中。边缘系统对高级思维的产生至关重要。作为高级思维产生的重要基础，外部信息只有顺利地通过边缘系统，才能进一步上升到大脑皮层，被理性思维所加工。当边缘系统无法动态地平衡有机体的这种状态与行为时，信息上传通道会“关闭”，让人“暂时”失去理智思考的能力。例如，强烈的恐惧、悲伤情绪体验会打破人们内心的平静状态。在这些高强度的情绪唤醒下，人们往往会很容易失去理智，无法进行理性思考，更多地表现出大声哭泣、尖叫、哭喊等平常不太出现的行为。总之，与脑干相比，边缘系统与主观意识的联系已得到了较大的提升，但却依然保留一定的独立性。换言之，当有机体处于相对平衡的状态时，我们在很大程度上能够实现对边缘系统功能的主动调节；而当有机体的平衡状态被打破时，我们的理性和思维则会更多地受到边缘系统的影响。

3) *新皮层(大脑皮层)*

新皮层(大脑皮层)是人脑在进化中出现最晚的一个皮层结构，其主要负责理性思维、问题解决等高级的心理活动。信息只有依次经过脑干和边缘系统的筛选与加工之后，才能最终达到理性思维的最高中枢——新皮层。在这里，它们将会得到进一步的分析、综合、比较和思考。可以说，新皮层与主观意识的联系程度最高，是心理活动主观性和能动性的最佳体现。

通过三位一体脑模型可以看出，从脑的进化上看，主观意识(理性思维)在脑机能中的作用在不断增加。与那些脑机能水平较低的动物(爬行动物、哺乳动物)相比，拥有新皮层的人类，对自身命运的规划和控制能力更强。但我们不能因此而沾沾自喜，在生活中将理性凌驾于感性之上，将思维看作生命活动的全部。因为，对我们的生活而言，那些包含在新皮层之下的古老结构，依然拥有着强大的动力，它们守护着我们的生命，也影响着我们的生活。

拓展阅读

加尔和他的颅相学

人们对于心理与人脑关系的认识过程并非一帆风顺。其中，由法国解剖学家弗朗兹·约瑟夫·加尔于1796年提出的颅相学最有代表意义(见图1.1.3)。

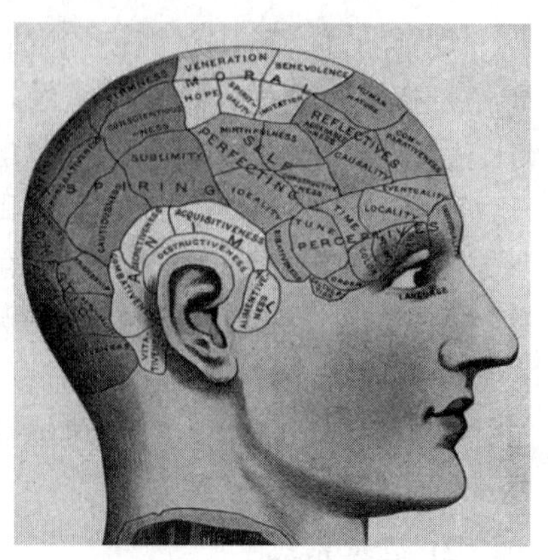

图1.1.3　加尔的颅相学

颅相学(Phrenology)认为人的心理活动与头颅的形状、大小等密切相关。例如，如果通过测量发现，某人头骨上对应记忆功能区域的尺寸显著增大，那么便可推断此人拥有着异于常人的良好记忆力。因此，颅相学家常常会利用自己的手掌或指尖去触摸和感受受测者或病患的头颅形状，借以判断受测者不同的心理状态和心理特质。受此影响，加尔在对自身临床数据进行统计分析的基础上，提出了颅相学这一观点。他认为，人类大脑可被区分为 27 个区块，其中 19 个亦可见于其他动物。这些区块对应不同的功能，如形状的感觉、宗教信仰虔诚、好斗程度等，范围广泛。这些区域的大小反映出该种能力或特质的强弱。

从科学的角度上看，颅相学并非一门科学，本质上与我国民间的“看相摸骨”等迷信活动并无不同，因此，其阐释的内容正不断地被时代所抛弃与遗忘。但它对近代心理学产生与发展所发挥的巨大积极作用却历久弥新，因为它首次将人类的心理活动与大脑机能联系起来。

1.1.2 心理是客观世界在人脑中的主观反映

心理活动是人脑的机能，离开了人脑就不能产生人的心理活动。但是，如果没有客观现实的作用，仅凭人脑自身，也不能单独地产生心理活动。例如，有了存在于客观世界的树木，我们才能将其感知并称之为树；有了人民子弟兵在抗洪救灾中的英勇奋斗事迹，我们才会对他们的行为产生积极的热爱与崇敬之情。正是这些客观存在于自然世界和社会生活中的美好与丑陋、光明与黑暗、运动与静止，人们方能在此基础上不断地认识与发现蕴含在其中的各种现象与规律，逐步地形成和积累人类赖以生存的知识与经验，产生复杂、多样、微妙的各项心理活动，创造与推动文化、科学和艺术的发展。可见，离开了客观现实，就不会有人的心理，也不会有心理学。因此，我们说心理是客观现实的反映，客观现实是人的心理的源泉和内容。需要特别指出的是，心理对客观现实的反映并不是线性的，只能由单一的心理活动来完成。实际上，这种反映更像是一种心理机能的整合，是由心理活动中的认知、情感与个性等不同加工系统所共同完成的。

1. 心理活动中的认知加工系统

要形成对客观世界的主观反映，就需要将客观世界的信息不断地输入到人脑之中。然后，再将它们分门别类进行有针对性的深入加工，这便是人类心理活动中所存在的认知加工系统。按照信息输入的先后以及人脑加工的难易程度，认知加工系统自感觉开始，再依次经历知觉、注意、记忆等一系列环环相扣的加工过程，最终根据任务要求，在头脑中形成可供解决问题的高级思维。

1) 感觉

感觉是认知加工的起点，是人脑感觉器官对外界事物个别属性的反映。感觉的产生需要借助不同的感觉器官和感觉通道来实现。例如，视觉编码外界环境中的光线信息，主要通过眼睛来实现；听觉收集空气中的声波震动，主要通过耳朵来实现；嗅觉收集空气中的不同化学分子信息，以鼻子作为主要的实现器官；而诸如温度觉、触觉、痛觉、压力觉的感受则需要依靠皮肤来完成。

感觉的形成不仅依赖于感觉器官对环境中不同感受信息的收集，还依赖于大脑不同感觉皮层对这些信息的加工整理。例如，由外界光源所引发的视觉信息会首先达到我们的视网膜并在其之上形成稳定的图像。但此时我们却无法“看到”它，因为这些图像信息仅停留在感觉器官上，并没有传入大脑。只有当这些视网膜成像信息被视神经投射到位于大脑枕叶的初级视觉皮层时，我们才能真正“看到”它。与之类似，声波引发的耳膜震动我们并不能“听到”，只有当这些声波信号被听觉神经投射到位于大脑颞叶的初级听觉皮层时，我们才能真正“听到”它。

2) 知觉

知觉是在感觉的基础上形成的，是对感觉通道所收集到事物单一属性信息的全面综合。例如，视觉通道让我们看到了一个类似于手掌大小的红色圆形物体，嗅觉通道让我们闻到了一股清香、甜美的味道，触觉通道则让我们感受到了较为坚硬的质地。这时，知觉便会将这些感觉信息综合到一起，让我们识别出面前的物体是一个苹果。人们的知觉遵循选择性、整体性、理解性与恒常性原则。知觉不仅能够帮助我们识别身边的各种物品，还能帮助我们识别空间的大小(空间知觉)、运动与静止(运动知觉)、时间的长短(时间知觉)等。但知觉并非总是准确的，当我们对感觉收集到的线索进行了错误的整合时，便会产生错觉(一种错误但正常的心理现象)。图 1.1.4 中左右两个图中心的圆点，哪个看起来更大一些呢？

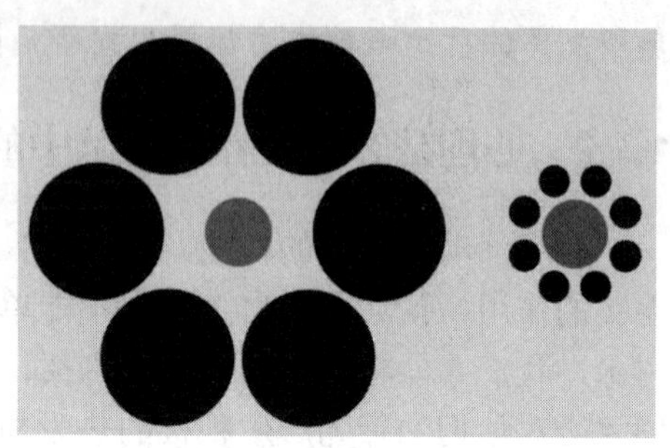

图 1.1.4 常见的大小错觉

3) 注意

注意是一种心理状态，它是心理活动对一定对象的指向或集中。例如，在课堂上，我们往往会将自己的注意维持在与教学内容相关的活动上，而对注意集中范围以外的信息视而不见、听而不闻。我们会选择性地注意老师的声音、黑板的板书等，将那些我们关注的信息有序地输入大脑，但却不会在意教室墙壁上悬挂的名言警句、教室窗外飘过的落叶。

4) 记忆

记忆是神经系统存储过往经验的能力，关于记忆的研究属于心理学或脑科学的范畴。记忆代表着一个人对过去活动、感受、经验的印象累积。记忆的分类方法很多，通常按照记忆的内容，可以将其分为形象记忆、语义记忆、情绪记忆和运动记忆。遗忘也是记忆中的一项重要组成部分。心理学家艾宾浩斯曾对人类的遗忘进行了深入的研究，并提出了著名的艾宾浩斯遗忘曲线。

5) 思维

思维是一种较为高级的心理过程，是对先前人脑所获取的信息在理智层面上的进一步提炼与概括。间接性和概括性是思维的基本特性。这些特性使得思维能够超越感觉器官所带来的直接感受，将同一类事物的共同本质和特征抽取出来，或者将多次感知到的事物之间存在的内在联系概括出来，以帮助我们更好地解决自己在当下所面对的各种问题。例如，通过思维，我们能够将西瓜、苹果、葡萄、橘子的共同特点提取出来，形成“水果”的概念。

人们的认知加工活动与心理健康间存在着密切的关系，有关认知活动与心理健康的内容请详见本书第 12 章学习心理和第 13 章大学生创造力培养。

2. 心理活动中的情感加工系统

人类的心理活动不仅能够反映出那些存在于外部世界的客观信息，还能反映出人类自身对待这些信息的主观态度，由此，便出现了人类的情绪与情感。

从整体上说，情绪和情感都是人们对于外部世界态度的反映。但二者之间也存在着一些微小的差别，这主要体现在二者产生的来源上。具体来看，情绪偏重与生俱来的、生物上的、更为低级的态度体验，与生理需要是否得到满足密切相关。婴儿在饥饿时发出的啼哭便是一种情绪。而情感更多的是指那些后天发生的、与社会文化密切相关的、较为高级的态度和体验。情感与人们的社会需要是否满足密切相关。例如，自豪感、美感、理智感的产生。

除来源外，从心理体验角度，人类的情绪活动还可划分为积极情绪、情感和消极情绪、情感。

积极的情绪、情感能够表现出我们对于外部环境的趋近态度。当我们喜欢、想要接近某些人或事物时，就会表现出愉悦、快乐、兴奋等积极的内心体验；反之，消极的情绪、情感则反映出了我们内心想要趋离的态度，当我们想要逃避或远离某些人或事物时，内心就会出现焦虑、痛苦、抑郁、恐惧等消极的内心体验。

情绪、情感的产生是人类心理活动的重要组成部分。它们对我们的生理机能、认知加工、心理健康等都有着极其重要的影响。相关内容请详见本书第 9 章情绪管理。

3. 心理活动中个性的形成与发展

正因为每个人对于客观世界的反映与态度都有所不同，才有了那句被大家广泛认同的名言：“一千个人心中有着一千个哈姆雷特。”心理学家对造成这种差异的原因进行了深入、详尽的研究，并将其称为心理活动中的个性心理系统。

顾名思义，个性是每个人独特性的展现，是个体在遗传的基础上，在后天环境中所表现出的相对稳定的、整体的、独特的行为模式的总和。在心理学上，个性有时也被称作人格。从组成上看，个性主要包括个性心理特征(能力、气质、性格等)和个性心理调控(自我意识等)两方面。

1) 能力

能力是人们顺利地完成某项活动所需的必要的心理条件，是个体具有的潜力和可能性。能力体现在各种各样的活动之中，并在活动中不断得到深化和发展。一个拥有精湛厨艺的人，会将自己的这种能力体现在每一道美味的菜肴上；一个具有绘画能力的人，会为我们描绘出令人赏心悦目的作品。我们的学习也可以被看作是一种对自身能力的不断提升过程。

2) 气质

每个人在心理活动中所表现出的神经活动强度以及速度灵活性上的不同被称为个体的气质差异。气质是先天的，其表现从孩子作为一个单独的生命体，来到世界的那一刻起就已经开始。例如，有的人活泼好动，有的人安静沉稳；有的人做起事来急匆匆，有的人则慢吞吞。不同的气质类型有着不同的行为表现。心理学家对人们的气质类型进行了总结，提出了胆汁质、抑郁质、黏液质、多血质的四种气质类型。我们会在第 8 章人格的发展对其进行详细的论述。

3) 性格

性格是个性心理特征中的核心部分，它是一个人稳定的态度系统和习惯化的行为风格所构成的心理特征。性格是在社会生活实践过程中逐步形成的。由于各人所处的客观环境不一样，先天的素质不同，形成了各种各样类型的性格。相比于气质，性格对于我们的影响更为重要，其在个性心理活动中的比重也更高。

4) 自我意识

苏格拉底提出："认识自己，方能认识人生。"自我意识是意识的一种形式，指主体对自身的意识。它包括对自身机体及其状态的意识，对自己肢体活动状态的意识，对自己的思维、情感、意志等心理活动的意识。自我观念、自我知觉、自我评价、自我体验、自我监督和自我调节控制等是其重要的内容。自我意识的发展过程是个体不断社会化的展现，也是个体个性特征形成的标志。自我意识是人的个性结构的重要组成部分，是个性结构中的自我调节系统。因此良好的自我意识对人的良好个性的形成起着至关重要的作用。

有关个性心理与心理健康的相关内容，详见本书第 7 章自我意识的发展、第 8 章人格的发展。

综上可见，人类的心理活动是一种令人着迷而又异常复杂的现象。它由人脑而产生，是客观世界在我们主观上的能动反映。伴随着自身的成长，我们的心理活动也在不断地丰富与完善。通过心理活动，我们认识着世界、了解着世界，同时也在改造着世界。

1.2 科学心理学的产生

德国心理学家艾宾浩斯曾说："心理学有着漫长的过去，但却只拥有一个短暂的历史。"

1.2.1 漫长的过去

从人类开始产生的那一刻起，我们就在不断地尝试描述与探索自己的心理现象和活动。考古发现，在距今上万年前的早期人类岩画(如图 1.2.1 所示)中，就已经出现了人们关于自身喜怒哀乐、生活习性和审美观念的描述。

图 1.2.1 古代岩画图示

距今两千多年前的春秋战国时期，我国古代伟大的思想家、教育家孔子不仅提出了"有教无类"(凡人都可以接受教育而从善，应该一视同仁对他们进行教育)、"学而不思则罔，思而不学则殆"(在学习时应当把人的主动思考与学习过程结合起来)等与教育活动密切相关的心理学观点，还对人的性格、行为方式进行了积极的论述(知者乐水，仁者乐山；知者动，仁者静；知者乐，仁者寿)。无独有偶，西方世界中的"希腊三贤"(苏格拉底、柏拉图和亚里士多德)，也都对人类的心理现象和心理规律发表过自己的看法。例如，苏格拉底提出在向人传授知识时，不应强制要求别人接受，而是应当通过谈话、师生共同探讨问题的方式来引导学生获得知识。他会用各种问题去诘问学生，令他们答不上来，处于尴尬的境地，进而使学生反思自己观点中的错误和自相矛盾之处。最后，苏格拉底会和学生进行讨论和切磋，帮助学生对问题形成正确的认识，得出正确的结论。这便是著名的苏格拉底式辩论(产婆术)。柏拉图提出："不知道自己的无知，乃是双倍的无知。"认为学习中除了教授专门的知识外，还应注意到受教育者的年龄阶段和他们对自身的了解。而作为希腊“百科全书式”的思想家亚里士多德更是直接认为:“人类最终的价值在于觉醒和思考的能力，而不只在于生存。”因此他把人的灵魂分为理性灵魂、非理性灵魂和植物性灵魂三个部分，以便将人与其他生物区别开来，并与之对应地把人的心智发展分为智育、德育、体育三个部分。然而，在科学心理学建立之前的岁月中，人们对于心理的探索多是基于生活的感性观察，人们所发现的那些与心理现象和心理规律相关的知识，也多是松散的，未接受过现代科学体系验证的。它们蓄势待发，为科学心理学的诞生不断积攒着自己的力量(见图 1.2.2)。

孔子(B.C.551—479)

苏格拉底(Σωκράτης，B.C.470—399)

柏拉图(Πλάτων，B.C.427—347)

亚里士多德(Αριστοτέλης，B.C.384—322)

图 1.2.2　孔子与古希腊三贤

1.2.2　短暂的历史

相较于漫漫历史长河中不时出现的心理学知识记录，根据近代所建立的科学体系，采用科学方法与标准将心理学作为独立学科研究的历史不过百余年。通常，人们将 1897 年心理学家冯特(见图 1.2.3)在德国莱比锡大学建立的第一个心理学实验室看作是心理学成为一门独立学科的标志。自此，心理学将人们的心理现象和心理规律作为自己的研究对象。通过科学手段与方法，对人类的各项心理机能展开客观的描述与测量，不断提炼总结出人类有用的各种心理现象和心理规律。心理学成为科学发展史上一门独具魅力的全新学科。

图 1.2.3　威廉·冯特
(Wilhelm Wundt，1832—1920)

1.2.3　心理学与生活

在科学心理学建立之后，心理学便得到了快速的发展。如今，心理学不仅借由科技手段的进步，得到不断飞速的发展，也早已将自己取得的各类研究结果，毫无保留地渗透到人类日常生活的方方面面。以下，我们将为大家介绍几个心理学中典型的分支领域。

1. 脑与认知心理学

脑与认知心理学主要将人类的认知加工活动作为研究对象，通过现代化的研究手段，如大脑事件相关电位技术、功能性核磁共振脑成像技术、经颅电刺激技术等，试图从生理层面对大脑意识的起源、人脑信息加工的机制、思维的产生与发展等问题进行不断深入的探讨。研究成果在帮助人们不断理解自身的同时，更为机器学习、人工智能、脑机协作等新型学科奠定了坚实的基础。

2. 发展与教育心理学

为什么幼儿园的墙面总是色彩斑斓，而大学的教室则只有单调的白色？为什么我们一去上学，老师就要给我们布置作业？这些曾存在于你心中的疑问，其实都是心理学家与教育学家的“有意为之”，蕴含着来自发展与教育心理学的宝贵研究成果。发展与教育心理学以人的全程发展(自受精卵形成开始直至死亡的全程心理发展过程)和不同年龄阶段的个体在教育教学中所表现出的各种心理现象和心理规律为研究对象，这些内容相互支撑、共同融合，逐步形成了符合个体心理发展规律的教育、教学体系，实现了对个体能力的科学、高效培养，真正做到了学不躐等和因材施教。

3. 商业心理学

电视等媒体中的广告总是让人赏心悦目，很容易被记住；商家的打折促销总是让人激动欣喜、欲罢不能。商业心理学主要侧重于人们在现代化的商业活动中所表现出的心理现象和心理规律，主要涉及广告心理、商业活动策划、市场营销等内容。大到商场的选址、布局，小到产品的设计、包装的选择，均属于商业心理学的研究范畴。

4. 健康与临床心理学

“心理咨询”“心理医生”“抑郁症”，当你的头脑中浮现出这样的词语时，你已经进入了健康与临床心理学的研究领域。作为心理学中极为重要、又和日常生活广泛联系的研究分支，健康心理学主要服务于正常的人群，研究与人类健康相关的各种心理现象与心理规律。健康心理学致力于维护人们的心理健康状态，提高人们的幸福感水平，排解不时出现的心理困扰，增强心理韧性，激发心理潜能。

第 2 章　心理发展的规律、影响因素和内在机制

与人的身体成长过程相似，我们的心理活动也一直处于不断变化与发展之中，是一个动态化的成长过程。了解人在心理成长中所表现出的一般性规律、理论与影响因素，不仅能够帮助我们了解心理活动产生与发展相关规律，树立对待心理与心理活动的科学态度，也有利于我们构建与维护自身的身心健康，做到知其然且知其所以然。因此，在我们正式介绍大学生心理健康相关的各种知识前，有必要对个体心理发展的规律、理论与影响因素进行详细的介绍。

2.1　心理发展的规律与影响因素

2.1.1　心理发展的规律

人的心理成长并非随机产生，而是遵循着一些特定的内在规律的。了解、熟悉并尊重这些客观规律，能够帮助我们做到实事求是、更加有效地维护自身的心理健康水平。

1. 心理发展的顺序性

从年少无知的懵懂，到而立之年的稳健，再到迟暮之年的豁达，我们每个人都遵循从出生到死亡的顺序成长。没有人能够在时间的长河中逆流而上，以白发苍苍的老年作为生命的起点，而将天真烂漫的幼年作为生命的终点；同样，人们也不能够随心所欲地跳过或省略人生中的某些特定发展阶段，或对其顺序随意进行调整。无论怎样，人的身心发展都是一个沿着时间维度，由低级到高级、由量变到质变的连续过程。例如，动作发展的过程会遵循先会坐、后会爬、再会站、终会走的顺序。中国古代寓言故事中的“揠苗助长”就是在告诫人们应当尊重人生发展的顺序性规律。尊重心理发展的顺序性，是要为自己的成长创造一个合理而有序的方向。若有人希望通过自己的主观愿望随意地去违反它、破坏它，则往往会造成得不偿失、事倍功半的效果。

2. 心理发展的阶段性

时间是连续流动的，兼具连续性与阶段性。例如，我们可以自然而然地将连续的时间划分为清晨、上午、中午、下午等不同的时段，并根据各时段的特点，灵活高效地安排自己的工作和生活。人的心理发展也是如此。

心理学家能够根据心理发展的不同时间、不同特点，将人连续的生命历程划分为一个

又一个特殊的年龄阶段。在各年龄阶段，人们的身心发展特征不同，面临的发展任务和需要解决的主要矛盾也不同。例如，处于青春期(12～16 岁)的个体常常被认为正在经历着暴风骤雨，因为他们所要面对的挑战来自身体成熟与心理稚嫩的冲击。而处于成年早期(18～25 岁)的个体，则需要学习、掌握并完成与他人建立亲密关系的任务，学会表达、感受和接受爱意。心理发展的阶段性揭示了不同人生阶段个体心理活动的特点与任务。当面对不同年龄阶段的个体时，只有很好地了解并把握其所处的阶段性特征，了解他们在特定阶段下的心理诉求，才能做到有的放矢、精准施策。

3. 心理发展的不平衡性

人是复杂的生物，在身心发展的过程中，有很多艰巨的任务等待着我们不断去面对与挑战。但人的生理与心理资源却是极其有限的，无法在同一时间内，同时满足所有需要与发展需求。因此，在生物进化的过程中，人类逐渐学会了根据发展的优先性与紧迫性来规划自身发展任务。将那些基础性的、与有机体存活密切相关的品质作为最为重要的任务优先发展，而将那些紧迫性较低、与个体当下存活关系较为疏离的任务适当靠后，这就导致了心理发展中不平衡性的产生。

对于发展的不平衡性，我们需要从两个角度进行理解和考察。其一，发展的不平衡性体现为同一生理或心理机能在不同发展阶段的表现各异，即同一种生理或心理机能在整个人生历程中所表现出的发展速度是不一样的。我们以身高为例，当新生命脱离母体来到世界上时，身高大约是 50 厘米。当新生儿经历了 1 年的生长发育后，他的身高便会达到 75 厘米左右。若我们以此为依据，便会得到“人的身高在一年内增长了 25 厘米”的结论。此时，若我们按照比率来计算，更会得出“人的身高成长速率是前一年的 50%”这种夸张的结果。但我们都知道，人的身高不可能一直以每年 25 厘米或前一年身高的 50%的速度增长。如果真是那样的话，一个 18 岁成年人其身高或达到百米。事实上，在最新的人口统计数据中，我国正常成年男性的平均身高约为 173 厘米，而成年女性的平均身高约为 160 厘米。这表明，人的身高并不会按照一个固定的数字或统一的比率无限制地增长，身高增长速度或速率在不同年龄阶段是不同的。因此，在人生命发展的第 2 年，身高的增长速度会降低，并且这种降低的趋势还会随着年龄的增加进一步增加。以至于到成年时，个体的身高会长期稳定在一个恒定的水平。这体现了发展不平衡性的第一种表现方式，即对于同一种身体或心理机能来说，它在不同的时期所具有的发展速度是不一样的。

对于不平衡性的第二种理解，需要我们将研究的目光聚焦于同一时间的不同生理、心理机能与品质。即在同一时间内，不同身心品质的发展速度也存在着明显的差别。例如，对于儿童而言，同一时期生理的发展要快于心理的发展，感知觉的发展要快于记忆、思维、想象等高级心理活动的发展。

鉴于人们身心发展的不平衡性，某一特殊的身心机能通常存在发展极为快速且极具优势的时期，即心理学家常提到的发展关键期。

为方便读者理解，我们依然通过前文提到身高这项指标来举例：研究表明，人一生身高拥有两个快速发展的关键时期，即新生儿期(0～1 岁)和青春期(男，14～16 岁；女，13～14 岁)。若为身高发展关键期的个体提供充足的营养、保证其良好的睡眠和适量的运动，那么他们的身高往往能显著增长。一旦错过关键期，即便提供良好的营养条件，他们的身高也难再如关键期般迅速增长。例如，当我们试图通过补充营养的方式来促进中老年人身高增长时，难以实现不说，反而会因为营养过剩，为其带来体重过度增加、肥胖，以及血压、血脂、血糖升高等健康问题。除身高外，在人的身心发展过程中，还有感觉发展的关键期、语言发展的关键期、思维发展的关键期等诸多生理和心理机能品质发展的关键时期。而我们所要做的就是把握发展的规律，在关键期到来之际，为这些特定机能品质的成长与发展提供必要条件与保障。

4. 心理发展的互补性

心理活动的各项品质之间存在相互补充的动态调节机制，即一种心理品质或机能下降或丧失时，其他心理机能会通过代偿的方式来进行补充。例如，细心的人会发现，在我们日常通行的人行通道上，往往还存在着一些特殊排列的地砖，这便是为盲人指引方向而特意设计的盲道。有了这些地砖，盲人便能跟我们一样，顺利地完成对路况的识别。可当作为正常人的我们，闭上眼睛想象盲人那样通过盲道的指引来了解路况时，却基本不会成功。因为我们的脚并不能通过触觉清晰地感受到地砖所要传递出的信息。这便是典型的补偿性案例。其内在机理是，当盲人的视觉功能出现缺失后，他们的触觉、听觉、嗅觉等其他感觉通道便开始通过提高灵敏度的方式来代偿视觉信息不足引发的信息缺失。

5. 心理发展的个体差异性

世界上没有两片相同的树叶，也没有两个完全相同的人。人与人之间的差异让世界变得丰富多彩，而这种差异被定义为个体差异性。个体差异性可以群体和个体层面体现。从群体层面看，差异体现在性别(男、女)、文化地域(东方文化、西方文化等)、社会角色(老师、学生等)等多个方面。例如，我们可以通过对比不同性别人群的压力缓解方式，得出“与男性相比，多数国家的女性都更喜欢采用购物的方式来缓解生活中的压力”的结论。在个体层面，可描述张三比李四长得高、王五比丁六反应快或李雷的动手能力很强、张华的逻辑思维能力更好、韩梅梅的歌声像百灵鸟一样清脆。个体差异性提示我们，大学生的心理健康教育要结合每个人所表现出的不同心理特点，反映出他们不同的心理诉求，通过制订个性化的教育培养方案，激发个体潜能、促进个人与社会的良好发展。

2.1.2 心理发展的影响因素

1. 遗传

在心理学上，研究者一致同意将受精卵的形成看作生命历程的起点，因为此时个体通过结合来自父辈和母辈的遗传信息，得到了自己完整而独特的生物学信息。遗传为个体的身心发展提供了物质前提，也为个体的发展提供了无限的可能。鸟儿从遗传中获得翅膀，从此便有了飞翔的可能。我们从遗传中获得了灵巧的双手，从此便有了劳动与创造的潜能。但遗传只是个体发展的充分不必要条件，遗传虽然为发展提供了基础，但它与发展的结果却无法严格地一一对应。我们能说，遗传给了我们双腿，让我们有机会成为像苏炳添那样的短跑冠军；但我们却不能说遗传给了我们双腿，让我们每个人都注定成为一名短跑冠军。

许多心理机能与特殊品质也与遗传密切相关。现代心理学研究证明，个体的智力、神经活动(气质)类型等都与父母双方呈显著的正相关关系。但这种相关只能说明二者之间存在着一些相互关联，不能使它们彼此互为因果。因此，我们并不能夸大遗传的作用。生活中的许多现象，其实都与遗传活动有关。

(1) 为什么法律要禁止近亲结婚？

出现这个问题的原因在于，我们的遗传信息并不完美，许多隐形的缺陷被巧妙地隐藏起来。人们的血缘关系越近，彼此所具有的缺陷也就越相似，越容易在后代中被激发并表现出来。而血缘关系越远，人们在基因上的差异越大，越能将双方所具有的优势共同传递给下一代。

(2) 既然遗传是优势互补，那为什么两个学霸父母会“负负得正”，收获一个“资质平庸”的孩子？

如前所述，遗传仅为发展提供了一种可能性，我们并不能通过主观定制的方式，收获自己期望中的孩子。而所谓的“平庸”其实也不过是我们在主流的文化价值观下，针对孩子某些表现所进行的相对评价，其评价的结果并不全面。

(3) 除了突发的基因变异，我们在遗传中是被动接受吗？

达尔文在其著作《物种起源》中提出了“物竞天择，适者生存”的观点，并认为生物的进化是基因在盲目改变后，由环境对这些变异进行选择与验证的结果。因而，这常常让人误以为，人类在遗传活动中总是处于被动接受的状态。然而最新的科学研究结果却对此进行了否定。表观遗传学的研究发现，当亲代学习并获得了某项新的能力或品质后，其自身体内的蛋白质分子表达便会改变。同时这种改变还会被记录在自己的基因之中，用于向子代传递。

2. 环境

环境是指影响个体身心发展的一切外部因素。如果说遗传是给个体的发展提供了无限的可能，那么就需要环境将这些可能一步步地转化为现实。环境为个体的发展提供了必要的条件与机遇。试想，若没有伯乐的赏识与培养，千里马也只能被埋没在芸芸众生之中，无法驰骋疆场；许多人纵使天生就拥有美妙的嗓音，如果没有接受过专业化的指导与系统的声乐训练，那么也终不能成为一名优秀的歌唱家。

然而，环境对人发展的影响并非总是积极有益的。《孟母三迁》的故事告诫我们，人的发展会因环境的不同而改变。不良的客观条件不仅对个人的成长无益，还会阻碍个体身心品质的发展。同时，环境也会对遗传所展现出的可能进行有意的塑造与调控。例如，在传统的东方主流文化中，人们总是希望女孩子表现出温婉可人的一面，因此绝大多数家长都不会在意女孩子在举重、铅球、铁饼等力量型体育项目中所表现出的遗传优势潜能，反而更希望她们在琴棋书画方面有所造诣，并对此着重培养。

3. 主观能动性

主观能动性是对人性最好的解读，也是人生价值的体现。生而为人，我们并不是在被动地接受遗传与环境的给予，而是在主动地寻求改变。主观能动性赋予我们选择的权利，让每个人都可以根据自己的价值标准，选择接受或拒绝遗传和环境对我们施加的影响。不仅如此，主观能动性还为人的发展提供了源源不断的内在动力。例如，漫长的生物进化并没有给予人类飞翔的翅膀，使我们能够驰骋蓝天。相反，在多数人的基因中，往往还蕴含着对高处的恐惧基因(恐高症)。但这并不能阻碍我们翱翔天际的梦想。在主观能动性的指导下，我们既能够坦然地接受恐高的事实，远离高山，安稳地在大地上生活；也能义无反顾地拒绝这种安排，在心中点亮翱翔的梦想，通过不断努力与尝试，制造出不同的飞行器，实现云中漫步的目标。

4. 学校教育

从大类上看，学校教育是一种环境因素。但与其他环境因素相比，学校教育对人发展的影响作用又非常显著，因此，很多研究者都同意将学校教育从环境因素中提取出来，作为一项单一的影响因素加以研究与论述。

首先，学校教育对人的发展发挥着积极的主导作用。学校教育是一种有目的、有组织、有计划的专门培养人的活动，为人的发展指明了方向。作为一种专业化的社会活动，学校教育能够挑选、组织、协调各种环境中的其他因素，将有利于个人成长与发展的因素整合起来，屏蔽对个人发展无益甚至是有害的因素。因而，与诸多环境因素相比，学校教育培养人才的效率最高，能够加速人的发展。例如，提起校园，我们很容易在头脑中产生窗明几净、绿树成荫、青春朝气等概念，而不会将人声鼎沸、鼓乐齐鸣、热闹非凡等形容市井等场景的成语与学校关联在一起。

其次，对每个具体的个人而言，学校教育都发挥着积极的影响。学校在对我们进行知识教授的同时，也在传达着大量的社会要求与规则。例如，待人接物的行为标准、向上向善的价值理念等都会通过学校传递给我们。换句话说，学校教育帮助我们从生物学意义的自然人转变为文化意义的社会人。同时，学校教育突破了家庭教育给予个体知识的局限性，为我们的发展提供了更加多样的途径，促进了个人特殊才能与个性特征的养成。不仅如此，在今天的学校教育中，个体不仅能掌握听说读写等基本的学业技能，还能根据自己的兴趣，对绘画、音乐、体育、外语等天赋潜能进行专业化训练和挖掘，从而获得多样的能力潜质。第三，学校教育的价值不仅现在个体学习的当下，更具有巨大的延时性作用。换言之，学校教育在授人鱼的基础上，更有授人渔的作用。

2.2　心理发展的内在机制

心理发展理论常被用于解释个体在成长过程中心理发生与发展变化的各项内在机制。

2.2.1　格塞尔的成熟势力学说

关于心理如何发展，最具代表性的莫过于美国心理学家格塞尔所进行的双生子爬梯实验和由此提出的成熟势力理论——一种将人的发展归因于个体内部因素(遗传)的代表性学说。

在格塞尔的研究中，他选择了一种非常特殊的实验对象——同卵双生子，也就是具有相同基因的双胞胎。在研究中，儿童需要完成学会爬楼梯的任务(见图 2.2.1)。在实验开始之前，48 周大的双胞胎儿童均无法完成爬梯实验任务。在实验开始后，实验者让哥哥每天学习爬梯并连续练习 5 周，与此同时，弟弟则不进行任何与爬梯相关的学习与练习。5 周之后，实验者再让兄弟俩一起进行持续 2 周的爬梯练习。此时，根据这样的实验安排来预测兄弟两人的学习结果，你会认为是从 48 周开始接受 7 周练习的哥哥表现更好，还是从 53 周开始仅接受 2 周爬梯练习的弟弟表现更好？

答案是：他们的表现一样好！通过这样的实验，格塞尔认为，学习虽然能够帮助儿童发展，但学习和练习所带来的影响却并不是最主要的，真正主导个体发展的动力，是他们自身身心的发育与成熟。换言之，格塞尔认为：没有足够的成熟，便不会有真正的发展。

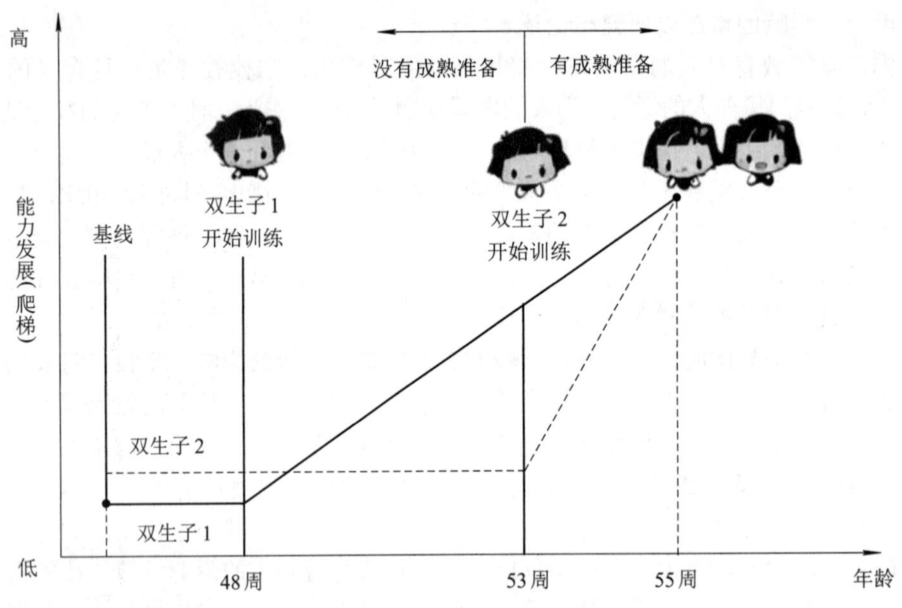

图 2.2.1　双生子爬梯实验示意图

从个体心理发育成熟的角度看，格塞尔的学说确实具有非常积极的意义。例如，现实生活中，许多同学会因自己无法完成为自己所规划的学习目标而感到苦恼，甚至拥有很强自责、自罪感，认为这是由于自己的懒惰与无能所致。但他们往往忽略了任务难度与自身的心理成熟水平之间的关系。格塞尔的学说便是在提醒我们，在面对那些超越自身年龄发展阶段的学习任务时，我们唯一该做的便是放松自己，给自己的成长一些时间，也许当我们的心理成熟水平与之相匹配时，看似困难的任务就能迎刃而解。

但从另一个角度说，成熟说也面临着自己无法解释的现象，并难逃扩大内因作用之嫌。例如，成熟说很难对新闻报道中的“狼孩”做出全面合理的解释。1920 年，人们在印度加尔各答的丛林中发现了在人类社会出生，之后却在野外环境中由狼群抚养成长的 8 岁儿童卡玛拉。虽然从有机体的成熟水平上说，此时的卡玛拉已经具备了直立行走、言语交流等人类相关行为的基础，人们只要对其施加教育的影响，她应该能够快速地学习并回归人类社会，但事实却是，直到卡玛拉去世(大约 17 岁)，她也没有学会与人进行正常的语言交流。因此，内在的发展并不能被看作支撑个体发展的唯一决定性因素。仅强调内因作用的内因学说(内发理论)是片面的。

2.2.2　行为主义学派的外因发展学说

既然内发理论无法对人的发展进行全面的解释，那么，现在让我们来换一个思维角度，从外在因素来理解人的心理发展过程。正如行为主义的鼻祖华生所宣扬的那样："给我一打(12 个)健康的婴儿，不管他们先祖的状况如何，我可以任意把他们培养成从领袖到小偷等各种类型的人。"

在华生看来，遗传除了给个体提供了一些必要的生理反射(如吞咽反射、基本的情绪反应等)外，对个体的发展没有更多的作用。他认为人的发展主要来自环境对人的行为的塑造。为此，他进行了一项现在看来有悖研究伦理的"小艾尔伯特实验"(见图 2.2.2)。

图 2.2.2　小艾尔伯特实验

为了证明个体的发展(行为)是由外部环境引起的，华生选择了一个 9 个月大的健康婴儿小艾尔伯特作为实验对象。在实验开始前，华生及其助手对小艾尔伯特进行了一系列基础性的情感机能测试，并让他短暂地和兔子、白鼠、狗等有皮毛的动物待在一起。这时的小艾尔伯特对小动物们的出现并没有表现出任何的恐惧情绪，反而出于天性，会和动物们表现出些许的亲近。

到小艾尔伯特 11 个月大时，他便进入了"可怕的"实验阶段。实验中，研究者会让实验的兔子出现在他的身边，并允许他在天性的作用下，与兔子一起亲昵地玩耍。但在之后的研究中，每当小艾尔伯特触摸或玩弄兔子时，研究人员就会拿出早已准备好的铁锤，趁其不备，迅速地敲击，制造出剧烈的声响。突如其来的声响会吓得小艾尔伯特哇哇大哭。但研究者并不打算就这样停手，他们会重复上述的实验操作，几次之后，小艾尔伯特再面对兔子便会表现出强烈的恐惧感，只要兔子出现，即便没有响声，他也会啼哭不止。甚至在实验后，他的恐惧不仅泛化到了猫、狗等一切带毛的生物，还对带有皮毛的帽子、围巾等日常用品表现出了强烈的恐惧感。

通过对小艾尔伯特"皮毛恐怖症"的"培养"，华生证明了自己有关环境决定个体发展的学术观点，也解释了在生理反射之上，通过添加外界刺激来形成条件反射的内在机制。这与诺贝尔奖获得者、俄国生理学家巴甫洛夫有关经典条件反射形成的理论有着异曲同工之处。

这种通过条件反射来促进人类心理发育的方式也已经被广泛地应用于我们的生活之中，方便人们通过创设与改变外界环境的方法，来调控自己的各种行为。例如，人们会尝试将学习的过程和学习后取得的良好成果联系在一起，由此增加我们学习的动力(如考一百分就奖励自己一朵小红花)；人们也会通过设置一些小小的惩罚，来改掉自身的不良习惯等(像作业没有按时完成就不能看喜欢的电视剧)。

但只有外因的影响，并不能完全解释人们的内心发展。因为只注重对行为进行约束、忽略主观内心感受的做法并不全面。我们不能简单地将一个人因害怕受到伤害而屈服的行为与他们发自内心认同后遵从的行为画上等号。

2.2.3 精神分析学派有关心理发展的理论

图 2.2.3 奥地利精神心理学家弗洛伊德(1856—1939)

弗洛伊德(见图 2.2.3)的精神分析理论和他所建立的精神分析学派，从人格结构与发展的角度对人的心理发展过程进行了详细说明，并对推动个体发展的心理动力进行了描述与解释。

1. 弗洛伊德对人格结构的划分

简单来说，人格就是我们在与环境的相互作用中逐渐形成的、独特的待人接物的行为方式的总和。在早期的理论研究中，弗洛伊德将人的人格划分为意识、前意识、潜意识三个不同的层级。

意识位于人格结构的最上层，是我们能够在头脑中清晰感受到的思维或想法；潜意识则位于人格结构的最底层，是被隐藏在“意识的海平面”之下的、推动个体发展的大量原始欲望和基本动力；而前意识则位于人格结构的中间，不仅是连通意识层面与潜意识层面的桥梁，还类似于一个安检机构，随时对潜意识里的内容进行排查，允许潜意识中合理的部分上升到意识层面而被我们所觉察，将不合理的部分打回并深埋在潜意识中(见图 2.2.4)。

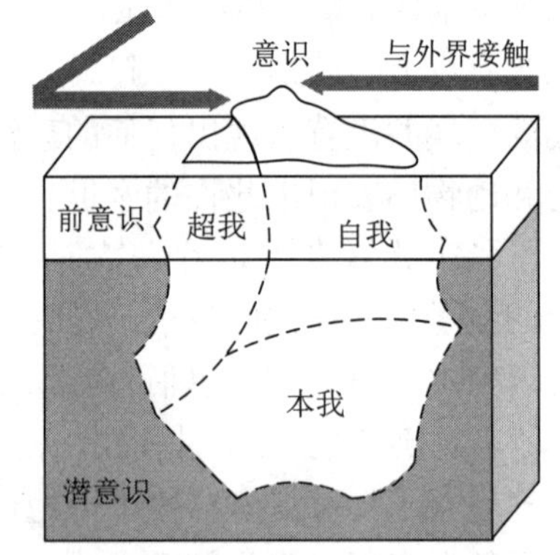

图 2.2.4 弗洛伊德对人格结构的划分

我们可以通过“夜宵的诱惑”这个事例来理解三者的关系。

假设在深夜 11 点，你刚刚结束一天紧张而忙碌的学习。此时你又累又饿，而你的潜意识则开始了疯狂的运转，无数想法在脑海里翻腾尖叫：

观点 1：“好饿！我想吃炸鸡！吃炸排骨！立刻吃！马上吃！”

观点 2：“好饿！我想喝奶茶！要全糖！立刻喝！马上喝！”

观点 3：“好饿！室友抽屉里有晚上刚买的饼干，虽然他已经睡了，但我已经等不及了，直接拿来吃了！”

观点 4：“好饿！我的柜子里有一个苹果！”

……

此时，前意识便会忙碌起来，它会对潜意识产生的想法逐一进行评估和筛选：首先，高糖、高脂的食物虽然很诱人，但毕竟已是深夜，暴饮暴食会给身体带来伤害，不能选；其次，未经他人允许就吃别人的东西，是不合理的行为，也要放弃。这样想来，吃点水果既能饱腹，还能补充维生素，是一个不错的选择。

最终，一份满意的夜宵方案清晰出现在头脑中，那就是：“吃一个苹果”。

1) 本我

本我由个人原始的本能力量组成。他完全处于潜意识之中，是一个任性顽皮的孩子。本我按照“快乐原则”进行生活，当原始的欲望得到满足时，本我就会快乐；而当原始的欲望受到压抑时，本我便会悲伤。

2) 自我

自我也叫真实的我，他是人格的实际执行者，可看作是我们心中较为现实的一面，也是三个部分中的“联络员”。自我遵循“现实原则”。一方面，他的一部分位于潜意识之中，了解本我提出的各种需要以满足其对快乐的需求；另一方面，他又需要处于意识之中，得到超我的道德指示，以便维持自己符合道德规范的形象。

3) 超我

超我则是自我在道德上的进一步升华，是我们心中最柔软、最纯净之处。超我是理想的我，包括了自我理想和良心两个部分。超我遵循“道德原则”。如果个体做了符合道德和自己良心的事，超我就会给予积极的内在奖赏，让我们感到快乐。比如，在扶老人过马路后，我们的内心会有暖洋洋的感觉。

简单来说，可将人格结构的三个部分，视作人们心中同时存在、关系密切的三个“小伙伴”。不过，因所持立场不同，三个部分中，既有代表天使的“超我”，也有代表魔鬼的“本我”，还有努力协调二者的“和事佬”——“自我”。所以，它们始终处于相互斗争与协调的状态。

具体面对“夜宵的诱惑”时，本我会遵循快乐原则，只关心能否立刻满足最基本的生理需求(饥饿)和欲望(美食带来的快感)，全然不顾后果、道德、健康、时间，以及行为否合理。它会在你脑子里尖叫：“饿！想吃炸鸡！想喝奶茶！现在！立刻！马上！管它几点呢！香喷喷、脆滋滋的炸鸡多好吃啊！甜甜的奶茶多香啊！吃下去马上就不饿了，还能带来巨大的满足感！健康？等吃完再说！”而超我会遵循道德原则，它代表着内化的社会规范、道德标准、父母的教诲和理想自我。超我追求完美，会用内疚感和羞耻感压制本我的冲动并要求行为符合“应该”的标准。它会立刻在头脑中发出最严厉的指责：“不行！绝对不行！你知道现在几点了吗？吃宵夜(尤其是油炸食品)对健康危害多大！会发胖、影响睡眠、升高血脂！而且你今天的卡路里已经超标了！作为一个自律的人，怎么能这么放纵？你的意志力呢？忍住！”此时，遵循现实原则的自我被夹在本我的强烈欲望和超我的严厉谴责之间，异常难受。于是，自我需要努力寻找到一个既现实可行、又能被双方接受的折中方案，结束这场“冲突和争吵”。它会说：“今天加班确实辛苦，身体饿了需要补充能量，但高油高脂的炸鸡和奶茶就别选了，还是吃个苹果吧。”最终，在自我的协调下，我们成功解决了生活里这一小小危机，人格结构和功能也得以进一步发展、完善。

综上，无论是早期根据意识水平对人格的划分还是后期通过“三我”对人格的划分，精神分析学派都将人格中的(潜意识、本我)内在的原始动力(以下简称“力比多”)看作推动我们心理发展、产生各项行动的核心力量。

2. 弗洛伊德眼中的个体发展(人格发展)阶段

弗洛伊德认为，内在的原始动力(力比多)会在个体发展的不同时期，出现在我们身体的不同区域，并促使个体不断满足这些区域的生理和心理需求。个体对这些欲望的需求便会形成不同的发展任务，形成不同的发展阶段，促进个体的心理成长。

1) 口欲期(0～1 岁)

吮吸和吞咽活动是此时个体追求的快乐的来源。因此，即使婴儿并不处于饥饿状态，他们依然会把自己在环境中能够得到的一切(自己的手指、脚趾、玩偶等)在第一时间送进自己的嘴中。这也是奶嘴对哭闹的婴儿具有良好安抚作用的原因。如果口欲期内的快乐得到完全满足，那么力比多将整体迁移到身体的其他区域；如果口唇欲望未被完全满足，那么力比多在向其他区域迁移时，会有部分留在此处，继续寻求口唇的快乐。因此，按照精神分析学派的观点，成年时期的吸烟、贪吃等行为表现都是口唇欲望的延续。

2) 肛欲期(1～3 岁)

按照精神分析学派的观点，在我们身体口唇区域短暂停留后，力比多便会选择肛门区域作为心理发展的第二站。此时，处于肛欲期的儿童会因排泄过程和排泄后肛门区域(包括尿道口)的感觉而感到快乐。有时，儿童甚至会将自己的粪便作为玩弄的对象。个体需要完成的是有意地去学会掌控自己的排泄过程，让排泄出现在合适的时间、恰当的地点。同样，在本时期内，若力比多得到满足，个体便会进入下一步发展；若发展受阻，相关影响会延续至成年时期，主要表现为马虎、邋遢与不修边幅等行为。

3) 性器期(3～5 岁)

此时，儿童开始将注意力放在两性器官的差异上，开始探究自己的生殖器官，并通过抚摸它们获得快感。若此时我们仅从字面的意义去理解孩子的心理发展，这种理解就会显得太过肤浅。性器期存在的意义并不在于追求性生理活动所带来的快感，而是在于个体开始通过对性器官差异的了解，逐步地获得对社会性别角色的理解。首先，孩子开始意识到不同个体在性别器官上的差异。其次，他们开始和父母中与自己性别不同的一方产生浓厚的情感联结，而将与自己性别相同的一方作为假想的“竞争对手”，出现将其取而代之的“邪恶”想法。这便是幼儿常常表现出的恋父或恋母情结。再次，由于孩子们清楚地知道，自己在和父亲或母亲的同性竞争中处于绝对的劣势，因而他们会压抑这些情结并转而认同同性父母的性别标准与行为准则。最后，他们完成性别角色认知，进入下一发展阶段。性别角色混乱、性别角色认同障碍往往是性器期发展滞留在个体成年期的延续和表现。

4) 性潜伏期(5～12 岁)

暴风雨来临之前，海面总是出奇得平静。性潜伏期便是人心理发展旅程中这样一段祥和的时光。性潜伏期与儿童的学龄期基本吻合。一方面，伴随着教育活动的展开，个体活动的种类不断增多，活动的范围不断增大；另一方面，通过学校教育，儿童开始接受各种各样的社会规则并不断内化，从而形成了良好的超我。这些都在很大程度上转移了他们对自身身体(生殖)器官的探索，以至于在性器期已经出现的欲望和情结发展，在此阶段会出现停滞或倒退的现象。

5) 生殖期(12、13 岁起)

生殖期由内在动力(力比多)推动，是心理发展的最后一个阶段。在享受了性潜伏期风平浪静的闲暇时光后，惊涛骇浪的生殖期(即青春期)便出现了。此时，生理发育中最晚成熟的一个系统——生殖系统成熟了。个体开始真正地体验到性生理活动带来的快感，并将在两性间建立起良好的关系作为内发展的主要动力。但个体需要面对生理成熟引发的成人感和内心发展相对滞后造成的幼稚感之间的强烈冲击。这是一场帮助个体脱离原生家庭，建立专属自己的“领土与国家”的加冕之战。按照弗洛伊德的观点，生殖期持续的时间最长，一直会延续到个体的衰老甚至死亡。人们在两性快感上的需求，会在自我的协调下不断升华，最终造就人类文明史上耀眼的成果(如艺术、建筑、文学成就等)。

与内发论(遗传决定论)和外铄论(环境决定论)相比，精神分析学派通过人格发展动力对个体心理发展的解释虽仍有强调自然成熟之嫌，但它在人格结构中涉及的“自我”对“本我”“超我”和现实环境的统合与调节，似乎更加凸显了主观能动性在个体身心发展中的作用，为人们理解人的发展提供了更为广阔的视角，为后来人与环境交互作用发展理论的提出奠定了深厚的基础。

2.2.4　发生认知论原理

图 2.2.5　瑞士心理学家皮亚杰(1896—1980)

认知论由日内瓦学派的著名代表人物、瑞士儿童心理学家皮亚杰(见图 2.2.5)提出。这一理论主要从智慧(知识)发生和发展的角度，对人的心理发展过程进行了解释，其核心是主客体相互作用的儿童发展心理学。

皮亚杰认为智慧发生的本质是适应，是个体在和环境的交互作用中，不断打破原有知识结构(原有图式)所建立的心理平衡，从而形成新的平衡的知识结构(新的图式)的动态过程。

一般而言，新知识出现时，会打破个体原有认知结构(原有图式)中的平衡关系。个体可以通过两种方式恢复知识结构的平衡：若原有的知识结构(原有图式)能够容纳新知识的进入，则个体将采取同化的方式将新的知识纳入原有的图式体系之中并使之恢复平衡；若原有的知识结构无法容纳新知识的进入，则需要个体采用顺应的方式改变现有的知识结构来容纳新知识的加入，并在新知识的引导下形成新的平衡的认知结构(新的图式)。比如，李华知道香蕉要剥皮才能吃(原有图式)，当妈妈买来他从没有见过的芒果(新知识)之后，他依然按照吃香蕉的方式剥掉芒果的外皮吃到了果肉(同化)，由此知道香蕉和芒果都需要剥皮(新的平衡图式)；当妈妈给他买来了以前从来都没有见过的西瓜(新知识)后，李华发现自己按照吃香蕉的方式无法吃到西瓜的果肉，而是学会了将西瓜切开来吃(顺应)，他就学会了两种不同的水果食用方式(新的平衡的图式)。

不难看出，李华在面对不同的新知识时，采用了两种不同的学习方法，它们都进入李华的认知结构，实现了新旧知识的平衡。然而这种平衡是短暂的，新知识一旦再次出现，认知平衡又会被打破，直到形成新的平衡。个体的智慧就是在平衡—不平衡—再平衡这样的无限循环过程中不断增长的。日常生活中，我们常听到这样的劝慰：“如果你改变不了环境(无法按照自己现有的状态去同化环境)，那么就试着改变自己去适应环境(改变自己的状态去顺应现实)”。这种力求于将自己与环境达到统一的作法，与皮亚杰提到的智慧增长方式的内在逻辑与方式有着异曲同工之妙。

皮亚杰的发生认知理论解释了智慧增长的内在过程，也表明在人生的成长过程中，我们总会不断面临各种挑战。有时它们会让我们产生焦虑，有时它们会让我们心生恐惧，但只要我们不墨守成规，积极地应用自己的智慧去解决，就能获得一个全新的成长。

2.2.5　社会文化历史理论的心理发展观

图 2.2.6　苏联心理学家维果斯基(1896—1934)

社会文化历史发展观特别看重社会文化因素对个体心理机能发生、发展的显著影响，其中以苏联著名的心理学家维果斯基(见图 2.2.6)的观点最具代表性。

维果斯基首先将人的心理活动区分为低级心理机能和高级心理机能。所谓低级心理机能是生物进化的结果，指的是感觉、知觉、不随意注意、形象记忆、情绪等初级的认知加工过程。例如，在安静的教室中，突然从窗外飞进了一个足球，人们不约而同地将目光投向足球。而高级心理机能则是个体在人类历史发展的影响下逐步形成的，有目的地感知、随意注意、逻辑记忆、抽象思维、高级情感等受到个体主观调控的、较为高级的认知加工过程。例如，参加升旗仪式的我们，在国歌中产生了对国家热爱、敬重的道德情感。维果斯基认为，人的心理发展的实质是在社会文化的影响下，低级心理机能逐渐地向高级心理机能进行转化的过程。高级心理机能是人在社会活动和交往形式中不断内化的结果。维果斯基的观点揭示了社会文化对于人的成长与发展的巨大影响作用。而心理问题的产生往往也和主流文化对我们价值观念的影响紧密相连。了解社会文化的观点，能够帮助我们采用更多元的视角去分析心理问题产生的原因，在社会文化中更好地解读人的价值。

至此，我们对涉及人的心理发展的多个理论进行了介绍。这些理论之中有的强调遗传在个体心理发展中所起到的作用，有的强调外在环境对人行为的塑造，有的研究人格动力在人的发展中所发挥的作用，有的则从发生认知和社会文化历史的角度对人的心理品质和智慧的产生过程进行了解释。这些理论在丰富了我们对人的发展理解的同时，也为我们如何来看待日常生活中心理问题的产生与如何维持自身的心理健康提供了思考的视角与方向。

第 二 部 分

健康“心”观念：心理健康第一印象

《戴珍珠耳环的少女》油画

荷兰画家约翰内斯·维米尔创作于 1665 年

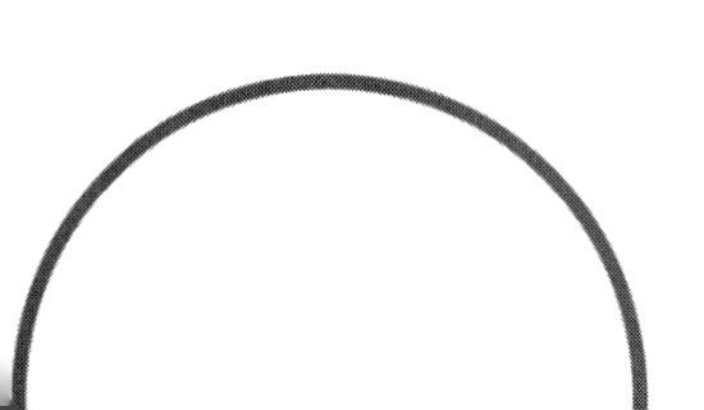

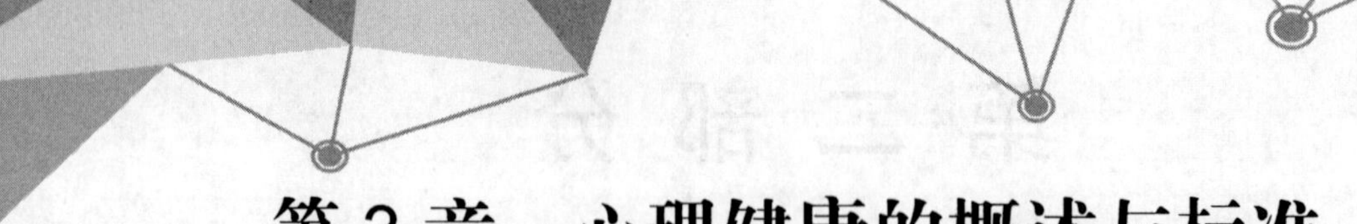

第3章　心理健康的概述与标准

“身体健康是船，心理健康是帆。”除身体健康外，心理健康对于人的发展来说也同样重要。只是与生理健康相比，心理健康的存在形式更加无形、抽象，令我们感到陌生，不知从何着手。不过请不要为此而感到慌张，因为通过本章的学习，我们将帮助大家对心理健康形成一个较为全面的了解。

3.1　心 理 健 康

3.1.1　心理健康的概念

什么是心理健康？世界卫生组织将心理健康定义为一种健康的状态，在这种状态下，每个人都能够实现自己的目标、应对正常的生活压力、有效地从事工作并对社会做出贡献。而从生活的操作性定义上看，心理健康就是一个人在现实的生活中，能够有效地保持内心的舒畅、完成自己的工作任务，在面对生活、学习中出现的各项挑战与压力时，能够积极地寻求解决方案并保持乐观向上的生活态度。

拓展阅读

心痛的伤害是真的吗？

跨越古今，心塞(痛)的滋味对于生活在不同时代的人来说，都是一种难受的体验。宋代的词人这样写：“少年不知愁滋味，爱上层楼。爱上层楼，为赋新词强说愁。而今识尽愁滋味，欲说还休。欲说还休，却道天凉好个秋。”“只恐双溪舴艋舟，载不动许多愁。”“此情无计可消除，才下眉头，却上心头。”当代的歌手这样唱：“心痛比快乐更真实，爱为何这样的讽刺。”“为你我受冷风吹，寂寞时候掉眼泪。”

那么，我们不禁要问，心塞(痛)的感觉到底是文人骚客的主观臆断、矫揉造作、无病呻吟，还是一种客观的存在与真实的内心体验？

为了回答这样的问题，美国密歇根大学情绪与自我控制研究实验室的主管伊桑·克罗斯(Ethan Kross)和他的同事进行了一项有趣的研究。首先，克罗斯在大学中招募了一批自愿参加实验的研究对象。这些研究对象虽然有着不同的肤色、不同的性别、不同的信仰，但他们近期却都有着一个共同的经历，那就是他们与自己的恋人情感破裂(分手)。在随后的研究中，克罗斯利用先进的功能性磁共振成像(fMRI)技术，对这些“心痛者”的大脑结构进行了影像学扫描。不仅如此，研究者还将“心痛者”的脑成像结果与因身体受伤而感受到痛苦的“身痛者”的脑成像结果进行了对比。令人感到惊讶的是，脑成像结果显示，“心痛者”和“身痛者”的大脑激活区域居然高度重合！这说明，心痛事件也像身体伤害那样，有效激活了大脑中负责掌管疼痛感受的中枢。心理上的痛苦对我们造成的伤害完全不亚于那些来自生理上的痛苦(外伤、牙痛等)。换言之，当我们要求一名在心理上受到创伤的个体依然保持正常的生活状态时，其实就像是在要求一名腿部骨折的患者依然采用平常的方式去行走和奔跑那样严苛与残忍。因此，当我们自己或身边的朋友出现心理的困扰和烦恼时，我们能做的是提醒他们重视自己的心理健康，给予他们充分恢复与疗愈的时间，设身处地地理解他们并提供力所能及的帮助，而不是觉得他们在小题大做、无病呻吟，责怪他们内心太懦弱和不够坚强。

3.1.2　心理健康的作用

心理健康是我们幸福生活的强化剂。在个体的发展过程中，心理健康主要从两个方面发挥自身的作用。

第一，心理健康具有即时性和适应性。

健康的心理状态能使我们远离心理困扰，避免心理疾病的发生，为我们更好地适应周围的环境和发挥完善的社会功能提供助力。例如，当我们在生活中遇到压力和挑战时，健康的心理状态能够帮助我们积极主动地展开各项心理建设、调节心理预期、释放情绪压力、寻求社会资源。在有效维护自身心理健康水平的同时，还能避免心理问题和精神疾病的产生，良好地完成社会赋予我们每个人的角色与责任。

第二，心理健康对个人的发展具有极大的延迟性和发展性。

健康的心理状态能够帮助我们每个人，在人和环境的互动发展过程中，不断地丰富与加深我们对于自我内涵的理解，找到自己与环境间最为有效的互动方式、最大限度地激发出自己所拥有的潜能。例如，在高考填报志愿时，根据考生个人所具有的人格特点和职业倾向制定未来的学业(职业)规划，往往能够做到有的放矢、因材施教，对他们的人生发展起到积极的影响作用。

第三，心理健康能够激发出个体的创造力。

此外，根据中国人民大学心理研究所俞国良教授的观点，心理健康和个体的创造力之间也存在辩证关系，二者皆具有发展性和适应性。心理健康为个体创造力的产生提供了前提和保障；反之，对人创造力的培养是心理健康教育的制高点。换句话说，只有当一个人的心理处于健康的状态时，他的创造力才能得到最大限度的激发和表现。

3.1.3　心理健康的标准

当我们的生理机能出现问题或处于不良状态时，身体便会发出明确的信号。例如，身体在发生炎症时的体温上升、破坏性压力下的血压升高、机体损伤后的出血与疼痛，等等。我们能够非常快速地识别这些来自身体的信号，对身体的状态进行有效的评估，并在必要时前往专业的医疗机构寻求医生的帮助。那么，我们能够像识别身体所发出的“危险”信号那样，快速、准确地识别出心理健康的“预警”信息吗？心理健康的标准为我们提供了很好的判别标准。

1. 正常的智力

智力是心理学家人为构建的一项概念指标，指个体在生活中为达到一定目的所进行的信息加工的全部过程以及处理和加工信息的能力。简单说来，听说读写、琴棋书画均需智力的参与，也是智力的体现。因此，反映个体智力水平的指标便被叫作智力商数，简称智商(IQ)。一个人若要有效地实现自己的社会功能，就离不开对周围环境中信息的处理与加工，因此，正常的智力是心理健康的重要保障。正常情况下，智商在人群中呈正态分布，也就是说大多数人的智力都处于中等的正常水平，只有极个别的高智商者和极个别的智力低下者。通过专业化智力测验，人们已经实现了对智商较为全面而准确的测量。但与我们通常在观念中认为“一个人的智商应当越高越好”不同，智商与心理健康之间并不是简单的线性关系。也就是说，一个人的智商越高，并不意味着他的心理健康状态越好。

世界上第一个智力测验——比奈-西蒙智力测验于 1905 年诞生于法国。其研发目的并非在人群中挑选天赋异禀的高智力者。然而，该智力测验的产生是为了帮助法国教育部门，将学校中无法接受正常教育的那些智商低下的儿童甄选出来，以便为他们提供更加适合的特殊教育。在当前的社会活动中，智力测验很少用于天才(高智商人群)的检验，而更多关联的是司法鉴定、精神评估等活动，旨在验证评估对象的智力是否正常。智力测验有着不同的版本，常见的有比奈-西蒙智力测验、韦克斯勒智力测验(成人版)、韦克斯勒智力测验(儿童版)、瑞文推理测验(见图 3.1.1)等。每种测验都有着严格的测试程序，以及对测试结果进行科学解释的范围与说明。因此，智力测验是一种高度专业化的心理测量活动，进行测试时，应当在专业人员的指导下完成。特别不推荐大家通过网络搜索智力测验方法自行测量，更不建议大家对测试结果进行主观的臆断和解读。

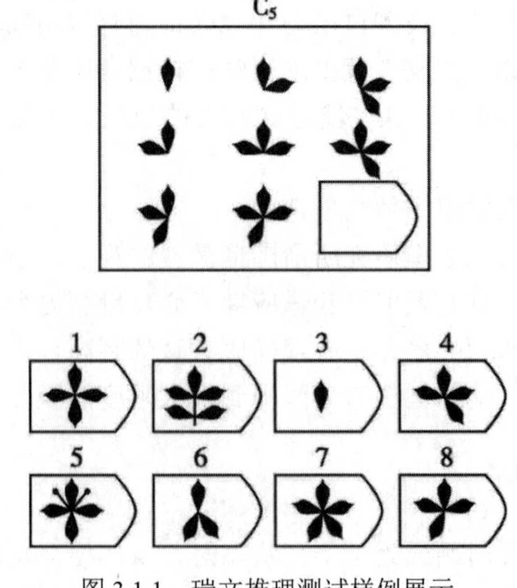

图 3.1.1 瑞文推理测试样例展示

(请根据线索，为上图空白处选出下方最合适的图形)

2. 良好的情绪

情绪(喜、怒、忧、思、悲、恐、惊)是心理活动的万花筒，也是反映心理健康的最佳指标。作为衡量心理健康的重要标准，良好的情绪并不是要求我们每时每刻都沉浸在开心、快乐的氛围中，而是需要我们遵守一些有关情绪表达的良好准则。

首先，从方向上看，情绪表达的类型应与引发情绪的外界事件、环境所带来的情绪倾向保持一致。积极的事件和环境往往能够在我们的心理上诱发出愉快、开心、幸福等正向积极的情绪感受；反之，不良的事件和环境则会将我们的心理体验拉至“冰点”，更多地体验到伤心、难过、焦虑和苦恼。因此，良好的情绪体验首先要求我们做到情绪表达的一致性。“该哭即哭、该笑即笑”便是对它最好的标注。在病态的精神状态下，患者往往会出现情绪表达类型上的失调。例如，当听到自己亲人离世的消息后，不悲反喜，甚至兴高采烈地奔走相告。这种现象被称为“情感倒错”。

其次，从强度上看，不同类型情绪的表达都因与引发该情绪的外界事件、诱因在强度上相互匹配。众所周知，强度是情绪的一项重要属性。即使情绪在方向上一致(积极情绪、消极情绪)，也会因为各自所包含的强度不同，而造成我们感受上的千差万别。例如，嫣然一笑、笑逐颜开、心花怒放、欣喜若狂是正向情绪体验在逐步增强；触景生情、黯然神伤、悲愤填膺、捶胸顿足是负向情绪体验在积累。情绪的良好表达不仅要与诱发刺激在方向上保持一致，更要在强度上恰如其分。我们很容易理解一名高中生因为学习努力，取得了自己满意的成绩，因而在接下来的一小段时间内，都显得兴高采烈、神采奕奕。但我们却无法认同，一名大学生因三年前在路边捡到十块钱，而在之后的每一天里都高兴得手舞足蹈、不能自已。

最后，从比例上看，不同的情绪状态应被控制在合理的比例之中。情绪就像天气，时而阳光明媚(开心快乐)，时而乌云密布(沉重难过)。我们既不能全年都暴露在晴空万里的阳光(积极情绪)下，受到来自烈日的炭烤与灼烧；也不能全年都压抑在乌云密布(消极情绪)的天空里，看雨滴一颗一颗地落下。风调雨顺是我们对于不同天气现象恰如其分表现的美好期盼，也是我们对于良好情绪状态比例的追求。研究表明：当积极情绪和消极情绪出现的比率维持在 1∶3 时，最有利于个体保持健康的心理状态。这样既不会让我们一直沉迷于积极的情绪感受之中，乐不思蜀、得意忘形；也不会让我们总是沉沦在消极的情绪感受之中，一蹶不振、悲观厌世；而是会让我们在拼搏中心怀梦想，对未来的生活充满希望。

抑郁症是我们常常能够听到的一个概念。它的核心症状便是不良的情绪状态，即个体长期处于负向的情绪状态之中，无法自拔。抑郁症中所出现的负性情绪与正常生活中所包含的负向情绪表达存在明显的不同：第一，从情绪的起源上来看，对于大多数人而言，正常的负性情绪往往由生活中的具体事件所诱发，而抑郁症患者很难明确地说清，引发自己抑郁情绪的具体事件是什么，好像什么事情都与之有关，又好像什么事情都与之无关，总之是一组长期的、广泛的低落情绪；第二，从情绪的表达程度上看，正常的负性情绪的持续时间与诱发情绪时间的激烈程度正向相关，一般持续时间较短(三个月内)，而抑郁症患者所经历的负向情感体验持续时间较长，一般会超过三个月、甚至更久；第三，从不同情绪状态的比例上看，抑郁症患者长期处于消极的情感体验中，他们很难感受到来自外界的其他正向情绪体验，对很多事情都丧失了兴趣，无法从活动中体验到快乐。我们将在本书的第 9 章情绪管理章节中，对心理健康与情绪的关系进行详细的论述。

3. 良好的意志品质

意志是人们在克服困难过程中，有目的、有计划地坚持从事理性活动所体现出的品质，是人们主动性的最好体现。正如概念中所述，意志活动一定要体现出人们克服困难的心理过程。因此，为自己买一件漂亮的衣服、享受一顿美味佳肴、看一场精彩的电影，这些都不能看作意志活动的体现。而我们将买衣服的钱省下来为自己购买学习书籍，克服自己看电影的冲动并将这些时间用来学习外语等，才能被看作是意志品质的良好体现。

在文学作品中，作家总是希望通过钢铁般的意志来塑造出主人公坚韧不拔、积极向上的美好品格。但在真实的社会生活中，意志水平却不是越高越好。良好的意志品质通常表现为，个体能够明确地放弃自己所要放弃的，坚持自己需要坚持的。如果一个人的意志水平太低，那么在面对困难时，他就无法坚持，而是轻易地选择放弃，最终碌碌无为、一事无成；反之，如果一个人的意志水平过高，他虽然在面对问题时会表现出越挫越勇的精神品质，但却不能根据环境的变化及时调整自己努力的策略与方向，最终使自己陷入困境而无法自拔。这就是我们在日常生活中常常提起的“钻牛角尖”心理。

过低或过高的意志水平都是精神疾病的临床表现之一，被称为病理性意志。精神分裂症患者常会表现出意志水平过高的临床症状，其中一个非常有趣的现象被称作“钟情妄想”。出现这种症状的患者会毫无根据地坚信，环境中偶然出现的陌生人对自己怀有强烈的爱慕之情，可由于对方过于害羞而无法通过言语来向自己表达。因此，患者往往会勇敢地担负起建立恋爱关系的责任，自己主动出击，向对方求爱、告白。由于这一切都建立在患者毫无根据的妄想之上，这种妄想违背客观现实。因此，当对方收到患者表白后，往往会感到莫名其妙，并明确地否认和表示拒绝。此时，良好和不良意志水平的表现会有差异。具备良好意志水平的正常人，可能会遇到表错情的情况，在双方的交流中只要澄清误解，便能快速调整不恰当的行为，化解由此造成的尴尬情绪。但处于病理性意志下的患者，总固执地认为，对方的拒绝不是真心拒绝，而是在考验自己对待爱的坚定、考验自己对彼此之间感情的态度是否真挚热烈，甚至在对方严厉拒绝后，越挫越勇，采取愈发强烈的求爱和告白行动，直至被家人发现，送往医院接受治疗。这便是病理性意志下的错误坚持。

4. 自我经验的协调统一

我们对待世界的看法是以自我为参照的。自我经验的和谐统一首先要求我们要对自己形成一个客观全面的理解与认识，要清楚地知晓自己拥有哪些优势与长处，同时也明白自己还存在着哪些劣势与不足；其次，自我经验的和谐统一要求我们学会自我接纳，自我接纳是个体自我认识的进一步深化，这种接纳是包容的、理解的、无条件的接纳，而不是有条件的、选择性的、个别的接纳。在现实生活中，我们多数的烦恼往往就源于我们无法接纳自己最为真实的样子或承认自己在某些方面存在明显不足的现实。例如，对于神经厌食症的患者而言，即使在外人看来，他们的身材已经非常完美，但每当患者站在镜子前，考察自己的身材时，还是会得出自己的身材过于臃肿的结论。为了让自己达到心目中“完美”的样子，他们会严格限制自己的饮食，还会选择人工催吐的方式将吃下的食物排出，如此反复。上述行为不仅会导致身体长期处于营养不良的状态，最终有可能引发许多危及生命的并发症状。因此，这些患者需要得到更多的关注。有关自我经验协调统一的更多内容，请参见本书第 7 章自我意识发展中的相关内容。

5. 和谐的人际关系

人是社会性动物，生活在与他人的联系之中，无法将自己孤立，不与任何人建立联系。人际关系对于我们而言并不是人生之旅中的选答题，而是必答题。

良好的人际关系不仅能为我们提供所需的社会资源，还能为我们带来足够的心理支持，有效缓解我们在生活中感受到的各种心理压力。例如，面对困难，选择一个你觉得亲近的人，对他诉说你的烦恼并与他一起寻求解决问题的方法，往往是一个能够帮助你摆脱困境的不错选择。良好的人际关系能够赋予我们温暖的人际关怀与支持，帮助我们形成积极乐观的生活态度、获得面对困难的力量与勇气。但人际关系并不总是我们幸福生活的推进剂，有时不良的人际关系和人际冲突也可能成为生活中“麻烦”的制造者，破坏我们的心理健康与幸福生活。总之，健康的心理状态里始终包含着和谐的人际关系，而和谐的人际关系也在不断维护着我们的心理健康。本书将在第 10 章人际交往的章节中对相关知识进行更为深入的介绍。

6. 心理与行为符合年龄的特征

最后，正如我们在第 2 章心理发展规律中介绍的那样，人的心理发展具有阶段性。处于不同年龄阶段的个体有着自己独特的发展任务。一个心理健康的人，他的心理和行为特点应当符合自己所处的特定发展阶段。例如，在绝大部分人的印象中，儿童应当是天真无邪、活泼开朗、充满童真童趣的；而老年人则应当是睿智豁达、善良和善、成熟稳重的。如果我们将二者所具有的特征进行互换，让一个近 70 岁的老人蹦蹦跳跳、咿呀学语，而让一个 3 岁的儿童不苟言笑、深谙世事，那么我们一定会认为他们都变得不正常了。这便是年龄特征对于心理健康水平的要求与显现。

以上便是衡量心理健康的六项重要标准。这些标准能够指导我们采用主观评估的方式，及时了解自己目前的心理健康水平和心理状态，在出现问题或必要时，应寻求专业人员的指导和帮助。但需要注意的是，对上述标准的评判多为主观性评估，在个体间存在较大差异。因此，我们既不能对这些标准置之不理，对自己的心理健康状况马虎大意、毫不重视；也不该对自己的心理健康水平过度担心、草木皆兵；更不可以此为依据，对自己和他人的心理状态随意做出诊断，并将“有病”的标签轻易地贴在自己或他人身上。

3.2　心 理 问 题

3.2.1　心理问题的概念

与生理健康相似，人的心理活动和心理健康状态也时刻处于动态的平衡之中，当这种微妙的平衡因为各种原因被打破后，就会引发各种心理及行为上的异常，即表现出各种各样的心理问题。心理问题的表现形式多种多样，程度也存在显著的差异。一般来说，我们可以根据症状的轻重程度，将心理问题依次划分为一般心理问题、严重心理问题、心理障碍(神经症性心理问题)等几大类。有时我们将医学范畴内的重性精神疾病放在心理障碍之后，形成从一般心理问题到重性精神疾病不断加深的连续体系。

3.2.2 心理问题的分类

1. 一般心理问题

一般心理问题也称心理失调或心理失衡，是轻微的心理异常，通常不存在心理状态的病理性变化，属于正常心理活动的局部异常状态，具有明显的偶发性和暂时性，持续时间较短，一般为不间断持续一个月或间断持续两个月。一般心理问题的发生常与特定情景相关，具有明确的指向性，无泛化现象，不良情绪仅由最初事件引发，其他事件即便与最初事件有联系，也不会引发此类不良情绪。例如，期中考试语文成绩不理想所引发的苦恼不会被迁移到数学考试之中。一般情绪问题对个体的影响较为轻微，由心理问题所引发的不良情绪反应仍在相当程度的理智控制下，能始终保持行为不失常。个体与一般心理问题斗争的过程中，基本能维持正常生活、学习、社会交往和工作，只是效率有所下降。例如，在考试现场出现的情绪过敏性紧张、思维反应迟钝、健忘等心理异常以及由此引起的出汗、尿频、颤抖、头晕、脸色发白等生理异常即属于一般心理问题范畴。在非考试场合，这些心理和生理上的异常变化即可消失。

一般心理问题如果脱离诱发情景而依然长期存在，具有明显的经常性和持续性，则有可能演变为严重心理问题。

2. 严重心理问题

严重心理问题一般由较为强烈的、对个体威胁较大的现实刺激引发，个体体会到较为强烈的痛苦情绪。从持续时间上看，严重心理问题的持续时间较长，一般为间断或不间断持续两个月以上、半年以下。严重心理问题对个体的影响程度更高：多数情况下，严重心理问题会使个体的思想与行为短暂地失去理性控制，表现出一些过激行为；个体对引发心理问题的刺激也出现了泛化现象，即痛苦情绪不但能被最初的刺激引起，而且与最初刺激相类似、相关联的刺激也可以引起此类痛苦(语文考试的失利，让来访者对所有的考试都产生了回避)。严重心理问题的出现对个体的社会功能产生了较为严重的影响，表现在生活、工作、社会交往等方面。严重心理问题并不能单纯地依靠自然发展或非专业性的干预得到缓解。例如，失恋的打击会引发长期的消极情绪体验、自我价值降低、自我怀疑；与恋爱时相关的场景，如去过的餐厅、电影院等都能唤起内心的起伏，并出现明显的逃避心理。

严重心理问题若没有及时得到专业人员的干预与指导，则有可能进一步加重并演变成心理障碍。

3. 心理障碍(神经症性心理问题)

心理障碍是一种精神障碍，主要表现为持久的心理冲突。个体能够觉察或体验到这种冲突并因之而深感痛苦，此时，心理障碍的出现已经妨碍了个体正常的心理功能或社会功能，但我们却无法在患者的身体上找到任何可证实的器质性病变。通常，心理障碍往往摆脱了诱发其产生的具体事件，罹患心理障碍的个体也很难说清诱发障碍的根本事件与原因。心理障碍多以恐惧症、焦虑症、抑郁症、强迫症、躯体形式障碍等形式出现。症状出现并持续至少 3 个月(惊恐障碍 1 个月)以上，出现心理障碍的个体在主观上非常痛苦且自身无法摆脱；在客观上，他们也会因为社会功能受损而无法正常生活、学习和工作。例如，表现为个体在任何遇到楼梯的情形下，都必须数清自己走过的阶梯数目，即强迫计数。如果出现数错、落数或被意外中断计数，则需要退回原点，重新计数，否则就无法进行其他任何正常的工作与生活事宜。个体对自己的这些行为有着清晰的感知，也知道上述行为完全没有必要，但就是无法控制自己。心理障碍是较为严重的心理亚健康状态。对于患者来说，障碍的背后往往存在着个人内心巨大的压力体验，这种体验会在环境中被不同的事件反复诱发。因此，心理障碍需要得到来自心理健康专业人员的及时处理与干预。

一般心理问题、严重心理问题、心理障碍(神经症性心理问题)是心理学范畴内对于心理不健康状态由浅入深的描述。这些心理问题可以通过自我调适、心理咨询、心理辅导、行为训练等方式逐步地调整与改善。其并不涉及医学范畴下对疾病的诊断与药物治疗。

4. 重性精神疾病

重性精神疾病是一类严重破坏人类健康的疾病，是异常的心理表现，其属于医学的范畴，而不是心理学意义上的心理问题。但重性精神疾病的出现与心理问题密切相关，很大程度上，是人们忽视自身心理问题，使其逐渐累加、发展所致。因此，我们将其列在心理障碍之后。重性精神疾病一般包括精神分裂、双相情感障碍、精神发育迟滞伴发精神障碍、癫痫伴发精神障碍、偏执性精神障碍和分裂性情感障碍等。较为严重的精神疾病患者会出现与现实不同的幻觉、妄想；同时患者的自知力会部分或完全丧失，对自身的患病状态没有清晰的感知，社会功能也会受到较大的影响。处于重性精神疾病急性发作期的患者需要得到专业的医学治疗。

在正常的生活中，我们多多少少会有各种各样的烦恼和困扰，这些烦恼和困扰会体现在情绪和对待自我的态度上，这便是常说的一般心理问题。多数情况下，我们都能通过自身的积极调试和身边人的帮助，将其完美地化解；若问题被忽视、得不到解决，症状会逐渐加重，持续时间延长，一般心理问题就可能转化为严重心理问题，这时我们就需要寻求专业心理咨询人士的帮助了；若我们依然对问题置若罔闻，使得心理矛盾进一步拖延与激化，则有可能患上精神疾病，这时就需要接受医学范畴下针对精神疾病的专业化治疗了。因此，当我们有心理困扰时，大家先不必恐慌，更不要因为害怕被当作“疯子” 而对问题进行刻意隐藏。把心理问题对等于精神疾病的做法是十分错误的。

3.2.3　如何区分正常心理和异常心理

在了解了心理健康，一般心理问题，严重心理问题、心理障碍和重性精神疾病的关系之后，我们可以怎样来区分正常心理和异常心理呢？以下的方法和原则可以帮助我们区分正常的心理和异常的心理：

1. 医学标准

按医学标准，临床医师认为根据一个人表现出的某种心理现象或行为，就能找到病理生理变化的依据，从而认定此人有精神疾病和心理障碍。因此，是否有脑部病理变化是区分心理正常和异常的医学标准。例如，有脑内血管疾病导致的智力缺陷(痴呆)，就可以被认为是一种异常心理表现。

2. 统计学标准

按统计学标准，在普通人群中，人们的心理健康水平呈正态分布(见图 3.2.1)。这表明，大多数人的心理健康水平处于平均值附近的正常范围内，而只有少数人处于两端异常状态的极值处。可见这里“心理异常”是相对的，它是一个连续变量，偏离平均值的程度越大，则越不正常。也有观点认为，超出平均值的表现并不一定是异常的，可能是独特个性表现，此时需要参照其他标准判断是否异常。

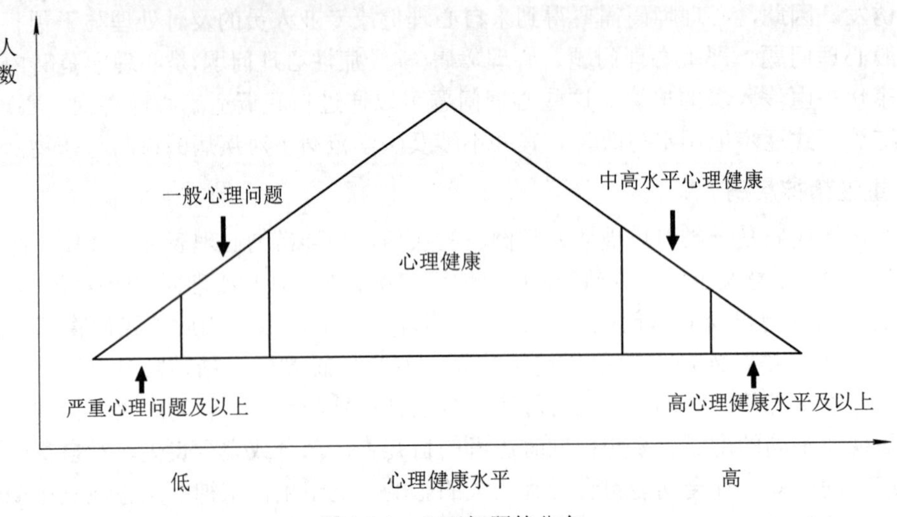

图 3.2.1 心理问题的分布

3. 社会适应标准

按社会适应标准，正常情况下，人体能维持生理心理的稳定状态，依照社会生活的需要适应环境和改造环境。因此，正常人的行为符合社会准则。若一个人不能按照社会认可的方式行事，致使其行为后果对本人或社会产生不适应现象，则认为此人心理异常。如我们身边都有固执己见的人，这是正常的，但是若一个人固执到听不进任何劝告，无法与其他人交流，不能正常生活，那就是属于心理异常了。

《扁鹊见蔡桓公》的故事告诉我们，生理疾病的发生是一个由浅入深、由轻到重的过程，对于心理困扰和心理问题来说也是这样的。任何心理问题与精神疾病的发生都存在着一个发展过程。心理健康、一般心理问题、严重心理问题、心理障碍和精神疾病之间也存在着渐进变化的关系。我们需要做的，是不断培养自己的心理健康意识；当发现自己出现了心理问题之后，及时地寻求专业人士的帮助。不断动态地维持自己良好的心理健康水平。

3.2.4 心理问题相关的概念

当我们提到与心理相关的疾病时，大家的脑海中会出现哪些疾病的名称呢？在以往的教学经历中，许多同学都会提到神经病、精神病这两个词语，那么这些疾病与心理问题之间存在着怎样的关系呢？

1. 神经病

顾名思义，神经病是指人类的神经系统出现了疾病。这些疾病既可以发生在中枢神经系统，如大脑血管破裂引发出血导致的脑卒中(俗称中风)。也可以是发生在外周神经系统的神经病变，如胳膊上因为神经性皮炎而出现的红色斑疹。

2. 精神病

精神病是医学上对于精神性疾病的统称，其病理机制主要是大脑内某些神经递质水平失调，引发患者精神方面的异常表现。例如，精神分裂症患者出现的幻听、幻视；抑郁症患者出现的情感低落、兴趣缺失等。

神经病和精神病的描述都带有“病”字，它们属于医学范畴，而心理问题并不属于疾病范畴。其发生主要是正常人在生活中出现的一些困扰，是心理学工作的范畴与领域。通过有效的心理干预和帮助，心理问题便能很快得到缓解，从而提升个体内心的幸福感。但若我们长期忽视自身的心理问题，使得这些困扰一直在心中不断累积，则往往会成为引发精神疾病的诱因。

拓展阅读

心理问题到底该不该吃药?

药物治疗与心理活动之间的关系，需从心理问题产生的机制谈起。一般而言，我们在生活中常常遇到的一般心理问题和严重心理问题，是不用接受药物治疗的。因为此时大脑内的神经元之间传递信息的化学物质(如多巴胺、五羟色胺等)水平未失衡，我们只要通过自己的心理调节和专业的心理咨询服务，化解我们对待问题的不良看法，找到自己看待问题时出现的盲区，就能很快地摆脱不良的心理状态，恢复正常的心理机能。但如果心理问题持续的时间很长，已超出严重心理问题的范畴，甚至出现精神亢奋、思维加速、感知异常(能感知其他人无法感受的信息)、被害妄想(无证据却总觉得有人要害自己)、强迫行为(反复洗手)等精神、行为异样，通过我们自己的调整和向他人求助，问题并没有得到有效缓解，进而严重地影响到我们的生活。这时就需要考虑接受系统科学的药物治疗，因为此时在我们的大脑中，那些负责传递信息的化学物质的水平很可能出现了失衡与紊乱。药物治疗的目的就在于帮助我们恢复大脑内这些化学物质的正常水平。药物治疗的方案需要由专业的精神科医师来制定，并且患者要严格地遵守医嘱，不可私自增加、减少或停止服用药物。

但药物治疗不是万能的，它只是从生理上帮助我们的大脑恢复到之前健康时的平衡状态，并不能消除引发疾病与问题的心理因素，例如对待问题片面的解读方式、不良的行为模式、争强好胜的性格等，这些仍然需要由专业的心理健康与心理咨询人士来调整。因此，许多患者会在接受药物治疗一段时间后，有意地接受心理辅导，从而加快自己的身心恢复进程。

第 4 章　个体心理咨询

个体心理咨询是维护大学生心理健康最为常见和有效的方法。它通常以个体心理发展的特征与规律为基础，通过运用心理学的方法和手段，采用一对一的工作方式，达到解除个体心理困惑、提高心理素质、促进其心理健康的目的。本章我们将对与个体心理咨询相关的知识进行深入而细致的介绍。

4.1　心理咨询概述

4.1.1　心理咨询的概念

心理咨询(主要以个体为对象)属于健康心理学的范畴，服务对象是日常生活中的正常人群。心理咨询是指由接受过咨询心理学训练的专业人员运用心理学知识、理论和技术，帮助来访者合理解决他们所遇到的各种适应与发展性问题的过程。心理咨询以双方共同的协商、交谈和咨询师有意识的启发和引导为主要工作方式，能够有效地达到缓解来访者内在压力、释放情绪，帮助来访者达到自立自强、增进心理健康和提高社会适应能力的目的(见图 4.1.1)。

图 4.1.1　心理咨询场景模拟演示(咨询师右)

心理咨询不同于一般的开导、劝慰和帮助，它是一项专业性极强的工作；是一种职业性的帮助行为，其中涉及很多理论与技术性问题。心理咨询之所以对来访者能够产生积极有效的作用，关键在于咨访双方间形成了一种特殊的关系。在这种关系中，咨询师能够为来访者提供一个安全、抱持的氛围，并通过多种咨询手段的应用，使来访者逐步认清自己所面临的问题并积极地解决。对于存在心理问题的人，心理咨询可以有效地帮助他们改变不良思维模式与行为方式；而对于心理行为正常的人，心理咨询则能够帮助他们清除成长过程中所遇到的障碍，从而更好地发挥个人潜能。

拓展阅读

心理咨询、心理治疗与精神疾病治疗之间的关系

日常生活中，人们常常存在将心理咨询与心理治疗、精神疾病治疗等相关概念混淆的现象。这往往会增加人们的“病耻感”，造成人们对于心理咨询的错误理解。其实，三个概念所包含的内涵与服务对象范围都存在着明显的差别。

如前所述，心理咨询属于健康心理学的范畴，以正常人为服务对象。心理咨询解决的是个体在生活中所出现的一般心理问题。它不同于一般的安慰，不仅要使来访者开心，更要促进来访者成长。使人开心是心理咨询的前奏曲，使人成长是心理咨询的主旋律。在心理咨询的过程中，咨询师会帮助来访者逐渐意识到什么才是自己真正遇到的问题？自己与问题之间的关系是怎样的？自己和问题之间存在哪些积极的、可调动的力量。最终，咨询师会帮助来访者主动将自己遇到的问题与危机转化为促进自身完善与成长的良好机遇。

心理治疗也常常被称为心理与行为训练，其亦属于健康心理学的范畴。心理治疗主要的服务对象包括存在严重心理问题、心理障碍的正常人群；同时，也包括部分处于治疗康复阶段的精神疾病患者。心理治疗以良好的咨访关系为基础，由经过严格训练的专业治疗师运用心理治疗的有关理论和技术，对精神和情感上存在障碍的来访者进行治疗与干预。心理治疗能够帮助来访者消除精神症状、改变病态行为表现并整理、完善他们的人格。

精神疾病治疗属于临床医学的范畴，其服务对象是出现了不同精神疾病症状、罹患精神疾病的病人。精神疾病的治疗需要由具有医疗执业资质的医生来完成。治疗过程往往会使用一些精神治疗类的药物以及一些医学上特殊的辅助治疗手段。精神疾病治疗的目的在于控制患者所表现出的精神症状、阻止病情的进一步发展、促进患者康复并逐渐恢复自身的社会功能。此外，在精神疾病治疗的康复阶段，也可以适当地为患者加入心理咨询与心理治疗，以达到缩短病程、维持疗效、预防复发的目的。

4.1.2　心理咨询的功能

概括起来，个体心理咨询的功能主要体现在排除心理困扰和寻求心理发展两个方面。

1. 排除心理困扰

心理咨询的首要任务是帮助来访者解决他们所面临的心理问题，缓解来访者因此所产生的各类心理症状(如失眠、焦虑、抑郁等)，并赋予来访者解决这些问题的力量。具体说来，心理咨询能够对来访者产生以下的积极作用：

1) 缓解情绪症状

心理问题往往会引发出明显的情绪症状，包括情绪压抑、情绪低落、情绪失调等典型症状。此时，在心理咨询中，咨询师可以帮助来访者寻求合适的途径，将郁结在心中的各类情绪有效地释放出来。达到稳定来访者的内在心境、缓解情绪、减少由情绪引发的内心伤害，实现内在平和的目的。

2) 释放心理压力

压力与心理问题的产生密切相关。产生心理问题的压力既可以来自来访者所要面对的外部环境，也可以来自来访者自身内部的主观世界。破坏性的压力水平不仅会引发心理的困扰，也会破坏来访者的社会功能，甚至破坏来访者生理上的平衡状态，引发生理疾病。而心理咨询则能够帮助来访者不断探查并识别自身所面对的压力来源与压力水平，减少并释放压力对其自身所造成的破坏性影响。

3) 纠正错误观念

通常情况下，来访者都非常确信，他们对自己的内心活动有着较为清楚的认识，知道自己在做什么以及内心的需求，但事实并非如此。例如，有的来访者会认为："自己必须看起来十全十美，才能被周围的人所接纳。"但实际上，人们往往更喜欢有"瑕疵"的朋友。心理咨询能够帮助来访者纠正原有头脑中存在的种种非理性观念，以及与之相伴的自我欺骗，并用更加正确理性的观念将其取而代之。

4) 学会面对现实

许多存在心理困扰的人都很善于逃避现实。他们的话题似乎总离不开昨天和明天，也会花很多时间来回味过去、计划未来，但对自己目前的处境却始终闭口不言。逃避现实确实能够帮助来访者在一定程度上缓解焦虑，但并不能消除引发焦虑的现实问题。此时，心理咨询便可以帮助来访者以他们可以接受的方式和步骤学会面对自己当下的生活。

5) 构建新的人际关系

不良的人际关系会严重破坏人们的心理健康。心理咨询则能够以来访者为中心，以来访者的主观视角作为评判人际关系的出发点。咨询中，咨询师在帮助来访者掌握必要人际交往知识的基础上，指导其对自身人际关系进行有效的梳理、优化自身存在的人际关系结构，帮助其在生活中构建出全新的、和谐的人际关系。

2. 寻求发展

授人以鱼不如授人以渔，心理咨询亦是如此。心理咨询除了帮助来访者解除现实心理困扰，还要积极促进来访者心理上的成长。心理咨询能够帮助来访者更加全面地认识内在的真实自我、提高来访者在面对困难时的心理韧性、培养来访者乐观积极的生活态度。

1) 深化自我认识

心理咨询的一项重要目的是帮助来访者进行自我内心的探索。当一个人开始真正了解自己的内心时，他也就开始真正地了解了自己的内在需要、自己秉承的价值观念、自己对待生活的态度与动机、自己拥有的优势与不足。当来访者在咨询师的帮助下形成了较为清晰、准确的自我认识，他们就可以随时根据自己的情况来规划自己的人生。

2) 解决自身的内部冲突

心理咨询会帮助许多来访者逐步意识到他们所面对的困扰并非来自外界，而是更多的源自内心尚未解决的冲突。换言之，外部环境只是为我们的生活提供了一个舞台，而真正展现在舞台之上的则是我们心中的所思所想。通过心理咨询，咨询师不仅能够帮助来访者以“观众”的身份，看到自己心中的“演出”，更能将来访者变成一名“导演”，重新组织、编排、优化自己的内心故事。

3) 获得对生活的希望感与力量感

心理咨询的重要功能还在于为来访者的内心积极赋能。心理咨询能够帮助来访者不断提升他们所拥有的自我价值与自尊水平，不断获得对自身生活的掌控感与效能感。在赋能的过程中，来访者开始逐渐抛弃郁结于心中的恐惧和不安，最终获得面对未来生活的希望与力量。

4.1.3　心理咨询的原则

心理咨询既是一项高度专业化的活动，也是一个来访者与咨询师进行人际互动的过程。为保证心理咨询的顺利展开，以及保证心理咨询达到预期的效果，在进行心理咨询时，咨访双方需要共同遵守并维护以下原则：

1. 保密性原则

心理咨询非常注意对来访者个人信息与心理状态资料的保护。一般情况下，咨询师会严格保守来访者的内心秘密，妥善保管来往信件、测试资料等材料。如因工作需要或特殊原因不得不引用相关信息时，咨询师会主动与来访者沟通，并在其同意后，对材料进行适当处理，最大程度地保护来访者的隐私。

2. 理解支持原则

在咨询的过程中，咨询师会以来访者为中心，对来访者的语言、行动和情绪等给予设身处地的理解与无条件的积极关注，尊重来访者在当下的每一项选择，而不是站在道德的制高点上，对来访者的行为表现进行对与错的价值判断与评价。

3. 积极心态培养原则

咨询师的工作主要是帮助来访者分析问题的所在，培养来访者积极的心态，树立自信心，让来访者的心理得到成长，自己找出解决问题的方法。

4. 时间限定的原则

心理咨询必须遵守一定的时间限制。咨询时间一般规定为每次 60～90 分钟(初次受理时，咨询可以适当延长)，原则上不能随意延长咨询时间。

5. “来者不拒、去者不追”的原则

原则上讲，到心理咨询室求助的来访者必须完全自愿，这是确立咨访关系的先决条件。没有咨询愿望和要求的人，咨询师不能去主动要求为其进行心理咨询。

6. 感情限定的原则

咨访关系的确立和咨询工作顺利开展的关键，在于咨询师和来访者之间心理上的沟通和接近，但这也是有限度的。来自来访者的劝诱和要求，即便出于好意，也应予以拒绝。个人间接触过密不仅容易使来访者过于了解咨询师的内心世界，阻碍来访者的自我表现；也容易使咨询师陷于多重关系，该说的不能说，该做的不能做，畏首畏尾，从而失去客观、公正的判断能力。

7. 重大决定延期的原则

心理咨询期间，若来访者的情绪过于不稳，原则上应规劝其不要轻易作出诸如调换工作、退学、转学、离婚等重大决定。在咨询结束后，待来访者的情绪安定、心境平复后再作决策，往往不容易反悔，或反悔的可能性较小。

4.2 心理咨询的理论流派

心理咨询并不能按照咨询师的主观意愿随意展开。面对来访者咨询问题时，咨询师首先会根据自身学习、受训的理论对来访者具体心理问题的成因进行分析，并按照其遵照的理论制订出相应的辅导计划与辅导措施。这一过程被称为咨询案例的个案概念化过程。当前存在多个与心理咨询相关的理论流派，即使对于同一个来访者的同一个问题，也会同时存在多个个案概念化的方案。本书第 2.2 节介绍过用于解释人类心理发展原理的不同心理发展理论，这里我们依然可以在心理咨询的理论流派中找到它们的身影。

4.2.1 精神分析学派

精神分析流派由奥地利精神病学家、心理学家西格蒙德·弗洛伊德(Sigmund Freud)创建。其主要观点是：“一切心理活动的动力并不在于意识表面，而在于被压抑的潜意识中。”心理问题和障碍形成的原因在于个体成长过程中所经历的创伤性事件。这些事件会不断地在个体的内心形成各种“情结”，并进入未被患者觉察的潜意识之中。在某些因素的影响下，“情结”会以破坏性的方式爆发出来，这便是形成心理冲突和障碍的主要原因。不仅如此，弗洛伊德还提出“自我(现实的我)”“本我(真实的我)”“超我(道德的我)”的“三我”人格结构(见图 4.2.1)，将心理问题的出现阐释为“自我”在面对“本我”和“超我”冲突时所出现的功能丧失与损害。

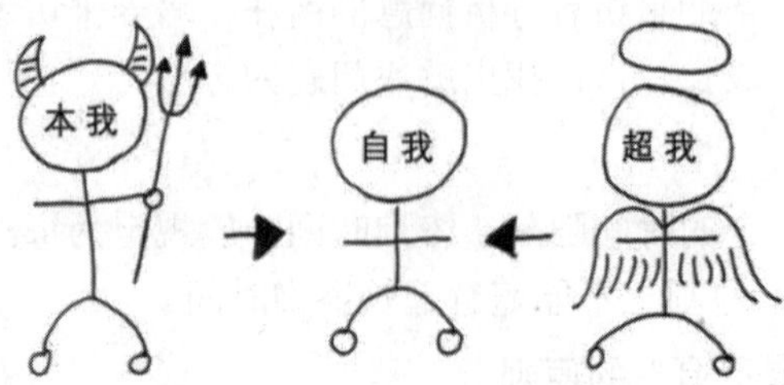

图 4.2.1 “三我”人格结构

对于心理咨询而言，精神分析流派主张咨询师在咨询时应当帮助来访者探寻、挖掘那些被他压抑在潜意识内的欲望与情结，以便释放其内心被压抑的能量；此外，咨询师还应帮助来访者学会调节因各种人格成分秉持不同原则而引发的心理冲突，最终使来访者的心理问题得到治愈。

催眠、梦的解析、心理投射测验是精神分析流派常用的有效技术手段。这些手段对解决来访者的心理困扰有较好的效果。需要指出的是，与其他咨询流派相比，以精神分析流派为指导的心理咨询往往会表现出时程较长(一般至少一年)的特点，故在现代追求快节奏的生活中较为少见。

4.2.2　行为主义治疗学派

行为主义治疗学派源于美国心理学家约翰·华生(见图 4.2.2)所开创的行为主义理论。早期的行为主义理论，既否定个体存在的主观能动性，也不强调在行为产生过程中，人的认知所发挥的重要作用，而是仅仅将人类的心理看作是在刺激(S)和反应(R)间建立不同联结的过程。这样的观点虽然在后期得到了一些改变，但从整体上看，行为主义仍将“刺激-反应”联结看作是心理活动的重要来源。

图 4.2.2　约翰·华生
(1878—1958)

因此，来自行为主义的心理咨询流派也顺其自然地认为：“一切心理问题的根源，不过是一些“刺激”和“反应”被不良联结的结果。”这时，只要通过一定的方法，消除这些已经形成的不良条件反射，人们的心理与行为困扰便会迎刃而解。

自 20 世纪 20 年代开始，行为主义逐渐创立了以“生物反馈法”为核心的各种心理与行为调控方法。它们包括放松治疗、系统脱敏、满灌疗法、厌恶疗法、代币法、去联结法、行为示范法等。由于这些方法能够在较短的时间达到快速矫正问题行为的目的，特别是在酒精依赖和药物成瘾控制方面的突出疗效，使得它们在产生后的半个世纪里被广泛传播与应用。但与此同时，这些方法也存在忽视人类主观能动性与内在认知的不足，因此，目前单纯的行为疗法正逐渐被“认知-行为”联合治疗所取代。

4.2.3　认知主义治疗学派

20 世纪 50 年代中期，西方兴起了认知心理学的思潮。该思潮以瑞士心理学家皮亚杰提出的发生认知论为基础。认知心理学的核心思想是将人脑的工作过程比作电脑，认为人的心理活动是一个不断接收信息并加工信息的过程。认知心理学关注人的高级心理过程，突出人的主动性，认为认知在人类的心理活动中扮演着极其重要的作用，强调人的意识(合理或不合理)在个体行为表现上的关键作用。

图 4.2.3　亚伦·贝克
(1921—2021)

认知主义疗法是认知疗法中的杰出代表，是由心理学家亚伦·贝克(见图 4.2.3)所提出的。该疗法的核心思想是：行为只是心理问题的外在表现，而心理问题产生的根本原因在于人脑中存在的那些不合理的信息加工观念，即非理性信念。因此，仅仅用行为约束来化解心理问题的方法治标而不治本，要达到对心理问题的根本性改变，则需要改变那些已经存在于人们头脑中的不合理信念。因此，认知主义疗法往往将人的主观意识作为工作重点。咨询师的工作目标在于帮助来访者不断地修正他们对待自身以及外界的看法，从而达到消除心理困扰的目的。对于大多数成年来访者而言，认知主义疗法既简单快速，又效果显著；但不足在于，这种疗法对咨、访双方的认知领悟能力均有较高要求，因此不太适合低龄儿童和某些特殊人群的来访者。

4.2.4 人本主义学派

人本主义学派常常被称为心理学界的“第三势力”，由著名心理学家马斯洛(见图 4.2.4)和罗杰斯开创。

图 4.2.4 亚伯拉罕・马斯洛(1908—1970)

人本主义学派重视人的尊严与价值。它既反对像行为主义那样，把人视为一个只会对刺激做出反应的机器；也反对弗洛伊德的精神分析理论只关注于人们心理阴暗面的欲望与创伤。而是强调心理咨询应当充分肯定人们内心所具有的积极心理品质，肯定每个人内心的需要、潜能与自我成长与实现的渴望。

基于上述思想，罗杰斯在 1942 年提出了著名的来访者中心疗法。该疗法认为，心理咨询的根本目的不是去治疗一个患病的病人，而是将他看做是一个有尊严、有价值的人。通过咨询师对其充分的信任与同理心，来访者便能有力量进行积极的自我探索，通过内省发现和判断自我的价值，最终达到主动去改变症状，实现自我成长。因此，该疗法认为，治疗效果产生的关键在于治疗师对来访者的真诚以待、设身处地的理解与无条件的积极关注。

4.2.5 后现代主义的心理咨询流派

在 20 世纪的最后 10 年里，咨询心理学中继续涌现出了多个新兴的心理咨询理论，如叙事心理治疗、萨提亚家庭治疗、短程焦点治疗、艺术绘画治疗与音乐治疗等，人们习惯于将其统称为后现代主义的心理咨询流派。这些流派共同的特点是重视人的主观能动性与社会性、尊重人的价值、强调言语在心理活动中的作用以及相信来访者具有解决自身问题的能力等。

需要特别指出的是，在为个体提供心理咨询服务时，咨询师通常不会同时运用所有的咨询理论与方法。事实上，在心理咨询成长的专业化过程中，咨询师会在了解所有咨询理论流派的基础上，选择某一种或两种适合自己的理论流派作为自己的执业背景并加以精进。因此，对于来访者相同的心理问题，秉持不同咨询理论流派的观点，咨询师会对这些问题做出不同的解释，其咨询的方案与步骤也可能完全不同。来访者也可以根据自身的感受，来选择哪种咨询流派的咨询服务最适合化解自己所遇到的问题。

4.3　心理咨询的步骤、方式与获得途径

4.3.1　心理咨询的步骤

心理咨询过程一般分为 6 个步骤：收集信息、界定问题、确立目标、规划方案、实施行动和评估结束。

1. 收集信息

收集信息阶段的首要任务是初步建立起良好的咨询关系。咨访关系对于咨询效果的产生至关重要。因为在咨询初期，咨询师即需要通过良好的咨访关系来了解和掌握来访者详细、准确的信息，对他们提出的问题进行界定；来访者也需要通过对咨访关系的感受来了解咨询师是否关心他，能否对他负责，是否有丰富的咨询经验和行为矫正技术，是否能信守诺言、为其保密等。这样，来访者才能决定是否愿意在咨询师面前袒露真情或隐私。因此，当咨访关系处理不好时，或者来访者是被迫参加心理咨询时，往往就会存在较大的心理阻抗，不肯袒露心声。另外，良好的咨询关系本身就是化解心理障碍的重要因素。

收集信息时，咨询师要了解来访者的求助动机、心理问题的类型与表现、个人发展史、人格特点、社会背景和社会适应等情况。概括起来，这些信息可分为两个方面：一是与来访者基本情况相关的信息，如年级、院系、专业、籍贯等；二是来访者存在的心理问题及产生原因，包括问题发生的时间、问题发生前后的情况等。

2. 界定问题

界定问题的主要任务是依据收集到的信息，结合心理咨询的有关知识和经验，对来访者的问题进行界定、诊断，辨明问题的类型、性质和严重程度等，即心理问题的个案概念化过程。清晰的问题界定将为确立咨询目标和选择咨询方法打下坚实的基础。

1) 首先判断来访者的问题是否适宜心理咨询

心理咨询不是“万金油”，也不是“万能钥匙”。例如，来访者主诉头痛、失眠、食欲不佳等，这有可能是焦虑的躯体表现，也有可能属于内科疾病的症状。这时，就需要首先请来访者前往医院进行内科学检查，在排除生理疾病导致的因素后，再决定是否进行心理咨询，以免耽误重大疾病的早期诊断，贻误治疗时机。另外也要注意到，由于对心身疾病缺乏正确认识，许多人对疾病的理解仍停留在吃药、打针、理疗上，却不知道导致疾病的真正原因既不是细菌也不是病毒，而是自己的心理因素。例如，在面临巨大的压力时，人们往往通过头痛、腹泻、胸闷、心律不齐、血压高等躯体疾病的症状，来表现自己内心的不适。这时他们不仅需要化学、物理等常规的医疗手段，还需要配合心理咨询，才能达到标本兼职的良好效果。

2) 判断来访者的问题类型

来访者的问题是多种多样的，有的属于大学生成长中的问题，如青春期常常出现的与性相关的困惑；有的则属于一般性的心理问题，如人际交往不适；严重的也可能属于某些神经症症状，如焦虑症、强迫症、抑郁症等。

确定问题的类型后，通过对心理问题严重程度的评估，需要进一步确定哪些问题是可以通过心理咨询解决的，哪些问题是需要转介给其他机构或需要借助其他力量干预的。

3) 结合心理测验进一步诊断

利用实施标准化测验量表，对来访者的行为与心理状态作出系统评估，也是对面谈的有益补充。一方面通过系统的问卷检查可以发现一些遗漏或误判的问题，另一方面也可以通过问卷定量地确定心理问题的严重程度。

常用于咨询活动的测验主要包括以下几类：

(1) 用于评价个人整体人格结构的量表(如卡特尔 16PF 人格问卷，简称 16PF)；

(2) 用于评价个人心理健康水平的量表。其中又包括一般评定量表(如症状自评量表，简称 SCL-90)；专门评定量表(如孤独症行为评定量表，简称 ABC)；抑郁自评量表(SDS)；焦虑自评量表(SAS)；

(3) 用于确定治疗方案的量表(如艾森克人格调查表，简称 EPQ，明尼苏达多项人格量表，简称 MMPI)。

现在，大学新生入学后，各高校普遍进行了大学生心理健康状况的问卷普查工作，高校利用该调查可以及时、有效地发现、识别大学生中存在的心理问题。针对不同情况，开展积极干预，也是提高大学生心理健康水平的有效途径。

3. 确立目标

确立目标的主要任务是在上一阶段对来访者所提出的心理问题进行清晰界定的基础上，咨访双方共同确立改变这些问题的方向、措施，以及经过咨询后可以达到的状态。例如，如果来访者面对的问题是行为适应性不良，那么就可以把对不良行为的矫正作为主要咨询目标。又比如，如果来访者是由于自身错误的认知观念所引发的心理问题，那就可以把帮助来访者发现自身错误的认知观念、改变自己的不良认知作为主要咨询目标。

4. 规划方案

规划方案阶段的主要任务是咨询师根据来访者问题的性质、来访者的自身特点、外界可供利用的资源以及自身的能力、咨询的经验和技术储备等诸多因素结合起来，与来访者一同制订一个能够实现咨询目标的具体方案。一般来说，咨访双方可以共同制订一个时间表，明确双方在一段时间内做些什么、不做什么以及如何实施。通过制订详细的咨询规划，来对咨访双方的行为加以适当约束，能够有效地避免咨询活动流于形式，从而达到预期的咨询效果。

5. 实施行动

实施行动阶段的主要任务是将方案中拟定的行动步骤一一付诸实施。在实施过程中，来访者是主角，在咨询师的指导下，要积极进行自我探索，对新的行为方式和新的理念产生理解和领悟，克服不良情绪，或者开始用新的适应性行为代替旧的不适应性行为，并认真体会新行为带给自己的变化；而咨询师则主要起解释、督促、评估等作用，鼓励来访者把行动坚持下去。

6. 评估结束

评估结束阶段的任务是评估目标收获和为学习迁移做准备。

1) 评估目标收获

咨询双方根据已确定的目标评估整个心理咨询过程，确认目标达成情况。必要时，这种评估还可以再一次利用心理测量。评估的价值不仅在于使来访者明了咨询的收获，还能提供一个机会，让来访者体会经过一段艰难努力终于达到目标的成功体验。这种体验是很珍贵的经验。

2) 为学习迁移做准备

咨询双方要针对来访者的顾虑，较详细地讨论来访者在未来的实际学习、工作和生活中可能会出现的问题以及怎样利用在咨询中获得的积极经验和收获，去面对这些情况并加以妥善处理。这样的讨论能够有效地扩大咨询产生的效果，促进来访者更好、更快地发展。

需要指出的是，以上 6 个步骤的划分是相对的，甚至有些步骤是可以相互合并的。比如，收集信息阶段与界定问题阶段之间就无法进行严格区分。此外，若在咨询的过程中，发现了新的重要情况，如前期由于来访者的心理阻抗，未能如实反映问题，这时就需要退回到重新界定问题的阶段并根据新的资料制订出新的规划方案。

4.3.2　心理咨询的方式与获得途径

1. 心理咨询的方式

1) 见面咨询

见面咨询是个体心理咨询中最为常见、也最为有效的咨询方式。一般由咨询师和来访者共同约定咨询的时间，并严格地按照预约时间在专业的心理咨询室进行。见面咨询可以有效地帮助咨访双方理解对方所展现出的非言语信息，有利于咨询师准确地评估来访者目前各项心理活动的状态。

2) 书信咨询

由于时间和空间的限制，咨询师与来访者无法有效地建立面对面的咨询关系，此时便可借助书信完成心理咨询活动。在进行书信咨询时，对咨访双方的言语表达和理解能力要求较高。书信咨询一般可作为心理健康教育的良好形式，也可以作为面对面咨询中，特殊咨询时期的补充。

3) 网络或电话咨询

伴随着通信技术的发展与进步，目前网络和电话咨询已成为个体心理咨询中的重要形式。网络和电话咨询可以打破来访者与咨询师之间时间和空间的限制，同时又能提供书信咨询所无法提供的信息，因此成为许多来访者的选择。但在网络和电话咨询中，来访者应着重辨别咨询师的职业资格和能力，以便得到专业的心理咨询服务。

2. 心理咨询的获得途径

1) 高等院校心理健康教育中心

根据教育部的统一部署与安排，我国高等院校均设有心理健康教育中心并配备专职心理健康教师，为在校学生提供免费、专业、及时的心理健康服务。需要心理咨询的同学可根据本校心理健康中心的相应介绍与说明获得咨询服务(见图 4.3.1)。

图 4.3.1　西安电子科技大学大学生心理健康教育中心

在首次咨询中，咨询师往往会对来访者所提出的问题是否属于心理咨询的范畴进行鉴别，这一过程即前述心理咨询步骤的界定问题阶段。当需要医学干预时，咨询师会首先介绍来访者前往相应的医疗机构进行必要的诊断与治疗。

2) 专业精神卫生医疗机构

在我国，三级甲等医院均设有精神卫生专科和心理专科。同时，许多精神卫生专业医疗机构也设立了心理科。上述医疗机构也能够为前往就医的患者提供心理咨询服务。

3) 专业心理咨询机构

专业心理咨询机构作为上述两者的有效补充，也能为社会人群提供及时专业的心理咨询服务。但要特别指出的是，来访者在选择、购买心理咨询服务前，应对服务机构和从业人员的资质进行有效的评估。

第 5 章　团体心理辅导

除了一对一的个体心理咨询外，团体心理辅导也是一种在高校心理健康工作中重要而常见的、能够有效维护大学生心理健康的心理服务形式。其不仅适用于多种心理问题和需求的解决，还具有着个体心理咨询所不具备的独特优势。本章将对与大学生团体心理辅导相关的知识进行深入介绍。

5.1　团体心理辅导概述

5.1.1　什么是团体心理辅导

团体心理辅导是大学生心理健康教育工作的重要组成部分，对大学生维护自身心理健康具有巨大的推动作用。它是在团体情境中提供心理帮助与指导的一种心理咨询与治疗形式，是通过团体内人际交互作用，促使个体在交往中通过观察学习体验，认识自我、探讨自我、接纳自我，调整和改善与他人的关系，学习新的态度与行为方式，以发展良好的适应能力的助人过程。根据团体心理辅导所具备的功能、团体心理辅导参加的对象等不同的分类依据，对其做出不同的分类。

5.1.2　团体心理辅导的类型

关于团体心理辅导的分类，尚没有统一的标准。目前研究者可以根据团体心理辅导所依据的理论、团体心理辅导所具有的功能、参加团体心理辅导的对象等不同的标准对团体心理辅导进行区分。

1. 按照团体心理辅导所依据的理论进行分类

1) 精神分析团体

精神分析团体治疗主要依托精神分析学派的动力学理论作为指导，鼓励团体成员借由团体所提供的安全氛围，开展对内的自我探索，从而实现意识与潜意识之间的联结，获得个人的成长。

2) 行为团体

行为团体治疗主要依托行为主义的各项理论所展开，主要帮助参加团体的成员借由团体提供的安全氛围，达到对自身不良行为(如吸烟、酗酒等)进行矫正与控制的目的。

3) 人本主义个人中心团体

人本主义重视人的价值与内心体验，因此人本主义个人中心团体更加地关注个人的内心世界，鼓励团体对其成员给予无条件的接纳与设身处地的理解，帮助团体成员在活动中重视自己的内在感受，提升自己的价值与内心的幸福感。

4) 认知行为团体

认知行为团体更加强调人的主观思考与个人行为选择之间的关系，其最终目的是调整和控制团体成员原有的各种不良行为与行为模式。但与行为团体对成员的行为进行直接的干预不同，认知行为团体更加强调从思想上对个人的心理活动进行认知修通，通过团体成员之间的相互交流，改变成员之间原有不合理的信念，从而调整自身行为。

5) 其他团体

随着心理学理论的不断丰富与发展，各种学术流派与理论不断涌现，团体心理辅导也呈现出百花齐放的局面。这些受欢迎的后现代心理咨询理论，往往提供了生动活泼的团体辅导形式，如萨提亚团体心理辅导、叙事团体心理辅导、心理剧团体辅导、绘画艺术团体辅导等。

2. 按照团体心理辅导所具有的功能进行分类

1) 成长性体验式团体心理辅导

成长性体验式团体是大学生心理健康工作中最为常见的一种团体活动形式。其目的在于通过团体活动的方式，为团体成员提供丰富的实践锻炼机会与人际交往体验。成长性体验式团体具有教育功能，可预防和解决个人在成长或人际交往中出现的困扰，它通常以一种不具有威胁性的方式进行团体活动或讨论。团体领导者为团体成员提供不同的主题信息，然后从团体成员那里得到反应和评论。上述活动能帮助成员进行积极的自我探索，达到心灵成长的目的。本书中所介绍的多个团体心理活动就是成长性体验式团体在大学生心理健康工作实践中的具体体现。

2) 训练式团体心理辅导

训练式团体心理辅导有明确的行为指导目标，其目的是通过不断的训练与强化，帮助团体内的成员在某些行为或心理品质上达到团体的目标。例如，在开学初期对咨询员和新进教师进行的心理技能团体辅导就属于此类团体辅导。

3) 治疗式团体心理辅导

治疗式团体主要突出其对团体成员的心理治疗功能。通常情况下，它由在日常生活中表现出相同问题或类似心理症状(同病相怜)的个体成员所组成，并在专业的心理治疗师的指导下，通过团体所具有的特殊形式，对每个成员的心理问题进行有针对性的专业化治疗。

3. 根据参加团体对象的不同进行分类

根据参加团体对象的不同进行分类，可以将团体辅导分为儿童团体、青少年团体、大学生团体、成人团体、老年人团体以及某些特殊人群的团体辅导等。

5.1.3 团体心理辅导如何起效

欧文亚隆在《团体心理治疗理论与实践》一书中，对团体产生治疗的各项因子进行了总结，并将其归纳为以下的 11 个因素。

1. 重塑希望

对任何心理治疗来说，让来访者保持对于未来生活的希望都是产生治疗效果的重要因素。团体开始前，成员所获得的高度期待与团体所取得的积极结果之间存在着显著的正性相关。团体所特有的希望感也是团体发挥作用的重要资源。在某些特殊的团体咨询活动中，例如在戒酒会成员的每次聚会中，邀请已经取得成功经验的团体成员对自身故事的介绍，有利于增加其他团体成员对良好结果的期待。

2. 普同性

当个体面对自身的心理困扰时，他们总是忧心忡忡，认为自己是唯一的不幸者，他们的想法不能够被其他人接受。这样的心理反应有其一定的道理，但同时在某种程度上，我们在生活中的每一个人都是这样。当遇到困扰时，我们往往会将其极端地放大，孤立自己的感受，使我们无法与他人进行交流。而团体咨询恰恰为我们每个人提供了一个包容接纳的环境，它使得具有相同困扰的人能够走到一起，为彼此提供“同是天涯沦落人”的心理支持。当来访者感受到自己和别人的相似之处，并且与人分享自己最深层的忧虑时，他们的心理困扰便被提上了尝试解决的进程。

3. 传递信息

传递信息是由团体的领导者或治疗师向团体成员提供教导式的心理健康教育指导。例如向团体成员讲解某些心理困扰的典型症状、心理机制以及心理干预的指导原则等。但与课堂上的心理健康教育不同，在团体中，指导者与团体之间是一种平等的、相互合作的关系。因此，借由信息的传递，团体成员可以在更加轻松安全的环境之内获得解决自身困扰的、有针对性的知识并积极分享、交流自己的感悟与改变。

4. 利他主义

在团体活动进行的过程中，所有成员都通过付出而有所收获。团体治疗的独特之处在于它可以让成员间有机会相互学习，共同获益。团体活动能够让成员得到被需求和有用的感觉。这些对他人有意无意的帮助，会不断地提升每个团体成员的自我价值。

5. 原生家庭的矫正性重现

家庭是我们在社会中首先融入的团体，因此团体成员在活动之中往往会表现出他们与家人之间的互动模式以及行为准则。通过在团体中重新经历与原生家庭相似但结果并不一致的人生课题，能够对引发成员心理困扰的心理模式进行有针对性的矫正。

6. 提高社交技巧

团体为其成员提供了直接或间接的社会学习机会。经过较长时间的团体咨询，成员往往能够获得高度成熟的社交技巧。他们会融会贯通，学会如何有效地回应他人，获得解决冲突的办法。他们较少进行主观评价，却更善于精准地体验和表达共情，这对团体产生治疗效果发挥着重要的作用。

7. 行为模仿

行为模仿是一种潜移默化的认同历程，是指团体成员逐渐地将自己的言行举止和行为方式与治疗师保持相似的过程。模仿的过程更像是一面镜子，帮助团体成员看到与自己一致的特质，并识别那些不属于自己的特质，最终朝着清晰的自己更进一步。

8. 人际学习

人际学习是一个广泛而复杂的疗效因子，它在团体治疗中的作用类似于个体治疗中的内省、移情、修通、矫正性情感体验等因素所起的作用。人际学习是团体治疗中独有的过程，它可以帮助我们更好地扩展自己的人际知觉或敏感度，能更加清晰地认清自己在关系模式中所处的姿态和位置。

9. 团体凝聚力

团体凝聚力是指具备凝聚感的团体能够给予成员的归属感与一体感。团体凝聚力让团体成员感受到团体的接受，让成员之间保持持续而亲密的接触，让成员感到不再孤独。团体成员在有凝聚力的团体中的角色会影响到他们的自尊水平，而这种自尊水平的改变，则能够促进治疗的成功。

10. 宣泄

团体为其成员提供了情绪释放和缓解内在情绪压力的良好渠道。讲出心事，对其他成员表达出负面或正面的情绪，说出自己困扰的事，而不是将它们压抑下来。

11. 存在因子

存在因子，让团体及其成员将自身的发展与生命和人类共同的命运联系起来。帮助团体成员了解到生命有时候是不公平的，了解到生命中的痛苦和死亡终究是无法避免的。认识到无论从别人那里得到多少指导和支持，终究必须为自己的生活方式负起责任。

大量研究表明，在上述因素中，最具治疗效果的因素分别是人际学习、宣泄和团体凝聚力。但需要特别指出的是，在实际的团体心理辅导与治疗过程中，各治疗因素在发挥自身积极的作用时，并没有先后之分，也不是相对孤立的，它们从团体建立的那一刻起，就相互交织在一起，共同促进成员与团体的成长。

5.1.4 团体心理辅导的不同阶段

根据团体在发展过程中所面临的任务不同，我们可以将团体心理辅导划分为一些不同的阶段。

1. 初次接触阶段

此阶段的发展任务是形成团体，并且建立团体成员的个人目标。此时团体领导者需要使用过程结构技术，帮助团体建立基本的规范与文化。团体成员则需要处理个人在团体的人际不安与焦虑，寻求文化和规范的明确感。

2. 联结关系阶段

此阶段的发展任务是形成工作同盟。团体的领导者需要促进成员之间的沟通，并保持质与量上的平衡。进一步的生成团体的规范与文化，示范与教导人际关系的重要技巧，鼓励并增强自发自动的团体互动，分担责任，团结个体与团体之间的关系。团体的成员则需要寻找到个人在团体中的角色和位置，并与他人建立联结的关系。

3. 友谊与亲密阶段

此阶段中团体的任务是建立互助的工作典范。团体的领导者需要聚焦当下的人际互动，进一步地增强团体成员之间的责任分担，协助完成团体成员学习友谊与亲密关系的建立过程。从此时起，团体成员开始尝试，去除自己所扮演的社会角色，用真实的自我与他人进行互动，从团体中得到归属感和关系的需求，获得团体的信任感与被信任感。

4. 互助阶段

此阶段的任务是学习解决问题。团体的领导者开始尝试调配团体成员之间的资源，鼓励成员之间做出改变，使用问题解决的模式来引导和帮助成员解决团体和自身所遇到的各种问题。成员之间也开始不断地开放，展现出良好的利他性，并在互助的过程中体验到成就感和自尊感的提升。

5. 收获与退出阶段

本阶段是团体发展的最后一个阶段，其主要任务是统合和巩固团体的经验，对未来作出规划，帮助团体成员与团体和各成员之间进行正式的道别，从而结束团体。团体的领导者开始处理成员之间的失落情绪，对团体中的个人成长进行充分的总结和反馈，鼓励成员积极地面对未来的改变，并与之进行正式的道别。本地成员则需要学会解决那些与分离相关的焦虑，充满信心地开启未来的生活。

5.1.5　团体心理辅导的实施条件

1. 团体辅导场所

团体心理辅导是一项专业的工作，好的咨询场所有助于心理辅导工作的顺利实施。良好的咨询场所应该具有以下的几个条件：

1) 专业性

团体心理辅导，应该在专业的心理健康教育中心或辅导室内完成，给来访者专业、自然的感觉。

2) 保密性

出于对团体成员的保护和保密性要求，团体辅导室应该选择相对独立的空间，并且具有良好的隔音性，安静而不受外界的干扰。

3) 宽敞与舒适性

团体心理辅导需要有足够的空间，场地不宜太小。场地的大小可由团体的规模决定。一般而言，10 人以下的团体，场地面积应不小于 20 平方米，30 人以上的团体，应当有 70 平方米以上的活动空间。场地中还应配备舒适的座椅沙发以及与之相关的物品。

2. 团体辅导时间

团体辅导的时间因不同的咨询学派而有所不同。但一般而言，应控制在 90～120 分钟之内，不宜过长，以免造成团体成员之间的疲劳，但也不应过短，以免限制团体成员之间的分享。要为团体成员留出相互学习的时间。团体活动，应当安排在每周固定的时段，这样能够帮助团体成员尽早地协调自身的时间。就团体进行的次数而言，一般体验式团体为 1～2 次，干预与治疗式团体得安排 6～8 次，必要时再给予延长。

3. 团体辅导道具

团体辅导的道具可由团体的性质、团体活动的内容决定。报纸、画笔、学员名牌、纸巾、音响与音乐是较为常见的团体辅导道具，咨询师可根据自身团体的特点进行选择。

5.2 团体心理辅导展示 1：大一新生破冰之旅

1. 背景介绍

经过了高考的选拔，同学们纷纷离开了原来的生活环境，告别了与自己朝夕相处的父母、老师和同学，只身来到了陌生的大学环境之中，开始了在大学校园内的全新生活。这对每位同学来说都是极大的挑战。因此，帮助大一的同学们尽快地适应大学环境，有效地构建起全新的人际关系，成为心理咨询的重要工作内容。

2. 活动目的

对于彼此并不相识的陌生人来说，他们的关系是坚硬而冷淡的，就像在人与人之间竖起了一道又一道厚厚的冰墙。因此，本次心理活动的目的就是通过一系列的活动，打破人与人之间的隔阂，使他们快速地热络起来，为彼此建立真诚的友谊提供良好的开端。

3. 活动时间

团体共进行 90 分钟，共一次。

4. 参与人数

团体成员可采用海报招募的形式进行，30～50 位在校大学生参加；也可利用周末晚点名或班会的机会，以班级为单位，邀请全体同学参加。团队有指导者 1 人、助教 2 人。

5. 团体活动

1) 活动介绍(5 分钟)

由活动指导者向参加本次团体的同学表达热烈的欢迎，介绍自己和助教的相关信息，说明团体的目的和注意事项。

2) 你好，陌生人(20 分钟)

活动首先将参加团体的同学分成对等的两组，并要求他们手拉手形成两个同心圆。在松手后要求靠内圈的同学向后转，这样他们便和外圈的同学形成了面对面的两两组合。此时由团体的指导者和助教为同学们进行活动示范。

要求两位同学手拉手，由内圈的同学向外圈的同学按照如下的四步介绍自己：第一，问候并说出自己的名字；第二，说出自己的家乡或专业；第三，介绍自己的兴趣爱好；第四，再次向外圈的同学表示热烈的欢迎。例如："你好，我叫珊瑚海；我来自新疆乌鲁木齐；我喜欢唱歌；很高兴认识你！"在内圈的同学介绍完成后，由外圈的同学按照上述标准向内圈的同学介绍自己。

当同学们都完成了自我介绍后，此时团体的指导者可以要求内圈的同学站立不动，外圈的同学根据指导者的掌声依次向左移动，掌声可快可慢，当掌声快时，移动得快一些；当掌声慢时，移动得慢一些；当掌声停止时，立马站立，保持静止。此时内圈和外圈的同学又形成了新的两两组合。再请同学们按照新的组合进行彼此之间的自我介绍。本游戏可根据实际情况酌情进行 3～4 轮。

3) 我要把我唱给你听(35 分钟)

所有的同学完成第一轮活动之后，手拉手组成一个大圈，视人数的不同进行 1～7 或 1～10 的报数，报数相同的同学自动成为 1 组(保证每一组 5～7 人)。给予每一组同学 10 分钟的时间，要求组内同学在相应的时间内给自己的小组起一个响亮的名字；完成自我介绍，并选择改编一首歌曲，将小组内所有成员的名字包含在歌词之中。当时间结束后，依次邀请每组成员演唱自己的小组歌曲。

4) 怪兽大作战(25 分钟)

指导者再次按照报数的方式，对团体成员进行分组，每一组控制成员 12～15 名。要求小组成员在规定的时间内(10 分钟内)，组成一个有 8 个头、15 条胳膊、18 条腿的怪兽。由指导者和助教在活动场地内巡视，并检验各组的搭建成果。

5) 分享与总结(5 分钟)

在所有的活动都结束后，指导者可以邀请 3～5 名同学分享此次团体活动中的感受，同时指导者可根据同学的需求进行相应的回馈，并再次向同学们的参与和配合表达衷心的感谢。

6) 团体成员反馈(节选)

团体成员 A：非常开心能够参加今天的活动。其实在团体刚开始时，我的内心是拒绝的，感觉跟小孩子过家家一样，太幼稚了！我们都是大学生了，为什么还要进行这样的活动。但随着活动的进行，我发现自己对游戏越来越投入，切实体会到了快乐，认识新朋友的感觉真好！

团体成员 B：通过活动，我竟然在班级里找到了自己的老乡，原来学校里有这么多我们的江西老表啊。能够认识他们真的太开心了，有一种回家的亲切。我想家了。

团体成员 C：作为一个典型的 i 人(内向的人)，我在社交中一直都不怎么主动，但有时，在内心深处还是会感到寂寞，想要认识新的朋友。就是挺矛盾的心态。通过今天的活动，特别是能够跟大家一起组成一个怪兽的组合体，让我有很强的荣誉感。原来，和他人交往这么的简单。自己在活动中不知不觉就变成了 e 人(外向的人)。

5.3 团体心理辅导展示 2：“感悟生命，花艺育心”大学生生命教育团体

1. 背景介绍

生命教育一直以来都是大学生心理健康教育中的重要内容。我们不仅要认识到自己生命的独特性，更要学会看到自身闪光点。要学会融入生活环境，在与他人的协作中，体验自身的价值与意义。因此团体设计者，以充满生命力的鲜花为载体，帮助同学们感受生命的活力，在轻松愉快的氛围中，实现理解生命、珍爱生命、展现生命这些美好的积极

品质。

2. 活动目的

本次活动的目的在于通过实际接触充满生命力的花草，运用美丽的园艺材料，帮助同学们感悟大自然的力量，缓解压力、理解生命、展现生命。

3. 活动时间

团体共进行 90 分钟，共一次。

4. 参与人数

团体成员采用海报招募的形式，邀请到 30 位在校大学生参加。团队有指导者 1 人，助教 2 人。

5. 所需道具

鲜花及配叶花材：百合、红玫瑰、黄玫瑰、向日葵、紫色雏菊、黄色雏菊、白色雏菊、白色非洲菊、黄色非洲菊、红色非洲菊、黄色康乃馨、红色康乃馨等若干(在花材选择上，应保证鲜花的种类和颜色的不同)。

其他材料：水桶(用于盛放花材)5 个，园艺剪刀 30 把，8 寸花艺陶盘 30 个，剑山(插花器)30 个，桌子 30 张，大花瓶 2 个，音响设备 1 套，便笺纸若干张、纸笔若干(见图 5.3.1)。

图 5.3.1　花艺育心团体道具展示

6. 团体流程

本次团体活动由个体创意展示活动和团体互动展示活动两个阶段组成。

1) *活动介绍(5 分钟)*

在正式的团体活动开始前，团体组织者带领参与者制作并佩戴自己的名牌，讲解本次团体所要应用的各项材料与团体活动方式。

组织者可以采用以下方式进行介绍："让花香点缀生活，让艺术照亮心情。欢迎大家来到本次花艺育心的团体活动。请同学们为自己找到一个喜欢的称呼，并将它写在我们的便签纸上，作为自己的名牌佩戴于自己的胸前。我们的团体活动大约进行 90 分钟，在此期间请大家关闭手机，或调为静音状态。团体是一个平等的环境，请大家彼此尊重，注意倾听，并在需要发言时向组织者示意。在我的左、右两边分别是担任此次团体活动助教的两位老师。在团体活动中，如果您有任何疑问，请及时向他们进行询问并获得帮助。再次感谢大家的到来。”

2) 个体创意阶段(50 分钟)

首先，请同学们依次来到教室前方(以舒缓的音乐作为背景)，这里摆放了我们今天活动所用的所有花材，请大家仔细观察，并从中选择出“让你印象最为深刻的那一朵(支)”，并将它带回到自己的座位上。成员依次对花材进行挑选。(5 分钟)

其次，邀请成员介绍自己选择的花朵，说明选择理由。(10 分钟)

再次，为了更加体现出大家所选花材的价值，邀请同学们围绕它来创作自己的插花作品。将同学们自己选择的花材作为主角，在接下来的 30 分钟时间内，搭配其他的花朵和材料，创作出属于自己的插花作品。成员依次创作自己的园艺作品。(25 分钟)

最后，请同学们展示并介绍自己的园艺插花作品(见图 5.3.2)。(10 分钟)

图 5.3.2　花艺育心团体成员作品展示

3) 团体互动阶段(30 分钟)

本阶段采用团体互动的方式进行，将参与者分为两组，每组 15 人。

活动要求小组共同的创作一个插花作品，但每个组员只能使用自己在上一环节所挑选的那种花材。(20 分钟)

其次，要求成员为自己的小组的作品命名，并在组间进行相互展示。邀请不同的小组成员分享自己在参与活动时的心得与感受。(10 分钟)

4) 总结(5 分钟)

所有的活动都结束后，指导者可以邀请 3～5 名同学分享自己在此次团体活动中的感受，同时指导者可根据同学们的需求进行相应的回馈并再次向同学们的参与和配合表达衷心的感谢。

5) 团体成员反馈(节选)

团体成员 A：好看！我对自己的作品非常满意！这些盛开的鲜花真美，让我的心情也不由自主地变好了。

团体成员 B：其实，我一直都不是一个自信的人，甚至可以说，我有时会很自卑。在一开始，我们个人选择花材的时候，我专门选择了最不起眼的那个小白花(雏菊)，我想我们大概就是心心相系吧。不像其他同学那样光彩夺目，就是那种在人群中是最不起眼的、可有可无的存在。但在之后的团体活动环节，我却收到了很多的关注，因为大家都抢着要我选的花材来做作品的素材。就是那种不起眼但却不能缺少的感觉。这样我突然意识到，自己也很有价值和意义。虽然不能在第一时间吸引别人的眼球，成为最瞩目的那一个，却也是美好的、不可或缺的一部分。

团体成员 C：通过同学们的分享，我意识到，每个生命都有自己独特的价值。是生命的多样性为世界带来了美的感受。我们要做的就是更加关注自己，展现出自己的独特性，让我们的生命像花儿一样独特而美丽。

5.4 团体心理辅导展示 3："男生涂指甲油大挑战"大学生自我成长团体

1. 背景介绍

社会角色赋予了每一个人不同的身份以及不同的行为准则。伴随着大学生的成长，其所获得的社会角色也在不断地增加。但不同的身份与社会角色之间往往会出现分歧，并由此引发大学生内心的冲突与困扰。因此活动设计的初衷是通过打破简单有趣的性别刻板印象，帮助大学生认识到社会角色在个人生活中所发挥的作用，尝试调节并突破不同社会角色对自身的束缚；鼓励大学生打破生活中遇到的各种刻板印象，采用全新的视角看待问题，激发内在的创造性与活力，最终实现自我的全面了解与内心的成长。

2. 活动目的

打破刻板印象，增加心理体验，获得内心成长。

3. 活动时间

每次 60 分钟，一周一次，共进行 2 次，共 2 周。

4. 参与人数

团体成员采用海报招募的形式，邀请到 30 位在校大学生参加。团队有指导者 1 人、助教 2 人。

5. 所需道具

多媒体设备一套，指甲油 40 瓶(应保证不同的颜色)。

6. 团体流程

本团体由两次活动所共同构成，在首次团体活动开始后，不再增加新的成员进入。

1) *第一次活动*

(1) 活动介绍(5 分钟)。在正式的团体活动开始前，由团体组织者带领参与者制作并佩戴自己的名牌。讲解本次团体所要应用的各项材料与团体活动方式。

(2) 活动内容(55 分钟)。首先，请助教老师为大家分享刻板效应以及刻板效应对我们的生活所带来的影响。(10 分钟)

其次，请同学们两人一组进行活动。请每组中的同学为自己的搭档选择并涂抹指甲油。双方依次进行。(30 分钟)

再次，请同学们相互分享、展示自己的作品(见图 5.4.1)。(10 分钟)

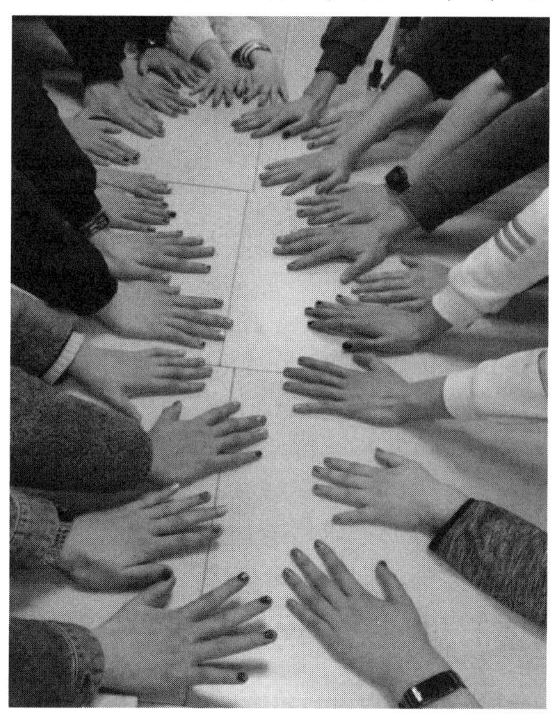

图 5.4.1　小组成员作品展示

最后，讲解团体规则，要求同学们对所涂的指甲油保持至少一周时间，并在一周后回到团体进行分享。(5 分钟)

2) *第二次活动*

第二次活动主要以小组成员的感悟与分享为主，采用圆桌谈话的方式进行。

(1) 活动介绍(5 分钟)。团体领导者感谢同学们的回归，带领参与者制作并佩戴自己的名牌，讲解本次分享需遵守的纪律如保密原则、不评判原则等。

(2) 分享交流(45 分钟)。围绕刻板印象、周围人的眼光与自身的心理态度等话题，邀请小组成员依次对自己在涂指甲油之后的一周之内的经历、心理感受和冲突，分享自己在这一过程中有哪些察觉与体悟。引导团体成员讨论在面对自我内在成长目标与外界预期冲突时，应该如何解决。

(3) 总结(10 分钟)。所有活动结束后，指导者可以邀请 3～5 名同学分享此次团体活动中的感受，同时指导者可根据同学的需求进行相应的回馈并再次向同学们的参与和配合表达衷心的感谢。

3) 团体成员反馈(节选)

团体成员 A：你敢相信吗？我一个堂堂五尺男儿居然参加了涂指甲油的活动。太刺激了。一开始，当我看到活动征集的海报时，心里只是觉得："好变态，我好喜欢，我要参加。"但来到这里之后，伴随着老师的讲解，我开始慢慢意识到刻板印象对我们的生活所带来的巨大影响。原来我们都生活在对他人、对自己的刻板印象之中。这让我们对他人凭添了很多误解，也对自身的发展产生了很多局限。

团体成员 B：活动要求我们要带着涂好的指甲，正常生活一个星期。刚开始我觉得无所谓，但真实的情况大大地超出我的预料。就在我们涂好指甲油的第二天，我因为有事，乘坐地铁出了趟学校。在地铁上，我感受到了很大的压力，我不敢伸手去抓扶栏，我害怕别人看到我的手，看到我手上粉色的指甲油。这大概就是老师介绍的，由刻板印象所引发的社会性压力吧。但转念我又一想，他们认识我吗？他们对我的态度会影响我吗？好像我们之间也没什么交集啊。反而是我的室友，跟我关系更密切一些，但他们都知道我参加了这个活动，所以我在他们面前反而更轻松、更自然，能够正常生活。这真的是一个值得思考的问题。

团体成员 C：这次活动，让我对刻板印象有了切身的体会。原来刻板印象对我们的生活影响这么大。不仅仅是性别的刻板印象，在生活中，我们也存在着大量与地域、年级、成绩、收入相关的刻板印象。很难想象生活在刻板印象中的人会遭受到多大的误解，承受着巨大的压力。以后，我要有意识地纠正自己，不让自己掉落在刻板印象的泥潭当中，给自己和他人更多的关怀。

团体成员 D：打破刻板印象，从我做起。

5.5　团体心理辅导展示 4："失恋这件小事"校园心理情景剧团体

1. 背景介绍

校园心理情景剧是心理健康教育的重要途径。通过活泼有趣的剧情、扣人心弦的表演，心理剧能够将大学生在日常生活中普遍存在的心理问题与心理困扰，生动形象地展现出来，极大地增加了同学们对自身心理健康的真实感受。不仅如此，伴随着剧情的延续与发展，观众们还将跟随主角不断探寻自己内心深处积极的力量，找到解决自身困难的有效措施。这为我们每一个人解决自己所遇到的心理困扰，提供了鲜活有力的示范方案。

2. 活动目的

培养团体成员对于心理活动的领悟力、洞察力以及表现力。

3. 活动时间

每次 60 分钟，一周一次，共进行 8 次，共 8 周。

4. 参与人数

团体成员采用海报招募的形式，邀请到 10 位在校大学生参加。团队有指导者 1 人，助教 1 人。

5. 所需道具

多媒体设备一套，演出道具若干(服装、玩具模型、扇子等)。

6. 团体流程

本团体由八次活动所共同构成，在首次团体活动开始后，不再增加新的成员进入。

1) *第一次活动*

(1) 活动介绍(5 分钟)。在正式的团体活动开始前，由团体组织者带领参与者制作并佩戴自己的名牌。讲解本次团体所要应用的各项材料与团体活动方式。

(2) 活动内容(55 分钟)。

① 由团队领导老师向同学们讲解心理剧的表现形式以及本次团体排演话剧的内容。(20 分钟)

② 由团队成员共同讨论并依次分享自己对于剧情的理解，以及选择自己认为适合的角色。(30 分钟)

③ 由团体领导再次强调活动规则，约定下次活动时间。(5 分钟)

2) *第二次活动*

由团体领导者带领成员进入角色、修订角色的台词，形成最终的剧本练习。(60 分钟)

3) *第三至六次活动*

由团体领导者带领成员按照剧本进行排演练习。(每次 60 分钟)

4) *第七次活动*

剧目正式汇报表演(见图 5.5.1)，团体成员可邀请自己的好友前往观看。(40 分钟)

图 5.5.1　心理剧目表演展示

5) 第八次活动

第八次活动主要以小组成员的感悟与分享为主，采用圆桌谈话的方式进行。

(1) 活动介绍(5 分钟)。团体领导者感谢同学们的回归，带领参与者制作并佩戴自己的名牌。讲解在本次分享中所需遵守的纪律(保密原则、不评判原则等)。

(2) 分享交流(45 分钟)。请每一位团体成员向大家分享自己在整个剧情排演过程中的内心感受，向大家分享自己在团队互动中最为感动的一件事。

(3) 总结(10 分钟)。所有活动结束后，指导者根据同学的需求进行相应的回馈，并再次向同学们的参与和配合表达衷心的感谢，向同学们告别。

6) 团体成员反馈(节选)

团体成员 A：“大家好，我叫小美。”这是我的第一句台词。当我刚上台说这句话的时候，我感觉好紧张啊，感觉在场的上百双眼睛都盯着我。不过随着剧情的发展，我开始逐渐放松下来，我告诉自己，就按排练的那样，一步一步地来。今天，我们成功地演完了这个剧情，我为自己感到骄傲和自豪。这是我第一次在这么多人的面前进行演出。这次演出，让我充满了自信。

团体成员 B：从彼此陌生，到彼此熟悉。这三个月的团体生活给我带来了难忘的记忆。一开始，当我听到要排练跟恋爱有关的剧情时，我是很想退出的。我没谈过恋爱，也不想在大学中谈恋爱，要怎么演才算成功。不过我还坚持了下来，因为老师说，我们只要按照自己理解排练就好。让我印象最深的，是第二次的剧本修订环节，大家一起讨论，一句一句地修改，让我觉得我是被团体接纳的一员，这种归属感真好。

团体成员 C：在整个活动中，最让我感动的是我们的剧务小姐姐。她虽然没有出镜的机会，却每次都来得最早，帮我们准备演出的道具和材料，还给我们准备了美美的演出背景。有人为你默默付出的感觉让我心里暖洋洋的。很感谢她，快来抱一抱。

团体成员 D：这真的是一个挑战自己的过程。从小到大，我都是那种扔在人群中不会被发现的类型。每次看到别人上台演讲，在文艺活动中唱歌、表演才艺，我都觉得跟自己没有任何关系。这次来，也不过是被辅导员抓着，想着来打个酱油。没想到，大家居然给我分了一个重要的角色，让我参加了有上百人观众的舞台表演。到现在我都觉得跟做梦一样，不过，这是一场美梦。

第6章　大学生心理发展特点与常见心理健康问题

人类心理的发展是连续性和阶段性的统一，对于处于成年早期的大学生来说也是如此，其心理发展既是对前期发展结果的继承与延续，也会表现出一些专属于本年龄阶段的独特心理特征。本章将重点介绍大学生心理发展的特点和他们在发展中所遇到的常见心理问题。

6.1　大学生的心理发展特点

6.1.1　大学生的生理发展

从生理上看，大学阶段个体的身体发育已经基本完成。各系统、器官，特别是神经系统和大脑，都表现出了良好的工作状态，这为大学生生活、学习提供了充沛的体力和精力。

6.1.2　大学生的心理发展

1. 大学生的认知与情绪发展

1) 大学生的认知发展

从认知加工的角度看，大学阶段绝对是整个人生中认知加工系统发挥功效的黄金时期。此时，个体的流体智力达到了一生中的顶峰，信息加工的速度、感知力、观察力、注意力、理解力、记忆力等与认知活动相关的心理品质都呈现出最佳的状态；不仅如此，辩证逻辑思维也已经成为个体认识世界、理解世界、改造世界的最主要和最有效的思维方式。通过对事物本质更加抽象和概括的理解以及在学习策略上的灵活选择，大学生能够迅速地按照自己的主观意愿和现实要求对头脑中的知识进行处理与加工，从而获得更多的新知识、新经验。

2) 大学生的情绪发展

从情绪发展上看，大学阶段，个体已经能够充分地理解各种各样具有社会性的情绪感受。与中学阶段的青少年相比，他们的情绪情感更加细腻和稳定，也逐渐地学会了对情绪的控制和表达，对情绪的内化和掩饰也表现得更加流畅、自然。

对于大学生来说，心理发展的任务不再是将认知和情绪看作各自分离的单独发展的过程，而是尝试着将认知和情绪进行有效的融合，通过情绪促进认知，通过认知调节情绪。

2. 大学生的个性和社会性发展

1) 大学生的个性发展

(1) 能力。从能力的一般发展规律上看，大学生已经具备了丰富的知识，并拥有着充沛的精力。因而，他们往往存在着强烈地想要提升自己的愿望与内在需求。但与此同时，他们在社会经验上还比较欠缺，实践动手能力也比较弱。从个体化的差异上看，伴随着人际交往范围的扩大，他们开始发现人与人之间存在的差异与不同。每个人在逐渐地了解到自己具有的优势与不足的同时，也开始意识到能力的多样性以及人与人之间的不同。这使得个体在能力上的差异开始进一步显现，并影响到他们个性的形成。

(2) 自我意识。自我意识与自我价值是影响大学生个性发展的重要因素。一般来说，青春期是个体自我意识发展的第二个高峰，此时中学生已经开始对自己有了较为全面的认识，他们出现了较强的自尊，开始有意地对自我进行设计和改造。但这种设计与改造还停留在较为肤浅的阶段，还需要在大学阶段进行进一步的发展与完善。此时，大学生的自我意识开始更加地注重自己的内在品质，为自己的生活赋予意义感和价值感，也在实践锻炼中不断地修正和调节对自身的理解，从而形成自己独特的个性。

2) 大学生的社会性发展

(1) 亲子关系。虽然大学生已经远离了他们的原生家庭，父母对孩子在生活和学习上行为的影响正在逐步减弱。但与此同时，他们与父母在心理上的连接会表现得更加紧密。因此，面对这种变化，需要亲子双方通过共同探讨，来形成一种全新的家庭关系。

首先，与中学阶段强烈的叛逆相比，当大学生开始独自面对外界的生活时，他们拥有了能够独立思考的时间与空间，开始逐渐地体会到父母对自己的照顾以及父母在生活上的不易。因此，在大学生活中，大学生开始逐步地培养自觉理解和照顾父母的能力。

其次，大学生开始逐步获得对自己人生进行掌控和规划的自由。他们已经能够从心理上将自己和原生家庭区分开来。多数情况下，他们能够跟随自己的意愿来组织和支配自己的生活。但与此同时，他们又尚未在经济上取得独立，因此很多时候不得不学会在自己和原生家庭之间进行协调。

在我国大多数家庭的教育中，父母都会将自己在人生中未实现的理想和期望自然而然地投射到自己的孩子身上。大学阶段的个体对自我的思考正在迅速萌发，很多时候，他们对于人生的理解与价值判断会与父母的期望之间存在较大的差异。这便是引发孩子心理困扰、出现情绪问题的重要原因。尽管他们努力地尝试了各种各样的方法，但他们中的许多人都会认为自己无法也无力承担父母的理想与期望。他们很可能会将父母给予自己的生活上的经济支持看作一种“交易”，当他们发现自己无法给予父母想得到的“商品”时，便会封闭自己，不愿意再从父母那里接受任何经济上的帮助与照顾，从而使亲子关系出现矛盾。

(2) 师生关系。与中学阶段相比，大学阶段的师生关系不再像中学阶段的师生关系那样密切，而是更加的平等、民主。在绝大多数时间，大学的老师们往往会扮演着引导者、支持者、合作者的角色。

(3) 同伴关系。中学阶段学习太过紧张，往往忽略了人际关系在人的成长发展过程中扮演的重要角色。处理人际关系是大学阶段个体所要面临的重要发展任务，大学生们常会因缺乏与人沟通和建立人际关系的必要技巧而感到苦恼。

(4) 爱情。作为人际关系中的一种特殊形式，爱情也开始成为大学生需要关注的心理议题。根据埃里克森的观点，从人生发展阶段上看，处于人生早期阶段的大学生开始出现对于情感的需求，他们渴望得到爱情，与他人建立亲密的感情连接，但却缺乏必要的勇气和方法。这样的矛盾使得他们容易在感情中受到伤害，引发以恋爱为主的心理问题。

6.2　大学生常见的心理健康问题

1. 大学生心理困扰的来源

从来源上看，大学生常见的心理困扰主要来自以下几个方面：

1) 环境适应不良

环境适应问题在新生中较为常见。进入大学同学们来自全国各地，家庭背景、饮食、生活习惯、教育环境等相差很大，这种情况容易使大学生在心理上产生强烈的不适应，如不及时调整，就会出现心情抑郁、孤独感强烈、对生活缺乏热情等情况，甚至千方百计逃避新的环境。个别大学生因为难以适应集体生活和新环境，退学回家，造成终身遗憾。

2) 学习的困扰

学习上的困难与挫折对大学生的影响最为显著。上大学前，中学生的学习目标明确，学习积极性高，为自己的未来而拼搏，虽紧张忙碌倒也充实愉快。但进入大学后，专业知识学习的不适应，学习强度、难度急剧加大，学习方法的不合理，以及缺乏老师和家长的有效督促，都会使得大学生存在学习方面的困扰。这往往会表现出与学习困难相关的心理问题。例如，学习方法不当导致事倍功半、个别课程理解吃力致使学习成绩不理想、多门课程不及格等；缺乏学习兴趣，对所在学校或所学专业不满，出现的厌学情绪；因学习压力过大，出现的注意力不集中、考试焦虑、睡眠障碍等困扰。

3) 人际关系的困扰

大学生处于学生向成人转变的过渡阶段，如何与周围的同学、老师交往；如何建立和谐的人际关系；如何参加校、院、班干部的竞选；如何适应外面的世界等都需要大学生来独立面对。然而，很多人应对这些方面的经验不足，加之自己的自尊心太强，思考问题太过简单，就会形成各种各样的人际困扰。实际上，大学生在学校里不只是学习，同学之间的日常交往也增加了。大学同学之间由于生源广泛，造成了地域上的差异、生活习惯上的差异、表达方式上的差异、个人秉性特点的差异，等等。这些差异也会使得初入大学的学生在人际交往中遇到各种各样的困难，产生困扰，造成心理困惑，有的甚至会产生极端行为。

4) 恋爱情感的困扰

在人一生的成长过程中，爱的渴望与需要是一个永恒的主题。大学阶段正是一个人开始从心理上走向成熟、建立亲密关系的初始阶段。大学生可能会因情窦初开而感到兴奋和害羞、可能会经历浪漫而纯洁的爱情；同样还可能会体验暗恋、单相思、失恋等恋爱中的种种烦恼。为情所困是大学生常见的烦恼，他们既会为得不到爱而焦灼，也会为失去爱而伤心。

5) 性的困扰

性的困扰是大学生普遍存在的心理困扰，程度或轻或重，有明显的个体差异。性的困扰包括性的观念、性的行为等方面。具体说来，涉及有关性生理的成熟、性心理的发展以及两性如何相处之类的问题。其表现是：对性知识的好奇，对异性的渴望；有性冲动，但又不知道如何把握感情冲动的“度”。如何正确处理爱情与学业的关系？如何掌握两性交往的技巧与艺术？由此，产生一些忧虑、苦恼、烦躁等心理不适。

6) 职业生涯发展的困扰

大学生不仅关心自己的未来，更关心个人的发展。现有专业是不是我想要的专业；现在的学习和未来的职业有什么关系；为了未来发展，我应该掌握哪些能力；选择什么样的职业，如何寻找工作，要不要进行职业转换等，都是大学生职业发展中会面临的困扰。

7) 情绪的困扰

大学生情感丰富而强烈，却具有一定的不稳定性。“郁闷”已经成为大学生群体的流行词。有些大学生情绪波动大，难以有效地自我调节，兴奋时眉飞色舞，压抑时情绪低落；有些大学生做事容易紧张，事前犹豫不决，事后不能释怀；还有些大学生容易冲动，遇事不能冷静对待，理性处理，以致心理失衡。小则影响身体健康、耽误学业，大则打架斗殴、报复自杀，带来严重的社会后果。

8) 家庭关系的困扰

大学生虽然离家异地求学，但与家庭仍然紧密相连。一方面，成长过程中家庭对大学生的影响持续伴随，例如父母间的矛盾冲突以及父母的行为反应等，都会影响孩子日后的行为方式；另一方面，父母对子女的教育也会发生冲突，例如父母过度干涉孩子的自由、父母不适当地给孩子过大的压力、父母过于强势地干预孩子的生活等。

9) 重大生活事件带来的困扰

例如亲人丧失、患严重疾病、父母离异、父母失业等重大的生活事件，特别是在急性应激阶段，严重影响大学生的生活，给个体带来极大的困扰。

2. 大学生心理问题的表现

从表现形式上看，大学生常见的心理问题有以下几种：

1) 未来会怎样——焦虑

简单说来，惴惴不安、患得患失是焦虑最突出的特征。大学生焦虑的主要来源是与学业相关的生活事件。例如，担心自己的考试无法通过，担心自己的排名是否下降等。此外，引发焦虑的另一大因素就是人际关系。例如，和身边的朋友出现了一些矛盾而不知如何化解与面对；有了喜欢的人，又不知对方是否接受自己的表白。这些都会引发焦虑。

消除引发焦虑的事件对于缓解焦虑来说是一个釜底抽薪的好方法。例如，考完试后，所有的烦恼都被一笔带过。但难就难在，很多时候，引发焦虑的事件会一直持续。例如，有的大学生从大一起就担心自己在班级中的排名下降，害怕失去研究生保送资格。当压力持续增大、引发焦虑的事件一直持续时，我们就会出现一些慢性的应激反应。理性情绪疗法可以被看作缓解焦虑的良好方法。腹式呼吸和放松训练也有一定的帮助效果。但当我们觉得焦虑已经严重影响到个人的生活时，需要及时地寻求专业人士的帮助。

2) 忘不了的过去——抑郁

抑郁主要以持久性的心境低落为特征。情绪低落、消极的认知倾向、疲劳感、缺少动机与热情是抑郁的主要表现。严重抑郁患者常常会伴有非常强烈的自杀观念和自杀行为。因此，对抑郁的早期识别与治疗对维护大学生的心理健康水平具有重要的作用与意义。药物治疗能够对出现的抑郁症状有较好的干预效果，同时有氧运动也被认为是改变抑郁的良好途径。

拓展阅读

抑郁和焦虑的差别

抑郁和焦虑二者之间有什么差别呢？从广义上看，它们都是心情不好，那我们到底怎样来区分焦虑和抑郁呢？

首先看症状表现。抑郁的症状晨重夜轻，即抑郁在早晨比较严重，夜晚相对较轻。例如，抑郁的人早晨一睁眼的想法就是：“唉，活着太没意思了，我怎么还活着？”通过白天的生活，吃到了很好吃的食物，参加了一些活动，感受到了周围人对他的关怀，可能到了晚上，症状就会减轻，觉得生活还是可以继续的，生活还是很美好的，他们才有信心继续生活下去。

焦虑的表现是晨轻夜重。早晨起来，其实我们并没有感到有什么可焦虑的事情。昨晚睡得很好，做了一个非常美妙的梦，我们觉得早晨起来之后神清气爽。可是，在食堂吃早饭时，碰到同学告诉我们明天高数要考试，不仅如此，我们还得知宿舍里面的其他人，有的人已经复习了两遍，有的人已经看了三遍书，大家都信心满满的，而只有自己什么都没有准备。这个时候，焦虑的症状就开始慢慢显现了，到了晚上，就会躺在床上又着急又担忧。

其次，看时间范围。从时间维度上看，抑郁大多指向的是过去，常常是因为过去发生了一些事情，我们不满意结果却又再也无法挽回，留有遗憾，所以会一直纠结沉迷于过去，导致抑郁情绪的发生。但与此相反，焦虑通常是指向未来的，是对未来的不确定，对尚未发生的事件结果的一种担心。

3) 停不下来的重复——强迫

强迫一般包含强烈的、明显的强迫症状，如强迫行为(强迫洗手)和强迫观念(强迫计数)。但无论是哪一种强迫症状，在个体的思想中，都存在着显著的强迫与反强迫的斗争。个体明知这样做是没有必要的，但就是控制不住自己，反复地出现强迫的观念和行为。强迫的出现往往和个体所面临的压力有关，特别是那些与道德规则或价值评判标准相关的压力。在压力加大时，个体的强迫症状会趋于明显，而当压力消除后，强迫的症状会有所减轻。有时面对同一个强大的压力来源，个体可能会表现出不同的强迫行为。有时强迫也会与焦虑、抑郁等多种负向情绪相伴产生。严重的强迫症状需要接受药物治疗，与此同时，认知行为治疗也能帮助个体很好地缓解强迫症状。

4) 晴雨交织——双相情感障碍

双相情感障碍是近年来在大学生群体中较为高发的一类精神疾病。双相情感障碍的患者，情绪会在躁狂和抑郁之间呈现出周期性的波动，一般以半年为期。在大学生群体中，双相情感障碍多在早期表现出躁狂期的症状，具体表现为个体觉得自己精力充沛，不会感到劳累、困倦，脑袋中有很多想法在不停地运转，思维和语速的表达均有所加快，情绪不稳定，容易被激怒。双相情感障碍首先需要得到精神科医师的专业治疗，之后再辅以心理健康辅导。

5) 生死一念间——心理危机的产生

在大学生的心理健康工作中最为棘手的要数个体心理危机(自杀、自伤行为等)的产生。许多心理危机的产生都与学生面对挫折时无法接受现实结果、找不到解决问题的方法密切相关。心理危机的干预重点在于对心理危机发生信号的早期识别与预警。日常工作中的心理健康排查和校、院、班的三级心理监测体系，能够很好地将心理危机消除在萌发之中。但由于心理危机的突发性与学生的刻意隐藏，有时心理危机的发生难以避免。因此，在出现危及生命的事件时，需要将与事件主角相关的人群也纳入危机处理范围，最大限度地保证个体心理健康，及时做好善后工作。

第 三 部 分

遇见更好的自己：认识自我，提升自我

《女演员珍妮·萨玛丽的肖像(部分)》油画

法国印象派画家皮埃尔·奥古斯特·雷诺阿创作于 1877 年

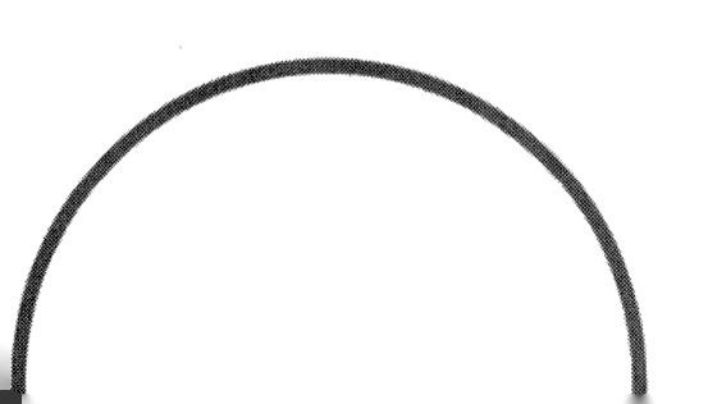

第 7 章　大学生自我意识的发展

遇见更好的自己，是一场不断自我探索和自我成长的旅程。在这个过程中需要我们不断用开放的态度去拥抱变化、用勇气和智慧去雕琢内心的每一个角落。只有这样才能让我们在每一次尝试和反思中，绽放出更加璀璨的光芒。本章，我们就将带领你，开启这场说走就走，不断发现自我、挑战自我、拥抱自我、悦纳自我的神奇旅程。

7.1　自我意识概述

7.1.1　自我意识的概念

自我意识也称自我，是意识的一种形式。自我意识是对自己存在的觉察，即自己对自己的认识，包括认识自己的生理状况(如身高、体重、形态等)、心理特征(如兴趣爱好、能力、性格、气质等)以及自己与他人的关系(如自己与周围人们相处的关系、自己在群体中的位置与作用)。总之，自我意识就是自己对于所有属于自己身心状况的认识。自我意识是一个人在社会化过程中逐步形成和发展起来的，是个体意识发展的高级阶段。从自我意识的内容来看，它主要包括以下三个方面。

1. 生理自我

生理自我是自我意识最原始的形态，是个体对自己身躯的认识，包括占有感、支配感和爱护感。在自我意识的发展过程中，个体最先从身体上知道自己的存在，产生了有关身体自我的意识，它使个体能把自己与外部世界区分开来，并意识到自己的生存是依托于自己的身体的。生理自我包括个体对自己的生理状况与特征的认识和评价，如对自己的身高、体重、外貌的认识以及温饱、饥渴、劳累舒适、生理病痛等生理状态的感受。个体的生理自我会影响心理健康。大学生处于对生理自我高度关注的时期，女生往往很在意自己是不是漂亮、迷人、有吸引力；男生则往往很关注自己的体形、相貌、高矮、风度甚至声音的吸引力等。如果能够接纳自己的生理自我，就会对自己满意并在这方面感到快乐和自信，在活动、交往中也表现出积极性与主动性；反之，如果不能接纳生理自我，就会产生自卑感，倘若不能把这种内在的自卑感转化为人生动力而实现自我的超越与升华，就可能因自卑而变得孤僻和自闭，甚至在活动、学习、交往中因为缺乏自信而限制自我，也会影响生命体验和人生价值感、幸福感。随着自我意识的发展，人们逐渐会对生理自我有一个明晰的看法和正确的认识。

2. 心理自我

心理自我是个体自我意识的核心，在自我意识的发展中起着重要作用。这是个体对自己心理状况与特征的认识和评价，包括对自己的心理活动、个性特征、心理品质等方面的认识，如对自己的感知、记忆、思维、智力、能力、性格、气质以及兴趣、爱好等的认识和体验。如果一个人对自己的心理属性评价过高，认为自己智商超常、能力过人，就可能骄傲自负；相反，如果一个人对自己的心理属性评价过低，认为自己智商不高、能力差，就会否定自己，甚至自卑消沉。心理自我随着个体的年龄、阅历、文化水平、心理水平等的发展而逐渐成熟，它促使个体根据需要来调节和控制自己的心理与行为，修正自己的经验和观念。

3. 社会自我

社会自我是随着个体社会化的发展，在学习和实践各种社会角色的基础上逐渐形成的。这是个体对自己与周围关系的认识和评价，包括个体对自己在客观环境及各种社会关系中的角色、地位、权利、义务、责任等的认识。伴随着个体的社会化进程，社会自我逐渐体现出它在自我意识中的重要性，成为影响个体的重要因素。几乎每个大学生都特别看重他人对自己的看法和评价，也就是说，每个大学生都特别重视自己的社会自我。因此，社会自我是大学生自我意识的中心内容。

7.1.2　自我意识的结构

自我意识的结构是指自我意识所包含的成分。自我意识既是心理活动的主体，又是心理活动的客体，它是涉及认知、情感和意志的多维度、多层次的复杂的心理系统。自我意识从结构上可以划分为自我认知、自我体验和自我控制三个方面，三者之间相互联系、相互制约、相互统一于完整的个体自我意识之中。

1. 自我认知

自我认知是自我意识的认知成分，是一个人对自身和自身与周围世界关系的认识，包括自我感觉、自我观察、自我分析和自我评价等，是自我意识中最基础的部分，决定着自我体验的主导心境以及自我控制的主要内容。自我认知主要解决“我是一个什么样的人”“我为什么是这样的人”等问题，如个体通过对自己容貌的审视，认为自己形象良好，分析自己的品性，认为自己诚实守信，等等。自我评价是自我认知的核心成分，它是个体在认识自己的行为和活动的基础上产生的，是通过社会比较而实现的。现实生活中人们容易过高或过低评价自己，这是因为一个人要对自我进行客观、正确的自我评价是比较困难的。首先，个体的自我发展是一个连续的、终生的过程；其次，个体在进行自我评价时还会受到需要、动机、能力等心理因素的影响。

2. 自我体验

自我体验属于情绪范畴，它以情绪体验的形式表现出个体对自己的态度，即主我(I)对客我(Me)的一种态度，主要涉及“能否悦纳自己”“对自我是否满意”等方面。个体的自我体验是在自我认识的基础上产生的一种情绪体验，这种情绪体验往往与自我认识、自我评价有关，也和自己对社会的规范、价值标准的认识有关，包括自尊、自信、自卑、内疚、自豪感、责任感、优越感、义务感等。当客我满足主我的需要时，就会产生肯定的自我体验；否则就会产生否定的自我体验，如自卑或自责。在自我意识结构中，自我体验强化了自我认知，决定了自我控制的行为力度。

3. 自我控制

自我控制主要表现为人的意志行为，它监督、调节、控制自己对自己和他人的态度和行为，包括自我监督、自我激励、自我暗示、自强自立等内容，表现为自主、自立、自强、自制、自律等，主要解决“我怎样克制自己”“我如何改变自己”“我如何成为理想的那种人”等问题。自我控制集中体现了自我意识在营造主观世界方面的能动作用。这种能动作用表现在两方面：一是启动作用，它是自我发动与支配自己行为的结果。在克服困难的过程中，个体强制使自己的言语器官和运动器官进行种种活动就属于这种情况，如学生克服贪睡的欲望、晨起跑步、早读；二是制止作用，即抑制不正确或在当时情境中不应有的言论和行为，如身患感冒的学生为了不影响他人，在上课时避免自己咳嗽。在自我意识结构中，自我控制是完善自我的实际途径，对自我认知、自我体验都有调节作用。

7.1.3 自我意识的发展

1. 自我意识形成过程

一般认为，个体自我意识从婴儿时期就已开始发展，年龄大概在 1～3 岁，是以儿童用代词“我”来标志自己为重要特点的，这也是自我意识发展的第一次飞跃期。研究人员让婴儿观看镜中的映像，18 周大的婴儿愉快地凝视着镜中的自己，但没有意识到看见的是自己。到了两岁的时候，婴儿开始认识到那是自己的映像，他们已经可以进行自我识别。但是这个年龄的孩子的自我意识仅限于“这里和现在”，直到 4 岁，儿童才能顺利表征和回忆过去的自我映像。随着儿童的长大，他们对自我的看法和描述变得更加详细、具体，并更侧重心理的角度。到 3 或 4 岁时，儿童会从长相、喜好、拥有物和社会特征等方面来描述自己。但是，他们的自我评价经常不准确，也缺乏一致性。

当儿童到了 5～7 岁时，他们开始从能力方面来描述自己：“我擅长跑步、跳高”，他们对自我的描述非常积极，并高估自己的能力。5 岁的儿童大多数能进行自我评价。这一时期自我评价的特点表现为：从轻信成人的评价到自己独立评价；从对外部的评价到对内心品质的评价；从比较笼统的评价到比较细致的评价；从带有极大主观情绪性的自我评价到初步比较客观的评价。5～6 岁儿童大多已表现有自我情绪体验，自我情绪体验的发展特点表现为：由与生理需要相联系的情绪体验向社会性情感体验(委屈、自责、羞愧)不断深化、发展，同时表现出易受暗示性。

8～10 岁的儿童更加清楚地意识到个体自身与自身独特的感受和想法，他们开始用更复杂的方式描述自己，并且更加注重能力和人格特质。这个时期儿童的自我评价处于由具体性向抽象性、由外显行为向内部世界的发展过程中，抽象概括性评价和对内心世界的评价能力都在迅速发展，自我评价的稳定性逐渐增强。这个时期，儿童自我情绪体验的发展与自我认识、自我评价发展密切相关。随着儿童的理性认识的增加和提高，他们的情绪体验逐步深刻。

心理学家认为，青春期是自我意识发展的第二次飞跃期。进入青春期后，由于身体的迅速发育，初中生很快出现了成人的体貌特征，由于这种快速发生的生理变化，青少年会自觉不自觉地将自己的思想重新指向主观世界，使思想意识再一次进入自我，导致自我意识的第二次飞跃。他们的内心世界丰富，开始自省并关注他人的评价，一系列关于“我”

的问题开始反复萦绕他们心中，表现出个性上的主观偏执，他们总认为自己正确，听不进去别人意见，他们觉得周围人时时刻刻都在品评他们，这种想法使他们感到压抑、孤独而且神经过敏。

高中生在自我认识、自我评价、自我体验、自我控制等方面都获得高度的发展，并趋于成熟。高中阶段是个体自我形象逐渐达到稳定的时期，一个人在高中阶段对自身的看法，有许多持续终生。高中生的自我意识中要求独立的愿望比较强烈，这种独立性是建立在与成人和睦相处基础上的，与初中时的反抗叛逆有所区别。同时，出现了自我意识的分化，高中时期个体在心理上把自我分为了“理想我”和“现实我”，这种分化形成了他们思维或行为上的主体性，同时出现了自我矛盾。高中生关注自己的个性成长，有较强的自尊心。由于抽象逻辑思维的进一步发展，知识经验的日益丰富，高中生能够较为全面、客观、辩证地看待自己、分析自己，自我评价的能力变得全面、主动，日趋深刻。自我意识的发展促进了成年初期自我的形成。自我的形成是以自我同一性确立而获得安定的心理状态为标志的。

2. 自我意识的发展理论

心理学家研究自我意识的发展理论并提出相应学说，这里主要介绍埃里克森的自我发展理论。

埃里克森认为个体自我的成长发展贯穿一个人生命的整个过程，并且呈现出阶段性的特点。每一个阶段个体都有一种危机或矛盾需要解决，或者说有一种发展任务需要完成，如果危机解决得顺利，个体可能获得积极品质，增强自我的力量，为下一阶段的发展创造条件；如果危机解决得不顺利，个体可能形成消极的品质，削弱自我的力量，影响下一阶段的发展。根据每个阶段完成的任务不同，他将人的发展分为八个阶段。这八个阶段的顺序是由遗传决定的，但是每一阶段能否顺利度过却是由环境决定的，所以这个理论又称为心理-社会阶段理论(见表 7.1.1)。

表 7.1.1　埃里克森的心理-社会发展八阶段

阶段	年 龄	心理危机(发展关键)	发展顺序	发展障碍
1	出生～1 岁 婴儿期	对人信赖 VS 对人不信赖	对人信赖，有安全感	与人交往，焦虑不安
2	2～3 岁 幼儿期	活泼自动 VS 羞愧怀疑	能自我控制，行动有信心	自我怀疑，行动畏首畏尾
3	3～6 岁 学前期	自动自发 VS 退缩内疚	有目的方向，能独立进取	畏惧退缩，无自我价值感
4	6～11 岁 学龄初期	勤奋进取 VS 自贬自卑	具有求学、做人、待人的基本能力	缺乏生活基本能力，充满失败感
5	12～18 岁 青年初期	自我统一 VS 角色混乱	自我观念明确，追寻方向肯定	生活缺乏目标，实感彷徨迷失
6	成年期	友爱亲密 VS 孤独疏离	成功的感情生活，奠定事业基础	孤独寂寞，无法与人亲密相处
7	中年期	精力充沛 VS 颓废迟滞	热爱家庭，栽培后进	自我恣纵，不顾未来
8	老年期	完美无憾 VS 悲观绝望	随心所欲，安享天年	悔恨旧事，徒呼负负

埃里克森认为，个体在克服婴儿前期、婴儿后期、幼儿期、儿童期这四个时期的心理、社会危机，实现各个时期的发展课题之后，到青年期的发展可以使自我同一性的确立。所谓同一性，是指青少年对自己的本质、信仰和人生重要方面形成前后一致且较为完善的认知，也即个人的内部状态与外部环境的整合和协调一致。发展顺利就会形成自我认同，方向明确，发展不好就会产生角色混乱，心灵茫然。这一阶段的青少年对周围世界有了新的观察与新的思考，他们经常考虑自己到底是怎样一个人，他们从别人对他的态度中，从自己扮演的各种社会角色中，逐渐认清自己。此时，他们逐渐疏远自己的父母，从对父母的依赖关系中解脱出来，而与同伴们建立了亲密的友谊，从而进一步认识自己，对自己的过去、现在、将来产生一种内在的连续之感，也认识自己与他人在外表与性格上的相同与差别，认识现实的自己与理想的自己之间的关系。自我同一性的确立对于青少年的健康成长、更好地适应社会和实现自身的价值都具有重要意义。

埃里克森进一步指出，进入成年期后的个体，虽然他们应该而且有能力承担社会责任和义务，但他们在做出某种决断时往往处于一种“暂停”的状态，以尽可能满足避免同一性提前完结的内心需要。在延缓所承担的义务和责任的同时，青年学习并实践各种角色，以形成各种本领。由于确立自我同一性之前需要有一定的时间，在这一时间内，青年可以合法地延缓所必须承担的社会责任和义务，这一时期被称为“心理的延缓偿付期”。在这一时期，青年可以触及各种人生观、思想价值观，进行比较、选取，经过这种循环往复，就可以确定自己的人生观、价值观以及将来的职业，等等，最终确立自我同一性。

7.1.4 自我意识的特征与功能

1. 自我意识的特征

自我意识是人类所特有的心理系统，它具有意识性、社会性、能动性、同一性等特点。

1) 意识性

意识性是指个体对自己以及自己与周围世界的关系有着清晰、明确的理解和自觉的态度，而不是无意识或潜意识。从马克思主义哲学的角度来看，这种自我意识是主体我对客体我的一切主观能动的反映。

2) 社会性

自我意识是个体长期社会化的产物。这不仅因为它是在社会实践中产生的，而且因为它的主要内容是个体社会属性的反映。对自我本质的意识，不是意识到个体的生理特性，而是意识到个体的社会特性，意识到个体的社会角色，意识到个体在一定的社会关系和人际关系中的地位、作用，这是自我意识发展到成熟的重要标志。

3) 能动性

自我意识的能动性不仅表现在个体能根据社会或他人的评价、态度和自己实践所反馈的信息来形成自我意识，还能根据自我意识调控自己的心理和行为。

4) 同一性

自我意识一般需要经过二十多年的发展，直到青年中后期才能形成比较稳定、成熟的状态。虽然这种自我意识有可能因个体实践的成败和他人评价的改变而发生变化，但到青年期以后，个体会对自己的基本认识和态度保持同一性。正因为自我意识的同一性，才会使个体表现出前后一致的心理面貌，从而使自己与其他人的个性区别开来。

2. 自我意识的功能

个体的自我意识与个体的成长发展息息相关。自我意识在个体成长和发展中具有导向激励、自我控制、内省调节等功能。

1) 导向激励功能

目标发挥着人才发展的导航作用。一个人要想成就一番事业，就必须从自身的实际出发，制定明确的目标，只有如此才会调动自身的潜能，进而激发强大的动力。人通过正确的自我认识，确立较为合理的“理想自我”，就为个人将来的发展确定了目标，对个人的认知、情感、意志、行动会产生很大影响，是个体活动的动力。自我意识健全的个体，在从事一项活动之前，活动的目的和结果就以观念的形式存在于头脑之中了，并依此做出计划，指导自己的活动，从而激发起强大的动力，从而达到预期的目标。

2) 自我控制功能

一个人如果有了发展目标而不付诸行动，其结果仍然是一无所获。个体要想将来有所建树，首先要有科学的目标，同时还要有自立、自主、自信、自制的意识，并对自己偏离目标的情感和行动加以调节和控制。在通往成功的大道上，很多人与成功失之交臂，并不是因为缺乏机会和才华，而是因为缺乏自我控制的意识和能力。自我控制是自我意识发挥能动作用的一个重要表现，它是目标的保护神，是成功的卫士，是自我意识的一项很重要的功能。缺乏自我控制的意识和能力的人，是一个盲动、情绪化的人，缺乏恒心与毅力的人，终将一事无成。

3) 内省调节功能

自我意识健全的个体，不仅能够确立符合个体的“理想自我”，而且能够通过自我控制来实现预期目标。由于主客观条件的制约，“理想自我”的实现常常会遇到各种障碍，致使个体产生不同程度的挫折感。这时，自我意识就会对自己的认识、情感、意志、行为等进行反省，找到受挫折的主客观原因，并重新调整认识，形成新的“理想自我”，使其与“现实自我”趋于统一。内省和调节就是个体成长中所进行的自我监督和自我教育，每个人要想使自己成为自我实现的人，就需要有积极的自我意识，随时对自我的认识、情感、意志和行为加以反省和调节。

我的自画像

自我画像是画家对其内心进行观察和自省的绝佳方式。历史上，许多著名的画家都对这种方法情有独钟。例如，我们所熟知的已故荷兰绘画大师梵高，就曾在人生的不同阶段，为自己创作了多幅自画像(见图 7.1.1)。下面，也让我们来体验一下自我内心画像的神奇之旅吧。

图 7.1.1 梵高不同时期的自画像

请你尽量写出 20 个“我是谁”，回答每次提问的时间为 20 秒，如果写不出来，可以略去，继续往下写。由于这是用于自我分析的材料，可以不给别人看，所以想到什么就回答什么，不要有什么顾虑。例如，我叫某某，我是一个诚实的人，等等。

(1) 我是________________

(2) 我是________________

(3) 我是________________

(4) 我是________________

(5) 我是________________

(6) 我是________________

(7) 我是________________

(8) 我是________________

(9) 我是________________

(10) 我是________________

(11) 我是________________

(12) 我是________________

(13) 我是________________

(14) 我是________________

(15) 我是________________

(16) 我是________________

(17) 我是____

(18) 我是____

(19) 我是____

(20) 我是____

现在看一下自己的答案，数一数自己一共写出多少个“我是谁”。“我是谁？”这个看似简单的问题却不是那么容易回答。这个测验可以帮助我们梳理自我，从而更好地了解自己。仔细查看自己的答案，或许你会惊奇地发现，“我”包括了很多方面：我是一个大一学生；我喜欢旅游；我有点内向但不失幽默；我想深入学习专业知识，等等。

对自己的答案可以从以下几个方面进行分析：

(1) 答案的数量和质量。统计答案的个数，看看各答案主要涉及哪些方面。如果能写出 9～10 个答案，则大体上可以认为不存在特别的障碍。如果只能写出 7 个或更少的答案，则可以认为是过分压抑自己，因为有人回答时会以感到无聊、感到害羞、时间不够等为由而不能回答更多的问题。

(2) 回答内容的表现方式。存在三种情况：① 符合客观情况，如“我是女儿”“我是大学生”等；② 主观解释的情况，如“我是老实人”“我胆小”等；③ 中性的情况，即谁都不能作出判断的情况。如果主观评价和客观评价都存在，可以认为自我意识处于平衡状；如果倾向于主观或客观，则不能认为自我意识处于平衡状态。在主观评价中，最好既能说到自己好的方面(令人满意的特征)，也能说到自己的不足之处(令人不满意的特征)。若只说到好的，易使人觉得自满；若只做不好的评价，又令人感觉缺乏信心。

(3) 回答的内容是否涉及未来。只要有一个答案涉及未来(如“我是未来的程序员”)，就说明自己有理想和抱负，在现实生活中充满生机。如果没有答案涉及未来，则可能说明自己对未来考虑较少。

一般来说，综合运用上述方法，我们可以客观、全面地了解自我，形成良好的自我意识。当我们思考自己是怎样的一个人时，脑海中浮现的有关自己的种种想法，就是我们所说的“自我意识”。

7.2 大学生自我意识发展的特点

大学阶段是一个人从青春期向成年期转变的重要时期。这一时期，个体对自我的关注日益强烈，促进了对“本来”的“我”的追求意识。个体开始摆脱那种肤浅的、表面的对自我的认识，促使自我意识形成、发展、完善。

7.2.1 大学生为什么关注自我

大学生之所以关注自我，可以说有以下三个原因：

一是身体的急剧成熟。处于青年期的大学生，其生理、认识、情感等各方面发生着深刻的变化，如性的成熟、思维与想象能力的发展、感受力的提高。这时他们开始把关注重点转向自身内部，关心自己的身体、内驱力及内部欲求等，他们想要去发现、体会自己的内心世界，并迫切要求形成自己独特的个性与独特的理解方式。进入大学的学生，都会思考这些问题："我是一个怎样的人""我的目标是什么""我活着的意义是什么"……

二是社会人际关系的扩大。处于青年期的个体，会将自己的内在能力与他人进行比较，进而关注自己的素质、天赋等问题。他人的评价对这一时期个体自我意识的修正和自我的形成，有着积极的作用。自我意识尚未确定的青年对他人的评价更为敏感，他们往往通过他人对自己的态度、评价来认识并确认自我的存在价值。

三是认识能力的发展。大学时期，辩证逻辑思维逐渐发展成为主要的思维形态，其主要特点是既反映事物之间的区别，又体现相互联系，在强调确定性和逻辑性的前提下，承认相对性和矛盾性。这一时期也是创造性思维开始表现的时期，发散思维有一定程度的发展。这种认识能力的发展使他们开始对自己行动的原因、结果以及自己的存在价值和人生意义进行思考。

7.2.2 大学生自我意识的发展

大学生的自我意识正经历着一个明显的分化、整合过程。在这一过程中，个体自小积累的经验、对他人的态度及来自他人的评价、独立的意识及自身在社会中的作用、地位与身份等因素都影响着自我的形成。

1. 自我意识的分化——主观我、客观我

原来完整、笼统的"我"分化为两个"我"：一个是主观的我，即"我眼中的我自己"，它以观察者的身份出现，包括自己期望达到的完美形象，即"理想我"；另一个是客观的我，即"别人眼中的我"，它以被观察者的身份出现，包括实际达成的自我状态，即"现实我"。自我意识的分化是自我意识开始走向成熟的标志。正是这种分化促进了大学生思维和行为个体性的形成，从而为客观评价自己和他人，合理调整自身言行奠定了基础。这也是大学生自我意识发展的最重要过程。

2. 自我意识的矛盾——理想我、现实我

随着自我意识的分化，"理想我"和"现实我"之间必然会导致自我意识的矛盾。大学生会不情愿地看到理想我和现实我之间存在较大的差距，而这种差距又不是一时半刻能消除的，因而产生了自我意识的矛盾，表现为内心冲突，甚至引发内心的痛苦与不安，疑虑和困扰。大学生对自己的评价常常是矛盾的，对自己的态度也常常是波动的，自己的控制常常是不自觉的，不果断的。他们有时能较客观地评价自己，有时又做不到；有时能肯定自己，对自己充满自信，感到自己什么都行；有时又否定自己，认为自己无能，对自己不满。这都是大学生自我意识矛盾的表现。由自我意识分化带来的矛盾是大学生自我意识发展过程的正常现象，也是大学生迅速走向成熟的集中表现。

3. 自我意识的整合——主体我、客体我

自我意识的矛盾冲突，一方面会给大学生带来不安和痛苦，可能影响他们的心理发展和心理健康；另一方面也会促进他们通过自我探究来摆脱这种痛苦与不安，达到自我意识的整合。在自我意识的矛盾冲突中，大学生的自我意识不断得到调整、发展。在自我意

识的不断调整、发展中，他们极易寻求新的支点，寻找到自我意识的统一点，整合自我意识，也就是我们常说的自我同一性的建立。这种自我意识的统合主要指主体我和客观我的统合、自我与客观环境的统合、理想我与现实我的统合，也表现为自我认知、自我体验、自我控制的统合。从多维度观察的自我同一性越高，大学生自我意识的发展越好，人格越完善。

个体自我意识的统合是在自我评价、对他人的评价以及接受他人(包括群体)评价的过程中逐步实现的，个体消除矛盾，获得自我统合的途径有三条：(1) 坚持理想的自我标准，努力改进现实的自我，使现实自我与理想自我相一致；(2) 对理想的自我标准进行修正，同时努力改进现实的自我，使现实自我与理想自我相一致；(3) 放弃理想的自我标准，自暴自弃，得过且过，现实自我是怎样就怎样。由于每个大学生的生活经验、成长环境、心智发展水平以及追求目标等方面都存在着差异，因此其自我意识分化、矛盾、统一的途径会有所不同，结果也会不同。

7.2.3　大学生自我意识的特点

大学生的自我意识是在儿童期和青年期自我意识的基础上发展而来的，它既有延续性又有自身新的特点。首先，大学生是青少年中的一个特殊群体，社会要求高、家长期望高、个人成才欲望强烈，但由于心理发展处于尚未成熟阶段，缺乏社会经验。其次，大学的环境与中学有很大差别，大学十分强调独立、注重自我发展，许多大学生能够按照自己的方式安排自己的生活，能够生活在一种宽松自由的氛围中。再次，大学生处于特殊的社会环境中，他们文化素质较高，思想观点与社会上的一般人有许多差异，但大学生的实际生活阅历有限，与现实社会有一定距离，社会实践能力不强，缺乏独立能力与情绪调节训练，心理比较脆弱，适应能力差，情绪不稳定，心理失衡常常发生。所有这些因素使得大学生自我意识的发展有其特殊性。

1. 自我认识日趋成熟

首先，大学生的自我认识更具有自觉性和主动性。随着知识的积累和年龄的增长，大学生比中学生更渴望进一步认识自己，他们开始更多地关注自己，能够积极主动地探索自我，并关心自己的现状和未来的发展。他们的自我认识不只涉及自我的气质、兴趣和性格等一般问题，还涉及自己的社会地位、社会责任、自我价值等问题。他们会经常思考“我到底是一个怎样的人”“我将成为一个什么样的人”“我怎么活着才更有意义”……能自觉地把自我的命运和集体、国家的命运结合起来。这种思考比少年时期更主动、更自觉，具有较高水平。

其次，自我评价能力提高。大学生的自我评价不再完全依赖他人评价，通过与周围同学、老师进行比较来认识和评价自己。大多数学生对自己的分析，评价逐渐变得全面、客观。这种能够借助一定的社会评价来认识自己，但又不完全依赖他人评价的能力表明了大学生自我评价能力的提高。但是，由于大学生对客观事物的理解和判断仍较为肤浅和片面，所以有时他们对自我的理解和判断，会出现只看到一面而忽略另一面、只看到表象而看不到本质的情况。

2. 自我体验丰富深刻

随着自我认识和评价能力的提高，大学生的自我体验也在变化。大学生的自我体验丰富、细腻、深刻，情感体验的基调是积极的、健康的。他们喜欢自己、满意自己、自尊、自信、好胜。但大学生的情感体验较为复杂，因对自我认识尚在探索，个性不够成熟稳定，缺乏驾驭情感的能力，其情感体验呈现出明显的敏感性和被动性。凡是涉及自我的事物，往往能引起他们强烈的情绪反应。他们对别人的言行和态度极为敏感，且内心体验起伏较大。当他们取得成绩受到表扬或言行举止被接纳时，就产生积极、肯定的自我体验，甚至骄傲自满、忘乎所以；当他们受到挫折、批评时，就会产生消极、否定的情感体验，甚至自暴自弃、悲观失望，出现明显的两极情绪。

3. 自我控制能力增强

随着独立性的提高，大学生的自我控制能力增强，自我控制的自觉性、独立性和稳定性显著发展。他们能够根据别人的评价和自己的行动结果进行反省，及时调整自己的行为以适应目标的要求。大学生自我控制能力发展的一个主要特点是有强烈的自我设计和自我规划的愿望，希望根据自我设计的目标自觉调节行为。他们根据自我设计的“最佳自我形象”不断地充实自己，培养自己的能力，形成良好的性格与品德。他们有着强烈要求独立的愿望，希望摆脱依赖和管束；希望自己能够主宰自己的生活，自己独立思考和动手解决学习、生活、恋爱、人际等一系列问题。他们对各种束缚和干涉自己的现象往往十分反感；对各种约束自己自由、独立的环境和措施表现出不满，甚至表现出强烈的反抗倾向。但大学生的自我控制能力还不够强，尤其是在情绪等方面出现问题时，常常难以自控。

觉察内心深处的自己

请根据自己内心真实的想法，完成下面“假如”的设想练习。

假如我是一朵花，我希望是____________________

因为____________________

假如我是一棵树，我希望是____________________

因为____________________

假如我是一种动物，我希望是____________________

因为____________________

假如我是一种昆虫，我希望是____________________

因为____________________

假如我是一种食物，我希望是____________________

因为____________________

假如我是一种家具，我希望是____________________

因为____________________

假如我是一种乐器，我希望是________________

因为________________

假如我是一种游戏，我希望是________________

因为________________

假如我是一种交通工具，我希望是________________

因为________________

7.3 大学生常见的自我意识偏差及其调适

7.3.1 大学生常见的自我意识偏差

大学生处于自我意识发展的特殊阶段，自我意识容易出现偏差。这些自我意识偏差根据自我意识的结构可以分为自我认识的偏差、自我体验的偏差和自我控制的偏差。

1. 自我认识的偏差

自我认识的偏差是由不合理的自我认识以及自我评价产生的自我意识的偏差，具体表现为自我中心和从众。

1) 自我中心

适度的自我关注、自我分析有利于正确、客观地认识自己，有助于正确地认识自己的情绪和行为，从而能够及时适当调整自己。但是对自己过于关注，只顾自己的感受和想法，不去考虑他人的感受，也不考虑对方的立场，即使是替别人着想也是站在自己的角度，就有可能形成一种“自我中心”的认识偏差。

2) 从众

从众是一种普遍存在的心理现象，具有从众心理的人会在群体舆论的压力下，放弃个人意见而采取与大多数人一致的自我保护行为。从众心理人皆有之，但如果过强，就会阻碍心理发展。在自我认识过程中，主观的我是因自省而产生，即我如何看待自己；客观的我是因人言而产生，即我在他人眼中的样子。主观的我和客观的我经过比较、匹配，最终形成现实的我。主观的我和客观的我之间常常产生矛盾。有些大学生过于看重自己在别人心目中的形象，对他人的看法和评价过于敏感，一味受“人言”所左右，就会形成一种“从众”心理。

2. 自我体验的偏差

自我体验偏差是一种由不合理的自我意识产生的消极影响身心健康的情绪体验。

1) 自卑

自卑是个体由于自我认知偏差等原因所形成的自我轻视和自我否定的情绪体验。自卑表现为对自己认识不足，对自己的能力或品质评价过低。自卑源于不合理的认知。大学生产生自卑的原因有很多。例如，因自己身材矮小、外貌不佳而自卑；因自己家庭条件不好而自卑；因自己技不如人而自卑；因自己在学习上屡屡受挫而自卑。表面上看，自卑有客观原因，但实质是个体没有正确地认识这些问题，没有正确地认识和评价自己。由于现实我与理想我总是存在差异，有的大学生认为现实我与理想我的差距太大，因此感到“失望”，并把目光总盯着自己的缺点、不足，从而痛苦、逃避、退缩，这就是自卑的表现。此外，自卑往往也是自尊屡屡受挫的结果。当一个人的自尊需要得不到满足，又不能恰如其分、实事求是地分析自己时就容易产生自卑心理。

一般人常认为，自卑的原因是自尊心不强或者缺乏自尊。实际上，自卑是一种不健康的自尊。几乎所有严重自卑者其自尊心都过于敏感。在现实生活中，那些自尊心表现得越外显、越强烈的人，往往自卑感也越强。他们一般性格内向，情感脆弱，特别害怕别人伤害自己的尊严，过分介意他人的评价，并且千方百计地抬高自己的形象，保持自己的优越感。由于缺乏自知，他们也很容易与他人发生冲突。

2) 自负

自负是个体自以为是、自命不凡的一种情感体验和情绪表现。随着时代的变迁，自信已成为当今大学生较为普遍的优秀品质，他们能独立思考，对自己的未来充满憧憬。有些大学生过度自信，就变成了自负。

自负常常产生于现实我与理想我的矛盾中。一般来讲，现实我与理想我总是不一致的，两者之间总有距离，如何看待这两者的距离直接关系到自我体验。当对缩短两者距离充满信心时，表明个体正处于积极体验，即认为自己可以努力提高现实我以实现理想我。但有些大学生自信过度，过高评价自己，在生活与学习中处处显示自己的优越感，希望超过别人，这种过度自我膨胀的自信就是自负。自负的人往往目空一切，过分相信自己的能力，听不进师长的教诲，听不进同龄人的意见，一意孤行，骄傲、自大。由于缺乏自知之明，自负的人容易失败，也容易受伤害。

3. 自我控制的偏差

与自我体验相对应，在心理学上，自我控制的偏差是指消极的自我控制，主要包括逆反、放纵和盲目攀比。

1) 逆反

逆反是指个体在生理基本成熟，心理迅速走向成熟而又未真正达到成熟的时候，渴望在思想、行动乃至经济上尽快独立，从而表现出较强的独立意识。大学生处于智力发展已达到成熟，但阅历有限、经验不足的特殊时期，较强的逆反心理容易导致感情用事，甚至出现偏激的行为。具有逆反心理的大学生，否定父母、否定老师、否定学校的各种管理体制，觉得周围的一切都是不合理的。过分的逆反会影响大学生的心理发展和人格成熟，是不容忽视的自我意识缺陷。其主要表现为对师长的教育或周围的正常事物持消极、冷漠、反感、抗拒的态度。甚至为了反抗，越是不让他们做的事情，他们越要做，常常是以对着干来显示自己的与众不同。他们对正面教育和宣传表现出一种怀疑、不认同的抵制态度，对社会、人生和个人前途玩世不恭。他们逃课旷课，沉迷于网络的虚拟世界，听不进老师家长的劝说，我行我素。一位大学生这么说：“我知道我爸说得很有道理，按他说的做，我肯定能取得很好的成就，但我就是不想听他的，他让我往东走，我偏要往西去！”这是典型的逆反者的内心写照。

2) 放纵

大学生活和学习需要学生进行自我管理、自我教育，大学生要过好大学生活，需要具备高度的自觉性。与中学生相比，大学生在自我控制上开始有了明显的自觉性、主动性。然而，处于青年期的大学生最大的特点是感情易冲动，对待问题易偏激和情绪化，常使理智让位于情感，自我控制能力明显不足，进而出现放纵这种自我意识偏差。放纵是指大学生不能约束自己的行为和克制自己的情绪，“跟着感觉走”。例如，一些大学生平日里觉得“好听”的课就去上，“不好听”的课就不去；明明确立了一个目标，却缺乏恒心与决心，在困难面前望而生畏，虎头蛇尾，消极懒惰。

3) 盲目攀比

盲目攀比也是自我意识偏差的一种表现。不可否认，适度攀比有时具有积极意义，在学习、工作中通过合理比较，可形成“比学赶帮超”的良好局面。但是盲目的攀比往往带有消极性，盲目意味着没有对自我形成正确合理的认知、评价，容易受到别人的影响。尺有所短，寸有所长，所以盲目的攀比会产生不平衡感，常会让人处于消极的情绪体验中，影响个体身心健康。

自制、自律、自觉等是积极的自我控制，积极的自我控制能够克制调整自己的情绪，做事有计划性，自我发展方向明确。逆反、放纵和盲目攀比都是消极的自我控制，这种自我控制的偏差会导致个体陷入消极的行为模式，产生消极的情绪体验，会给大学生的健康成长带来消极的影响。

综上所述，大学生自我意识发展过程中所出现的偏差或缺陷，主要可以归结为自我认识和自我评价的两个极端，即过高地估计自己或过分地贬低自己，并基于此而形成消极的体验或行为控制，从而导致问题的发生。说到底，这是其心理还不成熟的表现，但这些发展中的缺陷是可以调整的。

7.3.2 培养健康的自我意识

1. 大学生健康自我意识的标准

自我意识对人的心理健康起着重要作用，影响着人格的形成和发展，在人格优化中发挥着强大的推动作用。健康的自我意识是心理健康的重要标志，是人自身内在的一种成功机制，在人的发展中发挥着重要作用。

1) 自我定位准确

自我定位准确就是能够准确地认知与评价自我，不夸大自己的优势与不足；对现状与未来有明确的认识、符合实际的规划；既不好高骛远，也不妄自菲薄。

2) 积极而客观

积极而客观的自我认识与评价是健康自我意识的重要表现。只有以积极的态度去认识和评价人与事，客观理性地分析现象背后的真正原因，才能体验到愉悦的情绪，产生积极的人生态度和健康的观念。

3) 自尊与自信

自尊表现为一个人尊重自己，对自己持肯定的态度。它是一种要求尊重自己的言行和人格，维护一定的荣誉与社会地位的心理状态。自尊是自信、自立、自强的基础，其获得良好发展是拥有良好心理状态的重要条件之一。自信是指一个人在对自己充分肯定的基础上建立起来的一种信心，它能推动人的心理与行为向积极的方向发展。

4) 自主并善于合作

自主并善于合作的人能够独立地分析、思考问题，有明确的自我认知和评价，有独立的见解，不受他人暗示，善于独立处理自己或周围的问题，能独立地支配自己的行为，但也不拒绝与他人合作。

5) 有效的自我控制

孔子强调“修身克己”；古希腊的柏拉图认为，节制是一种秩序，一种对于快乐和渴望的控制。自我控制是自我心理结构中最重要的调节机制，也是心理成熟的最高标志。因此，自我控制的培养应从小事入手，而当理智行动成为一种习惯时，自我控制便转变为“自动化”的“程序”，这就标志着自我控制能力的形成。

6) 建立自我同一性

自我同一性是指生理自我、心理自我与社会自我的整合统一。生理自我、心理自我与社会自我是密切联系、相互影响的，它们都包含着不同的自我认知、自我体验和自我控制，但由于比例不同、协调程度不同，所以就构成了个体自我意识之间的差异，也使每个人都有了自己的对人、对己、对社会的独特看法和体验。如果三者统一协调发展，自我同一性就处于良好的状态；相反，三者矛盾冲突，则自我同一性发展不良，容易导致各种心理问题的产生。当今的大学生承受着许多压力与挑战，自我常出现矛盾与挣扎，甚至分裂。完成自我同一性的建立，对大学生的心理健康和人格完善尤为重要。

2. 健康自我意识的培养策略

1) 全面认识自我

一个人要全面认识自我，不仅要了解自己的身体，还要了解自己的个性、能力、兴趣、爱好、意志、品质等心理方面的特质，以及自己在大学生群体中的位置、在周围人际交往环境中的形象等。全面认识自己需要采用科学视角，对自身有整体把握。

(1) 全面分析自己。首先，从人格的角度来分析自己。比如，从智商、情商、文艺特长等不同方面观察自己，在与他人进行比较的同时看到自己的长处与不足。人总是各有所长、各有所短，既不能拿自己的长处与别人的短处相比而洋洋自得；也不能拿自己的短处和别人的长处相比而自愧不如。其次，从不同社会角色的角度来审视自己。每个人在社会中都担当着不同的社会角色，如子女、学生、共青团员、班级干部、社团成员等。作为子女，应争取在家里做个好孩子；作为学生，力求成绩优秀；作为班干部，可能收获诸多好评，也可能因某些原因不被部分人认同。所以，从自己所担当的不同角色和角色的地位变化来观察自己，有助于对自己形成全面的认识。

(2) 正确分析不同时期、不同人对自己的评价。他人给予我们的评价，有些是积极正面的，有些是消极负面的，这些评价有些是了解我们的人或亲近我们的人给予的，有些则是不了解我们的人或对我们有意见的人给予的，只有对不同时期的评价及不同的人给予的评价进行全面的、批判性的分析，才能形成比较接近于"现实自我"的认识。

2) 客观评价自我

自我评价是自我认识的核心，大学生若能对自己的存在价值、想法、品德、个性特征以及行为进行客观的评价，就能够取长补短、接纳自我、控制自我、发展并完善自我，进而协调好人际交往，处理好个人与社会的关系。相反，如果对自己评价过低或过高，不能全面且恰当地评价自己，必然难以发挥所长，也不利于克服缺点，同时，也难以处理自己与他人、社会的关系。自我评价的途径主要有以下两种。

(1) 对镜评价。"以铜为镜，可以正衣冠；以史为镜，可以知兴衰；以人为镜，可以明得失。"社会就像一面大镜子，个人对自己的认识和评价首先源于他人对自己的评价和肯定。大学生自我评价的成熟及自我意识的发展受到他人的态度和评价的影响。通过与同伴相处，互相谈论对事物的看法，能更新自己的观念。通过与父母师长沟通，汲取其宝贵经验，能丰富自己的体验。所以，他人是自己的一面镜子，既是评价者，也是参照者。例如，一个人乐意与你交往，愿意和你一起学习、工作、娱乐，愿意和你分享喜悦和忧伤，那就说明你一定具有某些为人们所喜爱的品质；相反，如果很多人嫌弃你、疏远你，不愿意让你参加他们的活动，那你就要好好反省自己。所以，大学生在与他人互动的过程中，一方面要看到自己与他人的异同点，求同存异；另一方面要透过他人对自己的评价和态度来认识不一样的自己，学会观察和分析大多数人的态度，客观地认识和评价自己。

(2) 自省评价。所谓的自省评价，是指通过自我反省、自我批评、自我测控和自我教育的手段，达到客观全面认识自己的目的。一般而言，大学生自省评价的方法有以下两种。

第一，通过内省认识自己。大学生大多已经成人，具备了内省的能力，能够意识到自己的心理状态，对自己的内心世界加以分析；能够与自己进行对话，反省过去发生的事，并思考未来将要做的事情。例如，通过记忆测验认识自己的记忆水平，评价自己的记忆能力；通过参与有挑战性的活动，认识与评价自己的意志品质；通过自己取得的成绩与进步，评价自己的能力水平等。

第二，在不同的实践活动中认识自己。人怎么能认识自己呢？通过观察是不可能的，必须通过行动、通过尝试完成自己的任务，你就能知道自己是怎样的人。大学生应追求独立自主，主动扩大自己的生活圈子，积极参与不同的实践活动，从而更全面地认知自己的体力、智力、兴趣、能力、品质等内部世界。

需要指出的是，大学生在进行自省评价时存在一定的片面性，时常以成败论英雄。他们取得成功时，沾沾自喜，甚至自以为是；当遭遇挫折时，又倾向于将问题扩大化，无法正确对待得失，以至于自尊受损，自信不足。诚然，挫折与失败在个人成长过程中是不可避免的，一个人对成败得失有不同的认识，影响其经验价值和自我评价。对成熟的人来说，失败乃成功之母，因此他们善于从失败中总结经验，避免重蹈覆辙；对脆弱的人来说，失败的经验使其更失败；对极端自负的人而言，成功可能成为失败之源。因此，一方面，大学生要学会正确分析成败，掌握正确的归因方式，客观地评价自我，既不要妄自菲薄，也不要夜郎自大；另一方面，大学生要积极参加社会实践和社会交往活动，挖掘、发展和表现自己的天赋和才能，争取优异成绩，使自己被他人所认识、认可和接纳。

3) 以积极的态度认同、接纳自己

心理学研究表明，心理健康者多表现出对自我的认可和接纳，而心理障碍者则明显表现出对自我的不满和排斥。以积极的态度认可自我易形成自尊，以消极的态度拒绝自我易形成自卑。因此，人要对自己持认同接纳的态度。只有认同、接纳自我，才会有自尊感、自豪感；只有积极地悦纳自我，才会科学地塑造自我，确立正确的奋斗目标。

(1) 培养顽强的意志力。很多大学生为自己树立了远大的目标和理想，但在追求目标和理想的过程中，却缺乏足够的自制力和意志力，经受不住挫折和打击，以至于无法实现目标和理想。所以，大学生要注意培养和发展意志力，增强挫折耐受力，使自己自觉主动地认清目标，为实现目标而努力排除各种干扰，克服各种困难。

(2) 合理进行社会比较。自我体验是在自我评价基础上产生的一种情绪体验，它取决于个体的自我认识、自我评价。而个人对自我的认识与评价，往往通过与他人比较来实现。如何比较，比较什么，这在很大程度上影响了个体的自我评价和自我体验。从有利于个人健康成长的角度出发，在与别人进行比较时要注意：第一，不要单纯比较行为的结果，而要将行为前的条件和行为结果结合在一起比较；第二，比较可变的因素，不要比较不可变的因素。例如，家庭经济状况、身材等是自己无法控制和改变的，所以在这些方面进行比较就没有激励作用。要比较可变的因素，如努力、成效等，比较以后谁取得的成绩更大，这样比较的结果就容易给人以激励，从而促进自我发展。第三，要注意和自己条件差不多的人比较，而不是与和自己相差太远的人比较，与比自己弱的人比较易获得盲目自信，与比自己强的人比较则易产生不必要的自卑。

(3) 创造机会，参加实践，获得更多成功的体验，培养自信心。自我评价、自我锻炼和自我教育是一个实践过程，通过参加实践，用学到的知识和智慧为社会服务，可以认清自己的责任和义务，确立科学的人生观、价值观。心理学研究表明，自信源于一点一滴的成功体验，成功的体验使人奋进、向上，增强自尊。对大多数人来说，成功的喜悦将成为个体强大的内在动力，成功将会带来更大的成功，而要使自尊心较弱的学生树立自信心，成功的体验更是至关重要。

每个人都有自己的长处和不足，大学校园里活动丰富多彩，每个人都可以在活动中展现自我风采。但要注意有所选择，不要盲目参加，以避免给自己带来不必要的失败体验。要根据自己的专长、兴趣参加适合自己的项目，以自己的优势来弥补自己的缺点，证明自己的能力。在实践活动中，学会用乐观的情绪和积极的心态去对待问题，客观公正地看待事物，增加自我意识中的理性成分，使自身得到和谐发展。

(4) 调整自己的期望值。自我期望是指一个人在做某件实际工作之前，估计自己所能达到的成绩目标。自我期望水平是自我成功感和失败感的个人标准，成功和失败这两种情绪体验都取决于个人的期望水平。例如，同样是 80 分的考试成绩，对于“60 分万岁”的学生来说，可能是意外的成功，而对于一心要争第一的学生来说，是难以接受的。

大学生正值青春年华，正为自己的未来绘制美丽蓝图，他们往往对自己期望过高，甚至脱离现实。然而，他们对生活中的坎坷估计不足，对自身能力、知识水平也缺乏全面的认识，所以一旦遇到挫折便容易悲观绝望。对大学生来讲，既不能没有期望或期望太低，也不能过分追求完美或期望太高。否则，在现实生活中一直遭受失败和挫折，就很容易严重损害个人自尊。只有学会调控自己的期望值，建立适中的理想目标，把自我期望值与自己的现实情况密切联系起来，才能使自己的个人标准在一定程度上与他人的标准相适应，并最后逐渐适应社会。

(5) 积极暗示自己。日常生活中，消极的自我暗示使机体处于被动消沉的状态。自卑者常常认为“自己干什么都干不好”，因而每当遇到困难或挑战，就会心理紧张，从而抑制自信心，使可能的成功变得不可能；相反，积极的自我暗示能增强个体的信心。所以，当面对特定情景而感到信心不足时，不妨给自己一点积极的暗示。

4) 积极完善自己

个体完全可以通过正确地认识自己和控制自己，不断完善自我，使自我意识由分化走向统一。在这个过程中，最重要的是要有效地控制自我，这是一个人主动定向地改变自我心理品质、特征和行为的心理过程，是大学生完善自我、超越自我的基本途径。

(1) 建立科学的理想自我。理想自我虽然是自我认识的一个基本内容，但却是完善自我意识的起点。它是在自我认识、自我悦纳的基础上，按照社会的需要和个人的特点来重新确立的自我教育目标。青年期是一个充满激情的时期，青年人一般都富于幻想，希望成为时代的强者，希望自己的一生过得不平凡，希望自己能干一番轰轰烈烈的大事业。不少大学生自身具备一定条件，容易把未来设计得很完美，对理想中的自我要求很高，甚至近于苛刻。但是，任何理想都以现实为基础，不切实际的抱负只能导致一事无成。

现实与理想总是存在差距。要建立科学正确的理想自我，不能只从自己的愿望出发，也不要为虚荣心所驱使，不做力不能及的事，而是根据自己的特点和社会提供的条件来设计自我，将现实与理想结合起来。古人云：千里之行，始于足下。在构建理想自我时，既要敢于树立远大目标，又要脚踏实地，从一点一滴做起，发挥自己的聪明才智，为社会做出贡献的同时实现自己的人生价值。

(2) 积极参加社会实践，展示自我。大学生要多参加社会实践活动，一方面，通过自我判断、自我选择、自我努力，获得对人生、对世界的正确看法；另一方面，大学生的自我评价、自我激励和自我教育也需要一个实践过程。大学生通过勤工助学、参观考察、社会调查、志愿服务等各种形式的社会实践活动，逐渐提高认识自我的能力。大学生善于把自己的思想与别人交流，并同别人一道投入到集体活动中去，恰当地展示自己的才华，获得大家的认同。每个大学生都有自我发展和自我超越的可能性，所以应通过各种社会实践活动发掘自己的潜能，开发自我、展示自我、完善自我。

(3) 不断完善自我，超越自我。加强自我修养，不断进行自我塑造，完善自我、超越自我是健全自我意识的终极目标。一般来说，大学生都有很高的抱负和远大的理想。然而不少大学生虽然制订了一个又一个目标，但缺乏持之以恒的精神，容易受外在因素的干扰。要塑造全新的自我，就要求大学生从调整自己的情结、约束自己的行为开始，使自己的情绪、情感和行为向着健康正确的轨道前进，努力实现自己的抱负和目标。在困难和挫折面前，不灰心丧气，保持自信乐观的态度是积极自我意识的集中体现，这也要求大学生努力提高挫折耐受力和各方面的素质，逐步完善和发展自我。自我的完善和发展必然会促进自我意识的形成，而积极的自我意识反过来又必然会促进自我的完善和发展。

7.4 自我意识的评估

7.4.1 自我意识量表(SCS)

自我意识量表(Self-consciousness Scale，SCS)1975 年由 Fenigstein 等人编制。自我意识量表包含两个维度：私我意识、公我意识。内在自我意识指习惯性地注意自我私密方面，仅本人可察觉。公众自我意识指习惯性地关注自我公开方面，可供他人观察和评价。

测试说明：请根据每一个陈述与你自己实际情况的符合程度，在你认为合适的数字上打“√”。

1. 我经常试图描述自己。

A. 完全不符合　B. 不太符合　C. 说不清
D. 比较符合　E. 非常符合

2. 我关心自己做事的方式。

A. 完全不符合　B. 不太符合　C. 说不清
D. 比较符合　E. 非常符合

3. 总的来说，我对自己是什么样的人不太清楚。

A. 完全不符合　B. 不太符合　C. 说不清
D. 比较符合　E. 非常符合

4. 我经常反省自己。

A. 完全不符合　B. 不太符合　C. 说不清
D. 比较符合　E. 非常符合

5. 我关心自己的表现方式。

A. 完全不符合　B. 不太符合　C. 说不清
D. 比较符合　E. 非常符合

6. 我能决定自己的命运。

A. 完全不符合　B. 不太符合　C. 说不清
D. 比较符合　E. 非常符合

7. 我从不检讨自己。

A. 完全不符合　B. 不太符合　C. 说不清
D. 比较符合　E. 非常符合

8. 我对自己是什么样的人很在意。

A. 完全不符合　　B. 不太符合　　C. 说不清
D. 比较符合　　E. 非常符合

9. 我很关心自己的内在感受。
A. 完全不符合　　B. 不太符合　　C. 说不清
D. 比较符合　　E. 非常符合

10. 我常常担心我是否给别人留下一个好印象。
A. 完全不符合　　B. 不太符合　　C. 说不清
D. 比较符合　　E. 非常符合

11. 我常常考察自己的动机。
A. 完全不符合　　B. 不太符合　　C. 说不清
D. 比较符合　　E. 非常符合

12. 离开家时，我常常照镜子。
A. 完全不符合　　B. 不太符合　　C. 说不清
D. 比较符合　　E. 非常符合

13. 有时，我有一种自己在看着自己的感受。
A. 完全不符合　　B. 不太符合　　C. 说不清
D. 比较符合　　E. 非常符合

14. 我关心他人看我的方式。
A. 完全不符合　　B. 不太符合　　C. 说不清
D. 比较符合　　E. 非常符合

15. 我对自己的心情变化很敏感。
A. 完全不符合　　B. 不太符合　　C. 说不清
D. 比较符合　　E. 非常符合

16. 我对自己的外表很关注。
A. 完全不符合　　B. 不太符合　　C. 说不清
D. 比较符合　　E. 非常符合

17. 当解决问题时，我清楚自己的心理。
A. 完全不符合　　B. 不太符合　　C. 说不清
D. 比较符合　　E. 非常符合

计分办法：

代表内在自我的题目包括：1、3、4、6、7、9、11、13、15、17；

代表公众自我的题目包括：2、5、8、10、12、14、16。

第 3 题和第 7 题为反向题，即选 A 得 4 分，选 B 得 3 分，选 C 得 2 分，选 D 得 1 分，选 E 得 0 分；其余各题为正向题，即选 A 得 0 分，选 B 得 1 分，选 C 得 2 分，选 D 得 3 分，选 E 得 4 分。

对于大学生群体而言，内在自我的平均得分为 26，而公众自我的平均得分为 19。

结果解释：自我意识指个体将自己作为注意对象时的心理状态，分为内在自我意识和公众自我意识。具有内在自我意识的人比较在乎自己的感受，常坚持自己的行为标准和信念，不易受到外界环境的影响；具有公众自我意识的人过于看重外界他人的看法，担心得到不好的评价，有时因过于在意他人的评价，会产生暂时性的自尊感低落，易在理想自我和现实自我之间形成差距。

7.4.2　自我和谐量表(SCCS)

自我和谐(Self-consistency and Congruence，SCCS)，指对各方面自我知觉的一致性、稳定性、协调性，是心理学家卡尔·罗杰斯(Carl Rogers)的自我理论中的重要概念之一。一般来说，个体为了维持自我和谐，会做出各种心理防御反应，因此自我和谐也是心理健康的重要指标。自我和谐问卷，一般包括自我与经验的不和谐、自我的灵活性、自我的刻板性共3个分量表。

测试说明：以下是关于个人对自己看法的陈述。请看清每句话的意思，选择一个数字代表该句与你目前对自己看法的符合程度："1"代表完全不符合，"2"代表比较不符合，"3"代表不确定，"4"代表比较符合，"5"代表完全符合。每个人对自己的看法都有其独特性，因此答案是没有对错的，你只要如实回答就行了。

1. 我周围的人往往觉得我对自己的看法有些矛盾。
2. 有时我会对自己在某方面的表现不满意。
3. 每当遇到困难，我总是首先分析造成困难的原因。
4. 我很难恰当表达我对别人的情感反应。
5. 我对很多事情都有自己的观点，但我并不要求别人也与我一样。
6. 我一旦形成对事物的看法，就不会再改变。
7. 我经常对自己的行为不满意。
8. 尽管有时得做一些不愿意的事，但我基本上是按自己意愿办事的。
9. 一件事好是好，不好是不好，没有什么含糊的。
10. 如果我在某件事上不顺利，我往往会怀疑自己的能力。
11. 我至少有几个知心朋友。
12. 我觉得我所做的很多事情都是不该做的。
13. 不论别人怎么说，我的观点绝不改变。
14. 别人常常会误解我对他们的好意。
15. 很多情况下我不得不对自己的能力表示怀疑。
16. 我朋友中有些是与我截然不同的人，这并不影响我们的关系。
17. 与朋友交往过多容易暴露自己的隐私。
18. 我很了解自己对周围人的情感。
19. 我觉得自己对目前的处境与我的渴求相距太远。
20. 我很少去想自己所做的事是否应该。
21. 我所遇到的很多问题都无法自己解决。
22. 我很清楚自己是什么样的人。

23. 我很能自如地表达我所要表达的意思。
24. 如果有足够的证据，我也可以改变自己的观点。
25. 我很少考虑自己是一个什么样的人。
26. 把心里话告诉别人不仅得不到帮助，还可能招致麻烦。
27. 在遇到问题时，我总觉得别人都离我很远。
28. 我觉得很难发挥出自己应有的水平。
29. 我很担心自己的所作所为会引起别人的误解。
30. 如果我发现自己某些方面表现不佳，总希望尽快弥补。
31. 每个人都在忙自己的事，很难与他们沟通。
32. 我认为能力再强的人也可能遇到难题。
33. 我经常感到自己是孤立无援的。
34. 一旦遇到麻烦，无论怎样做都无济于事。
35. 我总能清楚地了解自己的感受。

计分办法：

各分量表的得分为其包含项目分直接相加，三个分量表包含的项目如下：

(1) 自我与经验的不和谐：1、4、7、10、12、14、15、17、19、21、23、27、28、29、31、33；

(2) 自我的灵活性：2、3、5、8、11、16、18、22、24、30、32、35；

(3) 自我的刻板性：6、9、13、20、25、26、34。

将自我的灵活性反向计分，再与其他两个分数相加。得分越高，自我和谐度越低。在大学生中，低于 75 分为低分组，75～102 分为中间组，102 分为高分组。

第 8 章　大学生人格的发展

人格是一种心理特性，它塑造了每个人在心理过程中的独特风格与表现。有关人格心理学的研究涉及从生物学基础到组织管理学表现的多个层面，即从人格的最内在部分向外延伸。长久以来，心理学家都在努力从理论和实践中探索，人格究竟是如何形成和发展的？健全人格的方式和方法又有哪些？人们又该如何达到人格的和谐统一？

8.1　人 格 概 述

8.1.1　人格的定义

人格(Personality)一词来自拉丁文 persona，意为面具。人格可被视为一个人向公众展示的公开自我，即我们选择向公众呈现的自我的方面。这个定义意味着，人的一些重要特质或方面因为某些原因被隐藏了。《韦氏词典》(the Merriam Webster dictionary，2012)对人格的定义为："人格是辨别一个个体或一个民族或一个群体的特征联合体，尤其是个体行为与情绪特征的总和。"黄希庭在《人格心理学》一书中，将人格(Personality)定义为个体在行为上的内部倾向，它表现为个体适应环境时在能力、情绪、需要、动机、价值观、气质、性格和体质等方面的整合，是具有动力一致性和连续性的自我，是个体在社会化过程中形成的，各具特色的心身组织。该定义凝练了人格的基本特征和人格的决定因素。所谓人格的基本特征，是相对于个别心理机能而言，人格所具备的特性。作为一个现实生活中的人，人格具有整体性、稳定性、独特性和社会性。人格的决定因素包括遗传生物因素和环境因素。人格是基因和环境动力交互作用的结果。

8.1.2　人格的结构

人格的结构包括气质和性格。

1. 气质

气质(Temperament)是表现在心理活动的强度、速度、灵活性与指向性等方面的一种稳定的心理特征。人的气质差异是先天形成的，受神经系统活动过程的特性所制约。气质是人的天性，无好坏之分。人格理论对气质的讨论早有历史。气质说源于古希腊医生希波克拉底(Hippocrates，公元前 460—377)的体液说，他认为人体内有四种液体：黏液、黄胆汁、黑胆汁、血液，这四种体液的配合比例不同，形成了四种不同类型的人。约 500 年后，罗马医生盖伦(Galen，约 130—200)进一步确定了气质类型，提出人的四种气质类型是胆汁质、多血质、黏液质和抑郁质。

巴甫洛夫用高级神经活动类型说解释气质的生理基础。他依据神经过程的基本特性，即兴奋过程和抑制过程的强度、平衡性和灵活性，将气质划分了四种类型。兴奋过程和抑制过程的强度是大脑皮层神经细胞工作能力或耐力的标志，强的神经系统能够承受强烈而持久的刺激。平衡性是兴奋过程和抑制过程的相对力量，二者力量大体相同是平衡，否则是不平衡。不平衡又可分为两种情况，一种是兴奋过程相对占优势，一种是抑制过程相对占优势。灵活性是兴奋过程和抑制过程相互转换的速度，能迅速转化是灵活的，不能迅速转化则是不灵活的。

现代的气质学说仍将气质分为四种典型的类型：胆汁质(Choleric Temperament)、多血质(Sanguine Temperament)、黏液质(Phlegmatic Temperament)和抑郁质(Melancholic Temperament)，见表 8.1.1 与图 8.1.1。

表 8.1.1　四种典型的气质类型

气质类型	高级神经活动过程	高级神经活动类型	特 征 表 现
胆汁质	强、不平衡	不可遏制	情绪体验强烈、爆发迅猛、平息快速，思维灵活但粗枝大叶，精力旺盛、争强好斗、勇敢果断，为人热情直率、朴实真诚、表里如一、行动敏捷、生气勃勃、刚毅顽强。 缺点：遇事常欠思量，鲁莽冒失，易感情用事，刚愎自用
多血质	强、平衡、灵活	活泼	情感丰富、外露但不稳定，思维敏捷但不求甚解，活泼好动、热情大方、善于交往但交情浅薄，行动敏捷适应力强。 缺点：缺乏耐心和毅力，稳定性差，见异思迁
黏液质	强、平衡、不灵活	安静	情绪平稳、表情平淡，思维灵活性略差但考虑问题细致而周到，安静稳重、踏踏实实、沉默寡言、喜欢沉思，自制力强、耐受力高、内刚外柔，交往适度、交情深厚。 缺点：行为主动性较差，缺乏生气，行动迟缓
抑郁质	弱	抑制	情绪体验深刻、细腻持久，情绪抑郁、多愁善感，思维敏锐、想象力丰富，不善交际、孤僻离群，踏实稳重、自制力强。 缺点：行为举止缓慢，软弱胆小，优柔寡断

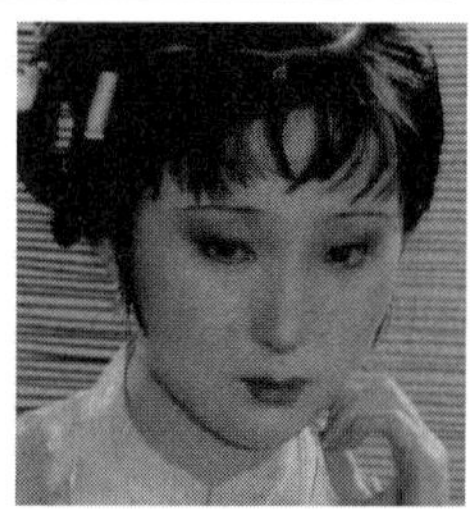

图 8.1.1　四种典型气质类型代表人物(从左至右：李逵、孙悟空、诸葛亮、林黛玉)

人们通过气质类型判断可以为未来的职业选择提供参考依据。胆汁质个体可以胜任地质勘探工作、销售、节目主持人、演说家等，但很难胜任需要长期细致、专心且安静环境的工作。多血质个体可以从事销售、采购、外交工作、管理人员、律师、新闻记者、演员、警察、军人等，但不适合过分单调、机械的工作。黏液质更适合教师、医生、财务会计、管理人员、图书管理等安静、有条不紊的工作，思辨力较强的工作。抑郁质更适合研究人员、会计、机要秘书、检查员、打字员等，适宜从事不需要过多与人打交道而需较强分析与观察力，需要耐心细致的工作。

2. 性格

性格(Character)是一种与社会关联最密切的人格特征，包含许多社会道德含义。性格表现了人们对现实和周围世界的态度，并表现在他的行为举止上。性格主要体现在对自己、对别人、对事物的态度和所采取的言行上。所谓态度，是个体对社会、对自己和对他人的一种心理倾向，它包括对事物的评价、好恶和趋避等方面。态度表现在人的行为方式中。性格表现了一个人的品德，受人的价值观、人生观、世界观的影响。性格是在后天社会环境中逐渐形成的，是人格中最核心的差异。

性格有好坏之分，能最直接地反映出一个人的道德风貌。性格是在社会生活中逐渐形成的，主要受到后天影响，具有道德评价含义。一个人的性格好坏，会受到其所持有的价值观念的强烈影响。德国心理学家斯普兰格(Spranger，1928)从价值观的角度出发，依据人类社会文化生活的六种形态，将人划分为六种性格类型。不同的性格类型具有不同的价值观成分。

(1) 经济型。经济型的人注重实效，其生活目的是追求利润和获得财富。

(2) 理论型。理论型的人表现出具有探究世界的兴趣，能客观而冷静地观察事物，力图把握事物的本质，尊重事物的合理性，重视科学探索，以追求真理为人生的目的。

(3) 审美型。审美型的人对现实生活不太关注，富于想象力，追求美感，以感受事物的美作为人生的价值。

(4) 权力型。权力型的人倾向于权力意识和权力享受，支配性强，其全部的生活价值和最高的人生目标就在于满足自己的权力欲望，得到某种权力和地位。

(5) 社会型。社会型的人能关心他人，献身社会，助人为乐，以奉献社会为人生追求的最高目标。

(6) 宗教型。宗教型的人信奉宗教，相信神的存在，把信仰视为人生的最高价值。

8.1.3 人格研究的发展历史

人格研究的发展历史可以分为早期探索阶段和现代人格理论阶段。

1. 早期探索阶段

最早在公元前400年，“西方医学之父”希波克拉底提出“体液说”的人格类型论。具体分为四种类型，抑郁质是黑胆汁占优势，易忧伤；胆汁质是黄胆汁(或肾上腺素)占优势，易怒、暴躁；黏液质是黏液(淋巴液与黏膜液)占优势，较为宁静、平和；多血质是血液占优势，为人乐观、热情。根据这些早期理论家的说法，情绪稳定和整体健康取决于四种体液之间的适当平衡。过量可能会导致特定的身体疾病或夸大的人格特征。因此，据说血液过多的人会表现出乐观气质——即乐观、热情、易激动。过多的黑胆汁(可能与其他分泌物混合的黑血)被认为会产生忧郁的气质。过多的黄色胆汁(由肝脏分泌)会导致愤怒、易怒和对生活的“黄疸”观。大量的痰(分泌在呼吸道中)被认为会使人变得迟钝、冷漠和缺乏表现力。随着生物科学的进步，这些关于身体化学的原始观念已被更复杂的观念和当代对激素、神经递质和中枢神经系统产生的物质(如内啡肽)的研究所取代。在 2300 年前，柏拉图在他的《理想国》(*Republic*)中描述了人格的三个主要方面：才智(Intellect)、情绪(Emotion)和意志(Will)。

2. 现代人格理论阶段

现代人格理论在不同流派演变中赋予了愈加丰富的内涵。弗洛伊德主张研究那些支配人类心理活动的原理与因果关系，着眼于病人所表现出来的非理性、无意识的思想和行为，并注意到这些想法和行为可归结为特定的模式。后续的研究者在此基础上加以延伸，荣格提出人类整体的“集体无意识”；阿尔弗雷德·阿德勒(Alfred Adler)等人将注意力放在自我上，认为自我是一种对内外环境进行适应的复杂机制；凯伦·霍妮(Karen Horney)研究了自我心理学(Ego Psychology)，倡导女性心理学；威廉·詹姆斯(William James)从认知的角度关注对思维活动的研究；乔治·凯利(George Kelly)、卡尔·罗杰斯亚伯拉罕·马斯洛(Abraham Maslow)重点研究了个体的心理健康和成长。

纵观人格研究的发展历史，可以提取人格研究的两种取向：普遍性与特殊性研究。人格研究的普遍性取向(Nomothetic Approach)是为了寻找行为的普遍性规律。如常见的人格测试，通过大批被试的数据去探寻普遍性规律。人格研究的独特性取向(Idiographic Approach)则是通过对某一个体进行深入、详尽的研究来实现对人格的理解。通常采用个案研究来考察那些对个体造成影响的个人生活经历中诸因素之间的关系。

8.1.4 人格的毕生发展：一致性和变化性

人格的毕生发展体现在人格的一致性和变化性上。试想一下，在多年后的同学聚会上，你会发现有的人变了，有的人没变，这涉及人格的毕生发展。从童年走向成年，人格在发展，人格的有些方面保持不变，而有些特质变化了。这种一致性意味着人格的某种特质保持不变，人格的变化性意味着特质在种类、程度等方面发生了变化。

事实上，人格是随时间相对持久不变的(Roberts et al.，2008)。许多纵向研究都发现，成年人在特质上比青少年更一致，青少年又比儿童更一致(Caspi & Silva，1995)。大量横断研究和纵向研究发现，人格的变化具有相似性，标准变化最大的时期发生在青年早期(20 至 40 岁)。一般而言，正如我们所看到的，随着年龄的增长，人们变得更加一致、更好。

这种类似的结果模式在另一项采用不同设计的研究中得到了验证。在一项横断研究中，研究者比较了 132 515 名年龄在 21～60 岁的被试者的在线问卷结果(Srivastava et al.，2003)。该研究发现了一个有趣的差异，在 30 岁之后，女性比男性情绪更稳定；年老的男性与较之更年轻的 30 岁的男性具有同等水平的情绪稳定性。此外，年龄越大开放性也越低。这些结果支持了这样一种观点，即人格持续缓慢地变化，但是随着年龄增长趋于稳定，表现出较小或中等程度的系统变化。

8.1.5 人格的影响因素与研究方法

1. 人格的影响因素

人格的影响因素不是单一的，而是有多方面因素交互影响，最终决定了人格的发展和变化。

1) 遗传

在对人类的系统研究中，对双胞胎和收养儿童的研究已被用来尝试评估环境和遗传因素对许多行为模式的决定作用。这些研究表明，遗传因素约占给定人群中发现的差异范围的50%。大多数剩余的差异不是归因于家庭成员共有的环境，而是归因于每个家庭成员所独有的环境或家庭成员彼此互动的结果。在美国，行为遗传学家，例如Robert Plomin报告说，在可描述为社交性、冲动性、利他主义、攻击性和情感敏感性的行为中，单卵(同卵)双胞胎之间的相似性是双卵(异卵)双胞胎之间的两倍，而共同的环境实际上对双胞胎之间的相似性并无贡献。无论是一起抚养还是分开抚养的双胞胎，都有类似发现。

2) 社会文化因素

人们所处环境的文化决定着他们在求偶、结婚、养育子女、政治活动、宗教、教育和法律等方面如何做出恰当行为。这些文化变量和其他未列举的文化变量可以解释人类很多重要的个体差异，也就是活在不同文化中的人们的差异。社会文化具有塑造人格的功能，典型的例子是不同民族文化背景下塑造了不同民族的人格特点。

3) 认知学习因素

学习理论家认为，人会因生存需求而受到奖励或惩罚，被奖励和惩罚的经历不同，人格也就不同。人可以通过控制环境来控制人格发展，因为奖励和惩罚的实施与撤销是可控的。强调人格中的社会文化因素的观点与强调学习过程的观点之间有很大的兼容性，二者都接受环境论(Environmentalism)。一个人的人格受到文化期望的影响，并通过奖励和惩罚的方式把这种期望传递给儿童。就是说，两种理论都认为，人格是人们生活经验的结果。认知过程决定着一个人对环境信息的接收、保持、改造及付诸行动的方式。一般来说，认知过程看重人对行为的自我调节，以及人对自我奖励或自我惩罚的关注。自我奖励或自我惩罚来自目标的实现与否，而不是来自外部的奖励或惩罚。认知取向的理论强调人当前的经验和未来目的对行为的重要性，而不看重过去。

2. 人格的研究方法

在不同理论流派的引导下产生了多种人格测验，同时也有不同的偏差。无法判断某一种人格测量方法是最好的，研究往往根据测量的目标，选择合适的人格测验。评价一个人格测验的标准化程度需要我们首先了解其信度和效度。信度是指一个测验在多次测量中的一致性。由于人格在时间上具有相对稳定性，因此人格测验的分数在不同时间也应当是一致的。效度是指一项测验的结果符合原本测试内容的程度，即人格测验得到的特质是否与最初想要探寻的特质相符。常见的人格测量包括大五人格测验、明尼苏达多项人格调查、气质类型测验等。随着时代的发展，不少研究者在新的文化背景和时代特征下，对以往的测验重新进行了修订。与人格相关的研究设计，包括个案研究、相关研究和实验研究三大类。

1) 个案研究

个案研究可以获得详尽的档案资料，灵活且深入，可以配合各种结构化测量使用，获得更全面的信息。个案研究常被用于收集关于个人的构想和假设，但这些假设要变得更为科学，还需要系统化的研究。在考察罕见个案、所考察的维度和正常人没有本质的差别、涉及治疗方法的说明等情况下，首先推荐个案研究法。但与此同时，需要注意的是，个案研究的结果无法直接推广到其他人，也无法揭示因果关系，其结果受研究者主观判断影响较大。

2) 相关研究

相关研究是对两个或多个变量之间的关联程度进行测量。通常会提取一些与人格特质相关的变量，如是否友善等，然后找到与其相关的其他外显行为，如与他人攀谈等，最后探寻这些变量之间是否存在相关性。需要强调的是，相关性无法明确因果关系的方向，不能证明 A 变量导致 B 变量的产生。

3) 实验研究

如果想要探寻因果推论，最直接的方法就是开展实验研究。自变量能否被操纵是衡量研究是否严谨的一个关键问题，当考察的变量是无法操作的变量时，就难以得出确定的因果结论。

拓展阅读

测测你的创造性人格

这是一份帮助你了解自身性格特征的练习。请你每读完一个句子，就在最符合你想法的选项后打“√”。比如，如果某些句子所描述的情况完全不适合你，就在答案纸“完全不符合”对应的 1 上打“√”；如果有些句子在部分时候不适合你，就在“比较不符合”对应的 2 上打“√”，依此类推。注意：请根据真实的感受作答，无须花过多时间深入思考。

序号	题　　目	完全不符合	比较不符合	不能确定	比较符合	完全符合
1	我喜欢仔细观察我没有看过的东西，以了解详细的情形	1	2	3	4	5
2	我认为只要双方同意就可以离婚，不应该受传统礼教的束缚	1	2	3	4	5
3	我试图使自己的想法贴近现实，避免不切实际的幻想	1	2	3	4	5
4	我把父亲视为一位理想人物	1	2	3	4	5
5	筹划事务时，我宁愿自己单独进行	1	2	3	4	5
6	在学校里，我喜欢试着对事物或问题做猜测，即使不一定猜对也无所谓	1	2	3	4	5
7	面对复杂的情况我常常优柔寡断、举棋不定	1	2	3	4	5
8	当众说话会让我不舒服	1	2	3	4	5
9	我常想要知道别人正在想什么	1	2	3	4	5
10	我对于人或者物的兴趣很容易改变	1	2	3	4	5

续表一

序号	题目	完全不符合	比较不符合	不能确定	比较符合	完全符合
11	即使在过去那些我曾应付自如的场合，我仍然常常对自己没把握	1	2	3	4	5
12	我喜欢做许多新鲜的事情	1	2	3	4	5
13	思考问题会让我感到不愉快	1	2	3	4	5
14	假如待遇优厚，我愿意担任照料精神病人的职务	1	2	3	4	5
15	无拘无束地想一些事情对我来说很困难	1	2	3	4	5
16	我喜欢和朋友一起，和他们分享我的想法	1	2	3	4	5
17	如果我借到一本引人入胜的小说，会忍不住在上课时拿出来偷看	1	2	3	4	5
18	许多时候，我感到自己不像身边许多人那样有本事	1	2	3	4	5
19	有很多事情我都很想亲自去尝试	1	2	3	4	5
20	我愿选择不需要费力思考的事情，而不愿选择需要进行较多思考的事情	1	2	3	4	5
21	我常被自然界或艺术中的美所吸引	1	2	3	4	5
22	我怀疑自己能否成为一位好学生	1	2	3	4	5
23	尝试新的游戏和活动，是一件有趣的事	1	2	3	4	5
24	比起大多数人来，我更怀疑自己的能力	1	2	3	4	5
25	画图时，我很喜欢改变各种东西本来的颜色和形状	1	2	3	4	5
26	我尽力避免那些需要深入思考问题的情况	1	2	3	4	5
27	凡是无法运用理智来解决的问题，有时就不得不靠权力来处理	1	2	3	4	5
28	某些类型的音乐带给我无尽的遐想	1	2	3	4	5
29	我不喜欢太多的规则限制	1	2	3	4	5
30	我比我认识的人更自信	1	2	3	4	5
31	我喜欢问一些别人没有想到的问题	1	2	3	4	5
32	我发现长时间的仔细思考让人愉快	1	2	3	4	5
33	我有时装作比我实际上懂得的要多	1	2	3	4	5
34	当人们批评我古怪时，我觉得无所谓	1	2	3	4	5
35	我喜欢唱没有人知道的新歌	1	2	3	4	5
36	我会因为一些令人兴奋的念头而忘了其他的事	1	2	3	4	5
37	有时我因为不想当众发言而不举手	1	2	3	4	5
38	我长大后，想做一些别人从没做过的事情	1	2	3	4	5
39	我只愿意思考那些难度最低的问题	1	2	3	4	5

续表二

序号	题　　目	完全不符合	比较不符合	不能确定	比较符合	完全符合
40	我认为不管何人都不应在聚会上喝得酩酊大醉	1	2	3	4	5
41	在一个陌生的城市找住址时，我经常参考市区地图	1	2	3	4	5
42	我有时决心从第二天开始就做某件事，但到了第二天我的劲头就消失了	1	2	3	4	5
43	与同我竞争的大多数人相比，我觉得自己不够出色	1	2	3	4	5
44	我对机器有兴趣，也很想知道它的结构和工作原理	1	2	3	4	5
45	我喜欢思考一些日常生活琐碎问题，而不是长期性的问题	1	2	3	4	5
46	我一向重感情而不重理智，因此我的观点常常动摇不定	1	2	3	4	5
47	必须承认，在学习中我常只求能对付过去便可	1	2	3	4	5
48	我喜欢独自筹划，不喜欢他人的干涉和建议	1	2	3	4	5
49	我给自己定的计划常常不能如期完成	1	2	3	4	5
50	我喜欢那些学习过的、只需较少思考的任务	1	2	3	4	5
51	我的学习效率多依赖于参加团体讨论	1	2	3	4	5
52	对于一件事情先猜猜看，然后再看是否猜对了，这种方法很有趣	1	2	3	4	5
53	我做事的方式很固定	1	2	3	4	5
54	与一群人在一起时，我总想不出恰当的话来说	1	2	3	4	5
55	我喜欢尝试新的事情，目的只是为了知道会有什么结局	1	2	3	4	5
56	我认为学习和发展新的爱好是一件有趣的事	1	2	3	4	5
57	我对自己的要求很高，我觉得别人也该如此	1	2	3	4	5
58	玩游戏时，我通常是由兴趣参加，而不在乎输赢	1	2	3	4	5
59	学习新的思考方法并不能使我非常激动	1	2	3	4	5
60	我喜欢待在熟悉的环境里	1	2	3	4	5
61	我喜欢生活中充满了必须解决的问题	1	2	3	4	5
62	我很少或者从未有过一阵阵的头晕目眩	1	2	3	4	5
63	我喜欢探讨理论问题和抽象的观念	1	2	3	4	5
64	我喜欢那些困难的重要任务，而不是那些有些重要却不需要过多思考的任务	1	2	3	4	5
65	我喜欢做类似“脑筋急转弯”的题	1	2	3	4	5
66	我的确缺乏自信	1	2	3	4	5
67	在完成一件需要智力努力的任务后，我感到解脱而不是满足	1	2	3	4	5

续表三

序号	题　目	完全不符合	比较不符合	不能确定	比较符合	完全符合
68	我只关心什么可以帮助任务完成，而不关心为什么和如何完成任务	1	2	3	4	5
69	只有问题对我有直接影响的时候，我才会努力思考它们	1	2	3	4	5
70	我认为，其他社会的是非观念标准对于其社会成员是适宜的	1	2	3	4	5
71	我认为自己是开明的，能容忍别人的生活方式	1	2	3	4	5
72	当我与陌生人在一起时，难以表现得自然	1	2	3	4	5

计分办法(R 为反向计分)：

自信心：8(R)、11(R)、18(R)、24(R)、30、37(R)、43(R)

好奇心：1、9、12、19、25、31、38、44

内部动机：13(R)、20(R)、26(R)、32、39(R)、45(R)、50(R)、59(R)、61、64、67(R)、68(R)、69(R)

怀疑性：2、10、14、27、46

开放性：3(R)、15(R)、21、28、53(R)、56、60(R)、63、65、70、71

自我接纳：4(R)、22(R)、33、40(R)、47、54(R)、57、62、66(R)、72(R)

独立性：5、34、41、48、51(R)

冒险性：6、16、23、29、35、52、55、58

坚持性：7(R)、17(R)、36(R)、42(R)、49(R)

8.2　人格与心理健康

正常人格和心理障碍既有相关性，又同属于一个从健康到障碍的连续谱。例如，焦虑处于一个连续谱上——有些人有一点焦虑，多数人有中等程度的焦虑，还有些人的焦虑程度极大，甚至对生活造成严重困扰并被诊断为焦虑障碍。

人格和心理健康之间的重要关系主要体现在两个方面：第一个方面是明显的人格障碍；第二个方面是其他心理障碍，如焦虑障碍、抑郁症和精神分裂症。大量的心理障碍以极为相似的方式与人格产生关联。例如，神经质是大五人格的一个因子，它与很多心理障碍有关。正常和异常之间的界线常常是量变而非质变。换言之，异常人格也可以使用与正常人格特质相关的术语来进行描述。

8.2.1　人格障碍

人格特质和人格障碍在很多重要方面既相似又有不同。一个人以自我为中心、古怪、过分戏剧化、基本与社会隔离，只要他可以高效地工作，也不伤害自己和他人，这个人就没有人格障碍。

人格障碍的诊断必须符合六个具体标准：在生活的大多数方面都遇到问题(标准 1)，如人际关系和思维；行为僵化(标准 2)，如在不应当如此行事时仍坚持该行为；经历重大的生活困扰(标准 3)；从青春期开始就表现出人格障碍的倾向(标准 4)；问题行为不是由其他心理障碍(标准 5)或生理疾病(标准 6)造成的，如脑损伤或药物反应。

总之，这些标准说的是，人格障碍必须造成了困扰，是弥散性的并且不是由其他原因所致。人格障碍诊断建议由临床医生通过结构化临床访谈(Structured Clinical Interview)实现，结构化临床访谈是用具体的、经过充分验证的问题对患者或来访者进行诊断。由于可以对患者或来访者的回答做进一步的意义探寻，结构化临床访谈被认为优于自陈测验。

人格诊断的一个重要部分是判断患者患有哪种(或哪些，可能患有不止一种)人格障碍。可以从《心理障碍诊断与统计手册》(Diagnostic and Statistical Manual of Mental Disorders，DSM)入手，这本诊断的官方手册由美国精神病学会(American Psychiatric Association，APA)出版，现在使用的是第五版(DSM-5)。DSM 把人格障碍分为三大类，用 A、B、C 分别表示。A 类人格障碍是奇特和古怪，B 类人格障碍是戏剧化和情绪化，C 类人格障碍是焦虑和恐惧。有时人们把这三类人格障碍总结为“怪异”“疯狂”“提心吊胆”(见图 8.2.1 所示)。也有人把它们称为“疯子”“坏人”“垂头丧气的人”(这里“疯”指的是认知古怪，“坏”指的是行为不良)。

图 8.2.1　三种人格障碍

研究者最近发展出了病理性人格的大五模型，用以测量人格更加极端的方面。基于该模型的测验叫作 DSM-5 人格问卷(Personality Inventory for DSM-5，PID-5)。PID-5 包括五种主要特质：负性情感(Negative Affectivity)、解离(Detachment)、敌对(Antagonism)、去抑制(Disinhibition)和精神质(Psychoticism)(见表 8.2.1)。其中每个特质都体现了人格的一个消极方面，基于正常人格特质的研究证明了正常人格和异常人格之间的相似之处，并且有助于预测哪些人将会面临心理障碍的风险。所以，这种方法可以让临床医生在人们患上心理障碍之前就为他们提供帮助。例如，降低正常人群的神经质水平或许能够减少人们发展为心理障碍的人数。相应地，使用如 PID-5 这样的极端模型也许能更彻底地找出心理障碍的细微差别。

表 8.2.1　病理性人格的大五模型

负性情感	解　离	敌　对	去 抑 制	神 经 质
顺从 情感受限 分离恐惧 焦虑 情绪不稳定 敌对 持续性	多疑 抑郁 退缩 避免亲密 快感缺失	操纵 欺诈 冷漠 寻求关注 傲慢	不负责任 冲动 注意力分散 严苛的完美主义 寻求刺激	怪异 感知失调 不寻常的信念和经验

8.2.2 与人格有关的其他心理障碍

心理障碍不一定是由人格导致的，也不能只通过人格术语来描述。不过，新近的研究检验了心理障碍患者的典型人格概况。这些相关性无法反映出全貌，但它们的确为解决难题提供了关键的思路。

1. 重性抑郁障碍

如果一个人不止一次地经历重度抑郁发作(Major Depressive Episodes)——心情抑郁或失去生活乐趣的状态持续两周以上，就可以被诊断为重性抑郁障碍(Major Depressive Disorder)。其他症状还包括睡眠问题、没精打采、低自尊、难以思考和集中注意力、有自杀想法和体重的非预期变化(增重和减重都包括在内)。从人格类型看，低自尊或持悲观态度的人患重性抑郁障碍的风险更高。在任何一年美国人群中约有 7%患有重性抑郁障碍，18～29 岁的年轻人比 60 岁以上的人群，患抑郁障碍的比例可能高 3 倍。任何有重性抑郁障碍症状的个体都应该得到帮助。我们要警惕精神上的痛苦和所伴随着希望丧失可能导致自杀的想法。同时，也要关注他们的一些躯体症状。绝大多数人对于治疗的反应很好，几乎所有人的症状在可靠的治疗之后都会有所减轻。除了药物能减轻重性抑郁障碍的症状外，以下类型的心理治疗在减轻重性抑郁障碍中是有用的，例如人际关系治疗目标是改善人际关系和人际技能。

2. 焦虑障碍

每个人在承受压力时都有过短期担忧，且这些担忧会随时间消散，而焦虑障碍者不同于这些正常的、偶尔的担忧。他们会产生过度的反应，超过了与年龄和环境相匹配的正常程度，他们往往在人格气质类型上存在回避、悲观的思维方式。焦虑障碍(Anxiety Disorder)是涉及过度焦虑的一组心理障碍。有四种焦虑障碍与人格有关，下面我们逐一进行介绍。

1) 广泛性焦虑障碍

广泛性焦虑障碍(Generalized Anxiety Disorder)，指在六个月及以上时间内持续处于高水平焦虑状态。这种焦虑与某个具体的情境或场景无关，患者可能感觉紧张易怒、烦躁不安或睡眠困难。广泛性焦虑障碍的症状发展缓慢，症状在整个一生中可以时有时无，而且感到担心的核心症状的表达方式受到不同文化背景的影响。

2) 惊恐障碍

惊恐障碍(Panic Disorder)，其发作时称为惊恐发作(Panic Attacks)，表现为强烈恐惧和焦虑的短暂密集爆发。惊恐发作出现的频率有所不同，可能每周发生一次，持续数月，也可能每天都发生，持续数周，然后数月都没有任何发作。惊恐发作经常伴有一些躯体症状，如心悸、流汗、胸痛、害怕发疯或死亡、寒战、麻木或潮热。尤其在初次惊恐发作的时候，很多人都以为自己得了心脏病。

3) 广场恐怖症

广场恐怖症(Agoraphobia)，患有此症的人对公众场所感到害怕，开始回避这些地方。极端的广场恐怖症患者甚至会待在家里，与世隔绝，不敢外出。因此他们需要依赖他人来完成基本的任务，比如在信任的朋友的陪同下去完成日常的购物，或者在专业精神卫生工作者的陪同下，才能进入到害怕的情景。

4) 社交恐怖症

社交恐怖症(Social Phobia)，又称社交焦虑障碍，指对社交场合，尤其是在他人面前表演或与陌生人共处时，产生强烈恐惧。社交恐惧很普遍，大约有八分之一的人在一生中会经历社交恐怖症、可能包括当众演讲、与陌生人见面、使用公共场所等，患者会担心会冒犯他人、处境尴尬、被人看低、遭到拒绝或不被喜欢等情况。而这些的害怕程度超过了实际的风险，限制了他们生活的正常丰富性。

虽然这四种焦虑障碍的表现形式不同，但患者在人格特征方面存在一定共性。大部分焦虑障碍对治疗反应很好。常见的治疗方式被称为认知行为治疗(CBT)，这种治疗能够帮助来访者改变不健康的思维和行为模式。例如，精神卫生专业工作者可以和来访者一起制订出具体的行动计划，从而帮助来访者减少心理上的恐惧、改善思维习惯，通过放松的方法、呼吸训练的方法缓解焦虑的症状。

5) 双相障碍

双相障碍(Bipolar Disorder)，其特点是在精力高涨的躁狂发作(Manic Episodes)后紧接着陷入抑郁状态(这也是此障碍曾经被叫作躁郁症的原因)。典型表现：情绪高涨、自尊心膨胀、几乎不需要睡觉、冲动的决定和思维奔逸。双相障碍症状会导致破坏关系，带来学业和工作问题，甚至可能导致自杀，而这些个体感觉到失控的情况，或者被极端的心境和行为所控制。如果不治疗，这种心境发作会经常出现。通过有效的治疗能够减轻症状，采取药物和心理治疗以及健康生活习惯的联合治疗方式，从而减轻症状，使患者过上充实而有意义的生活。

6) 精神分裂症

精神分裂症是一种大脑的障碍，能干扰正常思维、言语和行为。精神分裂症的终身患病率约为 0.3%～0.7%，可突然或缓慢起病，往往大多数人是随时间推移而缓慢起病的。个体可有正常的儿童期，功能良好，直到青春期晚期或成年早期症状才开始。在男女发病时间上稍有差异，男性出现症状通常比女性早一些，大多数男性在 20 岁早期到中期前，首次出现精神病的发作。对于大多数女性，首次发作通常在 20 岁晚期。当个体有如下至少两种症状，且持续一个月时，可怀疑诊断为精神分裂症：妄想、幻觉、紊乱的言语、严重的紊乱或紧张性症行为、阴性症状。药物治疗和心理治疗可帮助精神分裂症患者过上有成就和有价值的生活。

7) 进食障碍

进食障碍，包括那些影响个体进食和营养吸收的慢性问题，这些障碍极大地损伤了身体健康和个体思考。感受与他人联系的方式。进食障碍主要有三种：神经性厌食、神经性贪食和暴食障碍。有的个体在童年期就显示出强迫特质，增加了神经性厌食的个体风险。治疗方案必须包括个体身体状况的详尽评估。根据个体差异制订不同的目标。

8.3　人格完善与调适

正如前文所述，人格是可发展的，也是可完善的。数百项研究表明，接受治疗的人中有

75%比未接受治疗的人得到更多或更快的改善。对大学生健康人格的培育需要以人作为出发点和落脚点，用发展的眼光帮助大学生应对塑造健康人格过程中出现的新变化，寻求新突破。

在人-情境交互作用取向的影响下，可以发现特质会引导人进入情景，而情景也会帮助人深化特质。人格的逐步改变是一个漫长的过程，可以通过自我—环境的思路，在实践中实现人格的完善与调适。

8.3.1 构建成长型思维

1988 年，Dweck 博士首次提出了一个基于研究的模型来展示心态的影响。她展示了一个人的心态如何为绩效目标或学习目标奠定基础。有表现目标的学生可能总是希望自己看起来很聪明，并避免从事具有挑战性的工作。有学习目标的学生会追求有趣和具有挑战性的任务，以学习更多知识。在随后的研究中，Dweck 博士发现，人们关于自己智力的理论对他们的动机、努力和应对挑战的方式有重大影响。那些相信自己的能力具有可塑性的人更有可能接受挑战，即使失败也会坚持下去。这种固定心态与成长心态的模型显示了认知、情感和行为特征如何与一个人对其智力可塑性的信念相关联。思维模式可以分为两种，分别为固定型思维(Fixed Mindset)(实体型理念)和成长型思维(Growth Mindset)(增长型理念)。固定型思维的个体持有能力固存观，他们认为自己的智力和能力是固定的、天生的，为了逃避别人对自己的消极评价，他们害怕失败，拒绝接受挑战和困难，不愿意做更多的尝试，而会选择容易成功的任务来展示自己的聪明才智，长此以往，他们的发展潜力将会受到限制。成长型思维的个体持有能力增长观，他们认为智力是未知的，具有可增长、可塑造、可调控的特性，是可以通过努力学习和训练不断提高的，他们将困难和失败看成帮助自己进步成长的有趣挑战，因此会更多地去选择相对更具挑战性、富有开创性的工作。

1. 学会倾听你的固定心态的“声音”

面对一个新的挑战，你内心的声音可能会说：“你确定你能做到吗？”或“如果你失败了怎么办？”遇到障碍后，你可能会听到“如果你有天赋就好了”或“我告诉过你这太冒险了”这样的声音。正是这种声音破坏了我们所做的很多事情，成为评价我们和我们工作的内在批评家。因此，内心的破坏者是固定的心态。

一旦你知道你有一个固定的心态，就可以提前预料到这个声音。然后，只需在内心聆听它。

2. 认识到你有一个选择

你可以用两种不同的方式来解读这些声音：挑战、挫折和批评可能表明你有固定的天赋和能力；或者，它们可能表明你需要挑战自己、加倍努力、改变策略并继续发展。前者显然是固定心态，后者以成长为导向。这里的关键是跳出判断(固定)的框架，进入成长的舞台。

3. 用成长心态的声音与之对话

当你接近挑战时，固定心态：“如果你失败了怎么办——你就是失败者。”成长心态：“大多数成功的人都经历过失败。”在日记中写出这些对话很有帮助。写作让我们更容易与这些内心的声音联系起来。

4. 采取成长心态行动

一旦你听到固定心态的声音并以成长心态回应它，你就可以确定如何采取必要的行动来促进成长，包括接受新的挑战、从挫折中学习、坚持不懈、根据反馈调整行动等。

8.3.2　培育内控型视角

控制点(Locus of Control)，也称内外控倾向、控制观、控制轨迹、控制重心、制握信念，是心理学及人格心理学的一个维度概念。此概念最初由美国社会学习理论家朱利安·罗特提出，且已经成为人格研究的一个领域。控制点指人们的行为是取决于自己的控制(内部控制点)，或是其他控制之外的外部力量(外部控制点)。属于内部控制点的人相信他们可以控制他们的生活；而属于外部控制点的人，则相信生活中的决定和遭遇受不可控的环境因素机会或命运影响。

具有强大的内部控制点的个人相信生活中所发生的事件主要取决于他们自己的行为，例如当接受考核时，具有较强内部控制点的人倾向于赞扬或归因于自己的能力。具有较强的外部控制点的人则倾向于赞美或责怪外部因素，比如他们的老师或测验的方式。控制点已经证明能够预测一些工作结果，特别是在工作满意度与工作表现上。

人格的形成受到遗传、环境等因素作用，我们现在所表现出的人格特征也许并不是我们所预期的那样。但从内控的视角看问题，我们可以理解为，尽管一些因素导致了我们的基本人格特点，但是我们仍有能力改变未来的人格表现。长期处于外控视角，会引发悲观的定式思维，一旦遭遇事件，大脑会自动产生消极关联，出现宿命论的因果推断。大脑就像一块肌肉，经过锻炼会变得更强壮。反复练习时，各个部分的神经元会建立新的连接，使这些连接变得更加牢固。一种称为髓鞘的绝缘体沿着轴突(连接神经元的结构)形成。更多的髓鞘意味着信号随着时间的增加更快地通过神经元。也就是说，你练习得越多，你的大脑就会变得越强大，你练习的任何技能都会越来越趋于自动化，思维习惯也是一样的。多采用内控的视角看问题，能够帮助我们相信自己可以控制事情，产生更多的成就感和幸福感。

8.3.3　发展良性社会圈

社会支持是指家庭、朋友、同事、党团、工会等社会各方面在精神或物质上给予个体的帮助与支援，反映了一个人与社会联系的密切程度。环境会对我们的人格产生一定的影响。同样，良性的社会圈、有效的社会支持系统也能够帮助我们更好地完善和调适人格。

社会支持从性质上可分为两类：一类为客观、可见或实际的支持，包括物质上的直接援助和社会网络、团体关系的存在与参与，如稳定的婚姻关系，或不稳定的非正式团体、暂时性社会关系等，这类支持独立于个体感受，是客观存在的；另一类为主观体验到的情感上的支持，指的是个体在社会中受尊重、被支持、被理解的情感体验和满意程度，与个体的主观感受密切相关。一般来讲，个体对客观支持和主观支持的利用存在差异，例如，有些人虽能获得他人的支持和帮助，却总是拒绝接受。

当我们的社会支持系统尽可能强大时，能够从安全感、力量感和归属感三方面为我们有效缓解人格发展中遇到的不适。

正确认识自我：能辩证地看到自己的优势和劣势，并且能扬长避短。

控制不良情绪：适度的情绪表达是成功交往的必要条件，因此要学会因地、因人控制自己的情绪，并掌握调适情绪的方法，如放松、转移注意、自我暗示等。

加强个性修养：只有自尊和互尊才有可能深化和发展关系，而加强修养是培养自尊的一个重要方面。

掌握交往技巧：掌握人际关系技巧，能大大提高人际协调能力，相应地个人社会支持体系也得以增强。

我的社会支持树

帮助学生进一步确定自己的社会支持系统，发展良性的社会支持圈，更好地面对个人成长过程中的挫折。

活动时间：40 分钟

活动步骤：

给每位成员发一张纸，纸上印有图 8.3.1 所示的图案。请大家闭上眼睛伴随舒缓的音乐，想一想我们在日常生活中，当遇到困难和挫折的时候，会向谁寻求帮助，谁会理解、关心、支持我们，并且陪伴我们在今后的人生道路上走下去，然后写出自己的社会支持系统。

图 8.3.1　绘出你的社会支持树

小组之间分享各自的社会支持系统：哪些是我们共有的，哪些是我们没有想到、但可以纳入自己未来发展方向的。

大组进行分享交流。

第 四 部 分

幸福生活的密码：提高心理潜能，累积心理资本

《舞台上的女舞者》油画

法国印象派画家埃德加·德加创作于 1877 年

第9章 情绪管理

情绪对我们的日常生活产生不可忽视的影响，众多心理学家已经对情绪的内涵、结构、性质和功能等问题进行了深入研究。尽管研究历史悠久，但直到达尔文之后，情绪才进入科学心理学的研究视域。20世纪60年代起，情绪心理学逐步进入繁荣发展时期。在理论方面出现了众多情绪相关理论的整合，在技术方面衍生出多种情绪测查方法与手段，进而日益丰富情绪领域的相关研究成果，推动情绪调节应用的落地。

9.1 情绪概述

9.1.1 情绪定义

作为一种非理性的心理活动，研究者在如何定义情绪(情感)这一议题上分歧不断。目前，存在三种理论取向的情绪定义方式，分别是情绪的身体知觉观、情绪的进化主义观和情绪的认知评价观(见表9.1.1)。

表9.1.1 三种情绪(情感)理论取向的情绪定义方式

理论取向	定 义
身体知觉观	情绪来自对身体变化的觉知
进化主义观	情绪是对有机体对环境适应的结果
认知评价观	情绪源于有机体对外部环境刺激的评价

1. 情绪来自对身体变化的知觉

情绪的身体知觉观认为，情绪来自对身体变化的知觉。

在人们的主观印象中，往往会自然而然地认为，在经历情绪的过程中，先是体验情绪的内在感受变化，随后才是情绪所引发的身体感觉改变，即先悲伤、后流泪。但美国科学心理学之父James(1983)却认为“情绪的产生，首先是伴随着刺激物的知觉上产生的身体变化，然后才是我们的内心为了应对这些身体上的变化而产生的感受”。换言之，James认为在应对情绪反应时，是先流泪、后悲伤。因此，按照James的观点，身体对特定情境刺激的反应直接影响我们的情绪感受。丹麦心理学家Lange(1885)也提出了类似的观点，即认为情绪是内脏活动的结果，强调情绪与血管变化之间的关系。两位心理学家都主张，情绪产生的顺序是情绪刺激先引发生理变化，这些生理变化进而唤起情绪体验。

2. 情绪是有机体对环境适应的结果

情绪的进化主义观认为，情绪是有机体对环境适应的产物。

这种来自进化主义的情绪观强调情绪在有机体中的适应功能和动机功能。正如Tomkins(1962)所认为的，情绪是维持有机体生存的一种基本动机，是一组有组织的应对反应。当这组反应被激活时，有机体体内的大量身体器官(如面部、心脏、内分泌系统等)会出现不同的反应模式。

心理学家 Izard(1991)也指出，情绪是一种动机，它会同知觉、认知、运动反应一起联动，并以模式化的方式固定下来。如果某种情绪的功能是内部的，那么当有机体在面对由环境所引发的不适时，情绪的内部功能就会启动，以提高个体解决问题的可能性。同样，情绪也具有社会性的功能，这种功能有助于个体维持复杂的人际关系，如承诺或依赖。这有利于帮助有机体实现必要的生存和繁衍。

不难看出，上述两种情绪的定义，都强调情绪是在有机体适应自然环境的过程中自然进化而来的，即情绪具有适应性。但这种适应性并不意味着情绪在任何地方都以完全相同的方式表现，因为情绪的表达还受到特定文化的影响，由此便出现了情绪的认知评价观点。

3. 情绪源于有机体对外部环境刺激的评价

情绪的认知评价观认为，情绪源于有机体对外部环境刺激的评价。

以 Arnold 和 Lazarus 为代表的情绪认知评价理论提出，情绪的产生是外部环境刺激、身体生理刺激和认知评价刺激三种刺激共同作用的结果。个体对外部环境刺激的评价，是引发情绪产生的直接原因。因此，在情绪活动中，人们需要不断地对刺激的事件以及这些事件与自身的关系进行反复评价。概括起来，这种认知评价又可细分为三个层级，分别是初评价、次评价和再评价。

(1) 初评价。初评价是指个体试图确认当前所面对的环境中的事件是否与自身之间存在某种利害关系，以及这种利害关系的程度。

(2) 次评价。次评价是指个体对自身反应行为的调节和控制。

(3) 再评价。再评价是指个体对自身情绪反应和行为反应有效性和适宜性的评价，这实际上是一种反馈性的行为模式。

我国学者孟昭兰(1989，2005)也提出，“情绪是由多成分组成、存在多维量结构和多水平整合的、能够为有机体的生存提供适应和人际交往的、与个体的认知活动产生交互作用的心理过程和动机力量”。

上述三种情绪定义观点虽各有不同，但都包括情绪的认知评价、内在感受、唤起时的生理变化以及行为这四方面。因此，情绪可被看作是人对客观事物的态度体验及相应的行为反映(卢家楣，1995；孟昭兰，2005)。

9.1.2 情绪的维度

为了更加客观、准确地描述不同的情绪状态，研究者根据情绪在强度、紧张度、激活度与动力性等方面的不同特征，归纳出不同的情绪维度(Dimension)。目前较为认可的是情绪的三维理论和四维理论。

1. 情绪的三维模型

1) 冯特的情绪三维理论

心理学家冯特(Wundt)在1904年将人类的情绪划分为：愉快-不愉快；激动-平静；紧张-松弛三个维度，认为每一种具体情绪都由这三个维度的不同位置组合而成。

2) 普拉切克情绪三维理论

普拉切克(Plutchik)提出可以按照情绪的强度、相似度和两极性三个维度对情绪进行划分，并用一个倒锥体来说明三个维度之间的关系。在锥体最上的截面上，是八种原始的情绪，相邻的情绪是相似的，相对的情绪则是对立的。锥体的下方高则是情绪的强度，越是靠近截面，表明情绪的强度越强；反之，越是靠近椎点，代表情绪的强度越弱(见图9.1.1)。

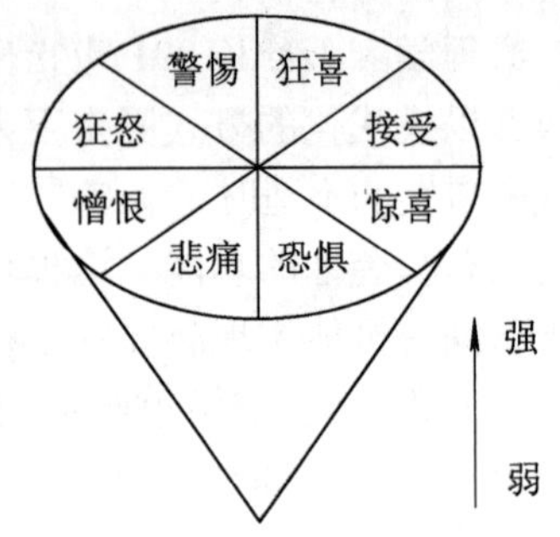

图9.1.1 普拉切克情绪三维倒锥体

3) PAD三维情感模型

PAD三维情感模型由Mehrabian和Russell于1974年提出，该模型认为情感具有愉悦度(Pleasure-Displeasure)、激活度(Arousal-Nonarousal)和优势度(Dominance-Submissiveness)三个维度。

愉悦度：代表情绪的方向性。在该维度中，一端代表积极的情绪体验，另一端代表消极的情绪体验。若一种情绪在积极情绪方向上的得分越高，表明该种情绪越能激发出我们积极的内心体验；反之，若一种情绪在消极情绪方向上的得分越高，则表明该种情绪越让我们感到痛苦。

激活度：代表某种情绪对个体生理机能活动和内在心理体验唤起的强烈程度。激活度维度的一端是强，一种情绪越靠近这一维度方向，表明该种情绪越能激发出我们心中的强烈体验；反之，激活度维度的一端是弱，一种情绪越靠近这一维度方向，表明该种情绪越难以激发出我们心中的强烈体验。例如，愉快、欣喜、高兴、快乐、狂喜就具有不同的激活程度。

优势度：代表个体对情景和他人的控制状态。对他人和外界环境的控制力和影响力，主要指个体对情感状态的主观控制程度，用以区分情感状态由个体主观产生还是受客观环境影响产生。例如，愤怒和恐惧，这两种情感都属于愉悦度低、激活度高的情感，但它们却在优势度上相反，愤怒属于优势度高的情感，而恐惧属于优势度低的情感。

根据这三个维度，人们可以将情绪划分为八种类型(见表9.1.2)

表9.1.2 三种维度下的八种情绪类型

维　度	情　绪
+P+A+D	高兴
−P−A−D	无聊
+P+A−D	依赖
−P−A+D	蔑视
+P−A+D	放松
−P+A−D	焦虑
+P−A−D	温顺
−P+A+D	敌意

2. 情绪的四维模型

美国著名的心理学家伊扎德(Izard)提出了情绪的四维理论，他认为情绪有愉快度、紧张度、激动度和确信度四个维度。

(1) 愉快度。愉快度表示个体主观体验的适宜性，积极的情绪刺激有助于个体获得轻松、温暖的内心体验；反之，消极的情绪刺激会增加个体内心体验的不适感，甚至引发厌恶感。

(2) 紧张度。紧张度表示情绪的生理激活水平，包括经历情绪体验时，肌肉的紧张程度和动作抑制成分的激活水平。

(3) 激动度。激动度表明情绪出现的突然性。若情绪的出现出人意料，让人毫无预期和准备，则情绪的激动度较高；反之，若情绪在个体预料和期望之中，则激动度较低。

(4) 确信度。确信度表示个体对情绪的承受和胜任程度。个体对情绪的理解性越高，在确认度上的得分越高。

9.1.3　情绪的理论

1. James-Lange 情绪理论

与先前提到二人有关情绪来自身体变化知觉的观点一致，James-Lange 情绪理论理论认为，植物性神经的活动在情绪的产生中起关键作用。情绪刺激会首先迅速激发个体相应的生理反应，之后才会引起个体内在的情绪体验。由于该观点首次直接将个体情绪的产生与其外周生理活动联系起来，因而也被称为情绪的外周理论。但需要特别注意的是，该理论因忽视了中枢神经系统对情绪产生的调节与控制作用而饱受争议。

2. 坎农-巴德学说

坎农和巴德认为，外周的神经系统并不是个体情绪中枢的所在，人脑对情绪的控制并非源于外周神经系统，而是来自有机体中枢神经系统内的丘脑。外界带有情绪信息的刺激会首先被感觉系统捕获，之后感觉系统的神经冲动会经神经传入丘脑，通过丘脑的中继，再分别向大脑皮层与外周神经系统发出神经冲动，从而使情绪刺激在大脑中产生相应的主观体验，同时在外周神经系统中产生明显的生理变化。可以看出，坎农-巴德学说已经开始强调中枢神经系统在情绪加工中的重要作用，但其将情绪处理的中枢定义为丘脑仍具有一定的局限性。

3. 阿德勒的兴奋评定学说

美国心理学家阿德勒认为，情绪的性质其实并不是由外界环境中的情绪刺激所直接决定的，情绪的产生是个体对已有情绪刺激进行主观评估的结果。由于个体的差异，对情绪刺激的评估也会存在差异。因此，并不是所有的情绪刺激都会在个体间引发相同的情绪反应。

4. 情绪的两因素学说

与阿德勒的兴奋评定学说类似，美国心理学家沙赫特与辛格也认为情绪是个体对外界刺激进行认知的结果，且个体体验到的生理唤醒以及他们对生理状态变化的认知在情绪的产生中发挥重要作用。也就是说，情绪是情绪状态认知、生理、环境三个因素共同作用的产物。

5. 拉扎勒斯的认知评价学说

拉扎勒斯认为，情绪是人与环境相互作用的结果。情绪是个体对环境中知觉到的有益或有害信息的反应。因此，个体对情绪刺激的评价过程是动态的，不断考量着情绪刺激与个体自身的关系。

纵观情绪理论发展历程，可以看出，研究者正逐步将情绪产生的原因与中枢神经，特别是大脑皮层的活动紧密地联系在一起，同时也越来越注重认知加工活动对情绪刺激的处理过程。这表明，情绪与认知活动之间存在着密不可分的双向影响作用。

9.1.4 情绪的测量

当前研究情绪领域的主要测量方法包括自我报告法、行为观察法和生理测量法三种。

1. 自我报告法

自我报告测量是指被试对自己的感受进行描述，也可以报告自己的认知、行为以及情绪的其他方面。该方法能够得到研究个体最为真实的内在态度与感受，具有很高的生态化效度。同时，该方法简单易行、操作简便，因而被广泛应用于当前情绪的研究之中。

2. 行为观察法

行为观察法是指研究者通过观测正在经历情绪个体的外在行动表现，如面部表情、声音变化、有无逃跑或攻击行为等，来评估个体当前的情绪状态。行为观察法常常与自我报告法联合使用。

3. 生理测量法

随着实验技术的进步和实验手段的不断完善，越来越多的研究者借助外部的仪器设备，记录个体在情绪状态下的各项生理指标，以此对个体的情绪状态进行测量。

(1) 多道生理记录。多道生理记录仪可以同步记录佩戴者实时的各项生理指标(包括心率、脉搏、呼吸频率与皮肤电反应等)。其基本原理是，当人们在经历不同的情绪状态时，身体会出现不同程度的唤起与生理指标的变化。例如，人说谎时往往会不由自主地产生紧张不安的情绪，引发身体出现心率加快、呼吸急促、皮肤电增高等生理现象。这时，通过生理记录仪所捕获的数据，研究者能清晰地观察到这些不受个体主观意愿控制的生理变化，从而客观地评估被试紧张情绪的强度。

(2) 脑电图/事件相关电位技术。脑电图(Electroencephalogram，EEG)是通过精密的电子仪器，从头皮上将脑部的自发性生物电位加以放大记录而获得的图形。当个体在经历不同的情绪状态时，大脑内部会因为相关情绪加工区域的激活而表现出特定的放电模式。研究者若进一步按照刺激呈现的时间对脑电波进行标记，并对同类刺激的波形进行平均处理，就可以得到与特定情绪刺激相关联的特定诱发脑电波形，即事件相关电位波形(ERP)。脑电图和事件相关电位具有极高的时间灵敏度，可以捕捉情绪刺激呈现给被试后其大脑内部产生的毫秒级电位变化，因而常用于记录和测量人脑在情绪加工中的时间进程。

(3) 功能性磁共振成像。功能性磁共振成像(Functional Magnetic Resonance Imaging，fMRI)技术也是评估个体情绪体验的有效手段。它通过磁场对大脑进行无创式扫描，能够对个体大脑内部区域的耗氧量进行清晰的标记，并采用空间成像技术将结果呈现给研究者。借助该技术，研究者可以快速探查到不同情绪状态下大脑区域的空间激活模式，并找到各种情绪的神经加工路径。例如，研究者发现人脑边缘系统中的海马体、杏仁核等相关区域，与人类特定的情绪加工存在着密切的关系。

(4) 近红外脑功能成像技术。近红外脑功能成像技术(Functional Near-Infrared Spectroscopy，fNIRS)利用人体血液中氧合血红蛋白、脱氧血红蛋白对光的吸收度存在差异性的原理，来记录大脑皮层的不同情绪变化。该方法的优势在于能够同时实现对人脑时-空二维特性的测量，生态化效度高。

9.2 情绪管理与调节

情绪管理的概念最早可以追溯到 20 世纪 80 年代，人们认为情绪管理不仅可以察觉自我情绪，还能通过体会周围情境，掌控自我情绪。从结构上看，情绪管理能力由三个基本技能组成，即情感觉察、情绪评估和情绪调节。

9.2.1 情绪觉察

学会消除情绪障碍，察觉情绪，无论是消极情绪还是积极情绪，对每个人来说都有益处。毕竟消极情绪也是自然而然产生的，它是情绪的基本组成部分。我们的情绪每天都会波动，如果你不时常察觉自己的感受，那么积极情绪就不会那么让人珍惜，而消极情绪也不会起到提醒的作用。察觉情绪有助于更好地了解自己，从而获得更清楚的自我认知，明确自己的情绪，并照顾自己的情绪需求，展开有效的情绪对话。

情绪觉察四部曲，能够帮助我们很好地完成对自身情绪状态的感知(见图 9.2.1)。

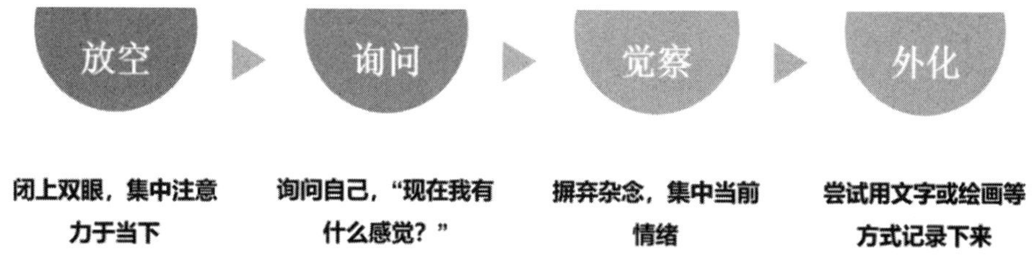

图 9.2.1 情绪觉察四部曲

(1) 放空。情绪觉察的第一步并不是急于说出自己目前所处的情绪状态，而是为自己更好地感知情绪提供一个良好的背景环境。此时，我们需要让自己放松下来，闭上双眼可以有效地减少外部信息对自身的干扰，从而更好地将自己的注意力集中于当下的内心。

(2) 询问。当我们彻底地放松下来之后，就可以探寻情绪产生的“蛛丝马迹”了。这时，我们可以在内心里询问与梳理自己都拥有哪些值得注意的感受。比如，我觉得自己的胃肠有一些紧迫感、后背有灼热感。

(3) 觉察。当我们完整而清晰地找到自己内心的感受后，就可以将这些感受集中起来，将它们整合成一种情绪。例如，我们可以将上述阶段中胃肠的感受、背部的感受等多种感受集中起来，发现自己现在处于一种整体的亢奋状态。

(4) 外化。此时，我们可以找到一种方式来描述自己的情绪，可以用文字也可以用非文字的形式对情绪进行外化表现。例如，我们既可以用“紧张”一词来描述自己在上一阶段整合出的亢奋状态，也能通过图画、音乐、运动等不同形式来表现它。

拓展阅读

修复情绪的创作练习(活动)：情绪具象化绘画表达

把压力、焦虑、惶恐、不安转交给艺术，卸下伤痛，抚慰身心。

我们时常因环境陷入精神或情绪紧绷状态，长期不安易引发身体不适。在这个练习中，我们要想象常有情绪的模样，并找出情绪的根源(这些情绪或集中在特定区域，或分布在各个区域)，通过绘画具象呈现情绪心理图像，找出情绪所在位置和原因，进而得到缓解。

活动时长：45 分钟。

材料：一张 4 开的画纸、素描铅笔、画笔、水彩颜料、一杯水。

做法：用素描铅笔在纸上画出身体轮廓(包含头部、躯干和手脚)。回忆过往经历，想象不同情绪对应的形状和大小，以及在身体的对应部位。当情绪处于强烈状态时，思考自身会有何种表现。选择大胆色调的水彩颜料，依据自己的感受体验赋予不同的颜色，并将注意力聚焦于对情绪的觉知上。

想一想：

你的情绪存在于身体什么部位?

这些身体部位承受这种情绪多久了?

你之前尝试过舒缓它(这种情绪)吗?

你能用什么方式舒缓它? 例如，按摩能减轻你的悲伤吗?

9.2.2　情绪评估

情绪评估是指人们对情绪活动进行评价的过程。其包括对情绪发生情境、情绪对人产生的影响、情绪的强度、情绪的处理方式，以及情绪与主体的关系五个方面的评估。

1. 评估情绪发生情境

以愤怒为例：愤怒是一种常见的情绪，人处于愤怒状态时会血压升高、心率加快，因此经常生气的人容易罹患心血管疾病。要对情绪进行观察，就要总结这些情绪通常会在什么情境下产生。比如：发生什么事？跟什么人在一起？什么时间？在什么地方？

2. 评估情绪对人产生的影响

同样，以愤怒为例，思考：愤怒时身体的反应是什么？对人际关系的影响是什么？对具体事件的影响是什么？

3. 评估情绪的强度

通常采用视觉评分法来评估情绪的强度，以0～10分计，判断该情绪强度的最大分值和最小分值。

4. 评估情绪的处理方式

思考某种情绪产生时自己会怎样做，以及做些什么来缓解情绪。还以愤怒为例，想想：愤怒时，自己通常会采用什么方式解决？哪些方式是有效的？哪些方式是无效的？

5. 评估情绪与自己的关系

通过对情绪的觉察与评估，你对自己情绪状态有什么样的了解？你希望同某种情绪保持怎样的关系？

9.2.3 情绪调节

1. 呼吸训练

在情绪情境下做腹式呼吸可以有效纾解焦虑反应，降低情绪的影响。腹式呼吸是让横膈膜上下移动。由于吸气时横膈膜会下降，把脏器挤到下方，因此肚子会膨胀，而非胸部膨胀。为此，吐气时横膈膜将会比平常上升，可以保证深度呼吸，吐出较多停滞在肺底部的二氧化碳。由于腹腔内承载着除心、脑、肺之外的全部脏器，包括消化、造血、生殖、泌尿、内分泌及淋巴系统的一部分，并拥有大量的血管和神经，因此，加强腹式呼吸训练、促进腹腔运动、参与呼吸运动，可以使得腹内脏器活动增强，改善消化道的血液循环，促进消化道的消化吸收功能，促进肠蠕动，防止便秘，起到加速毒素排出的作用。

在进行呼吸训练时，首先应选择仰卧或舒适的冥想坐姿，放松全身，感受自然呼吸一段时间。之后右手放在腹部肚脐处，左手放在胸部。吸气时，最大限度地向外扩张腹部，胸部保持不动。呼气时，最大限度地向内收缩腹部，胸部保持不动。循环往复，保持每一次呼吸的节奏一致，仔细感受腹部的一起一落。经过一段时间的练习之后，就可以将手拿开，仅用意识关注呼吸过程即可。呼吸时不要紧张，也不要刻意勉强，如果是初学者，就更应该注意练习的过程和对身体的影响。吸气时，感觉气息开始经过鼻腔、喉咙，之后充分地集中于肺部，当肺部容积逐渐增大时，保持胸廓不动，会迫使横膈膜下沉，同时腹部略向外鼓起；呼气时，向内收回腹部，横膈膜向上提升，使大量浊气呼出体外。把腹部当作皮球，用鼻吸气使腹部隆起，略停一两秒后，经口呼出至腹壁下陷。每分钟呼吸五六次，每次练习时长约10分钟。

2. 饮食与运动

1) 饮食

饮食对情绪的调控与肠道菌群密不可分。肠道菌群在人体内部通过迷走神经连接沟通，通过这条复杂的通路，肠道菌群能够在神经系统中发挥作用，引起人的行为和情绪反应，调节心理和生理状态。因此，应当多摄入对情绪有调节作用的食物，具体包括：

(1) 复杂的碳水化合物和富含色氨酸的食物：土豆、红豆、奶制品、牛肉等，这些食物有助于提高脑内的五羟色胺水平，减少情绪的剧烈波动。

(2) 富含 Omega-3 脂肪酸的食物：鱼类、海鲜类食物富含 Omega-3 脂肪酸，有助于稳定情绪。

(3) 补充 B 族维生素：柑橘类水果、绿叶菜、豆类、鸡肉、鸡蛋等，可缓解抑郁情绪。

与此同时，应尽量少食糖类与碳水化合物，如甜点、快餐等。

2) 运动

运动在减轻疲劳、提高警觉性和注意力以及增强整体认知功能方面非常有效。当消极情绪影响大脑时，身体的其他部分也会感受到这种负面影响。而锻炼和其他体育活动会在脑内产生内啡肽。内啡肽作为天然止痛药，它的释放能改善睡眠质量。运动生理学家将多种类型的体育锻炼分成两类：有氧运动和无氧运动。

无氧运动被定义为一种短时间、高速剧烈的运动。从理论上讲，无氧运动是运用“战”反应的一种运动或锻炼，当头脑中产生愤怒的情绪时，就会催生额外的力量，也就是说当某人被激怒并试图保卫自己的领土时，那么有力、迅速、坚定地解决问题是最好的策略。如果缺乏“战”反应，那么一般的压力反应便难以维系生存价值。无氧运动能锻炼肌肉的最大力量和爆发力，举重、短跑、健美操都属于无氧运动。

有氧运动包括跑步、游泳、骑行、滑雪、韵律操、快走等项目，是锻炼心肺耐力的节奏性连续运动，在运动中氧气供应与需求相等。有氧运动的强度中等且持续时间较长，运动强度通常通过心率(次/秒)或耗氧量(升/分)来测量。有氧运动对应“战”或“逃”反应中的“逃”反应，可看作是在恐惧、焦虑等情绪引发的生存应激状态下，逐渐演化形成的运动。有氧运动能挑战心肺功能，以增加耐力或在某种程度上锻炼肌肉耐力，能够锻炼心肺耐力，降低心肺疾病发病风险，达到降低血压、减少胆固醇尤其是低密度脂蛋白，显著降低体脂率、降低由压力引起的生理唤醒的效果。因此，相比无氧运动，有氧运动更受关注。有研究表明，定期参加有氧运动可以降低个体的紧张感，稳定情绪，改善睡眠，并提高自尊水平，即使是五分钟的有氧运动也能激发抗焦虑作用。有规律的有氧运动会给新陈代谢、心脏和精神带来显著的变化。

不仅如此，运动调节也会反过来促进情感反应。当我们通过运动管理好身材、释放并缓解身体压力后，力量和耐力会随之提升，自我形象得到改善，进而从运动中会感受到一种掌控感、自豪感和自信感。

3. 冥想练习

在任何年龄阶段，大脑都需要“放空时间”，暂时摆脱各种思想烦恼和外部干扰。冥想是一种让大脑专注于内在觉察、屏蔽外界干扰的自我参照活动。东方哲学发展出了两条不同的冥想分支：排他性冥想(或限制性冥想)，包容性冥想(或开放性冥想)。二者都要求集中注意力和觉察，最终的目的也是净化心灵，达到内部平和。一旦大脑在意识水平上是平静的，那么新的思想就会从无意识水平进入意识水平，这些直觉通常会对我们下一步的活动起到微妙的指导作用。绝大多数研究都表明，冥想对情绪状态有直接的影响。它在减少许多与压力相关的因素或改善身体健康方面都是非常有效的冥想活动，确实促进了更广泛的普遍幸福感或内心的平静，对于人的免疫功能、睡眠质量(缓解睡眠中疼痛情况)以及心理、情绪和身体等方面都有积极的效果。同时也有认知神经科学的证据表明，冥想使大脑左侧前额叶和边缘区域的活动增加，反映了持续性注意和情绪调节的过程。因此，冥想作为促进心理健康的主要工具，已被融入心理治疗的实践之中。

Benson 总结出冥想时，促进心理稳态平衡的四个基本步骤具体如下：

1) 营造安静环境

选择一个不受干扰和打扰的时间和地点(可以是一个房间)，只要保证外界干扰少，待着舒服，就可以冥想。排除所有的感觉刺激(像电话铃声、门铃声、电视和街道的吵闹声等)，营造安静的环境，是为了减少内部刺激(如肌肉紧张、身体不适等情况)。如果条件允许，建议在进食两小时后再开始冥想，且在开始之前排空膀胱。

2) 运用心理道具

心理道具是能排除其他思绪、使注意集中的物品或工具。例如，可以重复默念一首颂歌，集中于呼吸或一个重复的音。Benson 建议颂歌用单个词，如果大脑思绪混乱，可说“no”打断自由联想——关键是重复动作，而不是内容，甚至念“一个”这类词。一些禅修者喜欢盯着固定的对象而不是重复咒语。无论哪种形式，目的都是将注意力集中在中性事物上，从而屏蔽掉日常想法和感觉。

3) 保持被动态度

所谓被动的态度，是让大脑对任何思想都持有开放接纳的态度，而不要刻意阻拦它们。如果不能达到这种心智状态，自我(Ego)的阻碍就会限制试图达到完全放松的任何努力。

4) 调整舒服姿势

最早的冥想倡导者认为，放松大脑必须先放松身体，所以要找到一个舒服的姿势——能支撑大部分体重的坐姿。身体放松后，肌肉的紧张状态不会干扰心理过程，同时应避免采用容易睡着的姿势。

4. 认知重建

认知重建，即认知行为疗法。这种方法帮助人们改变思维和行为方式，从而改变感受。认知行为疗法的核心前提是：思想会影响情绪，反之，情绪也会影响思想内容和思维的情绪倾向。我们真正深陷于消极情绪的原因，是对消极情绪存在认知扭曲。

1) 认知行为疗法等基本原理

ABCDE 模式(见图 9.2.2)来干预和重新习得乐观。A(Adversity)代表事件，B(Belief)代表对事件的想法，C(Consequence)代表依照想法行动后的结果，D(Disputation)代表自我干预后的新想法，E(Energization)代表新效果和新能量。每个人都有自己独有的“ABC 模式”：遇到 A 事件，产生 B 想法，之后行动带来 C 结果。但是当我们处于情绪中时，很难客观判断 B 想法会带来怎样的 C 结果，所以我们要先通过一段时间的客观记录，寻找 B 想法和 C 结果之间的联系。实践发现(连续两周记录)：如果 B 想法是负面的，那么导致的 C 结果往往是消极的。这时需采用 D 干预来反驳负面的 B 想法。当采用 D 干预之后，就会产生新的想法，同时采取新的行动，也会引导事情出现新的结果，就是上面提到的 E 新效果。持续记录 D 干预和 E 新效果，会发现，原来正面的 D 干预确实会带来积极的 E 新效果，同时 E 新效果也会成为 D 干预的新能量，从而逐渐打破“无助的牢笼”。

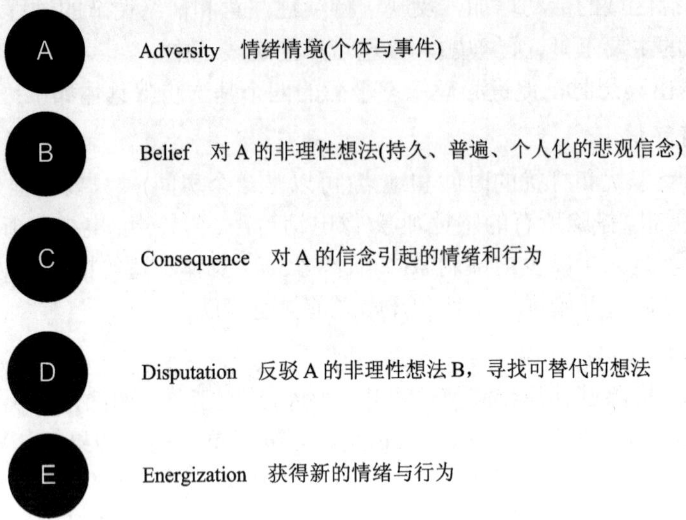

图 9.2.2 情绪调节的 ABCDE 模式

2) 常见非理性的认知扭曲

(1) 非此即彼：以极端或绝对的方式看待一件事，而不去认真观察事件的具体情况。

(2) 灾难化：设想最坏的情况，夸大事态的可怕程度和威胁性。

(3) 妄下结论：相信某件事是真实的，却没有证据来支持这一假设。

(4) 扩大化：过分夸张某种烦恼，让自己更加沮丧和苦恼。

(5) 过度概括：把单一的负面事件看作持续存在的状态。

改变不合理的思维模式，需要经历重复练习的过程。为了防止自己迷失在消极思维的模式中，我们需要在遇到情绪相关事件时，用以上方法调整思维模式，进而调节负性情绪，形成积极的思维模式。

9.3 积极心理学视角下的情绪

基本情绪分为积极情绪和消极情绪两类，积极情绪是与接近行为相伴产生的情绪，而消极情绪是与回避行为相伴产生的情绪。消极情绪包括恐惧、愤怒、厌恶、悲伤等。积极情绪包括爱、幽默、满足、快乐等。从积极心理学的视角看，消极情绪提出问题，积极情绪解决问题，因此我们更关注消极情绪的积极意义，以及如何诱发我们的积极情绪，从而更好地提升我们生活的幸福感。

9.3.1 积极情绪与个人发展

积极心理疗法起源于 20 世纪末所兴起的积极心理学研究。积极心理学以美国当代著名心理学家塞利格曼为代表人物，致力于研究人的积极力量与积极品质，更加关注人自身的主观幸福感。乐观主义是积极心理学的核心理论之一，乐观是一种与社会生活未来相关的态度和信念。积极的乐观主义观点对坚持正面的思考和正面的心态具有重要意义，沉浸于负面的思维只会强化负面力量。因此，乐观主义具有高度收益的心理特征。乐观主义虽然有天生的成分，但事实证明，每个人都可以通过适当的心理训练变得更为乐观，更改不合时宜的信念，接纳那些令人痛苦的事实，能够帮助我们以更加客观的视角看待生活，并清醒和理智地面对现实人生，从而实现解脱和超越。塞利格曼对积极的人格特质进行了系统的研究，并创造性地提出了基于实践价值(Value In Action，VIA)的人格系统。这一系统包括六大核心美德(Virtue)和对应的24种性格力量(Character Strength)，其中性格力量是六大核心美德的具体表现形式(见图9.3.1)。

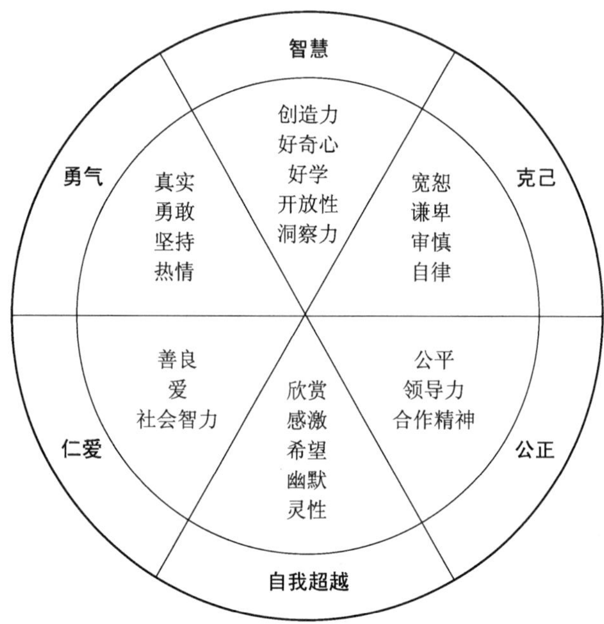

图9.3.1 积极心理学的六大核心美德和24种性格力量

与传统的心理治疗方法相比，积极心理疗法更加注重认知、行为、情绪、人际关系、社会环境等各个方面的因素对个体心理状态的影响，更加强调个体从消极心理状态向积极心理状态的改变。它突破了传统主流心理疗法偏重问题的片面倾向，以更加全面、积极的角度对个体的心理问题与冲突进行了解释。

因此，积极心理疗法从预防性辅导的视角鼓励教师更加关注学生的自我成长经验，发掘并培育学生的“闪光点”。通过“快乐生活”“充实生活”和“有意义的生活”等积极干预技术，帮助学生以积极的视角重新认识自己，进一步激发主观能动性。同时，教师应根据学生身心发展的规律和特点及心理健康教育的规律，运用积极心理学的理论和方法，切实提升学生心理素质和心理健康水平，促进学生积极情绪与积极人格的发展，培养学生卓越的心理品质。

根据积极情绪的拓展-建构理论，Barbara L. Fredrickson(2001)描述了积极情绪子集的形式和功能，包括快乐、满足、自豪、兴趣(见表9.3.1)。由这些积极情绪引起的开阔思维方式与由许多消极情绪(即特定的行动倾向，如攻击或逃离)引发的狭窄思维方式形成鲜明对比。积极情绪促进发现新颖和创造性的想法、行动和社会关系，进而建立个人资源(从物质和智力资源到社会和心理资源)。

表 9.3.1 积极情绪的拓展-建构理论的情绪子集

情绪类型	产生条件	作用
快乐	当情境被评价为安全的和熟悉的，或者事件被理解为个人目标取得进步和实现时而产生的情绪感受	扩展认知范畴
满足	被他人的接受和关爱所引起的感受，如果情境被评价为安全的、高度确定的和需要低付出的，就会引起满意感	建设个人资源
自豪	当目标成功实现或被他人评价为成功时产生的积极的体验	增加心理弹性
兴趣	当个体技能知觉与环境挑战知觉匹配时，会产生愉悦与趋近感；当情境被评估为安全、新颖、有变化、带神秘色彩以及存在一定困难感时，会引起兴趣	激活行动趋势

拓展阅读

提高你的积极情绪(活动)

根据积极心理学理论，积极情绪对于提升个体的幸福感及认知、行为等多方面功能均有促进作用。因此，通过以下活动培养学生的积极情绪，激发感恩、乐观、欣赏等情绪体验。

(一) 三生有幸

1. 目的：让成员通过在小组内分享自身优势，提升自信，体验更多积极情绪。

2. 时间：约 15 分钟。

3. 操作步骤：

(1) 两人一组自我介绍，每人向对方介绍自己的三个优点，并且每个优点都需要举一个具体的事例。在自我介绍之前，先向对方说“认识我是你三生有幸”。一名成员介绍完毕后，另一名成员继续介绍。

(2) 任意两个二人小组合并成四人小组，在组内进行“介绍搭档”环节，即每人将自己二人小组的搭档介绍给两位新组员，只介绍基本信息和三个优点，在发言之前要说“认识你是我们三生有幸”。

(3) 组织成员分享：介绍自身优点时的感受、听到自己的优点在小组内被分享时的感受，以及表达“认识我是你三生有幸”时的感受。经此练习，成员通常会体会到自我认可与被欣赏，体验到开心和兴奋。

(二) 三件好事

1. 目的：引导成员以感恩回顾的方式从日常生活中体验积极情绪，发现生活中的美好。

2. 时间：约 40 分钟。

3. 操作步骤：

成员按照上次团体分组围坐成圈，发放记录表(见图 9.3.2)，引导成员回顾自己在近期生活中发生的好事，体验感恩。书写写完后先在小组内分享，再邀请成员在大团体中交流。

想一想：从昨天此刻到现在的 24 小时内发生在你身上的三件好事，即令你感到开心、满足、高兴、感动的事。哪怕是一个细节、一个瞬间、一个画面，或是遇到一个可爱的人、接受一次暖心的帮助、受到他人关怀的叮嘱。不妨试着回忆并列到下列框格中，并想一想这件事为什么会发生，当我们回忆过后，现在，此时此刻的你又有怎样的感受。

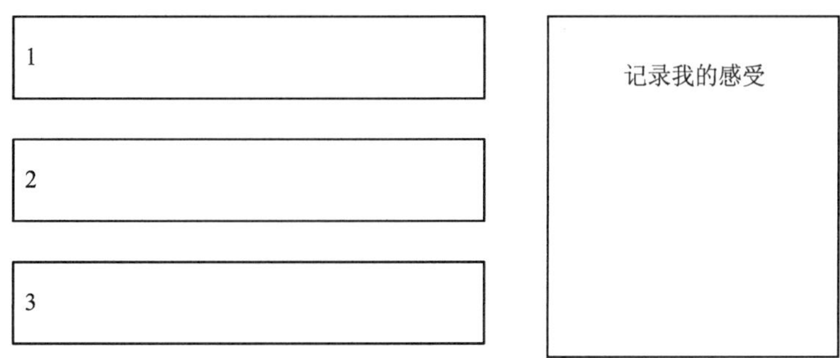

图 9.3.2　三件好事记录表

9.3.2　有效化解消极情绪

1. 恐惧

恐惧意味着危险，现代心理学家弗洛伊德认为，“恐惧作为一种焦虑来自自我对危险的反应”。恐惧尽管是一种令人不快的感觉，但从生物进化的角度，恐惧让人更加警惕。在少数特别的情况下，恐惧对我们的生存是有帮助的。在危险环境中，恐惧会加快我们的反应速度；特别是当情况变得困难时，它会使我们的注意力变得敏锐，无论是人还是动物，恐惧是提升生存的一种本能，具有重要的进化意义。此外，恐惧也可以带来愉悦体验，像极限运动、恐怖电影中虽伴随着恐惧，但在战胜恐惧之后，紧张感和愉悦感会相伴相生。

虽然在困难环境中感到稍微恐惧是有益的，但当它表现为极端体验时，就可能产生破坏性的影响。因此，当恐惧体验的强度和持续时间远远超出正常范围时，我们更多感受到的是对正常生活和工作的困扰。

那么，我们该如何克服恐惧?

第一步是接受恐惧，不要因为恐惧而感到羞愧。恐惧是生物的本能。首先接纳恐惧，承认当下情境中恐惧情绪的产生是自然、合理的。我们的目的并不是要消除恐惧。

第二步，积极面对恐惧，从短时面对到长时间面对，再到有规律地面对，系统化渐进接受恐惧的对象。很多时候，我们的恐惧并非源于恐惧对象，而是对“恐惧”这种情绪本身的惧怕。

第三步，培养控制能力。人们的恐惧情绪往往源于未知，可以通过掌握更精确的信息来控制自己的恐惧。在专业领域获取更多的信息，能帮助我们做出更精确科学的判断。例如，面对疾病的恐惧时，先了解感染的因素和风险，自查是否接触了感染源，以此来消除莫名的不安。

第四步，积极进行自我调节，接受不可避免的恐惧。对自己的恐惧过于担心，会使问题严重化。承认事实后，真正的恐惧自然会得到控制。在此过程中注意思考的认知方式，避免出现过分概括化和灾难化的情况，增加自己的恐惧感。还可适度进行放松训练，积极锻炼身体，重建生活的秩序感，树立目标感。

2. 愤怒

愤怒是极具冲击力的能量，发泄愤怒往往导致事与愿违。当个体处于愤怒情绪的时候，容易影响我们的决策，使我们产生冲动的行为，造成无法挽回的后果。但从愤怒的情绪中，我们可以发现愤怒有以下的价值。

愤怒是心理能量的释放。从进化的观点来看，愤怒对于集中能量进行防御非常重要。愤怒让我们做好战斗的准备。肌肉紧张度增强，使心脏和呼吸能更好地为肌肉提供营养。愤怒是治疗恐惧的天然良药。研究发现，肾上腺素和去甲肾上腺素与恐惧和愤怒两种情绪有关联，恐惧与肾上腺素的增加有关，而愤怒与去甲肾上腺素的增加有关，两者都拥有强大的力量。愤怒释放的心理能量足以用来对抗恐惧，原因还在于愤怒具有恐吓的功能，它可以避免斗争，而斗争无论如何都会耗费精力并存在危险。

当个体压制愤怒或以不合理的方式宣泄愤怒时，就会让情况变得糟糕。这时需要我们正确处理愤怒。首先，减少愤怒产生的原因。愤怒可能由一件事情引发，也可能源于多件事情的积压，这些积压的情绪以愤怒的形式爆发。对于后者可以在生活中留意那些容易激怒自己的导火线，把因琐碎事情产生的不满降到最低。其次，换一种方式看待愤怒。正是由于不合理的信念和思维方式导致愤怒。个体可以根据认知行为疗法，合理地表达愤怒、理解愤怒(见表 9.3.2)。

表 9.3.2　愤怒情绪的认知转换

触发愤怒的内在信念	更灵活的内在信念
1. 人人都应该对我以礼相待，正如我对待他们一样，否则便是无法忍受的，我因此感到愤怒。 2. 我应该要通过发怒来获得我想要的，不然就会被别人看不起。 3. 我应该发怒，不然我就会变成弱者	1. 我对别人都是以礼相待，我不喜欢别人用不礼貌的方式对我，但我可以向他们表达我的想法。 2. 我的愤怒也许可以让我的观点增加分量，但这不一定是最好的方式。 3. 我希望自己得到别人的尊重，但愤怒不是唯一的途径

个体通过以上改变认知的方式，打破恶性循环，将愤怒的人和事分别对待，以解决问题为主要目的，避免思维反刍。

3. 悲伤

悲伤是人们遭遇无法挽回的损失后产生的反应。其面部表情和姿态较易识别。在生理上，悲伤与两种反应模式有关(Kreibig，2010)，一种模式是唤醒水平上升，并伴有交感神经兴奋的迹象，例如心率、血压和皮肤电导升高；另一种模式则恰好相反，心率和皮肤电导呈下降趋势。两种模式提示，悲伤具有一定的时间跨度，其性质会从“即将受损的威胁性”变为“损失无法挽回的确定性”。损失尚未发生时，我们的身体可能会兴奋，努力阻止它(对应模式一)；而损失发生以后，最好的做法就是及时撤退、保存能量(对应模式二)，有疗愈作用。

本节我们以积极视角看待情绪，尤其强调消极情绪背后的积极意义，但也无法忽视情绪背后的累积作用(如黛玉葬花)，以及高强度情绪爆发后导致的行为失调(如范进中举)。在心理健康教育实践中，以下案例反映了被忽视的情绪可能以累积的方式进行内耗，外界诱因一旦出现，就可能成为“压垮骆驼的最后一根稻草”。这警示我们必须及时关注情绪、疏导情绪，让每位学生的情绪都能被重视。

让中等生走出被遗忘的角落①

刘艳宏是一个从一年级起就成绩平平的女孩儿，没有担任过什么班委，父母是普通单位员工，一般也不主动与我联系。一晃五年过去，除了那次运动会，她没有参加过任何特别的活动。

因为我们班孩子自身身体素质欠佳，在上学期运动会上各单项获奖甚少。在运动会第二天，大家把唯一的希望寄托在最后的一个集体项目——接力赛上。午餐后，我带孩子们来到操场选人，最后在赵可桢和刘艳宏中选一人，两人以赛跑的形式定结果。最终赵可桢入选。这本是很平常的淘汰，可意想不到的事情发生了。刘艳宏先是默不作声地一个人呆坐在操场边，任凭包括她的好朋友在内的其他同学怎么劝慰都没用。之后我们班整个队伍回到看台，她仍没走，我让几个班干部去叫她回来，她没动，只是流泪。班干部回来说她很不服气。我听后，亲自出马，找来赵可桢和几个班委当裁判，事先跟她们说好以3比2的赛制再比一次，要做到"愿赌服输"。结果刘艳宏再次失败并出乎意料地号啕大哭，我拉她过来准备再做思想工作，不料她甩开我，狠狠瞪了我一眼，丢下一句"放开，讨厌"，扬长而去。怎么会这样？怎么会有这么大的火气？我老师的威严何在？无名火一下子蹿了上来，我拦住几个事后准备去追刘艳宏的班委，也丢下一句冷冰冰的话："不管她!"

时间在一分一秒地过去，我以为刘艳宏过不了多久，消了气，想通了会自动回到班上。然而半个小时过去了，一个小时过去了，还不见人，我开始慌了，接连派出学生在南校区教学楼、厕所、小卖部、食堂、前后校门找她，之后又请广播站帮忙，然而还是无果，我开始坐立不安，打电话通知家长，家长也来到了南校区一起搜寻，都快急疯了。说实话，这是我做老师以来，第一次感到害怕，要是……我不敢往下想。快5点钟时，终于接到她家保姆打来的电话，原来她趁门卫不注意时跑出了校外，到了她保姆家。我一块悬着的石头终于落地了。

事后我与她父母就这件事，以及她存在的心理健康问题进行了交流。她的父亲是通情达理之人，自感为老师添了麻烦，过意不去。在父母的帮助下，之后也就风平浪静了。但现在回想起来，回想起当时我的一言一行，其实很多地方也甚为不妥。因为她一贯的"平凡"，我一开始就没有认真考虑过她的情绪，在她被淘汰时连一句安慰的话都没有，只是顾及练习接力赛的学生。由于我的这种冷漠和不重视，她先是流泪、生气，最终以反抗的方式来证明自己的存在。

痛定思痛，亡羊补牢，未为晚也。中等生也同样渴望发挥自身价值，渴望取得成功。其实他们就像一块撂荒的土地，需要园丁播下希望的种子，需要我们用激励的语言、赞许的目光、温柔的动作、甜美的微笑去耕耘。中等生的世界是五彩斑斓的，他们有憧憬、有梦想，让我们做有心人，多给予这群被遗忘的孩子以热情的关注、锻炼的机会，相信他们的潜能一旦被调动起来，将产生巨大的能量。"一花独放不是春，百花齐放春满园。"其实每一朵花都有绽放的理由，让我们用爱的阳光照亮每一个孩子的心房吧！

---

① 赵国忠. 班主任最需要的心理学[M]. 南京：南京大学出版社，2009：242-246.

第 10 章　大学生人际交往

人是一切社会关系的总和，自出生开始便离不开社会人际交往。在交往过程中，人类个体之间的相互关系构成了人与人之间的社会关系。社会关系的维系依赖人际交往活动。人际交往对于个体的社会性发展和心理健康极为重要。

当前，大学生多为“00 后”，他们大多成长于“4-2-1”的独生子女家庭模式中，因家庭溺爱、成长环境中同伴陪伴较少，致使部分人存在人际交往困难。且随着城市化进程加快，农村地区大量青壮年劳动力进城务工，致使农村地区出现大量“留守儿童”。这类群体因成长过程中缺少父母的陪伴，人际交往模式也会受影响。再加上全球化的推进，多元文化的涌入，逐渐改变着人类的人际交往模式和观念，如虚拟互联网人际交往。这些因素都给新时代大学生的人际交往带来一些困境，也使大学生群体人际交往出现不和谐状况。

新时代大学生是国家的希望，肩负着国家与民族的未来，是国家繁荣与社会发展的重要力量。解决大学生的人际交往问题，不仅有利于大学生的全面发展，也有利于国家和社会的进步。

10.1　人际交往概述

10.1.1　人际交往的概念

从词源看，“交往”一词源于拉丁语 Communis，本意是“通常的、共同的”，英文“Communication”由其演变而来，内涵不仅有交往之意，还涵盖传达、表达、通讯、交际等意。《现代汉语大词典》给出的解释是“互相往来”。《辞海》的解释，所谓交往就是指“交际往来”。

不同学科对“交往”的诠释也存在差异。在心理学上，交往是人与人之间进行的心理上的沟通，由此达到一定的认知；语言学中，交往是指人与人之间依一定规则进行的语言符号交流；在社会学角度，人际交往是指人与人之间信息的传递和交流，在此过程中会形成社会关系。哲学领域关于交往的概念很多，从一般意义来讲，“交往是指在一定的社会历史条件下，作为社会实践和认识主体的个人或群体之间借助于语言和非语言的媒介而实现的相互接触、相互沟通、相互认知、相互影响、相互作用、相互了解的最基本方式和过程，是主体之间已然实现的社会认知、社会互动”。从语言学的角度来看，所谓交往就是人与人之间语言符号的交流互动。

总的来说，交往是个体直接或间接接触并相互影响的过程。动态的人际交往是交往双方通过心理和行为，在物质和精神层面发生的相互作用，包括直接和间接作用；静态的人际交往是交往双方通过言语、行为的相互作用所形成的情感或心理上的联系，个体在互动中建立的纽带和联系就是交往关系。

人际是社会上人与人之间交际和交往的总称。人际交往是人的社会属性之一，是人类所特有的一种精神层面的需求，是个体与周围人之间进行的一种心理和行为的沟通、交流信息的活动方式。人际交往是社会中极其重要、无可替代的行为，也是当今时代最贴近日常工作和学习的生活现象。人际交往是人与人之间相互作用和相互影响的一种行为过程。人际交往的方式在一定程度上决定了人际关系的构建与维系状态。人际交往是指作为个体的人为获得社会生活能力并满足个体生存、发展需要，通过语言媒介实现与他人、群体之间相互沟通、影响、作用而建立起来的一种特殊人际关系的社会实践活动。人际交往综合素质主要包括交往认知、交往心态、交往行为和交往能力等内容。图 10.1.1 为雷诺阿的画作，其展示了 19 世纪法国社会人际交往场景之一。

图 10.1.1　人际交往场景(雷诺阿 1881 年绘《游船上的午餐派对》油画)

为进一步理解人际交往的内涵，有必要对人际交往的概念作出阐释。第一，人际交往的本质是人的社会实践活动，体现了人作为社会属性的个体所共有的心理需求，是维持个体正常生活的基本条件。第二，人际交往是交往主体之间相互沟通、影响、作用，最终建立起人际关系的过程。如果在人际交往过程中，交往主体之间能够相互理解、协调得好，就会形成良好的人际关系；如果不能相互理解、协调得不好，就可能出现特定主体之间人际交往终止的情况。第三，人际交往主要通过语言这一特殊的媒介得以进行，主要包括肢体语言、有声语言和书面语言三种形式。但也必须指出的是，语言是人际交往的最主要媒介，但不是唯一媒介，还包括物质、代码等其他媒介形式。第四，人际交往是个体获得生存能力和发展的重要途径。人的社会性也就决定了人离不开人际交往，诚如马克思所言：“一个人的发展取决于和他直接或间接进行交往的其他一切人的发展。”在现代社会，个体只有重视人际交往，充分借助群体的力量和智慧，学会与他人合作，才能获得发展。

10.1.2 人际交往的本质

马克思主义认为，交往实践是人的存在方式，是一种特殊的关系，且这一关系只有在人类社会当中才会发生，“个人的关系无论如何不能不是他们的相互关系”。因而可以说，人际交往就是人与人、人群之间为实现一定目的，通过一定中介而开展的相互沟通、影响、作用等的各类实践活动及形成的普遍性社会关系。

从动态上来看，人际交往行为的结果表现为各类交往实践活动；从静态上看，人际交往行为的结果表现为各种交往关系。那么，人际交往的本质又是什么呢？日常生活中，人与人之间的交往有时候是基于共同的兴趣、爱好，但交往不仅仅是基于共同的兴趣和爱好，而且在交往过程中还伴随有利益的获得，既可能是物质利益，也可能是精神需求。所以，在交往过程中，利益交换机制影响着人们的交往观，人与人之间的关系包含利益关系，良性和谐的人际交往建立在正确合理的利益基础之上。因而可以说，利益交换是交往的本质，交往的过程是交换主体彼此满足对方需要的过程。如果在交往过程中只考虑个人利益的满足而忽视交往对象的需求，交往就会失去平衡，交往障碍就会因此而发生。

交往行为的核心元素是“理解”和“一致”。“我把达到理解为目的的行为看作是最根本的东西……冲突、竞争、通常意义上的战略行为——统统是以达到理解为目标的行为的衍生物。”哈贝马斯认为，交往过程中的理解不能简单地停留在交往主体之间的协调，而更应该注重交往主体之间能够达到共识。为此，交往主体在交往过程中不仅要向交往对象表达清楚自己的意图，同时还应该在交往过程中让交往对象理解自己的交往意图和观点。因此，哈贝马斯所强调的人际交往其实质是一项交互性意识活动，交往主体以追求默契和合作为目的。

10.1.3 人际交往的特征

人际交往具有以下几个方面的鲜明特征。

1. 客观现实性

人际交往的客观现实性主要表现在人际交往是一项不以人的主观意志为转移的实践活动。虽然不同历史时期由于社会生产力水平、社会文化环境的不同，人们的交往方式存在差异性，但个体的人际交往在特定的社会历史条件下发生，人际交往方式伴随社会发展而不断产生新样态。

2. 相对稳定性

人际交往方式在交往主体具体的交往实践活动中是基本的条件，虽然它是内在于个体的人际交往过程当中，但个体的人际交往如果已经形成，便不会轻易改变，就会成为人们的一种稳定的习惯。

3. 普遍性

人际交往的普遍性是指人际交往是一种普遍现象，不仅在个体成长、生活、工作中普遍存在，而且整个社会同样普遍存在各种方式、形式、内容的人际交往。

10.1.4 人际交往的类型

1. 亲缘性人际关系和非亲缘性人际关系

依据人际交往主体交往关系产生的条件是否具有亲缘性，可以将人际关系分为亲缘性人际关系和非亲缘性人际关系。其中亲缘性人际关系主要包括直系亲缘人际关系、旁系亲缘人际关系和姻亲亲缘人际关系等；非亲缘性人际关系主要包括朋友关系、邻里关系、同学关系、老乡关系和同事关系等。

2. 有接触性交往和非接触性交往

根据人际交往方式的标准，可以将人际交往划分为接触性交往和非接触性交往。接触性交往是指人与人之间面对面地交往，是一种最普遍的人际交往方式；非接触性交往主要是指借助各种通信工具所进行的交往，如网络、电话、传真等。

3. 正式性交往和非正式性交往

正式性交往特指发生在正式场合中的人际交往，往往是通过组织机构渠道进行的人际交往；非正式性交往是指在非正式场合中的人际交往，是正式交往之外的其他人际交往类型，是没有固定模式的人际交往活动，具有民间性、随意性和非模式化等鲜明特征。

4. 功利主义的人际交往方式和非功利主义的人际交往方式

根据人际交往功能的标准，可以将人际交往划分为功利主义的人际交往方式和非功利主义的人际交往方式。其中功利主义的人际交往方式以个人利益为出发点和归宿，追求公众利益服从个人利益。资产阶级的功利主义凸显“个人利益是唯一的现实利益”，使得功利性人际交往中以个人利益为中心的观念和行为随之突出。实用主义交往方式的主要表现为，在现实的人际交往中，将“对己有用”作为处世之道，将“事不关己，高高挂起”作为处世哲学。非功利主义的人际交往方式指不抱功利目的的交往，像亲情交往以及感情真挚不带功利目的的人际交往。

此外，一些学者根据研究需要，以人际交往过程中交往主体的平等获利情况为标准，将人际交往分为我输你赢型、我赢你输型、双方皆输型、双方皆赢型、我赢不管他人输赢型、双方皆赢否则作罢型六种类型；还有学者根据人际交往的特征配对标准，将人际交往划分为“主动型-被动型”“领袖型-依从型”“严谨型-随便型”“开放型-闭锁型”，共八种类型。

10.1.5 人际交往的要素

1. 交往认知

所谓交往认知，就是交往主体基于人际知觉基础上形成的对交往主体自身以及他人人际交往状况的认知。交往认知是交往主体的认知，交往主体正是受到一定交往认知的影响才表现出符合交往主体认知的交往态度、交往行为，也就是形成了特定交往主体的人际交往观。具体而言，个体人际交往认知主要包括三个方面的内容：一是交往主体对个人交往的认知；二是交往主体对他人的交往的认知；三是对人际交往本身的认知。

2. 交往心态

所谓交往心态，就是指交往主体在人际交往过程基于交往动机、心理品质的基础之上表现出来的情绪状态。交往心态是交往主体交往观的反映，人们也可以从交往主体的交往心态判断个体交往观的正确与否。具体而言，从交往动机来看，当交往主体具备正确的交往动机时，交往主体在交往过程中表现出稳定的交往情绪，交往目标也更容易实现；当交往主体交往动机不正确时，交往主体往往会给人不愉快的感觉，进而影响交往目标的实现。从交往主体的心理品质来看，当交往主体的心理品质健全时，交往主体在交往过程中会表现出主动、进取、乐观等积极情绪；当交往主体心理品质不健全或较差时，交往主体在交往过程中则会表现出悲观、怀疑和粗暴等消极情绪。

3. 交往行为

所谓交往行为，就是交往主体在交往过程中所表现的行为。在人际交往过程中，交往行为直接关系着交往能否给交往对象带来愉悦和交往能否顺利进行。影响交往主体交往行为的因素是多重的，不仅包括遗传因素，同时还受到环境因素和学习因素等的影响。其中遗传因素对个体交往行为的影响是不可逆转的，而且社会环境本身可能无法改变，但交往主体可以选择不同的社会环境开展交往学习和交往活动，学习则是规范交往主体交往行为极其重要的途径。

4. 交往能力

所谓交往能力，就是交往主体在交往过程中所表现出的综合能力。一般而言，交往主体的交往能力是交往主体交往观的综合体现。交往能力是一个复杂的体系，如沟通能力、理解能力、表达能力、协调能力、想象力等。当交往主体具有较强的交往能力时，往往能准确把握交往对象的交往需求，准确理解交往对象的交往意图，并运用恰当的语言表达自己的个人感受与想法。当交往主体的交往能力较弱时，往往难以准确把握交往对象的交往需求，以及准确理解交往对象的交往意图。

10.2 大学生人际交往及其影响因素

大学生的人际交往，是指大学生群体之间以及大学生与其他个体之间信息沟通、思想交流、情感表达和能力协调的互动行为。高校大学生通过科学的方式和途径展开人际交往，有利于提升自身能力和顺利融入社会。大学生能否形成健康的思想体系与其人际交往情况有密切关系。

10.2.1 大学生人际交往的特点

当前，大学生主要由2000年后出生的青年人群组成。该群体具有非常鲜明的特征，如独立意识强、有强烈的求知欲、可塑性强等。此外，大学生正处于青年时期，渴望交友，向往真诚的友情和纯洁的爱情，这种青年时期的情感渴望和需求是人的一生中其他时期没有办法比拟的。具体而言，大学生人际交往通常表现出以下鲜明的特征：

1. 交往对象广泛

互联网时代对人们的生活、工作、学习有着多方面且深刻的影响。随着互联网技术和自媒体的涌现，当代大学生的人际交往范围已经突破了寝室、班级、学校的地域局限，他们的人际交往圈不仅有本校师生，还包括其他学校的师生和社会人员。

2. 交往形式的多样化

对于当代大学生而言，他们的人际交往形式已经突破了传统的面对面的直接交流，延伸到了虚拟网络交流这一新的交往形式。在虚拟网络空间，交往双方可以是素不相识的人。

3. 交往内容的多元化

对于当代大学生而言，人际交往的内容呈现出多元化的鲜明特征，交流的内容涉及思想、学习、生活、工作、兴趣爱好等多个方面。

10.2.2　大学生人际交往的范式

当前，高校大学生主要与老师、父母以及朋辈进行交往实践，据此可以将大学生人际关系的类型概括为以下几类。

1. 师生关系

这一类型的交往关系是最为基本的。因为校内大学生除了与年龄相仿的同学接触，更多的就是同老师的交往。由于高等教育与其他阶段相比具有一定的特殊性，所以在大学期间，老师与学生之间实际直接交往的机会并不多。双方间的接触和交流局限在知识的传授和接纳、学生事务的沟通与服务两方面，互动的机会不多，沟通实效性较低。情绪上的疏导与情感方面的沟通频率较少，对于和谐的师生关系的构建来说是隐性障碍。实际上，大学生人格上已经较为独立，对人或事都已经具备独立思考与判断的能力。学生在课堂内与老师是师生关系，在课堂外也可以与老师以朋友相称。大学生要主动和老师多来往，构建起有益的交往关系。

2. 朋辈关系

大学生与朋辈群体在生活和学习上联系密切，彼此间既可以是竞争关系，又可以是合作伙伴。大学生与朋辈群体的人际交往所带来的影响是最直接、全面的。因为彼此年龄相仿，认知水平也较为相似，所以在一起学习生活很容易迸发思想的火花，产生新奇的想法，更容易实现交流和沟通，较长时间的相处使他们很容易了解彼此的想法和感受，这对于大学生的成长成才都有诸多益处。并且，无论是生活习惯、学习方法、性格养成甚至是情绪表达方面，大学生与朋辈群体也容易受到彼此的影响。

3. 亲子关系

大学生与父母之间的关系所带来的影响是持续一生的。当大学生告别高中校园、进入大学之后，独立意识显著增强，具备了一定的自主生活能力，面对生活中遇到的各种问题开始有了独立的判断和分析。此时，若与父母观点不一致，更容易产生分歧，进而在亲子之间形成隔阂。消除亲子隔阂，需要大学生和父母共同努力，通过和平沟通方式加以解决。大学生与父母之间关系相处和谐，能让自身感受到来自家庭的温暖，无论在工作还是学习中，都会精力充沛，进而形成积极健康的思想观念；反之，若亲子关系不合谐，负面情绪也会影响学习和工作状态，难以构建正向思想认知。

10.2.3 大学生人际交往的四种偏向

1. 同学关系矛盾集中化偏向

伴随着高校招生规模的不断扩大，很多高校开始采取大班授课的模式，小班级的概念逐渐弱化，甚至还出现了同学不同班的现象。此外，由于当代大学生普遍呈现出“宅”的特征，“宅男”“宅女”一定程度上成了普遍现象，而学生宿舍(公寓)就成为他们“宅”的主要场所。然而，由于同学来自不同地区、文化背景，所以难免就会产生冲突，各种人际关系障碍在学生宿舍(公寓)中开始凸显，宿舍(公寓)也就成为同学关系矛盾最为集中的爆发点。

2. 同学关系世俗化偏向

同学关系世俗化偏向主要表现在以下几个方面：一是经济交往在大学生人际交往中的比重增大，不仅表现在同学间的相处上，甚至还出现在评奖评优、各种比赛当中；二是同学之间称呼的世俗化，各种大哥、大姐、小弟、小妹的称呼盛行，称呼班干部、学生会干部为主席、主任、部长的学生干部“官僚化”现象随处可见。

3. 师生关系疏远化偏向

对于大学生而言，师生关系是大学生人际关系的重要组成部分。就目前高校的师生关系来看，总体上还是呈现出尊师重道、和谐协调的特征，但由于高校扩招，老师与学生交往的时间和机会也就相对减少。

4. 人际关系虚拟化偏向

网络对现代大学生人际交往的影响是非常深远的，互联网也成为大学生人际交往的主要平台。在中国广大网民群体中，当代大学生毫无疑问就占了很大比重，他们通过网络平台进行人际交往，人际关系虚拟化成为当代大学生人际交往的普遍现象。

10.2.4 人际交往对于大学生的意义和价值

自从有了人类社会，便有了人际交往活动，人际交往是人的一项基本需求。人从出生那一刻起，就注定不能脱离社会而独立生存，离不开社会的各种培养，而这一过程中也始终伴随着人际交往活动。交往不仅是人的生存条件，同时也是人的一项基本生存技能。在经济高度发展、社会不断进步的今天，人际交往在生活、学习和工作中都具有重要意义。对于大学生来说，他们的人际交往具有非常重要的现实意义。良好的人际交往是促进大学生成人成才的“助推器”，不良的人际交往必然成为阻碍大学生成长成才的“绊脚石”。

1. 良好的人际关系是培养时代新人的应然

实现中华民族伟大复兴中国梦的关键在于人才，作为人才中的生力军的青年大学生，他们的思想、素质能力至关重要。2018 年 9 月，习近平总书记在全国教育大会上强调：“我们围绕培养什么人、怎样培养人、为谁培养人这一根本问题，全面加强党对教育工作的领导，坚持立德树人，加强学校思想政治工作，推进教育改革。”大学核心的问题是培养什么人，这是大学办学逻辑的出发点和价值旨归，这决定教育的全过程，是大学教育的“灵魂”。当代高校教育改革万变不离其宗，一定要抓住“培养什么人、怎样培养人、为谁培养人”根本核心问题。

高校的核心要义就是要培养时代新人。2018 年 9 月，在全国教育大会上，习近平总书记指出，广大教育工作者要在“坚定理想信念、厚植爱国主义情怀、加强品德修养、增长知识见识、培养奋斗精神、增强综合素质”上下功夫，着力培育时代新人。时代新人，就是当代大学生在新时代能够顺应时代潮流，适应时代发展要求，坚持“四个自信”、牢固“四个意识”、坚决做到“两个维护”，肩负民族复兴的时代重任。

新时代高校培育时代新人要通过“以文化人、以文育人”来培养大学生良好的人际交往，进而培育和践行社会主义核心价值观。培养大学生良善的人际交往是当代大学培育时代新人的应有之义，社会主义核心价值观中的“爱国”“敬业”“诚信”“友善”个人层面的价值准则和规范，需要大学生的认同，成为大学生的群体意识和自觉行动，内化成为激情澎湃的青春动力和人际关系良善和谐、团结友爱的价值纽带，进而凝聚全民族的力量为实现中华民族伟大复兴而努力。因此，中华优秀传统文化尤其是优秀传统儒家文化，对于培养时代新人、涵化良好人际关系有着源源不断的滋养作用。

2. 良好的人际交往有助于重塑大学生个人品性

人的品性受先天因素影响，但更多的则是后天环境因素的塑造。人们交往的环境是品性形成、发展和完善的直接条件，长期生活在友好和睦的人际关系环境里，一个人就会乐观、开朗、积极；相反，长期处于人际关系紧张的状态之中，就有可能变得消极、悲观、多疑。善交往者，往往能在人际交往中获得更多。交往的深度影响个人的品性，身边了解且亲密、品行佳的朋友对自身影响大。交往的广度影响品性的形成，与人交往多，经历、经验丰富，对自身的认知更清晰、全面和客观。同时，广泛地接触社会，多与他人进行人际交往，既有利于增进对社会的认识，也能扩大视野和增长见闻，增长才干，为自我的评价、规划、发展及完善创造有利条件，全方位提升自己的综合素质。因而可以说，人际交往能够再塑个人品性。

3. 良好的人际交往有助于大学生个性全面发展

人际关系是实现人个性全面发展的重要手段，良好的人际关系是大学生个性发展和完善的重要条件。个性不是天生的，而是逐渐形成的社会化过程，开始于生命的诞生。良好的人际关系是促进大学生个体社会化的重要内容。人际交往是个体社会化的必要条件和逻辑起点，只有在人际交往之中，个体才能学习和掌握人际交往的社会知识和社会技能以及社会交往的规范，个体才能从自然人转化为讲文明、有素养、懂社会交往规范的社会人。个人社会化是个人通过融入社会环境、参与社会关系并相互作用，实现从自然人到社会人的转变过程。对于正处于发展阶段的青年大学生而言，个体社会化的过程至关重要，因其才能的发挥依赖于社会化过程的顺利推进。良好的人际关系也有利于构建大学生和谐的社会人际交往和人际关系。大学生所处的社会关系影响和制约大学生的人际交往的主体能动性。在资本主义社会，劳动异化导致人际交往异化，通过社会交往实践所建立的社会关系的片面发展，导致人的发展也是片面和极端的。因此，马克思认为实现人自由而全面的发展，就必须发挥人的主体能动性，同时要求丰富和发展人际交往的社会关系。大学生通过参加社会交往实践，促进社会关系的丰富与全面发展，从而构建良好和谐的人际交往和人际关系，最终实现自由而全面的发展。

4. 良好的人际关系有助于大学生的社会性发展

人际关系是个体性与社会性功能的有机统一体。人际关系对个体的功能与对社会的功能相互交融，体现在个体功能上，二者不可分离。改善人际交往，能提高大学生的社会化程度。这是因为在交往过程中，交往双方实现信息交流和行为互动。个体人格在个体社会化过程中逐渐成熟。因此，个体社会化离不开交往的支持，而社会化的主要内容——内化社会规范，也依托于人际交往。通过人际交往，大学生在众多的社会关系中寻找和发现自己事业成功的机会，获得事业发展的平台。个体只有在社会人际交往中才能发现和找到适合自己施展才华和能力的平台，获得更多的发展机会，得到社会的承认，进而赢得他人的尊重。现实生活中充满各种机缘，每一段机缘都可能让我们结识新朋友，我们也常常要借助这些新朋友来推进自己的事业。同样，和谐的人际关系和较强的人际交往能力对大学生的自我概念、自我认知与自我定位也会产生积极的影响，反之则会带来消极作用。

5. 良好的人际关系有助于大学生综合能力素质的提升

良好的人际关系有助于大学生综合能力素质的提升。孟子曰：“天时不如地利，地利不如人和，”讲的是战争胜利的三个条件，“天时、地利、人和”中，“人和”是最重要的。无论在古代还是现代，“人和”都是战争取得胜利的决定性因素。事实上，“人和”对于事业发展也同样重要。上至国家发展、中至企业经营、下至个人成长，要想办成一件事，都离不开“人和”。“人和”本质上就是良好和谐的人际交往和人际关系。“人和”即和谐的人际交往和人际关系，能助力个人综合能力素质的提升。此外，在一定程度上来说，人际交往资源也是一种特殊的生产力，是人生宝贵财富。当代大学生的人际关系具有独特性，要提升其包容、沟通、理解等能力，就必须让他们获得社会交往经验，培养其为人处世的洞察和思考能力，发展其对集体的接纳和忠诚度，等等。此外，人际交往还可以产生群体压力、人际比较、竞争与情感激励等，这些可以激励我们努力学习、拼搏向上。随着交往内容的不断扩充，社会接触面越来越大，人际交往越来越深，就越能获得更多、更真实的信息，从而拓宽自己的视野范围，增加自己的知识储备，加快自我社会经验的积累和深化速度，拉近个人与社会的距离。因此，良好的人际交往能促进信息交流，有利于大学生文化知识与技能的学习。

10.2.5 当代大学生人际交往的现实困境

1. 交往认知偏差

随着改革开放不断深化，社会主义市场经济日益发展，市场经济中交换逻辑、追逐利益、金钱至上等不良风气难免会侵染大学校园。部分大学生意志不坚、定力不足、缺乏恒心等问题，以现实功利的态度对待人际交往，交往认知偏差和交往观念庸俗化的问题日益凸显，学生之间将金钱与利益作为衡量人际交往的标准。

2. 交往心态不良

随着网络时代带来的心理问题凸显、交往动机的功利化，大学生交往心态随之呈现出不良的突出问题。交往心态良好与否直接关系到大学生身心能否健康发展。大学生情感丰富，情绪波动性强而心理承受能力又有限。受生理、心理、人生经历、家庭背景等因素影响，部分大学生一入校就表现出消极、忧郁、封闭，以及敏感、多疑、自卑等不良心态，这类心态大学生群体中普遍存在。他们不少以自我为中心，缺乏社会责任意识和使命担当意识，主要表现为自私自利、不关心他人、独来独往、不愿意参加集体活动。此类心理极易导致如自卑、自恋、嫉妒、孤僻、自我偏执、自我封闭、敏感多疑等不良心态的产生，继而呈现出交往心态的不良性。

3. 交往语言不当

一是讲礼节、礼仪、礼让、礼貌是我们中华优秀传统。但部分大学生对自己言行举止随心所欲，无所约束。当今高校校园内诸多矛盾、冲突都源于语言不当引起的摩擦冲突。大学生生活范围狭窄，缺少社会人际交往经验的锻炼，在父母、老师面前，基本没有因未使用礼貌的言行举止而受到挫折。因此，与同学交往时，很少在意他人感受，一言不合就讽刺、嘲笑甚至谩骂。不少大学生在获得他人帮助后竟吝于说一句感谢的话。二是网络交往失范。随着信息技术快速发展，新媒体发展日新月异，网络交往也日益融入大学生生活。因缺乏有效引导监管，一些非理性和盲从的交往行为频繁出现在大学生网络交往中。

4. 交往举止失范

不少大学生不遵守交往的道德规范，交往中任由情绪随性而发，从而导致交往举止失范。在与老师、长辈、家人等交往中言行举止随性随便，目中无人、毫无礼仪；男女朋友在公共场所毫无顾忌过度亲昵等违反道德底线、不当行为随处可见。

5. 交往能力欠缺

正确处理人际关系是大学生一生都需要学习践行的人生课题。当今世界，人际交往能力是衡量其综合素养与能力的重要参考指标。大学生进入职场后，其人际交往能力状况往往成为面试单位优先考虑的因素。虽然当代大学生感受到人际交往素质与能力都特别重要，但在实际交往中依然存在不少问题，尤其是交往能力欠缺。主要表现在不少大学生对自身性格特征、能力、素养等方面没有全面且清醒的认识，不会积极主动与人交往。

10.2.6　影响大学生人际交往的因素

作为社会转型时期的青年大学生，在人际交往及涵化方面呈现诸多问题的原因是多方面的，既有个体自身因素，也有学校或社会层面的因素，主要包括人际交往观念障碍、个体自我认知偏差、校园文化育人氛围淡薄、信息网络化对现实人际交往的阻隔等。

1. 人际交往观念障碍

开放型人际关系冲击着大学生传统的宗亲关系。随着科学技术的发展，人与人之间的交往方式，经历着从书信交流到电报、电话，再到互联网、自媒体的发展过程，交往联系更加简便、快捷。交往方式的变化带来交往对象的扩大。当代大学生的交往方式多种多样，他们不仅有学习生活中现实直接的交往，还有以技术为手段的间接的、虚拟的交往，MSN、QQ、BS、网络游戏、个人主页、博客、微信、微博、抖音，甚至是 Google、Baidu 等都成为当代大学生人际交往的重要平台。交往形式与空间的多样化，拓展了大学生的交往视野和范围，但却削弱了家族、宗亲的关系。

1) 个人主义在大学生的交往中愈益膨胀

在中国传统文化里，随大流、少竞争、中庸、无为而治成为处理各种关系的基本原则。而今，在全球化背景下，人们鼓励个性，在市场经济条件下，人们强调竞争、独立与自我，加之中国独生子女制度的推行，人际合作、集体主义价值观开始从人们的视线中淡出，“个人只管门前雪，不管他人瓦上霜”的人际关系模式在大学校园中逐渐流行。当代大学生人际交往和人际关系阻碍产生的原因，有大学生自身、社会文化环境等多种因素，这也决定了这些问题不是靠一两次说教、心理辅导或是交往知识传授就能解决的。问题的解决不仅依赖于社会教育机制体制、社会文化环境、人们现实生活方式和观念的改变，同时也需要社会、学校、家庭、个人等共同努力，特别是优秀传统儒家文化潜移默化的涵化与熏陶。

2) 社会情绪的影响

社会情绪是指人们对社会的感知，通过群体成员之间相互作用和影响而形成的复杂且持久的态度反映，这种感知对个体和群体具有深刻的影响。社会情绪具有社会性、群体性和广泛性等特点。社会情绪具有强烈的感染性，一旦形成，会受到社会多方面因素的影响。同时，会形成累加效应，即情绪由个别人的主观感受发展到小部分人的感受，进而累加成影响范围更广泛的大部分人的群体感受，甚至导致较强烈的群体行为。随着网络技术的发展，社会情绪在现实和虚拟之间不断渗透、循环、扩大，影响越来越大。大学生情绪的易波动性和网络操作的熟练性，恰恰让大学生成为易受社会情绪影响的一代人。网络媒体刊登的“炫富”“富二代”“官二代”等照片、新闻等资讯，对贫困大学生起到一个反面误导的作用，导致贫困大学生在对比自身境况后更加自卑、失落，加深了心理痛苦的体验。同时，网络也成为一些有负面情绪的人宣泄自身感受的地方，很容易误导不明真相的贫困大学生，导致负面情绪外延，让贫困大学生认同这种负面情绪，导致心理痛苦的加剧。

3) 人际交往的工具化和物化

从“人的依赖”到“以物的依赖性为基础的人的独立性”，社会关系被物化。告别传统社会的血缘关系与共同体依附，人际交往走出了“人的依赖”的阴影，但这里的“人的依赖”却是“以物的依赖性为基础的人的独立性”。生产社会化在建立起普遍社会交往形式的同时，社会关系也随之物化，从而社会关系从内在于人的相互联系外化于人的异己力量。在现代社会中，人际交往风险表现在以下几个方面：其一，“经济人”交往范式可能导致利益倾轧的风险。现代社会中“经济人”的交往范式使人际交往走向了它的反面，即“我为我，人人为我”的狭隘自利型交往，带来主体间利益倾轧的风险。其“工具化”交往范式可能导致人际交往主体性遮蔽的风险。现代社会中的交往主体，在自我主体意识觉醒的时候，却只知道自己是目的，视他人为实现自我意志的工具，将交往中原有的“人与人”的关系，即“我-你”关系颠倒成“我-他”关系，使自我凌驾于他人之上，成为主宰人际关系的唯一主体，从而使得对方的主体性遭遇遮蔽。其二，“疏离化”交往范式可能导致人际交往的道德漠视。现代社会的流动频繁，交往范围日益拓展，人际交往突破了血缘、地缘纽带后却陷入了一个悖论：人际交往的对象与频次本应随着交往范围的扩大而增加，而现实交往却恰恰相反，即人与人之间的交往日益疏远，社会关系随之松散。社会成员的道德责任感在“疏离化”的交往范式中式微，继而引发道德漠视的风险。

2. 个体自我认知偏差

1) 自我认知困难

自我认知是随着社会化过程发展起来的，个体通过分析外部情境与活动、自我观察、社会比较等多种路径而获得对自身心理特征、生理状况、社会属性等各方面较为稳定的认知与看法。主要指自我概念，良好的自我认知是建立和谐人际关系的重要前提，直接影响着个体对自身人际关系的认知和处理。人们在现实生活中对自己的认识一般有三种情况：比较客观地评价自己、过高地评价自己和过低地评价自己。一般大学生对自我的认知不外乎这三种情况。大学生由于社会实践不足，自身经历有限，缺乏深入的社会交往，导致自我评价参照缺失。

2) 对他人认知不足

大学生在交往中除了自我认识困难之外，还存在对他人认识的困难。正所谓“心有灵犀一点通”，客观认识交往对象是实现和谐交往的前提。只有深入他人心理和精神深处，才能彻底体悟他人，从而实现交往和谐。但是每个人都具有个体性和差异性，这些个体性和差异性构成了个人隐私的一部分。因此在交往中人与人很难做到解蔽，给大学生正确审视交往对象带来了难题。由于对交往对象缺乏本质性认识而导致的交往偏差，是大学生人际交往中的又一困难。

3) 对人际关系认知不足

大学虽然以学习为主，但是步入大学以后大学生相对来说具有了空前的自主性。因此大学阶段除了学习交往之外还存在其他各种交往关系，如师生关系、地缘关系、恋爱关系、室友关系、网友关系等。大学生不再是单一扮演学生而是具有多重角色。有的互相矛盾的角色甚至出现在大学生身上，这就加大了大学生正确认识交往关系的困难。交往关系的复杂性多样化是困扰大学生交往的又一难题。

3. 校园文化育人氛围淡薄

教育环境的恶化将影响大学生积极、健康价值观的形成。环境是指围绕着人生活的空间以及其中能够间接、直接影响人类生活与发展的各类自然因素的总和。所谓教育环境则是与教育相关，能影响教育并进而影响人的各类因素的总和。教育环境是相对于环境中那些非教育的、对人产生影响的因素而言的，涵盖了各种相互影响、相互关联的自然、人际、校园、观念、周边环境等要素。随着市场经济的深入发展，功利主义在当前校园交往中也日益凸显。

高校学生人际关系发生、发展、形成、存在的环境主要是在大学校园内，这个环境主要包括课堂环境、班级环境、宿舍环境等，这也构成了大学生人际关系形成的微观环境。这种微观环境，一方面为大学生人际关系的形成、发展等提供了特殊的条件，如教师、教材、教学设施、教学设备等，这些都有利于大学生人际关系的协调和改善；另一方面，这种微观环境在某种程度上又构成了一种封闭的、温暖的“温室”环境，这个“温室”环境在空间上存在极大的局限性，即局限在校园之内。另外，高校学生人际关系是在校园内形成、塑造、发展起来的，具有最适宜的环境根基——适合校园内的人际交往，一旦学生毕业踏入社会，这种环境下形成的人际交往模式和人际关系必然在适应社会方面存在不足和弱势，这也对大学生人际关系构成了一定的危机。

4. 网络信息弱化人际交往

网络本来是一种有用的工具，然而，很多大学生把工具当目的，为了上网而上网，把“让网络辅助生存”变成“为网络而生存”。当代大学生将大量的时间和精力投入电脑和手机，把思想情感倾注于与网友交流，沉溺网络的大学生在虚拟世界肆意通过虚拟交往重塑形象、释放情绪、诉说心事，进而网虫、网瘾、网痴层出不穷。然而，网上良莠不齐的信息被缺乏判断力的大学生所吸收，公共场合和现实交往中不敢说的话被无所顾忌地在网上谈论和倾诉。网络消解了现实人际沟通障碍，却也造成了人们对网络的过度依赖，长此以往会使人对现实交往厌倦、逃避和恐惧，导致心灵封闭和现实人际交往的冷漠隔阂。生活中没有朋友，网友却遍布天下的大学生大有人在。

互联网时代在加速人与人之间的网络交往的同时却缩小了人与人现实的交往范围。同学间的欢歌笑语的寝室生活被死气沉沉的网络生活所代替。

1) 网络虚拟空间交往的失范

互联网扩充了交往空间，密切了人与人之间的业务交往和地域交往关系。大学生通过网络交往能够在一定程度上丰富自己的交往空间，但是随之而来的是交往的失范。互联网由于交往的虚拟性导致交往中缺乏诚信和公平的无序状态。网络空间信息繁杂，大学生面对复杂信息无法准确分辨真伪，导致交往失真，出现盗用、冒用他人信息等问题。

2) 互联网催生人际交往障碍

互联网使大学生的个性得以呈现，在一定程度上有利于大学生的成长，但是互联网监管的缺乏导致这种无监管的个性有可能发生偏差。有的大学生在网络侃侃而谈，而在现实生活中却一言不发；有的大学生在现实中是遵守道德和纪律的表率，而在网络中完全走向另一面。互联网在一定程度上催生了“宅男”“宅女”，缩小了现实交往空间，加速了自闭性格的形成。

3) 虚拟社交工具导致现实人际交往疏离

网络交往的本质是一种以数字符号为中介的抽象交往。这种交往抽象了人的感性，确立了一个虚拟的交往对象。这种虚拟交往抹杀了人的情感，导致两个冷漠主体间抽象互动。马斯洛将人的需求分为五个层次，其中生理需求通过现实交往实现，情感需求中只有少部分能在网络中得到满足。自我尊重的需求应在网络与现实中实现。当大学生从网络中获得情感需求和自我尊重需求的满足后，回到现实会形成强烈反差，认为现实之间人际交往关系具有虚假性，因而逃避现实交往，导致现实中人际关系疏远。

4) 网络交往是一种建立在虚拟工具上的交往方式，与现实人际交往有所不同

虚拟交往仅仅是建立在双方接近的个人特征与家庭背景基础上。如微博、QQ、微信等网络社交均建立在相似的兴趣爱好基础上，也因相互间的共同因素消失而消逝。虽然，网

络交往偶尔也会转向线下交往，但其中的信任危机、虚假信息等问题依旧是虚拟空间的重大隐患。

10.3　大学生人际交往原则及技巧

原则，即作为依据的基本准则。具体而言，当代大学生人际交往涵化主要包括尊重与关怀、仁爱与宽容、理性与适度、明礼与重信等基本原则。

10.3.1　大学生人际交往的原则

1. 尊重与关怀原则

在人际交往中，尊重是人最基本的需要，而关怀又是尊重的外在表现形式。与人交往，只有尊重与关怀并重，才能做到互相接纳、情理相融。

尊重主要包括以下几重意蕴：第一，尊重他人，也就是尊重自己；不尊重他人，也就是不尊重自己。因此，对于大学生交往而言，想要获得持久的良好的人际关系，就必须重视尊重在处理人际关系中的重要作用。第二，要尊重他人，其前提是要做到自我尊重，即自尊。古人有云："人必先自尊而后人尊之"。也就是说，你想要得到别人的尊敬，首先就必须自尊，只有这样，你才有可能得到别人的尊敬。"尊重他者"，这是大学生建立良好人际关系的前提条件。大学生在社会交往中要能够做到尊重他人，就必须善于了解他人。了解是尊重的前提，因为大学生在社会交往中要通过听其言、观其行，洞察他人的心理，了解他人思想行为的特点，从而采取包容的态度。包容就是不论他人人际行为模式应予以肯定还是否定，都要尊重其客观存在。善于理解他人，所谓理解就是懂得，理解他人就是懂得他人。理解是尊重的基础，只有理解才能尊重。现实生活中，不管人们的思想和行为差异有多大，都有其产生的条件和存在的合理性。因此，大学生在社会交往中，要经常换位思考，要从尊重对方的角度理解交往对象。

所谓"关怀"(Caring)是指关心、常放在心上，也表示重视和爱护。关怀性原则是指在指导大学生构建良好人际关系的过程中要秉持关爱学生的态度。诺丁斯在《关怀》一书中指出：关怀是一种"投注或全身心投入，精神上具有某种责任感，对某事或某人抱有担心和牵挂感"。关怀是尊重的体现，因此，大学生在社会交往中要有乐于助人的道德风尚，满腔热情地关心他人，特别是关心弱者，这样才是切实做到了尊重他人。

2. 仁爱与宽容原则

仁爱是儒家为人处世的精神内核，宽容是仁爱的基本内容，仁爱与宽容原则不仅体现在儒家经典中，还体现在社会各项政治法律制度与各种规范关系中，更体现在社会生产和日常生活中。

"仁""爱"是以孔子为代表的儒家人际关系学说中的首要内容。孔子认为"仁"即"爱人"，"仁"的核心是强调人与人之间的友爱、恭敬、谦让、互助、温和，提倡孝悌、关爱、同情他人。孔子曰："四海之内，皆兄弟也。"孔子主张利己利人，对等、互利、自克、爱人、诚信等原则。孝悌、仁慈、礼乐等伦理道德原则，其实是在规范人际关系中应尽的义务，以维系亲密的人际关系。在人际交往中由于性格、家庭、经历、文化、修养等差异的存在，因误会、不理解而产生矛盾不可避免，这就要求遵循宽容的原则。宽容表现为对非原则性问题不斤斤计较，能够以德报怨。人在社会中生活，由于生活经历、所受教育、生存环境的不同，必然会有和自己个性相悖和意见相左的人。人际交往中应该待人以诚，尊重、宽容别人。宽容是一个有信心、有坚定意志、有远大目标和理想、开朗豁达的人应具备的品格。个人应做到严于律己，即重视个人修养、扮演好自己的角色，对他人则要有宽容的胸怀，要能够移情交流，设身处地地为对方着想，接纳他人，对他人的过错或缺点要理解和包容，宽以待人、求同存异。一般越自信的人，宽容度越强。培养人际交往的心理因素，树立积极健康的交往态度，待人宽容友善，只有在宽容氛围中交往双方才能展开对话、融洽相处、共同成长。

3. 平等与诚信原则

平等原则是指人们之间不论是经济生活、政治生活、法律生活，乃至于日常生活中，人与人都是平等的，不论在现实上存在着怎样的差异，人人都享有同等的权利而不被其他人所歧视。平等原则是现代社会的基本准则。

人与人在交往中只有感受到他人和社会的尊重，才能感受到自我存在的价值。相互尊重和平等待人，是处理人际关系、促进人际交往的基本准则。大学生在人际交往中，尽量交往双方存在着出身、资历、能力、学识等许多差异，但在人格上是平等的。平等真诚是进行正常人际交往的基础，交往为双方心灵的交流，离开了坦诚也就难以继续，应坚持相互尊重、相互理解、相互支持的根本原则。在人际交往中，平等待人是建立良好人际关系的前提，以平等的态度对待他人，对他人利益、观点及隐私的尊重是理解、关心、爱护他人的表现，也是实现平等交往的保证。在人际交往中只有诚恳善良、平等待人，才能赢得他人的尊敬。

诚信是进行有效人际交往的最根本原则，儒家所讲的仁义礼智信，其中的“信”就是诚信。诚信是中国传统的美德之一，也是现代社会的基本要求。在人际交往中要诚实守信，只有交往双方彼此都抱着心诚意善的动机和态度，才能引起感情上的共鸣。首先，人际交往中诚信是个体的道德诚信，是个人为人处世的根本准则，是建立社会诚信的基础。“人无信则不立，业无信则不存。”社会要建立和完善经济诚信、政治诚信和法律诚信，必须要以人际交往诚信的建立和完善为基础。其次，人际交往诚信有利于建立和谐的人际关系。从伦理学意义看，人际交往中人们看重为人、道德情感和道德行为，如果双方以诚相待、相互信任、相互理解，就能超越年龄、性别、地位、身份等自然的、社会的差别，建立友好、和谐的人际关系。诚信的调节作用渗透在人际交往整个过程中，是建立良好人际关系的基石。再次，人际交往诚信能满足个人安全需要，减少不必要的代价。

4. 互利与合作原则

互惠互利是人际交往得以顺利进行的重要原则。马克思主义中特别强调人与人之间的交往一定要坚持互惠互利原则。互利原则既包括精神层面的互助互爱(如相互尊重、相互帮助、相互关心等)，也包括物质层面的互惠互利。市场经济社会中人与人之间的物质利益是不可避免的，正常的合理的互惠互利是应当肯定的。首先，当代大学生互惠互利的人际交往道德价值观与市场经济的注重效益观念相吻合。市场经济就其本质而言，是资源配置的手段，信誉效率、公平竞争和互惠互利是其内在的需要，一定的伦理精神是市场经济必不可少的内在精神支柱，是市场经济发展的客观要求和保证。其次，互惠互利的道德价值取向与我国的集体主义精神相吻合。社会主义市场经济体制以公有制为主体，在利益关系上，社会共同利益占主导地位，所体现的基本利益关系是个人利益、局部利益和社会整体利益的统一。它所要求的个人利益、局部利益和社会利益相统一的道德，合理的功利主义是社会主义市场经济所允许和倡导的。对当代大学生在人际交往中的互惠互利、利己利他的道德价值观念，我们应予以支持和肯定，其实这是对正当权利的保护，有利于促进当代大学生人际交往道德的良性发展。物质的互惠互利必须以精神上的互助互爱为前提，相互关心、相互爱护，在这个前提下，才会有融洽的人际关系。社会心理学研究表明，在交往中，人们期望得到他人的赞许和获得声望、威信等，所以大学生要本着补偿性的原则与他人交往，在索取的同时，也给予他人回报，形成互助友爱的人际交往氛围。

现代人际交往中竞争与和谐的矛盾，直接功利性与情感性的矛盾，实际上是个人利益与他人利益、社会利益的矛盾。竞争与合作是矛盾的统一体，是由现代社会的效率与社会分工越来越专业化的特点决定的。思想政治教育作为调整群己关系的规范、协调各种需求的手段，在解决这些矛盾、引导人们走出交往困惑上，有其现实的应用价值。要获得和谐的人际关系，在交往中就必须遵守既有竞争又有合作的原则。一是要处理好人际交往中竞争与合作的关系。竞争与合作不是截然对立的，而是相互渗透、相辅相成的。合作中有竞争，竞争中也有合作，竞争促进了合作的加强，合作又保证了竞争的胜利。在竞争中需要合作，需要互相关心、互相爱护、互相帮助。二是要处理好个人与集体的关系。竞争与合作离不开个人和集体的努力，个人努力与集体合作之间存在对立统一的关系，没有个人努力的集体是缺乏生机活力的集体。没有集体价值导向的个人努力，是各行其是、矛盾丛生的个人努力。所以竞争中要坚持集体主义这一社会主义道德的基本原则，即在个人利益服从集体利益的前提下，充分发挥个人的积极性。三是要处理好主角与配角的关系。在集体合作中，根据各自的专长和工作需要分工，有人负主要责任，有人起配合作用，最大限度地发挥个人优势，而不能相互嫉妒、相互拆台。

10.3.2　大学生人际交往的技巧

建立良好的人际关系，除了掌握交往原则，还需要提高人际交往技巧。为了使更多的人享受到交往的愉快，在人际交往中轻松自如，应该注意把握以下五个交往技巧。

1. 塑造良好的自我形象

注重自我形象、给人留下良好的印象，是搞好人际关系的一项有效技巧。对于在人际交往中存在自卑、羞怯等障碍的同学来说，这一步尤为重要。自我形象包括内在形象和外在形象，内在形象包括人的性格、学识、才能、品质等，外在形象是指人的容貌、穿衣打扮、言谈举止等。大学生在人际交往中要注意自己的内外形象一致，不仅要衣着得体、端庄大方、气质优雅、注重礼仪，还要以真诚、友善、热情、诚恳的态度给人留下美好的印象，做到外在美与内在美的和谐一致，只有这样才能建立长远的人际关系。

2. 善于表达

大学生要学会运用准确的语言、恰当的内容、巧妙的组织方式、适时变化的语速和声调、适当的动作和表情来传递信息。准确的语言是指用词恰当，力求用清楚、简练、生动的语言表达出自己准确的意图；恰当的内容是指所讲的内容要掌握分寸，力图吸引他人；巧妙的方式是指说话要讲究方式，学会幽默；适时变化的语速和声调可以吸引听众的注意力；适当的肢体语言和表情将更好地帮助自己表达情感。具有语言表达障碍的同学应加强这方面的训练，通过完美的表达不仅能更好地传情达意，还可以活跃交往气氛，增加人际魅力。

3. 学会赞美

赞美能释放一个人身上的能量，调动其积极性。大学生要学会赞美别人，尤其面对在人际交往中存在嫉妒困扰的同学，适时赞美可以增进彼此的吸引力，成为拉近彼此亲密情感的"催化剂"，同时还能起到鼓励的作用。

4. 善于倾听

善于倾听是促进人际交往的有效法宝，事实证明大多数人都对那些愿意听自己讲话的人有好感。善于倾听往往能获取好的沟通效果，可使双方愉快交往。所以大学生要学会有效倾听，尤其是有点自负的同学更应让交往对象多说话，不要贸然打断对方讲话，更不要表现出冷淡或不耐烦，而要积极地作出回应。

5. 学会移情

移情是站在别人的立场上看问题，体谅别人的态度和感情。人际交往中的移情，不仅是一种美德，更是一种能力。用别人的角度看问题，设身处地地体验对方的感受，更容易了解对方的需求，更容易与对方产生共鸣，保证我们更好地认识问题、赢得朋友。

10.4 大学生人际交往障碍及其调适

人际交往障碍是当代大学生中较为普遍的问题，不仅影响大学生的健康成长，还关乎其能否顺利度过大学生活。人际交往障碍指在人际交往过程中，因交往双方的成长环境、社会文化背景、地位、个人需要、交往动机、个性特征等差异妨碍交往的正常进行，导致交往困难或不顺利，出现了影响信息、能量和物质交流的因素，阻碍了正常的心理情感与行为的流通过程，使特定主体的人际交往陷入危机。

10.4.1 大学生人际交往障碍的类型

1. 交往动机的"功利化"

受网络或外来不良文化的影响，大学生的交往价值取向趋于功利主义和实用主义，丧失了正确的交往精神价值。大学生虽然进行了一系列的交往活动，但都忽视了交往的真正意义，只是把交往当作一种实现自身目的和利益的工具。大学生的交往目的不是与他人进行情感交流和精神交往，而是获取利益；渴望建立互利互赢的人际关系，通过与他人的交往来满足自身需要和维护自身利益。随着大学生交往动机功利色彩的发展，导致大学生的人际关系物化，物质交往替代了精神交往。新时代大学生交往动机功利化具体表现在两个方面，一是注重利己主义，忽视利他主义。大学生选择交往对象的标准以对自己有用为主，会选择对自己有好处、能够满足自身需要的人进行交往。在交往中过度的重视自身利益，只希望自己可以获得回报，不想对别人付出、满足他人的需要。大学生在与集体和组织交往时坚持利己原则，注重实用主义，无视集体主义，不为集体做出贡献，只索取不付出，对集体和组织的利他主义缺失。二是物质交换代替精神交往。部分大学生在与他人交往时以金钱、物质作为中介，关系的好坏、感情的深浅以礼物的贵贱来划分。有些大学生获得奖学金或当上学生干部后要请客吃饭，通过物质消费来维系人际关系。

2. 交往个体的自我中心化

有的大学生在家里当惯了“小皇帝”“小公主”，在与他人的交往时总以自我为中心，并要求他人的行为与思维都与自己保持一致，一旦出现矛盾，就会强行改变他人的意志，发生争吵或对他人提意见，甚至产生过激行为，从而造成严重后果。有些大学生想获取的交往关系不是双方平等的关系，而是压制对方的压倒式关系，这是一种不和谐的人际关系。

3. 交往手段的“虚拟化”

交往手段的进步推动了社会交往方式的更新，使人们的交往观念和交往方式发生改变，交往范围也随之缩小。随着移动互联网技术的发展，网络虚拟交往成了大学生一项重要的交往手段。借助手机和电脑，大学生不仅可以在现实社会面对面地与人交往，还可以通过网络与熟人或陌生人进行线上的虚拟交往。“人是一切社会关系的总和”，因此社会属性是人的重要属性，人与人之间需要通过交往活动来保持联系。网络交往具有开放性、隐匿性、便捷性等特点，一些性格内向的大学生也开始逐步参与进来，结识网友并进行交往。虽然网络交往存在一定的合理性，但它只是一种工具和渠道，如果沉迷于虚拟的网络交往而迷失自我，丧失自我的主体性，进而受制于虚拟网络，则与最初的目的相违背，从而导致异化。

4. 交往主体的符号化和客体化

1) 交往主体的符号化

在虚拟环境中的交往，没有父母的批评、老师的教育、亲友的叮咛，我们可以和天南海北的陌生人随意探讨自己感兴趣的话题或一起愉快游戏，但是却不知道网络另一端的人到底是男是女，是白发苍苍的老者还是稚嫩的孩童，双方的交流只能通过文字或语音进行，感情只能通过符号传递。当我们感到开心或悲伤时，可以通过聊天软件的一个表情符号来表达，可是真实的情感并不能由此传递。在现实的交往中，我们可通过人的行动、表情、言语等综合分析他的情感，在网络交往中双方都被符号外化，交往双方看似在彼此交流，但是交往主体之间并没有情感交流，只是符号交流，可以说用符号的交往代替了主体间的交往。

2) 交往主体的客体化

交往主体的客体化主要表现为以下三个方面：第一，对网络的依赖性。随着移动通信技术的发展，手机的功能越来越齐全，加上手机的普及，现在几乎每个人都可以通过手机来上网。大学生作为网民的主力军，上网时间更长。大学生上网的时间多了，进行实践活动的时间自然就少了。在日常生活中常见的一幕就是，当大学生跟朋友或者家人进行聚会的时候不是彼此聊天，而是每个人都拿着各自的手机各玩各的，对手机和网络的依赖性已严重阻碍了交往活动。发明手机和网络最初是为了起到人与人之间交往的辅助作用，然而人们却对手机和网络过度依赖，将大部分时间投入到虚拟网络中，失去了自身的主体地位，沦为受手机支配的客体。第二，对网络的崇拜。网络的发展推动了信息化进程，人们每天接受的信息量大约是174份报纸，在面对海量的信息时，部分大学生只是被动地消化吸收，不去思考其真实性和真正的价值，不看其是否真正符合自己的精神需要和学业需要，只是一味地吸收消化，不去思考。部分大学生在大量的信息面前失去了思考能力和辨别能力，淹没在信息洪流之中听之任之，最后慢慢沦为信息的奴隶。正是由于他们对信息的忠诚和认同，网络已经不单单是简单的作为辅助的交往工具，而是在交往中起到主要的引导作用。在大学生交往的过程中，网络交往这一工具发挥的作用越强，大学生自身的主体性就越弱，这种一强一弱的变化，会导致网络工具性强过大学生的主体性，使大学生成为网络的客体，失去主观能动性。

5. 交往关系的异化

大多数大学生在人际交往中还能做到合理交往，符合社会主流的交往思想，但有一部分大学生在交往过程中会出现异化问题。大学生的交往对象主要是学生、老师、家长，大学生交往关系的异化主要表现在学生与学生交往关系的异化、学生与老师交往关系的异化、学生与家长关系的异化。

1) 学生与学生交往关系的异化

大学生来自天南海北，不同的地理位置、家庭环境、生活习惯决定了学生与学生之间的差异性比较大。有的同学喜欢吃辣，有的同学不喜欢吃辣，有的同学喜欢吃馒头，有的同学喜欢吃米饭，有的同学喜欢一起泡澡堂，有的同学喜欢自己单独洗澡。这种不同的习惯如果处理不好就会阻碍学生与学生的交往，产生矛盾，最后导致学生与学生交往之间的关系破裂。因为新时代大学生大多是独生子女，从小娇生惯养，所以有的学生在与同学交往中往往会只注重自己的生活习惯而忽视别人的习惯，做出让别人反感的事情，引起摩擦，造成双方都很不开心的结果。又因为各自个性的问题，都不愿主动去解决，最后形成谁也不理谁的局面，出现尴尬的交往关系。大学生来自不同的家庭环境，有的来自富裕家庭，有的则来自贫困家庭；大学生各自的能力也不同，有的能力强，有的能力弱。这样就使学生之间产生了差距，有的同学具有优越感，有的同学产生自卑感。这些不良的心理因素会对大学生正常的人际交往产生阻碍，使一些大学生陷入不敢交往、不愿交往、不想交往的心理困境，长此以往不利于他们的身心健康，会导致他们陷入迷茫和苦恼，甚至做出过激行为。

2) 学生与家长交往关系的异化

随着社会的发展、时代的变化以及网络技术的发达，当代大学生与父母在价值观念、生活阅历、实践能力、交往方式等方面均有不同，双方经常因为这些不同产生隔阂甚至冲突。父母看不惯有些大学生的思想作风、政治观点、生活态度、消费观念、家庭责任、社会责任等与他们传统理念相违背的观念。而有些大学生认为自己的父母思想观念保守和落后，与自己的思想观念不一致，不能理解自己的想法，并且跟不上时代潮流，不懂得与时俱进、赶时髦，难以接受新鲜的事物。父母和子女价值理念的差异，给两代人和谐人际关系的形成造成了巨大的交往阻碍，使他们产生心理隔阂，最终使双方不能互相理解，从而形成代沟。这种代沟在现代生活中表现得更为明显，新时代的大学生生长在互联网时代，他们熟练地掌握着互联网技术，其互联网技术和互联网思维远远超过他们父母，正是因为这种差异的扩大，造成了代际之间交往的心理障碍。有些大学生认为自己的想法比较前卫，父母不能理解自己，无法与父母沟通，也不愿意向其倾诉自己的想法，于是我行我素，只做自己想做的事，不听父母的意见，导致双方产生矛盾和隔阂。这种代沟导致当代大学生交往的亲密性出现断裂，使他们陷入交往困境之中。

3) 学生与老师交往关系的异化

大学生的主要任务就是学习，老师负责传授他们知识，因此大学生与老师的交往关系在校园中是至关重要的。学生与老师处于良好的人际关系，有利于大学生更好地学习知识，老师更好地传授知识。但是，一些课堂现象发人深思，师生间的交往已出现异化，从原本相互促进的良好关系，逐渐演变成敷衍、疏离的状态。有些学生在课前不预习本课要学的内容，上课时玩手机、看其他书籍甚至睡觉的现象屡见不鲜。有些教师对这些现象则视而不见，不闻不问，不给予一定的提示和警告。就这样老师与学生上课就像互相完成任务，一个负责讲课，一个负责听课，至于到底教没教会和学没学会则各安天命了。师生在课堂上没有交流，彼此之间不能相互理解。在课余时间，老师和学生的交流机会就更少，学生不会主动找老师进行交流，老师也不会主动关心学生的生活。即使学生和老师进行交流，那也是因为学生迫于学习和毕业的压力向老师询问问题，老师的回复也仅限于专业和就业的问题上，双方没有太多的情感交流。师生双方之间的交往是机械性交往，缺乏情感交流，这样导致双方之间的关系容易产生隔阂，使双方不能互相理解。老师缺乏对学生的整体认知，学生缺乏对老师的尊敬和敬仰，使师生的关系疏远，导致师生双方人际关系的异化。师生关系的异化不仅体现在双方关系的疏离，还体现在师生关系的功利化。有的师生关系虽然很亲密，但他们是以利益纽带连接起来的。学生为了奖学金、学生干部或其他利益对老师进行阿谀奉承，偷偷送礼，帮老师干家务等。学生这些为了功利性的目的对老师进行的讨好，使师生之间的关系远离本质纯洁的师生关系，走向异化关系。

10.4.2　大学生人际交往障碍的具体表现

1. 缺少自信，过于自卑

随着社会对大学生的要求越来越高，有的大学生对自己的能力没有正确的认识，认为自己缺少人格魅力，进行自我贬低。出于自卑心理而总是否定自己、不相信自己，不敢也不愿意和别人交往，害怕别人看不起自己，也害怕自己不讨别人喜欢，以及说错话丢面子等，长此以往，严重者容易产生社交恐惧症，从而导致人际关系出现障碍。

2. 以自我为中心，不顾他人感受

现在独生子女越来越多，家长对孩子的管教越来越宽松，甚至到了溺爱的程度，导致许多孩子以自我为中心，只顾自己，不管他人。在人际交往中，只为满足自己的个人需求和爱好，对他人的感受和需求则漠不关心。这种交往方式存在着一种自私性，是导致人际交往障碍产生的主要原因之一。

3. 羞怯心理

大学生来自不同的地方，不同的家庭背景，有的学生多才多艺，显得很突出，有的则比较平凡，不太引人注目。正是因为这种差异使有些大学生产生羞怯心理，担心自己不如别人，没有值得别人交往的价值，害怕被他人看不起，这种心态让学生在交往过程中容易产生不安全感，很难去拓展自己的人际交往圈。

4. 对他人的嫉妒

正如上面所说，不同的背景、不同的地域，以及不同的学习能力等，让一些条件不好的学生容易产生自卑的心理。这种心理容易导致对他人的嫉妒。大学生在人际交往过程中，嫉妒心理一旦产生，就很难再以一颗平常心去处理与周围同学的关系，在与同学的交往中就会产生一种不和谐的感受，影响同学之间正常的感情交流。

5. 对他人的不信任

大学面对的是新环境、新同学、新老师，一开始有些人不愿意融入这些新环境，不愿结交新的朋友，还整天怀疑周围的人是不是在指点自己，新老师是不是不喜欢自己。正是这种对他人不信任的心态使得他们失去了结交新朋友的机会。在人际交往中，一旦对他人产生不信任的心态，也会对自己产生疑虑，从而陷入恶性循环，不愿意结交新朋友，或者不愿意相信自己的朋友，就会产生人际交往障碍。

10.4.3 大学生人际交往障碍归因分析

1. 大学生自我认知能力方面的差异对大学生人际交往的影响

大学生在自我认知能力上是存在着差异的。大学生在人际交往中，对客观事物的感官认知及心理评价的倾向就是自我认知。当大学生刚刚进入大学校园时，一个崭新的环境需要来适应，陌生的环境以及陌生的人际关系给大学生人际交往带来了新的挑战。自我认知能力稍强的大学生在进行人际交往时，会积极主动地和陌生人打交道，结识更多朋友，融入更多团体，交往广泛且容易成功。但有些大学生在面对新环境下，与陌生人打交道时，会显得迷茫而不知所措，这类同学在人际交往中较为内向且不善于交流，时常把人际关系搞得十分紧张，有的甚至剑拔弩张，其往往找不到问题的原因所在，在人际交往的自我认知方面存在缺陷，导致在社交场合处于被动。

自我认知不仅对自我决策产生影响，还会使大学生对他人的认知产生影响。大学生往往对人际关系的理想化有错误的认知。大学生在刚步入大学校园时，年龄小，心智不成熟，缺乏人际交往经验，对人际关系的复杂性认识不足，思想较为单纯。正所谓“金无足赤，人无完人”，每个人都有自己的缺陷，在处理人际关系时不要将对方想得太过理想化，这种理想与现实间的差距会影响正常的大学生人际交往。在人际交往中使自己处于一个尴尬的境地，会给大学生群体带来苦恼，极少数大学生会自我封闭，导致人际交往障碍的形成。不仅对自己的学业产生影响，甚至在以后的工作、生活中会出现更严重的问题。

2. 大学生人格的差异对大学生人际交往的影响

人格是指一个人与社会环境相互作用时，表现出的独特行为模式、思维模式和情绪反应特征，是一个人区别于他人的特征之一。人格是有稳定性的，作用于个体的各个方面。人格的差异是影响大学生人际交往的重要因素之一，不同的人格会对人际交往产生不同的结果。人格的差异影响大学生在人际交往中的感知和认知过程，大学生在人际交往中会面对不同类型的人格个体，处理事件时需运用感知和认知能力，而决定如何妥当使用这些能力的根本，是个体性格差异。这就需要大学生在大学阶段不断完善人格，人格的完善是一个循序渐进的过程，大学生需要通过多方努力，在社会、学校、家庭的不断帮助下，用坚定的意志品质去战胜层层困难，完善人格，改掉自身的缺陷，为人际交往提供良好的保障。

3. 大学生沉溺于网络的虚拟交往排斥现实的人际交往

互联网自从进入中国之后，得到了迅猛的普及与发展，成为人们生活中不可或缺的一部分。人们可以在网上查询资料，进行金融投资，玩游戏，更重要的是互联网方便了人们的交流，QQ、微信等网络交流软件成为人们重要的交流工具。

大学生不像高中那样学业繁重、管理严格，有更多自由支配的时间，上网次数和使用网络交往工具的频率较高。网络交往软件的应用，更是方便了大学生的网络交往。大学生在网络交往过程中，可避开无趣或不喜欢的人，与自己年龄相当、兴趣相似的人交流。因有共同语言和兴趣，相处没有压力，易获得快乐和认同感。这让很多大学生以为在网上找到了知己，另外网上的人际关系相对来说比较单纯，现实中的人际关系显得比较复杂，充斥着各种利益冲突，这对于喜欢追求自由、不喜欢被束缚的大学生而言，网络交往更加吸引他们，有些学生甚至沉溺其中不能自拔。由于忽视了现实中的人际交往，很多大学生在网络交往时侃侃而谈，看似游刃有余，回到现实生活却沉默寡言，甚至与周边的人格格不入，不善于处理同学关系。相对于现实交际而言，网络语言更加丰富，网络表情既生动有趣又可以准确地表达自己的心情，让许多在现实生活中不能说或者说不出口的话，都可以在网络交往中用文字或网络表情表达出来。例如内心的激情或诗意，在现实交往中说出来，可能会有些矫情，但是用网络语言可能会显得很自然。这就让很多大学生更加依赖于网络交际，而对于相对复杂的同学关系、师生关系，则产生畏惧感甚至厌恶感，宁愿把自己的感情投入虚拟网络，也不愿费心经营现实同学关系。但是，网络交往并不能面对面交流，无法感受对方的感情变化及进行眼神交流，而且有些网友相距太远，只是一个熟悉的陌生人而已，甚至对对方还不了解，很大程度上不会对自己的社交有所裨益。

同时，在网络虚拟交往中，QQ、微信等软件功能强大，既支持语言交流、生活分享与兴趣信息浏览，还有 QQ 斗地主、酷跑等小游戏，便于玩家互动。追求潮流的大学生常借此打发闲暇，却也有不少人因此沉溺于网络游戏，身心健康和人际交往受严重影响。

4. 大学生自卑心理严重致使人际交往上缺乏自信

自卑大学生常以闭锁、被动的状态逃避现实交往，并以消极的视角审视和评判交往过程。此类自卑心理大部分存在于那些家庭经济条件欠佳的学生群体。大学生活相对高中更自由、开放、自主，没有沉重的学业，没有严厉的校规，更无须统一着装。大学生可以释放自己的个性，做自己喜欢的事情，尽情地享受自己的青春岁月。随着社会主义市场经济的发展，人民的生活水平也有了很大的提高，但是居民收入差距也在逐渐拉开，这就造成了人民的生活水平不一。因为大学生归根到底依然还是学生，没有固定的生活来源，几乎所有的生活费用都是来自家庭，那么在校园里的生活质量就由家庭的经济状况来决定，有些同学家境好，生活费用就多，平时就可以买一些高档用品，生活质量比一般学生高一些。那些家境一般的同学就相形见绌，看到其他同学穿名牌衣服、用高档手机，无形之中产生了自卑感。他们不敢和别人平等交往，以为自己低人一等，更有甚者，在巨大的差异面前产生自闭心理，不愿意和别人交流。

5. 大学生人际交往中的功利主义阻碍人际交往

大学生之间不仅存在学习成绩的竞争，还有其他方面的竞争，如入党、竞选学生干部、获得学校奖学金以及争取保研名额等。这不仅需要成绩优秀，还要求具备较好的群众基础和师生关系。因此部分学生会有目的性地和别人交往，希望能从中获得一定利益。例如，在干部选举时，主动向能影响选举结果的人示好、拉关系，或者对能影响自己发展的老师也是百般讨好，甚至托关系、走后门，以使自己能够当选。在择友方面，有些学生并不看重是否有共同爱好或理想，而是以其能否为自己带来好处和实际利益为标准。部分学生在校期间常常和别人讨论如何赚钱，也喜欢和会赚钱的人做朋友，而对于认真学习的人却并不积极主动交往。在男女恋爱方面，受功利主义和拜金思想影响，有些学生喜欢找家境优渥或外在条件出色的，而对于家境一般甚至不好的则不屑一顾。在恋爱过程中，花钱多少也成为衡量爱情的一项重要标准，而感情、性格、追求是否相匹配则不予考虑。随着功利主义在大学生人际交往中越来越普遍，大学生的交往形式也越来越功利化和物质化。现代的大学生社交很少出现以诗会友、以茶会友等相对朴素的形式，情感交流越来越少；相反，越来越被看重的是实际利益交换与世俗享乐。大学生是国家未来的社会栋梁，应有更高的追求和抱负，与朋友相处也应以志同道合为出发点，可是很多人受到社会不良风气的影响，更喜欢用聚餐、唱歌、喝酒、送礼等方式来和朋友增加交情，让本来单纯的同学交往越来越世俗化。那些能说会道甚至能喝酒的人受到追捧，而那些不善言辞、不愿意随波逐流的人则容易被边缘化。在发生利益冲突时，遇到对自己不利甚至和自己争夺利益的人，有些人总是想方设法阻碍，甚至在背后诋毁对方，进而同学之间发生矛盾，不利于校园和谐与团结。

如果大学生人际交往中夹杂功利主义，那么大学四年很难得到真挚的友情，可能只是利益上的交换或点头之交。感情上的匮乏，可能导致大学生出现心理问题，甚至导致价值观扭曲，以至于不再相信纯粹的友谊，这将不利于未来人生发展，并难以承担社会责任。

6. 全球化背景下的多元文化对大学生人际交往价值观的影响

在全球多元文化发展的背景下，许多思潮与观念不断冲击着如今大学生的人际交往价值观。人作为社会性动物，无法脱离群体独立存在。经济全球化让交流更加紧密，各国文化相互渗透，我国也深受东西方文化交流影响。部分西方文化与我国的传统文化是背道而驰的，比如西方追求个人英雄主义，将个体利益放在第一位，从西方人的名字(名在前，姓在后)就能看出其注重个性的张扬，而我们则是集体利益高于个人利益。中西方文化的差异使大学生的思想在不断冲突下产生变化，进而影响其人际交往。功利主义和拜金主义影响着大学生的人际交往价值观，他们认为金钱可以主导一切，有了金钱就可以交到朋友；还有一些人变得极度“现实”，喜欢与有权势的人打交道，也会影响到大学生人际交往取向，其人际交往价值观受到扭曲。

10.4.4 大学生人际交往调适策略

人际交往障碍已经成为大学生的主要困扰之一，因此交往障碍的调适也成为高校不得不重视的问题。交往障碍的调适除了全面、深入地分析交往障碍的表现和产生的原因，还必须采取一定的策略，以使调适达到良好的效果，从整体上提高大学生的人际交往能力。

1. 健全心理健康咨询，解决交往困惑

交往心理作为一种隐性的精神力量，影响甚至制约个体的交往。“无论精神交往的何种形式，都是交往各方面同时的或跨时空的一种精神上的联系，而任何一种心理障碍都有可能造成联系中断，扭曲或松弛。”在现实的人际交往实践中，对于心理辅导的作用，我们要正确认识并予以关注。学校要关注心理咨询室的建立，并且确保它可以有效地发挥作用，对于学生交往中的困惑可以及时掌握并解决。设立专业心理咨询室，提供专业的人际关系问题咨询，并通过电话、网络等方式为学生提供心理咨询，方便教师了解情况。采取适当措施，成为学生消除人际关系疑虑的重要力量，避免让他们陷入人际关系冲突中。同时发挥朋辈群体的作用，以宿舍或班级为单位，选取一定比例的学生参加心理培训。当学生有心理需求时，也可以通过同龄人获得疏导和开解。这样学生对于心理咨询的接受度会更高，心理辅导的效果也会更好。在高校内提供必要的心理辅导服务对于促进大学生形成健康交往心理而言意义非凡。

2. 提高个体自我心理调节意识，解决交往意识障碍

生活并非事事如意，人们总是会遇到一些挫折与坎坷，导致心理层面的困扰与迷失。对于大学生来说，心理上的问题会给人际交往的正常开展带来障碍。在交往实践中，他们要主动地加强自我教育，树立自我心理调节意识。一方面，合理调节认知。大学生对事物的合理认知是健康情绪的前提，所以很有必要通过改善对事物的认知来进行情绪方面的调节，避免出现因为认知偏颇而带来的不良情绪。另一方面，大学生有必要自己试着进行疏导。当有消极的情绪体验时，可以想办法自己克服，比如通过向室友、同学、老师们倾诉，缓解情绪压力，或者通过户外运动释放。当难以自行解决的时候，就得及时向心理咨询室的老师们寻求建议与支持。当遇到自己无法排解的烦恼时，向专业人士求助十分必要。专业的心理疏导可以帮助大学生摆脱心理障碍，重新获得心理健康，继续交往实践。

3. 把握调节不良情绪的技能，解决交往阻碍

在人际交往中，情绪起到十分重要的作用。积极的情绪如热情、快乐、亲切等能使人在交往中感到心境轻松、神清气爽，有利于增进双方的友好交往。而消极的情绪如急躁、愤怒、冷漠等会使人感到神经紧张、精神压抑，这种不愉快的体验会阻碍人际沟通。大学生正处于青少年时期，心理上正经历着急剧的变化，容易激动、发怒、苦闷，波动的情绪容易成为人际交往的一大障碍。如果不及时调节，不仅会导致交往障碍，而且会增加大学生的心理负担，甚至导致心理疾病。所以，大学生要客观、理智地看待自己的情绪。

4. 加强人际交往的训练，解决交往心理危机问题

对于大学生人际交往中存在的如人际羞怯等尚不影响正常交往的一般困扰，应该用积极引导的方式来帮助调适，比如通过说服教育、榜样示范等方式帮助其调整消极的交往心态，消除不良的交往情绪，培养正确的交往观念，适当进行必要的人际交往训练，帮助他们建立和谐的人际关系。研究表明，人际交往训练有助于改善被训练者的主观感受，使其对人际交往产生积极的期待。通过人际交往团体心理训练，对大学生人际交往的社交回避与苦恼、交流恐惧、羞怯等能够产生积极的改善作用。人际交往训练对大学生矫正交往障碍、提高交往能力作用显著，尤其是寓教于乐的团体交往训练形式很受学生欢迎。

第 11 章　大学生恋爱与性心理

在大学的生活中，你是不是也曾遇到过以下这些问题：大学生究竟能否谈恋爱？身边同学都恋爱了，自己是否也得赶紧找对象？大学生恋爱会影响学习吗？如何判断 TA 是否真心爱自己？如何摆脱“恋爱脑”？如何从失恋痛苦中走出？失恋后产生报复心理该怎么办？脑海中出现性相关画面，是开始堕落了吗？本章将为你解答这些疑惑。

11.1　恋爱心理

11.1.1　爱情

自古以来，爱情都是一个人类永恒的话题，人们渴望爱情，几乎在所有文化中，最美丽的故事和传说都与爱情有关(见图 11.1.1)。但与此同时，爱情也是世界上最复杂的情感现象，因此每个人的爱情观也各不相同。

图 11.1.1　《维纳斯的诞生(部分)》油画

意大利画家桑德罗 • 波提切利创作于 1487 年

在西方神话中，维纳斯被认为是掌管爱情的天神

1. 爱情的定义

爱情是人际吸引最强烈的形式，是身心成熟到一定程度的个体对另一个体产生的有浪漫色彩的高级情感。心理学对爱情的定义是：男女双方相互依存和性、情互相给予并彼此理解和接纳的过程。一般来说，爱情的主要特点包括：

第一，爱情是人类独有的高级情感。

第二，爱情是个体身心发展到相对成熟的阶段时产生的情感体验。

第三，爱情有一定生理基础。

第四，爱情的基本倾向是奉献。

进入爱情状态的人，普遍具有以下心理特征：

专一性：这是爱情最基本的道德要求。

无私性：无私的奉献是爱情的基石，为了崇高的爱情，要做出必要的牺牲来履行爱情的道德义务。

持久性：恋爱要学会经营，只有不断提升维系爱情的能力，才能让爱情长久。

互爱性：你中有我，我中有你，爱情是双方面的，单恋不属于爱情。

2. 爱情与喜欢

在大学生活中，最容易与爱情混淆的一种人际吸引形式是喜欢，不仅当事人很难觉察自己到底是哪种情感，外人也时常将“喜欢”“好感”当成“爱情”，从而“怂恿”出一对恋人。社会心理学家鲁宾(Z. Rubin)对爱情和喜欢的关系进行了系统的研究，他发现爱情不是喜欢的一种特殊形式，爱情与喜欢是两种不同的情感。因此，有的恋人在冷静下来后，才会发现，“其实，我只是喜欢他(她)，但那不是爱”。爱情与喜欢的区别主要表现在三个方面：

第一，依恋。卷入爱情的双方在感到孤独时，会特别地想要寻找对方陪伴和宽慰，而喜欢的对象不会有这样的作用。

第二，利他。恋爱中的人会高度关怀对方的情感状态，觉得让对方快乐和幸福是自己义不容辞的责任。在对方有不足时，也会表现出高度的宽容。即使一个自我中心、自私自利的人，在恋爱中也会表现出某种理解、宽容、关怀和无私。

第三，亲密。恋爱的双方不仅对对方有高度的情感依赖，而且会有身体接触的需求。

通常认为，以下描述更倾向于爱的表达：

我愿意为他/她赴汤蹈火。

我最关心他/她的幸福。

无论干什么总是想着他/她。

我想永远独占他/她，我妒忌他/她与别人相处愉快。

和他/她在一起时，禁不住常常凝望对方。

我觉得使他/她幸福是我的责任。

他/她获得别人赞赏时，我会很高兴。

若失去他/她，我会很痛苦。

无论他/她做错任何事，也不忍心责怪他/她。

我常有保护他/她的冲动，总之不想看他/她被别人欺负。

相对应地，以下表现更倾向于喜欢：

我欣赏他/她做事能干。

孤独时，和他/她交谈是件高兴的事。

不嫉妒他/她和别人在一起。

若他/她可怜或遇挫折时，我希望能帮助及开导他/她。

他/她对我好，所以我也待他/她好。

他/她是个受欢迎的人物，我很欣赏他/她。

他/她性格外向，讨人喜欢，适应能力强。

我信赖他/她的判断力。

我愿意推荐他/她去做为人尊敬的事。

我觉得大部分的人与他/她相处，都会对他/她有很好的印象。

总之，心理学中，将爱的本质界定为：经常渴望的情感而不要回报。这或许可以作为同学们区分“爱情”与“喜欢”的重要依据，这种情感成熟了，才是真正建立关系的时候。

3. 爱情的三角形理论

心理学家斯坦伯格(Sternberg，R.)的爱情三角形理论(见图 11.1.2)非常经典，其较为全面地描绘了爱情的构成要素。他认为，爱情包含三种基本成分：亲密(Intimacy)、激情(Passion)、承诺(Commitment)。其中，亲密具有热情、理解、交流、支持及分享等特点，更多的是心理属性；激情以性吸引、唤起身体的欲望为主要特征，更多的是生理属性；承诺意味着决心维系一段稳定的关系，更多的是社会属性。这三种基本成分分别进行组合，构成了爱情的八种不同类型(见表 11.1.1)。

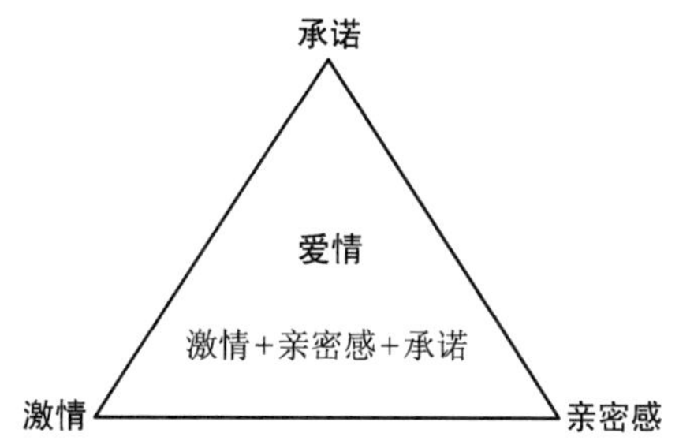

图 11.1.2　斯坦伯格爱情三角类型图

表 11.1.1　爱情的八种类型

编号	类型	亲密	激情	承诺	举例及备注
1	喜欢	√			亲近温暖但不会引发激情和共度此生的承诺
2	迷恋		√		情感激烈但缺乏内心的依恋和长久的承诺
3	空爱			√	在一些关系中，两人的情感和交流都已丧失，但还留在对方身边没有离开
4	浪漫的爱	√	√		恋爱关系的初期

续表

编号	类型	亲密	激情	承诺	举例及备注
5	友谊的爱	√		√	在一些长久的婚姻中，这类爱情有所体现，年轻时的激情已消失，但两人仍然亲密而幸福
6	愚蠢的爱		√	√	在一些快速结成的关系中可以见到这种类型的爱情，两人缺乏了解，仅凭热情便结下长久的承诺，但由于缺乏亲密的交流和分享，关系很容易发生变化
7	完美的爱	√	√	√	这是很多人追寻的爱情关系。但斯坦伯格认为，这只是关系中的一个阶段，很难长久坚持
8	非爱				这样的关系可能仅是熟人而非朋友，更不是爱情

斯坦伯格认为，在爱情中，这三种因素不是一成不变的。随着两人认识时间的增加及相处方式的变化，这三种因素也会不断变化，爱情三角形的大小和形状也会随之变化。三角形的面积代表爱情的质量，面积越大，爱情就越丰富。

通过爱情三角理论可以看出，一段完美的爱情需要同时具备亲密、激情和承诺三个部分，但大学校园恋情往往结构不完整，导致爱情最终走不长远。接下来我们再来看一下爱情构成要素及其变化规律图(见图 11.1.3)。

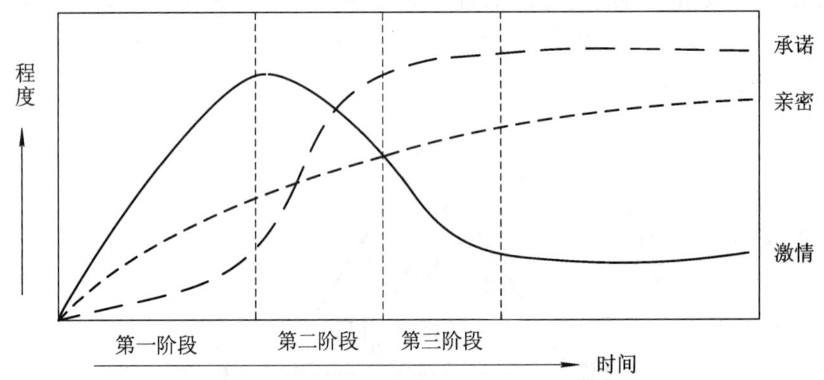

图 11.1.3 爱情构成要素及其变化规律

从这个变化规律图可以看出，随着时间的推移，爱情中激情的成分越来越少，责任和亲密的成分越来越多。因此，在恋爱中，需要更多地担负起责任。

4. 爱情观各不相同

有人认为爱情如同馅饼，可以用各种方式切割、交换，拿了一块大的给伴侣，对方也应该给自己一块差不多大的。如果自己没有得到“公平”的分量，就认为对方不够爱自己，他们认为公平最重要。有人认为爱情像个空桶，双方有责任向对方的空桶中倾注爱意，把桶填满。这种爱情观使他们过于依赖对方的付出，而疏忽了自己对这一关系的培养，他们倾向于索取。有人认为爱情是花园，要给对方足够成长的空间，让彼此能够在其中得到滋养，但也要不断修剪彼此关系中的“杂草”和“害虫”，确保关系健康发展，他们倾向于共同建立。那么，你的爱情观是什么样的呢？

拓展阅读

从歌词中感受中西方的爱情差异

在中西方的文化观念中，都非常肯定和赞美爱情的美好，但其实在中国的传统文化中，我们和西方人在对爱情的感受和理想上却又有着一些不易察觉但又泾渭分明的差异。下面，让我们分别选取两首来自中国和西方，但都在描写爱情故事的歌曲，带领大家发现中式爱情与西式爱情的不同。

来自中国的歌唱组合时光胶囊，在 2020 年推出了关于爱情的歌曲《青丝》，它这样诉说爱情的容颜："伊人叹！叹不尽相思苦，忆华年。君不见，妾起舞翩翩；君不见，妾鼓瑟绵绵；君不见，且嫣然一笑醉人容颜！君不见，妾醉消红减；君不见，妾泣涕涟涟；君不见，一缕青丝、一生叹！"

由英国歌手泰勒·斯威夫特在 2009 年推出歌曲《Love Story(爱情故事)》则这样描写爱情："and I say(我说)，Romeo take me somewhere we can be alone(罗密欧，带我走，去到一个我们可以相偎相依的地方). I will be waiting(我一直在等待). All there is left to do is run(只有逃离才能让我们摆脱束缚). You will be the prince and I will be the princess(我们就可以像王子和公主一样). It is a love story(这是多么美好的爱情故事). Baby just say 'yes'(亲爱的，答应我吧)!"

不知，在看过两首歌曲的唱词后，你是否已经察觉出了他们对爱情理解的不同。

首先，同是对爱情的描写，二者叙事的视角出现了明显的差别。

在歌曲《Love Story(爱情故事)》中，歌手选择了用第一人称视角来表达，即表达"我"的态度与渴望。我希望我们可以找到一个可以相偎相依的地方，我希望我们可以逃离现实，去到一个可以让彼此拥有王子与公主般幸福生活的地方；而在歌曲《青丝》中，作者却一直在选择用第二人称的视角来讲述故事，即描写"你"的感受与行为。你没有看到我人生中最美好的时光、你没有看到我红颜的流失、你没有感受到我无尽的思念。

其次，二者对爱情的预期是不同的。

《青丝》中的爱情是温婉而长久的，从青春的灿烂到红颜的流失，从青丝到白头。而《Love Story(爱情故事)》的爱情是热烈而更加关注当下的。表达了热恋中的彼此想要双宿双飞的美好渴望。

因此，在了解了爱情的结构之后，我们可以说，西方观念中的爱情更加关注爱情当下的感受，是热烈而充满激情的。这也和西方的很多文学作品相契合。换言之，相对于平淡的婚后生活，艺术家们更加偏爱恋爱时的美好与热烈。因此，王子与公主携手走进婚姻便成为大多数爱情故事最美好的结局，也正因如此，才有了"婚姻是爱情的坟墓"这样无奈的感叹。但中国人的爱情，是从青梅竹马、两小无猜开始，到生同衾、死同穴的长情。与步入婚姻就戛然而止的西方爱情故事不同，在中国人的眼中，婚姻恰恰是爱情的另一种打开方式。正如李白在他的《长干行》中写道："八月蝴蝶黄，双飞西园草，感此伤妾心，坐愁红颜老。早晚下三巴，预将家书报。相迎不远到，直至长风沙。”新婚后，丈夫外出经商，妻子的思念延绵不绝，每日盼望着丈夫能够归来，甚至特意嘱咐丈夫，要回来之前一定要写封家书提前告知，自己好去相迎。这种看似平淡却又极其细腻的感情，正是中国人爱情理想与观念的体现。

那么，你是更喜欢充满激情、热烈似火的西式爱情，还是喜欢款款而来、相濡以沫的中式长情？我们又该如何将它们各自的特点结合起来，得到一份完美的爱情呢？

11.1.2 恋爱的能力

每个人都想获得美好的爱情，可如同世间其他美好的事物，爱情无法不劳而获。它不会凭空降临，既需要“缘分”的加持，更依赖大家提升自身修养，培养获得美好爱情的能力。

1. 识别爱情的能力

通过前面对爱情的讨论，我们认识到了什么是爱情。从好感、欣赏、亲密、友谊、激情、承诺中将爱情区分出来，这是获得爱情的基本能力。欣赏、友谊、激情等都可能成为爱情的起点，但爱情是一场马拉松，只有能持之以恒跑到终点的两个人才能收获美好的爱情。我们需要带着对彼此的美好感觉，一起向前，以此来准确判断这是不是爱情。

2. 迎接爱情的能力

美好的爱情确定已经到来时，我们要有迎接爱情的能力。我们扪心自问：是否明确自己的需求？来到身边的爱情确定是我们需要的吗？这份爱情是否适合我们？我们有没有足够强健的臂膀和足够温柔的胸怀去接纳它？如果内心已做好准备，请勇敢迎接爱情吧。

3. 表达爱情的能力

中意一个人时，需要有勇气和信心去表达自己的爱意。哪怕被拒绝，也应勇敢地说出来，这是开始恋爱的最重要的能力之一。

4. 接受爱的能力

当有人勇敢地向你表达爱意时，如果你也中意对方，那么你也需要勇气和信心，大方接受这份爱意。

5. 拒绝爱的能力

如果面对的爱情并非自己所需，或者不适合自己，我们能否得体地拒绝？需要注意：不适合自己的爱情也是一份美好的感情，拒绝时要心怀感激和尊重，并做到勇敢、果断、清楚、有礼。恶语相加和优柔寡断都会伤害对方。我们可以尝试以下方法：

(1) 在公开但可以安静交流的场合拒绝。对于难以当面交流的对象，可以采取书信、邮件等方式拒绝。

(2) 用明确果断但温和的语言拒绝。不随意贬低对方是尊重，不让对方存有侥幸希望是善意。

(3) 用行为上的逐渐疏远拒绝。言语拒绝后，行动上也要跟上，应减少和对方见面、电话交谈、单独同行的机会，不要给对方留有余念。

6. 发展爱情的能力

人是在不断发展变化的，今天获得的爱情，如果不精心呵护，过一段时间就会面目全非。因此，发展爱情的能力也是至关重要的。在恋爱过程中，彼此多交流、多体谅，把爱情变成彼此完善自我的推力，不断丰富和提升自我，共同成长。这样的爱情会成为人格发展的动力，进而在爱情中收获更好的自己。

7. 面对失恋的心理承受力

失恋只是一种选择的结果，要学会在失恋中学习，把失恋作为一笔人生财富，承受失恋带来的痛苦，并尽快走出失恋的阴影。

11.2 大学生恋爱概述

大学生们的恋爱，更重视两人在一起的过程。两人共同经历喜悦或悲伤，在青春路上留下难忘的回忆，在这个过程中两人有所感悟、有所成长，或许也是大学生恋爱的成果。

11.2.1 大学生恋爱的特点

大学生生理上已经成熟，但身处学校，缺乏社会阅历和经验，心理上还处于“半熟”的快速发展阶段，因此，大学生的恋爱具有以下特点：

1. 不稳定性

当下大学生的恋爱呈现低年级化特点，有些人从大一开始就谈恋爱，部分同学还经历着异地恋。由于大学生对自我认识还不够成熟，也还没有形成稳定的价值观，在恋爱的过程中，他们不仅经历着恋人之间情感的起伏，还面临着个人内心世界日新月异的成长变化。因此，大学生的恋爱中会出现感情不稳定、矛盾频发等问题，存在恋爱周期短、频率高的现象。这会影响大学生自我意识的发展、对待恋爱的态度，也会影响大学生的人格塑造。

2. 以自我感受为中心

大学生作为成年人，已经具备了独立的个性和思考能力。面对感情，他们注重自己内心的感受，一方面，他们不受家庭经济、地位、地域、传统习俗等的影响，也不在意他人的评价，勇敢直率地和自己喜爱的对象恋爱；另一方面，这种独立的个性易导致恋爱交往中以自我为中心，忽略对方的感受，容易引发矛盾。

3. 自控能力较弱

绝大部分大学生都是血气方刚的年轻人，自我控制能力较弱，在情感中，难免出现放纵情感、缺乏理性驾驭的情况，少数大学生甚至因此将情感发展至危险的地步。他们在学习生活中，也难免在理智上认为“学习为重”“生活中不只有爱情一件事”，而在行为上却沉溺于爱情难以自拔，甚至带来负面影响。

11.2.2 大学生恋爱的发展阶段

大学生恋爱的发展阶段如图 11.2.1 所示。

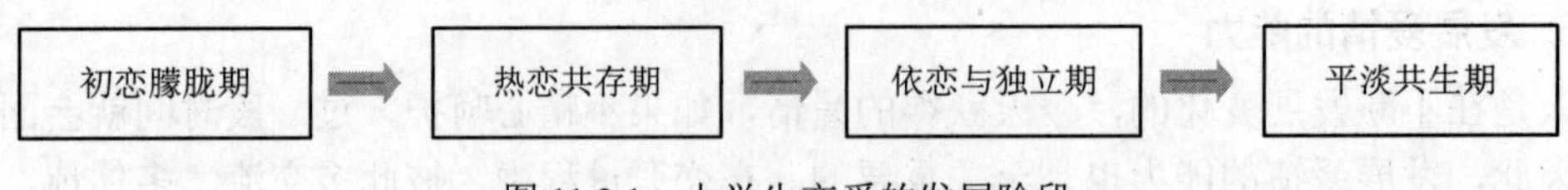

图 11.2.1　大学生恋爱的发展阶段

1. 初恋朦胧期

这是恋爱的初期，恋爱双方彼此抱有好感却相知甚少，渴望更多地了解对方。这个时候，双方的眼神总在捕捉对方的身影，并制造条件约会见面，从约会中感受愉悦感。因此也称为恋爱的朦胧期。

2. 热恋共存期

热恋期双方的关系变得更加亲密，开始出双入对、形影不离，彼此在对方身上找到了自我存在感。热恋阶段的心理特征就是共存，恋爱双方看到的都是彼此的优点，对周围环境漠不关心。

3. 依恋与独立期

恋爱双方进入依恋期，在日常生活中会逐渐离不开对方。同时，双方也会直接面对日常琐碎的生活细节和生活习惯方式的差异，不断产生小摩擦，偶尔也会爆发比较大的冲突。依恋关系代表了恋情趋向稳定，这时候至少会有一方开始追求独立，想要有多一点自己的时间做自己想做的事，这时另一方就会感到被冷落。

4. 平淡共生期

双方随着恋爱关系的进一步稳定而平淡下来，最终进入婚姻，共同生活在一起。但也有些恋人因为恋爱时间短或适应能力弱而未能在心态上接纳平淡，而是仍然在幻想和期待热恋阶段的甜蜜时光，结果就把问题拖到了结婚之后，导致婚后冲突不断，最后分道扬镳。

11.2.3　大学生恋爱的常见问题及其调适

爱情中充满着甜蜜与美好，吸引着青年男女沉醉其中。但也总有人同时承担着随爱而来的烦恼和酸涩。以下是大学生恋爱中常见的三类问题。

1. 爱情的错觉

在心理学中，错觉指在特定条件下产生的对客观事物的歪曲知觉，这种歪曲往往带有固定的倾向，客观存在，难以避免。爱情的错觉也是如此。当你已经对一个人抱有好感，就会觉得他样样都好，同时，会从对方的言行举止中感觉到对自己有特殊的暗示和好意。在生活中，常见的爱情错觉有：把对异性的崇拜、喜欢、友谊当作爱情；把异性的关心、爱护和友善当作爱情等。这些爱情错觉的结果，会让人陷入难耐的单相思。

应对爱情的错觉，如同我们应对生活中的其他错觉一样，理智上，我们要承认错觉的存在；行为上，我们要控制自己的言行，甚至升华这种错觉给自己带来的影响。在爱情中，当我们意识到自己对异性的好感时，可以通过日常交往，多和对方接触，确认这是友谊还是爱情，确认这是双方的好感还是自己的单相思。如果是“落花有意，流水无情”，则应勇敢地面对现实，抛弃幻想，通过情感的转换和升华来让自己内心得到平衡。

2. 卷入爱情的漩涡

“漩涡”常让人有身不由己、难以逃脱之感。一见钟情和恋爱中发生纠葛时，都会给人带来这样的感觉。

一见钟情指短时间内发生的爱情。往往是恋爱双方初次见面时，被对方的外在形象或表现所吸引而引发的巨大情感冲动。这是由“光环效应”的心理暗示造成的。光环效应是一种以偏概全的现象，指当人们对认知对象的某些品质一旦形成倾向性印象，就会带着这种倾向去评价认知对象的其他品质。由于它的作用，一个人的优点或缺点变成光圈并被夸大，其他的优点、缺点就隐退到光圈背后被视而不见了。此外，在激情状态下，人的认识范围会变得狭窄，分析能力和自我控制能力会降低，人可能会做出和平时不同的判断和选择。

恋爱中的纠葛是多种多样的。在恋爱过程中，因为主观或客观的原因引发内心强烈的矛盾或冲突的事件，都可以被称为恋爱中的纠葛。比如：遭到父母反对或身边人非议的恋爱，陷入复杂多角关系的恋爱，出现不道德行为的恋爱等。因此，当恋爱中出现纠葛时，我们应当冷静下来，仔细思考客观的情况和自己主观需求之间是否出现了差距，理清事实后再进行处理。

3. 失恋

失恋，是恋爱受挫后的一种状态。失恋会让人从一个舒适的情感状态中迅速脱离出来，给人的身心状态都带来了巨大的挑战。因此，对于大学生来说，合理地应对一场失恋，也是完成了个人心理发展中的一次重大飞跃。

失恋后，我们可能会面临的五个情绪阶段是：否认—愤怒—挣扎—沮丧—接受。当失恋降临，首先，我们不愿相信这个事实，会不停地问为什么，想要证明这一切没有发生；接着，我们内心感到愤怒，想起无数对方的错处，认为自己不应该得到这样的对待；然后，我们会陷入内心的挣扎，会想要和对方联系，挽回这段感情；发现无法挽回后，我们会陷入极度的沮丧，感觉自己糟透了；熬过漫长的自我折磨，终于接受分手的事实，开始走出情绪的低谷。

因为失恋之后将要面对复杂的情绪狂潮，在这期间，我们可以做以下这些事，来让自己好过一点。

首先是倾诉，我们可以找一个信得过的朋友或是家人，把自己内心的不良情绪宣泄出来，也可以写日记发泄自己的情绪。但是最好不要到处跟人讲或是把隐私的事发在网上，保护对方的隐私也是保护自己。

其次是移情，即把感情恰当地转移到失恋对象以外的人身上，比如发展几个新朋友，培养一项新爱好等。如果在这期间，开始和一个新的异性交往，那么不妨把脚步放慢一些，给自己一点缓解的时间。

再次是疏通，即用理智来获得解脱，让“理智的我”来提醒、暗示和战胜“感性的我”。在这期间，多想想自己的优点，增强自信、关爱自己。

第四是自省，失恋是一次成长，其中少不了对于自己的反思。反省自己的不足，才能获得更好的成长。

如果尝试了这些办法，仍然感觉陷在失恋的低潮中难以自拔，我们可以求助学校的心理成长指导中心，专业的老师会给予你帮助。

小王的烦恼

经过艰苦高考，终于进入大学的小王很想好好享受大学时光，包括谈一场刻骨铭心的恋爱。一开学，他就注意到了同班女生小文，总是找理由接近她。在舍友们的“怂恿”下，他向小文表白，小文对他也有好感，同意建立恋人关系。开始时，小王喜悦而兴奋，每天到宿舍接送女友，一天三顿饭在一起吃、一起上自习、一起散步，周末还要计划着到哪里玩、送对方什么礼物。可是，过了一段时间，他们都发现，他们好像错过了什么，比如舍友间、班集体中、社团里、校园内的话题和活动，他们既不了解，也没有参与过。而且，两人开始争吵，比如小文觉得小王没有之前那么有耐心；小王因为要陪小文而耽误了做实验，被组员责备后心生恼怒；周末回家后，因为要赶回学校见面，二人对家人心怀歉意；现在做很多事情时，小文都担心小王会不高兴；小王觉得自己“省吃俭用”来维持两人的恋爱开销，实在很辛苦。当矛盾越来越多时，小王困惑：这是我要的爱情吗？爱情到底应该是什么样子的？

思考：

1. 你怎么理解小王的困惑？
2. 你会给小王和小文什么样的建议？
3. 大学生的恋爱，要注意些什么？

11.3 性 心 理

性是爱情的生理属性，是完整成熟爱情的构成要素，健康、安全、道德、美好的性心理和性关系，能够滋养爱情之花。然而，大学生们处于人生特殊的社会化阶段，其性心理的发展和性行为的产生会受到心理成熟程度、道德约束力度、环境限制情况、关系稳定性等诸多因素的影响。

11.3.1 科学地看待性

大学生应当通过正规的渠道，科学地了解性和人体的结构，学习正确的性知识，包括性病预防知识，正确认识性心理健康及标准。具有科学的性知识和合理的性观念是拥有健康快乐的两性关系的基础，更能避免很多未来生活中的悲剧。

11.3.2 正确地理解性

1. 青少年性心理发展的三个阶段

进入青春期后，随着生理发育及男女第二性征的出现，人体性机能逐渐成熟，青少年性心理也随之发展，往往经历以下三个时期：

(1) 异性疏远期(10～13 岁)：这一时期又称性发育早期、性紧张期。随着第二性征的出现，青少年内心产生了对异性的好奇和朦胧的吸引力。感受到两性之间的生理差异后，青少年对两性关系产生了神秘感，往往会表现出对异性的疏远和排斥，以掩饰自己潜意识中面对异性的紧张。男生在这个阶段有时会出现口吃，女生则常常情绪不稳定。

(2) 异性接近期(14～16 岁)：这一时期，两性之间的畏惧感和紧张感逐渐消失，青少年喜欢与异性一起活动，希望自己在异性眼中有吸引力。但由于缺乏与异性接触的经验，做法往往不得体。男生喜欢通过高谈阔论、做危险动作、逞强，甚至是恶作剧、起哄等行为吸引女生的注意；女生则希望通过修饰自己的外形、体贴入微的举动等吸引对方，经常陷入单相思、做白日梦。

(3) 两性恋爱期(17～20 岁)：这一时期，男女性生理已成熟，性心理也在逐渐趋于成熟。随着自我意识、人格的发展和生活领域的拓宽，男女对爱情的认识日趋深刻，对异性的态度也逐渐客观。男女开始从对异性广泛关注，过渡到爱慕某个特定的对象，感情强烈直接。但也因此，一旦碰壁，内心挫折感强烈。

2. 大学生性心理的发展特点

从年龄上看，大学生普遍处于两性恋爱期，符合这个时期的性心理发展特征。大学生的性心理发展还有如下特点：

(1) 生理的成熟与心理的半熟不匹配。大学生的身体基本已经发育成熟，对异性产生的情感也十分蓬勃。但相当一部分同学由于人生经验尚浅，对性的心理认识还非常简单。面对异性，他们产生的好感和爱慕更多源于天然的本能，缺乏对应的性知识、恋爱观和为人处世的能力。因此，他们容易对性表现出内心渴望、情绪敏感、行为拘谨羞涩等问题。面对爱慕的异性，有些同学能以适当的方式表达自己的感受，可很多同学难以得体自在地表达内心的感受，少数人甚至因此陷入焦虑和压抑，用扭曲变态的不良方式表达。

(2) 生理的成熟与环境的不成熟相冲突。大学生们多住校园集体宿舍，即使已婚的大学生伴侣也很少有独处的空间。这些非个人和非隐私的环境限制，要求大学生正视个人的性需求与环境条件的冲突，以合理的方式纾解和转化自己的欲望，过分压抑和过分放纵，都会影响性心理的健康发展。

(3) 平和处理性相关问题。世界卫生组织认为，随着人类文化和生活水平的提高，性问题对个人健康的影响远比人们过往认知的更深入、更重要。对性存在无知或错误观念会极大降低人们的生活质量。

性冲动是人类生理和心理上的正常反应，并不可耻。性梦、性幻想等都是人宣泄性冲动的一种自然反应，在不伤害他人的前提下，正确应对和适当调适性冲动，不是肮脏、不道德的行为。

11.3.3　大学生应对性冲动的主要方式

1. 适度压抑

这是最常用的方式，也是人人都可以做到的。适度压抑是社会化的需要，也是一个人性心理健康的反映。健康的性压抑表现为能清晰知晓自己在压抑性欲望，且恢复性欲望也较为容易。适度压抑并不会使欲望发生扭曲或变态，更不会妨碍正常的心理活动和影响人的社会功能。

对性冲动的适度压抑，首先需要接受它的自然性和合理性，即性冲动是人的生命力量的体现，是个人情感的躯体化反映，自己能够感受到性的欲望，完全不必产生羞耻感。同时，可以通过学习、工作、运动、丰富多彩的课外活动以及在群体中与其他男性或女性的正常交往，使得生理能量及时得到转移、释放、代偿；也可以通过性科学知识的学习，提高性认知水平，比如知道性冲动背后的生理因素、情感因素、关系因素等，以主动调节性冲动。

2. 升华

这是最积极的方式，可以让当事人更多受益，因为它采取了更健康积极、为社会所接受的活动来取代性欲、转移和发泄欲望，如文学创作、绘画、音乐、体育活动等。这些活动可以有效疏解性能量，使情感得到宣泄，甚至可以创造出经典作品。同时，自觉接受心理教育，提高性道德观念，也有利于发展性心理健康，实现性冲动的升华。

11.3.4 安全性行为

1. 什么是安全性行为

安全性行为是指一套为保持人们身心健康，针对性行为设计的做法，有广义和狭义之分。广义的安全性行为既包含降低性行为中疾病传播风险这一特点，也包含对性行为发生时当事人心理活动以及性行为环境的指导。狭义的安全性行为则专指为减少与性相关的疾病的传播而采取的措施。安全性行为在1980年末因为艾滋病而受到关注。从社会的观点来看，安全性行为可视为一种降低风险的策略(而不是消除风险)，也可以用来作为家庭生育计划的有效调控措施。

2. 什么是高危性行为

高危性行为与安全性行为相对，指未采取任何安全保护措施而发生的性行为，因较安全性行为有更大的艾滋病传播风险，被定义为高危性行为。常见的高危性行为主要表现为：

(1) 没有采取任何保护措施的性行为。保护措施具体指全程使用安全套的性行为，不使用安全套则意味着有双方的较多体液交换，存在较高风险。性行为风险从小到大依次为：全程正确使用安全套＜半程使用安全套(无体液交换)＜不使用安全套或错误使用安全套(有体液交换)。

(2) 多性伴侣的性行为。多性伴侣的性行为将大大增加疾病传播的风险。

(3) 与陌生性伴侣的不戴套性行为。与陌生性伴侣进行的性行为包括男女之间的阴道性交行为、男男之间的肛交性行为，其中男男无套肛交行为的风险最大。

3. 如何进行安全性行为

1) 正确使用安全套

牢牢树立使用安全套的观念。对于大学生而言，在发生性行为时，有意识地正确使用安全套是非常明智的选择，既可以预防意外怀孕的发生，并减少由此为双方带来的身心巨大创伤，也可以作为有效预防各类疾病的最佳措施。在购买、选用安全套时，一定要去正规销售场所，购买符合安全标准的产品，不要因为羞怯心理，选择未达到安全使用标准的产品。

2) 如何减少高危性行为的发生

大学生的性具有极高的冲动性。在强烈的性冲动驱使下，容易通过网络结识一些陌生的性伴侣，发生所谓“一夜情”。由于无法了解对方的身体健康状况，因而多在行为发生后，感到懊悔与后怕，并由此引发焦虑、抑郁、恐艾等心理问题。

首先，减少上述冲动性行为的发生是降低高危性行为发生的最佳策略。

其次，无论何时，在性行为发生时，都需要全程正确使用安全套。

再次，与伴侣定期进行疾病检测。艾滋病、性病检查可以帮助我们及时发现潜在的病毒携带者。目前，许多专业机构、疾病控制中心都提供具有保密性质的艾滋病自愿咨询检测服务。但需要特别指出的是，上述检测均应在专业人士的指导下，采用正规的手段进行；其次，对于艾滋病的检测而言，存在一定时间的检测窗口期(即个体已经感染艾滋病病毒且具有较高的传染性，但因为艾滋病检测抗体在体内的合成需要一定时间，因而在检测时仍会得到阴性的结果，一般出现在高危行为发生后的 2～4 周内)。因此，当下检测的阴性结果有时并不能完全代表检测者当前的身体状态。很多人试图通过事前检测来区分与陌生对象发生性行为是否安全，这种做法既不精准、也不科学，应当有意地减少与杜绝。

最后，当自我判定发生高危性行为后，可以及时前往专业医疗机构寻求帮助。目前，在医师指导下，正确使用紧急避孕药物或紧急阻断药物可以有效地降低怀孕和艾滋病传播的概率。不要因为害怕、羞耻的心理，逃避面对问题或在网络上随意寻找解决方法，延误最佳干预时期。

拓展阅读

“色 • 戒”

看到两个初次相识的新生，军训一周不到，就手牵着手依偎在一起，我也想问：你们是来玩过过家的吗？看到两个背着书包的小男女，相拥着坐在某个角落里，一坐就是几个小时，我又想问：你还背着书包干什么呢？看到两个恋爱不过个把月的大学生就租起了房子，过上了日子，我还想问：你们干嘛这么急急忙忙地为自己的爱情掘开了坟墓？

做咨询的时候，学生们会把最隐私而无助的问题抛给我们这些老师。每当学生颤微微地谈到他们频繁的手淫、过度的性行为甚至性病的时候，我都痛惜得不忍责怪他们。我知道他们偷偷地在被窝里探索自己之后，那颗灵魂是多么孤独和自责。因为心智的不成熟，被好奇所吸引，因为自以为性活动是成熟的表现，且认为同居是时尚，他们放肆而放纵，随之而来的是羞耻、惊恐与疾病。最终，曾经让他们陶醉的性所回馈的不是快感，而是伤痛。一个让女友怀孕了的男生说，我这一辈子欠她的，所能回报的方式，就是她走在路上，汽车马上要撞到她了，我冲上去，代替她倒在车轮下面。

但是，我想，这也不能全怪他们，在这个只有“黄色”而没有性教育的社会状况下，大学生们是无知的、迷乱的，尽管他们已经人高马大，头脑中似乎有很多智慧。

爱情不是性，不必用性来表白你们的爱意。男子不要以为女子不给你就是不爱你；女子也不要以为把自己献出去就会得到更多的爱。弄不好，性会搅乱爱情，误以为发生了性，就发生了爱，始乱终弃的事比比皆是。

性是高贵的。人类是大自然的馈赠，是千万年的演变才来的，你是男子或者女子，这是父母送给你的礼物，它不独属于你，所以要敬畏它、珍惜它。不要仓促地冒犯它，不要在慌乱中体验它，要等到你的身心都准备好了才能全心全意地享受它，而且，性是为爱而生的，不要亵渎了它。

性是有寿命的。正如万物都有规律一样，性之花的盛开与衰败也是有时日的，过早地开放，必然过早地凋零，性带来的快意会随着你的放纵而消逝。一个女子的鲜活、一个男子的威猛来自他们对生理规律的遵循、对自己身体的爱惜。

你是性的主人。性的高贵来自它的隐秘，性的文明来自人自身。性只是一种驱动力，人才是它的驾驭者，如果你愿意，完全可以指挥它，为你服务，在合乎伦理与法理的爱的滋润下，让幸福的花蕾绽放。

于是，爱你自己，别让青春在性的追逐中枯萎。

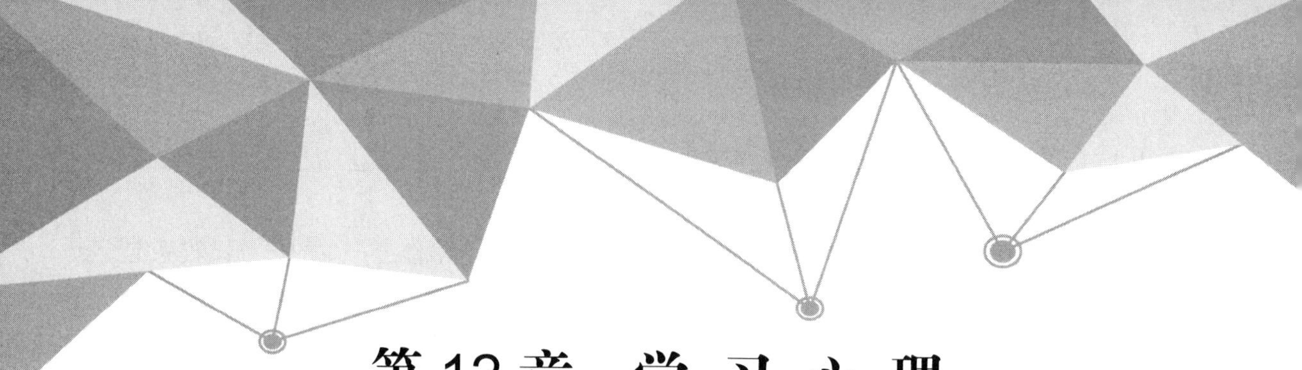

第12章 学 习 心 理

说起学习活动，大家都不会感到陌生。但你真的了解学习吗？知道如何通过科学的方法来指导和规划自己的学习吗？本章就让我们从科学的视角了解学习、学会学习。

12.1 学 习 概 述

12.1.1 学习的概念

在系统地了解与学习相关的心理学知识之前，首先需要我们给学习下一个可靠的定义。

请大家来探讨一下所列举的几个现象是否属于学习？

现象一：马戏团的狗熊在表演投篮。回忆一下我们曾经去看马戏表演的记忆。憨态可掬的狗熊总是令我们印象深刻，那么这种广泛受到观众喜爱的表演行为，是否是狗熊学习的结果呢？

现象二：李雷可以指出酸和碱的不同。也就是说，当我们向李雷询问有关酸和碱到底有什么不同的化学知识时，李雷可以清晰地指出二者之间的差别。

现象三：韩梅梅在九岁时身高1.1米，在11岁的时候身高1.4米。可以看出，伴随着年龄的增长，韩梅梅长得越来越高。这样的现象，是否属于学习？

现象四：当人进入黑暗的房间时，刚开始他什么也看不见，然后过几分钟他就能看见东西了。第四个现象在我们的日常生活中非常常见，比如说我们约同学去影院看电影，刚走进去的时候，我们仿佛什么都看不见，只觉得眼前一片漆黑，但只需经过短暂的适应，我们就能够慢慢地看清楚周围的事物。那么这样的现象是不是学习的一种体现。

也许每个同学都已经在心里对我们所列举的四个现象做出较为清晰的判断。但我相信同学们所得到的答案并非完全一致。大家对学习的判断可能存在着一些分歧。接下来，我们将从心理学角度，为大家阐述心理学家对“学习”所下的定义。

1. 广义的学习

广义的学习是指有机体在后天的生活过程中通过反复经历而获得的行为或者行为潜能的变化。大家可以看到，从广义的学习概念上讲，学习的主体不仅包括人，也包括猴子、狗熊、老鼠等多种具有生命的有机体。换言之，从广义的学习上看，学习是人和动物存在的、共有的一种普遍现象。

其次，从学习过程来看，学习并非与生俱来，而是后天通过反复经历逐渐形成的行为或行为潜能改变过程。因此，我们所具备的一些生理性的本能，例如呼吸、睡眠等就不在学习的范围之内。

第三，学习是个体在反复经历的过程中，在行为或者行为潜能上产生的一种比较稳定的变化。例如，当学习了走路之后，我们就会通过行为将它表现出来。同时，它并不会随着外界环境的偶然改变而消失，我们晴天能走路，雨天也能走路。

在这里需要注意的一点是，我们在概念中所讲到的行为潜能，通俗来讲，可以将行为潜能理解为我们学会了某一行为，但却并没有表现出来。例如，我们学会了游泳，但在日常生活中，当我们在陆地上正常行走时，并不表现出游泳的行为，而只是在特定的场所，比如说在游泳池中，才会出现游泳这种行为。

不难看出，根据广义的学习定义，我们可以很容易地对之前所列举的四个现象进行清晰的判断，现象一和现象二属于学习。因为狗熊作为一个有机体，它的投篮动作并不是先天获得的，而是经过后天的反复训练而形成的；同理，学生作为一个有机体，他并不能通过先天的遗传而获得对酸和碱不同的化学知识，这样的知识只可能通过后天的学习而获得，因此现象一和现象二是学习的典型行为。

但现象三和现象四就不属于学习。首先，现象三揭示的是个体的生长发育过程，韩梅梅在 9 岁时身高 1.1 米，11 岁时身高 1.4 米，这是身体发育所带来的结果，也就是一个自然的成长过程。现象三中身高的增加并不是通过后天反复的经历而得来的，因此现象三不属于学习。同样，现象四描述的也是一个正常的与生俱来的感觉现象——感觉适应过程，因此，我们也不能将它定义为学习。

2. 狭义的学习

狭义的学习强调学习是人类所特有的一项行为。从内容上看，狭义的学习强调人类通过学习的行为获得个体经验与社会历史经验；从方式上看，狭义的学习强调语言在学习活动中所扮演的重要作用；最后，从性质上看，狭义的学习更加关注的是，学习是人积极主动地满足社会和发展需要而产生的一种具有主观能动性的活动。我们可以将狭义的学习简单地理解为学生在学校中所进行的学习。因此，若以狭义的学习概念作为评判标准，上述的四个现象中，只有现象二能够被定义为学习。

一般来说，为了更好地研究学习的形成，揭示学习的内在机制，心理学上普遍采用广义的学习概念，即将动物的学习行为纳入到学习的研究范畴之中，并通过设计各种巧妙的动物行为实验，提出并验证各种关于学习形成的理论与假设，并把它推广到人的学习当中，用于指导我们的学习。

12.1.2 学习的生理机制

心理是人脑的机能，是对客观现实的反映。没有脑的心理或者说没有脑的思维是不存在的，作为一项高级的心理活动，学习也是依靠脑的各项生理机能所实现的。

1. 大脑的结构与学习

首先，让我们从宏观层面上认识一下大脑。作为神经系统的最高级部分，大脑由左、右两个半球组成，两个半球间有横行的神经纤维(胼胝体)相联系。左侧半球在语词活动功能上占优势，其主要负责对语言的处理和语法表达，如词语、句法、命名、阅读、写作等；右侧半球在非语词认识功能上占优势，例如，对三维形状的感知、空间定位、自身打扮能力、音乐欣赏等。人体功能在大脑皮质上有定位关系，如感觉区、运动区等在大脑皮质上都有对应位置，实现大脑皮质的感觉功能和调节躯体运动的功能。每个半球表面都有一层灰质，也就是大脑表面神经细胞的胞体集中部分。人的大脑表面有很多往下凹的沟(裂)，沟(裂)之间有隆起的脑回，这大大增加了大脑皮层的面积。根据大脑半球表面呈现不同的沟或裂，我们可以将每个大脑半球分为额叶、颞叶、顶叶、枕叶和脑岛五个区域。不同的脑区，发挥着不同的功能。额叶是大脑发育中最高级的部分，也是与人类学习和高级思维密切相关的脑区(图 12.1.1)。

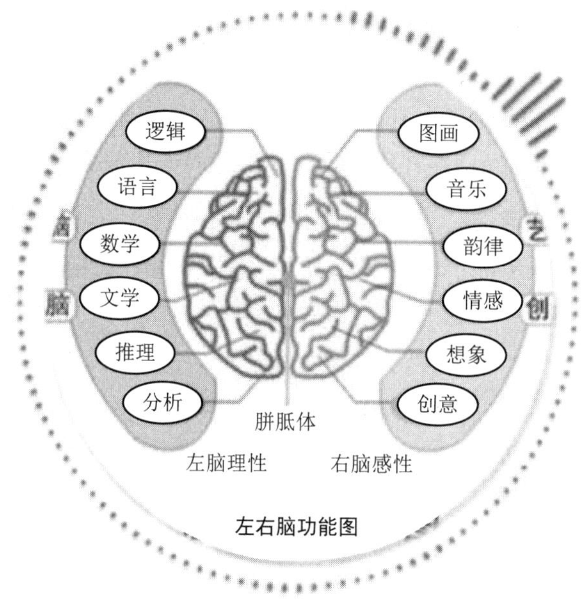

图 12.1.1　大脑半球图

2. 神经元的微观结构与学习

让我们通过微观世界来认识一下大脑，人类的大脑是由数以万计的神经元组成的。一个完整的神经元形态由三部分组成，它们分别是细胞体、短而密集的树突，以及一个很长的轴突(如图 12.1.2 所示)。

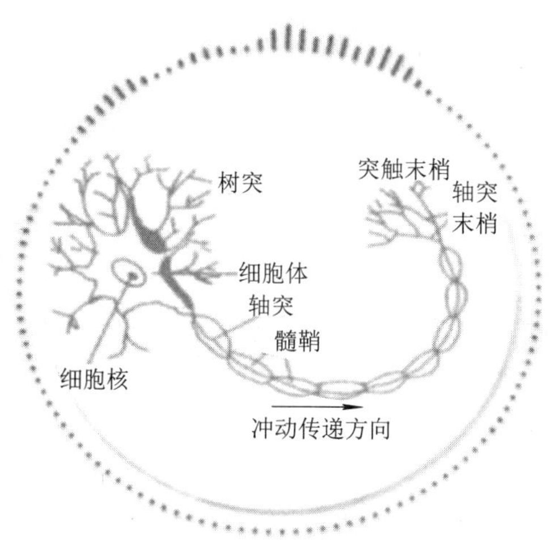

图 12.1.2　神经元结构图

有一个形象的比喻，就是把我们的手臂看作是一个神经元。手掌的掌心柔软、宽厚，可以看作是神经元的细胞体；手指多而短小，可以被看作是神经元的树突；同时很长但唯一的手臂，可以被看作是轴突。现在让我们动一动手臂，一个完整的神经元就诞生了。神经元并不是孤立存在的，人脑中的神经元之间会建立起许多联系。比如说我们的左手是一个神经元，右手是另一个神经元。我们用一只手去握住另一只手的手臂，就形成了一个简单的神经环路，信息就可以从我们建立的神经环路上传递了。现代生物学表明，学习的生理机制是由大脑中不同神经环路形成的结果。

大脑虽只占人体体重的2%，但耗氧量达全身耗氧量的25%，血流量占心脏输出血量的15%，一天内流经脑的血液为 2000 升。为了保持神经元之间进行有效的信息传递活动，脑内数以万计的突触连接和神经回路在不断地生成、维持与分解。

3. 有利于学习的用脑习惯

因此保持良好的用脑卫生习惯，对学习的发生显得尤为重要。一般来说，我们需要做到以下这几个方面。

1) 保证充足睡眠

睡眠，是脑细胞全面休息的过程。深沉而恬静的睡眠对于恢复精力和体力、消除疲劳是必不可少的。适宜的睡眠时间要视不同的年龄、体质、习惯以及季节变化等因素而定。青少年需睡 8～9 小时。睡眠不足，则精力和体力不能完全恢复，影响第二天的学习和生活。但也不可睡眠过多，否则会使人意志消沉、懒散，也不利于健康。

2) 要有适宜的学习环境

适宜的学习环境有利于大脑高效率地工作，延缓脑细胞疲劳的来临。适宜学习的环境主要是新鲜的空气和适宜的光线。可适当开窗保持空气对流以使大脑得到充足的氧气；在柔和的光线下而不要在刺眼的强光下学习，以减轻视觉的疲劳并保护视力。

3) 注意学习和休息的相互调节

在学习过程中应该有让大脑休息的时间。比如，学习一个小时后，要起来活动，使全身血液循环通畅，并让眼睛眺望远方或做几节眼保健操，这样做有利于消除大脑的疲劳。此外，学习时还可按不同学科交替进行，避免大脑在某一区域单一地、长时间地工作。

4) 保证充分适当的营养

脑细胞的活动需要丰富的养料，但脑细胞本身又缺少储备营养物的能力，所以每天都应该供给大脑细胞充分适当的营养。多吃蛋白质、维生素、磷化物等含量丰富的食物，如肉、蛋、豆类，新鲜的蔬菜、水果等，不应偏食，以使大脑能高效率地工作。此外，有些同学常常不吃早饭，这对大脑的危害很大，因为经过一夜后血液中的营养物已经消耗了许多，如果不吃早饭就进行学习，由血液供给大脑的营养物就很有限，显然大脑细胞的工作效率不会很高而且易疲劳。

人的大脑就像一部机器，只有正确使用它、注意保养它，才能创造出更多的东西，实现最大的价值。

12.2 学 习 理 论

学习是一个非常复杂的现象，不同的心理学家从不同的角度对学习的产生进行了各种各样的描述和解释。由此产生了学习理论的不同流派与代表人物。本节中，我们会对一些比较常见的、与大家日常的学习生活密切相关的学习理论进行介绍。

12.2.1 行为主义的学习理论

行为主义的学习理论是心理学中最早用于解释学习、同时也是对学习活动影响最为广泛的一个理论流派。行为主义认为，一切学习都是通过条件作用，在刺激 S 和反应 R 之间建立联结的过程，强化在刺激和反应的联结中起到重要的作用。在刺激和反应的联结中，个体学到的是习惯，习惯一旦形成，只要类似的情景出现，习惯就会自动出现。

行为主义有四个代表人物，这四个人分别是桑代克、巴甫洛夫、斯金纳和班杜拉。由于他们同属于行为主义，因此他们都认为学习是在刺激和反应之间建立联结的过程。但不同的是，每个人都通过精巧的实验阐述了 S 到 R 的反应联结是如何形成的，由此我们可以看到行为主义有关学习的四种学说。

1. 桑代克的尝试错误学说

桑代克认为，刺激和反应之间的联结是通过有机体不断地尝试错误而产生的。换言之，桑代克认为，学习是由于个体不断地尝试错误而产生的。为了证实这样的观点，桑代克设计了著名的“饿猫迷笼”实验。在这个实验中，桑代克首先将一只饿了很长时间的猫关入笼中，同时在笼子外面放了一条鱼。猫由于饥饿，会急切地希望冲出笼子吃到鱼，但是若是想打开这个笼子，猫就必须找到桑代克在笼子中所设计的开关，因为只有触及开关，门才会打开，猫才能从笼子中出来吃到鱼(图 12.2.1)。我们都知道猫是听不懂人类语言的，因此我们并不能通过语言去直接指导猫进行操作。但尽管没有人类的指导，猫也并没有饿死，它还是依然吃到了鱼，就是因为猫最终学会了打开开关，做出了反应的过程。

图 12.2.1　“饿猫迷笼”结构图

我们可以想象猫在进入笼子之后，由于它急切地想出来，会在笼子中表现得焦躁不安，上下左右晃动身体，这样的走动会让它在无意间碰触到笼子内所涉及的开关，从而完成了第一次从刺激到反应的联结。当我们重复进行这样的实验就会发现，猫在第一次、第二次进入笼子的时候，需要用很长的时间才能够无意间碰触到开关，最终出来吃到鱼，而经过反复(如 50 次或 80 次)的练习后，只要把猫放进笼子，它就能够迅速地从笼子中出来。这就是尝试错误并进行学习的过程。

桑代克通过上述实验，不仅证实了学习的尝试错误学说，还发现了在教学活动中所存在的三大规律。

1) 准备律

桑代克认为，学习一定是在有准备的情况下发生的，正如实验中的猫，如果猫在学习之前吃得很饱、很舒服，它在笼子里面只想懒洋洋地睡觉，那么它就不会有想从笼子中出来的冲动，也就不会习得开门的学习结果。所以学习一定是在有准备的情况下发生的。日常生活中我们常会遇到这样的例子，就是如果老师采用突击的方式对大家的学习进行测试，学生们的成绩就往往不会太好，这就是违反了准备律的表现。因此，我们一定要在考试前，进行充分的准备，这样才能够发挥最好的水平。现在比较流行裸考，就是毫无准备地去考试，注定会得到较差的结果。

2) 练习律

学习需要进行大量的练习。可以看到，猫在前几次进入笼子的时候，需要有很长的时间才能找到开关的位置，但是经过反复的练习之后，刺激和反应之间的联结就会得到不断的加强，在多次练习之后，只要猫进入笼子，就能够快速地出来。所谓熟能生巧，便是这样的道理。练习律提醒我们，在学习的过程中，一定要注重练习的重要作用。适当的练习会增加我们学习的效果，学习之后一定要经过大量的练习，才能更好地帮助我们巩固所学的知识。

3) 效果律

学习者在学习过程中所得到的各种正性或负性的反馈意见，会加强或减弱学习者在头脑中已经形成的某种联结。例如，猫每一次通过努力从笼子中出来之后，都会吃到鱼，那么，这种开门的联结就会不断地得到强化；反之，如果猫每一次开门之后，不但无法吃到鱼，还会遭受到电击的惩罚，让它非常痛苦，那么猫就不愿意从笼子中出来，也就不会形成开门的联结。通过效果律可以看出，学习效果会对学习行为产生重要的影响，在日常的学习过程中，我们也会得到不同的结果，有时是好的，有时是不好的，这些结果都会影响到我们对待学习的态度，从而影响到我们学习的结果。因此，制订合理的预期与学习计划，对学习活动非常重要。

2. 经典条件反射理论

行为主义中的第二个理论，是俄国的生理学家巴甫洛夫提出的经典条件反射理论，正是由于这个理论的提出，巴甫洛夫获得了诺贝尔生理学奖。在经典条件反射的实验中，巴甫洛夫以狗作为实验的研究对象，实验所要考察的刺激与反应联结，是狗听见铃声分泌唾液的行为(见图 12.2.2)。

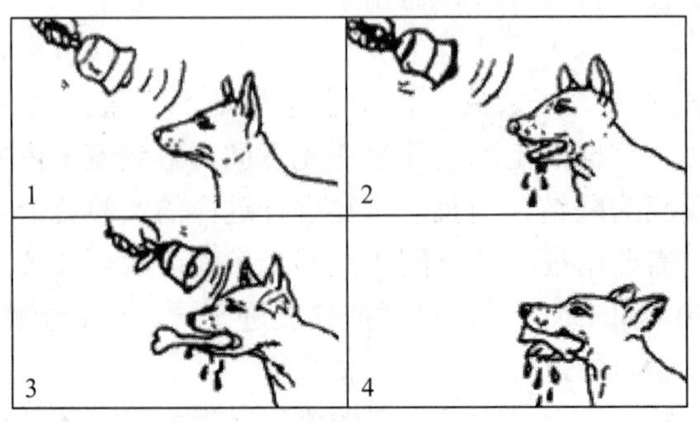

图 12.2.2 经典条件反射示意图

从先天的生理反射上看，狗和铃声之间并不存在一一对应的关系，因此我们把铃声称作中性刺激物。狗存在的先天的反射是看见食物分泌唾液，因此我们把食物称作无条件刺激物。换言之，只要食物出现，狗就会分泌唾液，这种反应是先天的，没有附加条件的限制。

巴甫洛夫的实验，就是将中性刺激物(铃声)与无条件刺激物(食物)相结合。在每次给狗喂食之前，巴甫洛夫先通过摇铃让狗识别到铃声这个刺激，之后再为狗添加食物。经过多次试验之后，巴甫洛夫发现只要狗听见铃声，它就会分泌唾液，由此便建立起经典的条件反射，即狗听见铃声就会分泌唾液这一后天行为。

巴甫洛夫的实验表明，刺激和反应之间的联结(学习)是建立在人或有机体先天的生理反射之上的，我们只需要将新的刺激物与生理反射相结合，就能够形成S到R的联结。巴甫洛夫的经典条件反射，对我们的学习认知产生了非常深远的影响。

在日常生活中，当我们选购商品时，总会对某些品牌的商品表现出特殊的偏好和喜爱。然而，由于这些偏好和喜爱并不是我们与生俱来的，因此它必然是一种学习的结果。而这种学习的产生其实就是在广告中运用巴甫洛夫经典条件反射的结果。它的具体做法是，首先选取大家喜爱的明星，或者形象靓丽的模特(无条件刺激物)，作为传递商品信息(中性刺激物)的载体。由于人类都有喜欢美好形象的生理本能，因此我们看见明星和形象靓丽的模特之后，就会产生心情愉悦的反应。之后，我们再将商品的信息和信息的传递者(模特)之间建立反复的联系，也就是说我们让明星或模特不断地与某品牌的商品信息同时出现，经过反复的结合之后，当我们再次看到商品信息的时候，就会由此产生愉悦感。因此人们在购买商品时，更加倾向于选择能为我们带来愉悦感的商品，这就完成了经典条件反射的建立。

这样的学习过程告诉我们，可以利用自身的一些先天的反射状态来更加有效地帮助我们进行学习。可以寻找到一些令我们快乐开心的事情，然后将学习的信息有效地与这些事件反射相结合，从而加深我们对于知识的记忆和理解。与此相反，我们也可以试图将不良行为习惯与令我们厌恶的事情相结合，来改变我们的某些行为。这便是心理健康中的一种常见的行为矫正方法，叫作味觉厌恶学习。例如，有的人存在酒精成瘾的行为，因而常常酗酒。因此，为了消除酗酒的行为，常见的做法是，在他喝酒之前，让他服用一些催吐的药物，之后再进行饮酒的行为。由于在饮酒之后的一段时间之内，催吐药物就会产生作用，从而引起个体强烈的呕吐行为，这种行为会让个体感到非常的痛苦，经过多次反复，便在个体的头脑中建立了饮酒与呕吐之间的联系。这样，每当他在脑海中想到酒时，激活的不再是那些与饮酒后愉悦体验相关的记忆，取而代之的是饮酒后强烈的呕吐感，这样便减少了他对酒精的兴趣，从而达到控制饮酒行为的目的。

可以看出，经典条件反射理论将学习与个人的生理活动相连，在潜移默化中帮助我们在学习中养成不同的行为习惯。

3. 操作性条件反射理论

斯金纳的操作性条件反射学习理论更加强调学习本身的后果对于刺激-反应之间的联结所造成的影响。换言之，我们可以通过操纵结果对有机体的行为进行塑造。在许多和心理学相关的书籍与影视作品中，常提到一个实验的装置，叫作斯金纳箱。这便是斯金纳用于研究学习形成时所使用的一种实验工具(见图 12.2.3)。

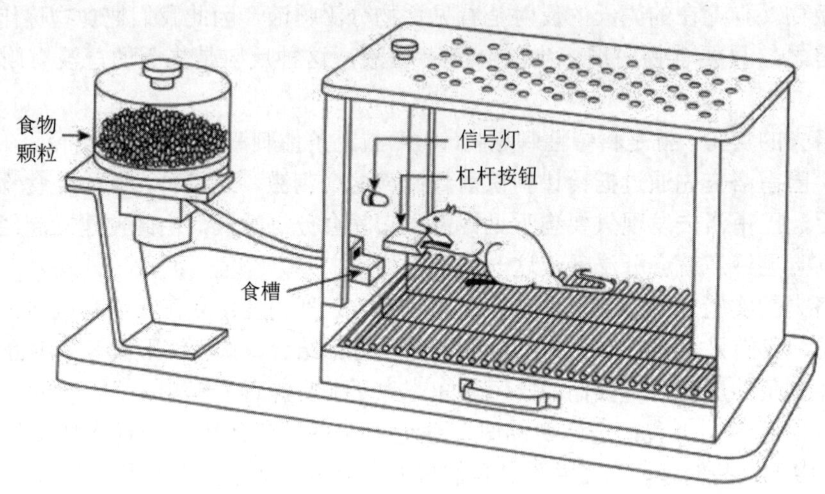

图 12.2.3 斯金纳箱

一般来说，斯金纳常将老鼠和鸽子作为研究对象放入斯金纳箱中，箱中有一个开关装置，每当老鼠碰触到开关之后，就会有一粒食物进入笼中的食槽内，老鼠通过反复练习之后，就获得了按压杠杆以得到食物的条件反射。这看起来和早期桑代克的尝试错误学说有很多的相似之处，但不同之处在于，斯金纳对于学习之后的效果进行了明确的区分。斯金纳明确提出了强化与惩罚的概念：强化是指能使刺激与反应的行为发生频率增加的结果；惩罚是指能使刺激与反应的行为发生频率降低的结果。由此，有机体或人类的学习不再只是简单通过尝试错误产生的被动适应行为，人们可以根据操作行为的结果，对不同的行为联结进行有效的塑造。

斯金纳将操作性条件反射原理应用到教学活动上，提出了程序教学论及其教学模式。程序教学是一种个别化的教学形式，斯金纳建议将学习的大问题逐渐分解成一系列小问题，并按照一定的程序编排呈现给学生，要求学生学习并回答问题，学生回答问题后，及时给予反馈。教学的基本原理是采用连续接近法，通过设计好的程序不断强化，使学生形成教育者希望的行为模式，通过这种方法，可促使学习者将复杂的学习问题简单化，进而逐一突破。当学习者把每一个环节都做好之后，就能从宏观上完成对整体任务的学习。

根据斯金纳的操作性条件反射理论，行为之后所得到的结果会对有机体的行为塑造表现出极大的促进或阻碍作用。这里我们为大家介绍一种现象，叫作习得性无助，是指个体在连续地遭受到负性的挫折与创伤之后，不愿意再进行任何改变的现象。例如，大象作为陆地上最大的哺乳动物拥有极大的力量，可是在马戏团或东南亚的某些国家，可以看到人们在驱赶大象进行劳动的时候，仅用一根很细的铁链或很轻的鞭子就可以控制大象。究其原因，大象在幼年时就被人用很粗的铁链拴住，它无法逃脱，久而久之，大象就会形成习得性无助，即认为自己无法摆脱铁链的束缚。大象长大之后，即便粗铁链已换成细绳索，大象也不会再试图逃脱。

在日常的学习生活中，我们偶尔也会遇到各种各样的失败。这时，人们看待失败的态度及对失败原因的分析就显得尤为重要。如果认为自己失败的结果注定无法改变，人们就会产生悲观绝望的态度，以至于不愿意再进行新的尝试，这就是习得性无助的形成过程。因此，在学习活动中，个体应该有一个合理的规划，将学习的难度控制在一个合理的范围之内，这样我们才能够不断地激励自己前进，而不是给自己设定一个永远无法达到的学习目标，最终只得放弃。

4. 观察学习学说

如前所述，无论是桑代克的尝试错误学说，巴甫洛夫的经典条件反射理论，还是斯金纳的操作性条件反射理论，他们都是通过对动物的研究来说明学习(刺激-反应的联结)是如何形成的。而行为主义中的代表人物班杜拉提出了新的观点，试图解释刺激与反应之间的联结形成过程。但是在这个过程中，班杜拉认为，刺激到反应的联结并不需要我们亲身经历。在很大程度上，我们可以通过观察他人的行为来获得自身的经验，因此班杜拉的学习理论又被称为社会学习理论，或者是观察学习理论。

实验中，班杜拉首先将儿童分为甲乙两组，在实验的第一阶段，让两组儿童分别看一段录像片。甲组儿童看的录像片，是一个大孩子在打一个玩具娃娃，过了一会儿，来了一个大人，他给大孩子一些糖果作为奖励。乙组的儿童看的录像片，开始也是一个大孩子在打一个玩具娃娃，过了一会儿，来了一个大人，惩罚了这个大孩子。看完了录像片之后，班杜拉把两组儿童一个个送进一间与录像中相似的放着玩具的房间内，并对孩子们的行为进行详细观察。结果发现，甲组儿童都学会了录像片里孩子的样子，摔打玩具，而乙组的孩子却很少出现摔打玩具的行为。这一阶段的实验说明，对榜样的奖励，能使儿童表现出榜样行为；反之，对榜样的惩罚，则会让儿童避免出现该榜样行为。在实验的第二阶段，班杜拉鼓励两组儿童学习录像里的孩子那样摔打玩具的行为，谁学得像就给谁糖吃，结果两组儿童都争先恐后地使劲摔打玩具。这说明通过看录像，儿童都已经学会了攻击行为。而第一阶段中，乙组儿童之所以没有出现摔打玩具的行为，只不过是因为他们害怕表现出攻击性行为会受到惩罚，从而抑制了自己的攻击行为，而当条件许可时，他们也会像甲组儿童那样表现出攻击性为。

通过上述实验，班杜拉提出的社会学习理论指出，学习是指个体通过对他人的行为及其强化性结果的观察，从而获得某些新的行为反应，或对已有的行为反应进行修正的过程。在这样的过程中，人们可以通过观察身边相似或者相同的榜样，从而对自己的行为进行评估。在现实生活中，观察学习的应用非常广泛。例如，在学校中会经常对优秀学生(如三好学生)进行表彰，同时也会在某位同学犯错之后，通过通报批评的方式对其进行惩罚，这样的做法就是采用了班杜拉的社会学习理论。在班杜拉的社会学习理论中，他还强调模仿者与观察者之间的关系，模仿者与观察者之间的行为越相似、特点越接近，观察学习行为就越容易产生。

12.2.2 认知学习理论

1. 布鲁纳的发现学习理论

布鲁纳是美国著名的教育心理学家，是认知学习理论的代表人物。布鲁纳认为，知识是相互联系的，有着内在的逻辑，知识体系像是搭建好的大桥或楼房，有着自身的结构，是反映事物之间稳定的联系或关系的内部认识系统。知识的学习就是在学生的头脑中形成一定的知识结构，帮助他们在头脑中建立起知识的大厦。这种知识结构是由学科知识中的基本概念、基本思想或原理组成的。知识的学习包含三个几乎同时发生的过程，它们分别是获得新的知识、改造旧的知识、检验知识是否恰当。

新知识的获得是一种主动的、积极的认知过程。发现学习是个体学习的主要手段与掌握学科结构的最佳方法。发现学习是指为学生提供学习材料，让其通过探索、操作和思考，自行发现知识概念的教学方法。

却大家都知道，力臂和力的关系是初中物理中的重要教学内容。在教学中，布鲁纳为小学生提供了一个类似天平的教具，以供他们来探索需要学习的知识。令人惊喜的是，许多小学生居然都能通过调整天平两边砝码的重量和位置的方法，使其保持平衡，进而理解力与力臂之间的关系。这便是发现学习的优势，能让个体主动思考并掌握知识的内在关系与结构。

2. 奥苏贝尔的有意义接受学习

与布鲁纳相似，美国认知教育学家奥苏贝尔也认为知识具有一定的结构。但在学习的方式上，奥苏贝尔更加看重有意义的接受学习。

首先奥苏贝尔对学习做出了两个维度上的区分。从学生的学习方式上看，学习可以被分为接受学习和发现学习；而从学习内容和学习者知识结构的关系上看，学习又可以被分为有意义学习和机械学习。有意义学习与机械学习的难度分析见表 12.2.1。

表 12.2.1 有意义学习与机械学习的难度分析

	有意义学习	机械学习
发现学习	有意义的发现 (理论指导下的科学研究)	机械发现(盲目试错)
接受学习	有意义的接受 (学生学习的主要形式)	机械接受(死记硬背)

奥苏贝尔认为，学校中的学习应该是有意义的接受学习和有意义的发现学习，但他更强调有意义的接受学习。因为有意义的接受学习可以使学生在短期内获得大量的知识。

有意义的接受学习是指以符号为代表的新观念与学习者认知结构中原有的适当观念建立起非人为的实质联系的过程，是原有观念对新观念加以同化的过程。例如，我们学习到了一个新的名称叫莲雾，此时我们不仅仅是将莲雾这个概念简单地装在脑子里，而是能够通过他人的讲解，认识到莲雾是一种水果。即我们将莲雾和头脑中已有的水果概念相互联系，最终获得对它的了解。这样，即使我们没有见过它，也可以通过自己对水果的理解来对它产生一些认识。由此，我们不仅认识了莲雾，还让自己的水果知识体系更加完善。

有意义的接受学习的前提是教师呈现的知识材料有意义。这样学生才能够把教学的内容整合到自己的认知结构中。为了帮助儿童或学习者更好地掌握知识结构，奥苏贝尔提出了“先行组织者”的概念，即我们可以在学习某个任务之前，先呈现学习任务本身的结构，以便引导学习的开展。若我们对先行组织者这个概念感到陌生，也不用紧张，因为先行组织者在我们的生活中还有一个更为常见的名字——目录。每当我们打开一本书时，通过了解书的目录，我们就能快速找到知识之间的内在逻辑关系。

12.2.3　建构主义的学习理论

建构主义学习理论是对学习认知结构理论的进一步继承和发扬。建构主义承认知识之间的内在逻辑和固有结构，但与原有学习的认知结构理论不同，建构主义并不认为知识之间所具有的结构是统一的、一致的。正如我们常说的，一千个人心中就会有一千个哈姆雷特。每个人的学习都是在自己的知识经验体系中搭建知识结构的过程，但是知识结构是动态的、变化的、因人而异的，不同的人的知识体系或多或少都存在着差别。

建构主义认为，知识并不是解决问题的最终答案，它会随着人类社会的进步而不断进步，不断得到动态的修正，从而形成新的假设和解释。知识并不能精确地概括世界的法则，而需要根据具体的情境进行再创造。

学生的学习是主动的，是对已有的知识经验进行综合重组和改造，从而解释新的信息，并最终建立具有个人意义的智慧内容的过程。在这样的学习中，人与人之间的互动、人与知识之间的互动和学习的情境性，都显得极为重要。因为只有通过实际的应用，知识才能够被真正理解，学习应与社会化情境和实践相联系。

12.2.4　人本主义的学习理论

人本主义的学习理论以学生为中心，认为学习应是主动的、积极的发展过程，强调人的尊严和价值；强调学习应无条件地积极关注个体成长过程，以学生为中心，形成一种非指导式的学习模式。教师的作用在于以真诚的态度充分地尊重、关注和接纳学生，并且设身处地理解他们。

根据学习对学习者个人的意义，人本主义也将学习分为无意义学习和有意义学习。无意义学习多指在没有理解学习内容的前提下进行的死记硬背的认知加工。有意义学习则是指一种将学习者作为完整的人，使他的行为态度、个性以及在未来选择行动方针时发生重大变化的学习，是一种与个体各种经验融合在一起，使个体全身心投入的学习。与学习的认知流派中奥苏贝尔提出的有意义学习相比，人本主义的有意义学习不仅强调知识在认知范畴内的意义，还更加强调学习是认知、情感的统一。简单来说，个体学习的不仅是知识，还有与知识相关的经验。例如，通过知识的学习我们知道了火炉是烫的，而认知跟情感相统一的学习则会告诉我们，以后我们再接触火炉时要小心被烫。

不同的学习理论对人们学习活动的发生做出了不同的解释，它们有的聚焦于人的行为，有的侧重知识的结构，有的关注人的价值与意义。通过了解、比较，我们可以采用辩证的方法对其加以综合与应用，进而指导自己的学习活动。

12.3　学习动机与学习迁移

12.3.1　学习动机

1. 学习动机的概念

人们之所以表现出各种行为，都有其内在原因。心理学家一般采用动机这一术语对人们的行为背后的原因进行描述。动机指引发并维持活动的倾向，将其应用于学习领域，便得到学习动机的概念，即学习动机是引发和维持个体学习活动并将学习活动指向一定学习目标的动力。

2. 学习动机的功能

1) 激发功能

学习动机对个体的学习具有激发功能。当学生对某些知识或技能产生迫切的学习需要时，学习动机会引发学习内驱力，唤起内部的兴奋状态，产生焦急、渴求等心理体验，并最终激起一定的学习行为。同时，学习动机会增强学生学习的准备状态，激活相关的知识背景，提高学习的效率。

2) 指向功能

学习动机具有指向功能。学习动机使学生的学习行为从初始就指向一定的学习目标，并推动学生为了达到这一目标而努力学习。

3) 维持功能

学习动机具有维持学习的功能。学习动机能够使学生在学习过程中集中注意力，克服干扰，提高努力程度，遇到困难时，坚持不懈，直至达到学习目的。不难看出，学习动机对于个体的学习活动具有举足轻重的作用。

3. 学习动机与效率的关系

既然学习动机对个体的学习活动具有非常重要的作用，那么学习动机是否越高，个体的学习效果就越好呢？学习动机与学习效率之间的关系如何？

心理学研究表明，个体的动机强度和工作效率之间，并不是一种直线型的关系，而是一种倒U形的曲线关系(见图 12.3.1)。具体表现为，一开始随着动机的增加，个体的学习效率将不断提高，可是当学习动机达到一定程度之后，学习效率则将不再提高，反而会随着学习动机的增加而不断下降。许多人在某些重要时刻有过这样的经历，越是想让自己表现得非常出色，往往适得其反，总是连正常的水平都发挥不出来。这就是较高的学习动机影响学习效率的典型现象。

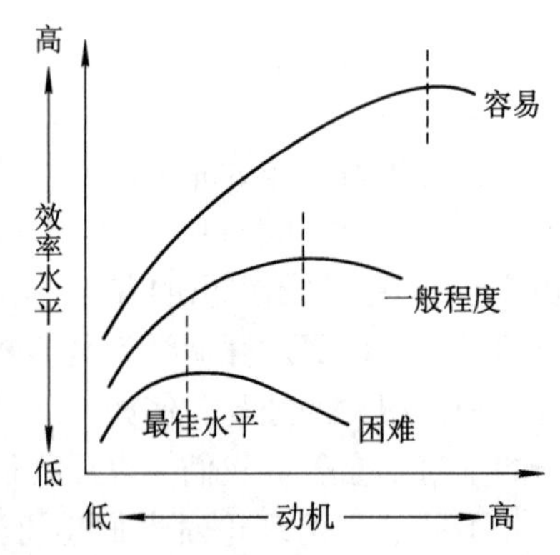

图 12.3.1　动机与绩效关系曲线

通过对学习动机和学习效率的关系研究，心理学家耶克斯和多德森发现了一定的规律。他们认为，各种活动都存在着一个最佳的动机水平，一般来说，中等强度的动机最有利于任务的完成。处于中等强度的动机水平时，个体的工作效率会最高，动机不足或者过分强烈，都会导致工作效率下降。不仅如此，动机的最佳水平还会随着任务性质的不同而变化。当学习复杂的任务时，最佳的动机强度水平会低一些；而在学习简单的任务时，动机强度的最佳水平往往会高一些。例如，当进行诸如跑步、游泳等体育活动时，较强的动机会帮助我们取得更好的成绩；而与此相反，当进行解数学题或者是精细的手工操作时，较强的动机则会使我们变得越发紧张，从而影响到自身的绩效水平。

在大学的学习生活中，最常感受到的压力多来自考试，也就是所谓的考试焦虑。从来源上说，考试焦虑其实就是人们学习动机过强的一种表现形式。正是由于太想在考试中取得好的成绩，才会使得人们的学习动机水平得到显著的提升。但这种过高的动机水平不仅无法帮助人们提高学习的绩效，反而会使得我们在考试之前出现烦躁失眠、看不进去书、无法集中注意力的现象。因此，通过学习耶克斯-多德森定律，我们便能对这种考试焦虑产生一个较为清晰的认识，在未来的学习过程中，合理地控制自己的动机水平，提高自己的学习效果。

4. 学习动机的理论

1) 需要层次理论

在众多的动机理论中，美国心理学家马斯洛提出的需要层次理论影响最为广泛。马斯洛认为任何人的行为动机都是在需要的基础上被激发出来的，它将人的需要分成了五个层次，即生理的需要、安全的需要、爱与归属的需要、自尊的需要以及自我实现的需要。这些需要从低级到高级排成一个层次，较低级的需要至少得到部分满足之后才会出现相对高级的需要(见图 12.3.2)。

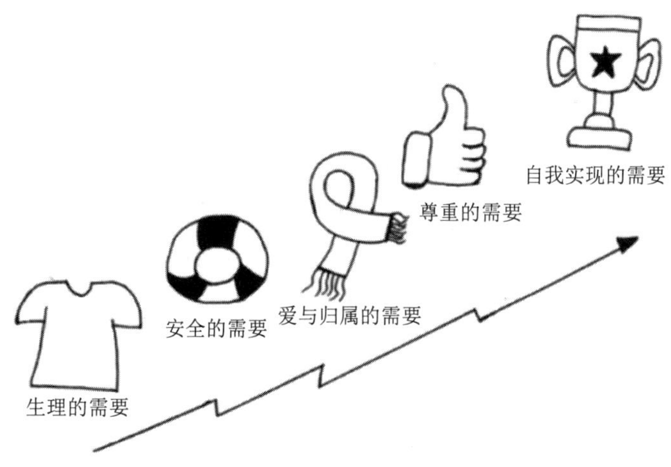

图 12.3.2 需要层次示意图

首先，生理的需要是指人对食物、水分、空气、睡眠的需要等，它们在人的所有需要中是最重要的，也是最有力量的。例如，当人落水之后，为了得到空气而拼命挣扎之时，几乎完全不会考虑到自己的求救姿势是否得体。

其次，安全的需要，它表现为人们要求稳定、安全受到保护、有秩序，能免除恐惧和焦虑等的需要。例如人们希望得到一份比较安定的职业，愿意参加各种保险，这些都体现了他们对于安全的需要。

第三，爱与归属的需要，一个人要求与他人建立感情联系或关系，如结交朋友，追求爱情，参加一个团体，并在其中获得某种地位等，就属于爱与归属的需要。在大学生活中，如何与他人相处、培养良好的人际关系并被团体所接纳，是每一个同学所面临的重要任务。

第四，尊重的需要，它包括自尊和希望受到别人的尊重，自尊需要的满足会使人相信自己的力量和价值，使他在生活中变得更有能力、更富有创造力；相反，缺乏自尊会使人感到自卑，没有足够的信心去处理和面对问题。

最后，自我实现的需要，即人们追求实现自己的能力或发挥自己的潜能，并使之完善化，成为理想中的自己的需要。在人生的道路上，每个人自我实现的形式不同，有人希望成为科学家，有人希望成为商人，有人希望成为优秀的领导者，这些便是每个人自我实现需要的体现。

一般来说，心理学家都赞同将学习的需要归纳入自我实现的需要当中。马斯洛认为，需要的层次越低，它的力量就越强，潜能就越大，在高级需要出现之前，必须满足低级的需要，只有低级的需要得到满足之后，高级需要才能够出现。例如当一个人饥肠辘辘或担心自己的安全而感到恐惧时，他不会追求归属和爱的需要。具体到大学生活中，也会常因低级需要影响高级需要的产生。例如和室友或身边的同学、朋友产生人际关系问题，导致爱与归属、尊重的需要无法得到满足，进而影响自己无法安心学习。因此，在日常学习生活中，不要将学习活动与其他生活事件孤立，多给予身边的朋友一些友善和关爱，这会让学习效果更加显著。

2) 成就动机理论

成就动机理论由著名心理学家阿特金森提出。与强化理论关注外部行为相比，阿特金森更注重个人内心活动的差异。阿特金森按成就动机将人分为两类：一类是追求成功的人，一类是避免失败的人。这两类人看着概念相似，内涵却截然不同。

(1) 追求成功的人。追求成功的人的成就动机是追求努力后的成功，这种成功可以提高其自尊心，使其获得心理上的满足。对于追求成功的人来说，他们不害怕失败，并且认为失败是成功的必要阶段。因此，他们往往会选择难度较高、具有挑战性的任务。

(2) 避免失败的人。避免失败的人往往自尊水平较低，其行为动力是追求不失败，以防自尊心受到伤害。他们对自己没有过高的期许，倾向于人云亦云，安于平平淡淡。为保护自尊心，在选择任务时，他们要么选择简单、极易完成的任务，这样便永远不会失败；要么选择难度超高、无人能完成的任务，这样所有人都会失败，即便自己失败，也无可厚非。

为帮助不同的个体找到相应的学习方式，需对成就动机类型进行了解。对于追求成功的人来说，多提供一些挑战，让他们尝试稍难的任务有利于激发学习动机，因为简单的任务对他们无意义，只会消磨时间而让他们产生抗拒。而对于避免失败的人来说，要尽可能维持其自尊心，从简单、能完成的任务起步，一步步引导其学习，这种方式最易达到满意的学习效果。

3) 归因理论

人们的天性就是要为身边各类事情找寻原因并予以解释。因此，归因是人们为自己或他人的活动找到原因的过程。美国心理学家韦纳对人们的归因过程进行了详细研究，将归因分成三个维度、六个因素。三个维度分别是稳定性(长时间不变或易改变)、来源性(内在原因或外在原因)和可控性(个体能否控制)。六个因素包括：

(1) 能力。一个人的能力是一种相对稳定的自身因素。能力可以培养，但需要一个长期的过程，无法凭主观意愿任意改变。例如，从未接受过任何音乐训练的人，想在某天下午就拥有演奏乐器的能力是不现实的。因此，能力不可控。

(2) 努力。努力是一种自身可控的不稳定因素，可随时调整努力的程度。例如，今天觉得自己需要努力，于是就多看了两页书。

(3) 任务难度。任务难度对于我们来说是相对稳定的。比如学生课本的难度就维持在一定水平。任务难度是一种外在因素，难以控制。

(4) 运气。买彩票的人都想碰运气，但运气是一种极不稳定的外在因素，无法控制。

(5) 身体状况。身体状况是不稳定的内部因素，可能因各种原因突发疾病或不适，虽能反映身体状况，但难以控制。

(6) 其他因素。其他因素包含天气状况、突发事件等不稳定的、外在的不可控因素。

学习动机的产生与我们对学习成绩的归因密切相关。如果我们认为取得好成绩与天气、运气等偶然发生的外在不稳定因素密切相关，又无法操控，就会懈怠、“躺平”；而我们将学习的成果与失败归因为自己内在、不稳定但可控的因素(如努力)，就会在自我行为和学习结果之间建立积极关联，不断通过努力争取更好的表现。

12.3.2 学习迁移

1. 学习迁移的概念

学习迁移是指一种学习对另一种学习的影响，或习得的经验对完成其他活动的影响，任何一种学习都受到学习者已有的知识经验技能态度的影响，因此只要有学习，就会出现学习迁移。学习迁移广泛存在于各种知识技能、行为规范和态度的学习之中。例如，学习加法影响学习乘法，而学习乘法反过来又会加深对于加法的理解；在学校中形成的遵守规章制度、爱护公物的行为，也会影响到校外表现。学习迁移不仅存在于某种经验的内部，而且也存在于不同的经验之间。比如，丰富的词汇知识的掌握将促进外语阅读技能的提高，而阅读技能的提高又可以促进我们学习更多的词汇知识。

2. 学习迁移的类别

学习迁移的发生，对我们人类的学习具有重要的意义，但并不是所有的学习迁移都是有利的。按照迁移的效果，我们可以把学习的迁移分为积极作用的正迁移以及消极作用的负迁移。

1) 正迁移

所谓正迁移，是指一种学习促进另一种学习的发生。比如一个人学会了骑自行车之后，当其再去学习骑摩托车时，就会非常容易掌握该技能。

2) 负迁移

与此相反，当一种学习阻碍另一种学习时，这种迁移就称为负迁移。比如一个人长时间学习跳高后，再学习跳远，会不由自主地总往高处跳，难以跳远，这就是负迁移现象。

积极的正向迁移可以帮助我们在学习中产生举一反三、触类旁通的效果，因而，心理学家通过各种实验，努力地探讨正迁移发生的条件。

3. 学习迁移的理论

1) 共同要素说

共同要素说最初由桑代克等人提出，该理论认为，只有当两种学习活动存在相同要素时，一种学习活动的变化才会影响另一种学习活动的习得。也就是说，当学习情境和迁移情境中存在共同的要素时，一种学习活动将影响另一种学习活动。如前所说，学习骑自行车之所以能够帮助人们学习骑摩托车，是因为二者之间存在相同因素；反之，学会骑自行车之后，并不能帮助人们快速地学习开汽车或者开飞机，按照桑代克的理论，这是因为两者之间的共同要素较少，无法迁移。共同要素说表明，在进行学习时，可有意将相同或相似的内容合理编排，发挥二者共性，从而达到事半功倍的效果。

2) 概括化理论

目前对迁移活动影响较大的理论来自美国心理学家贾德提出的概括化理论，也叫作经验类化说。他认为先期学习所获得的知识或技能之所以能迁移到后期的学习中，是因为在先期学习中获得了一般原理，这种原理可以全部或部分地运用于两种学习活动之中。两种学习活动之间存在共同要素，仅仅是知识产生迁移的必要前提，而迁移产生的关键在于学习者在两种学习活动中，通过概括形成可泛化的共同原理。一个人对其经验进行概括后，就可以将其从一种情境迁移到另一种情境，经验概括得越完备，新情境的迁移就越顺畅。

为了验证该观点，贾德在 1908 年做了水下打靶实验。他将一群十一二岁的小学生分成 A、B 两组，要求他们练习水下打靶。对 A 组事先教授了光在水中的折射原理后再让其练习，对 B 组仅练习不教原理。待两组达到相同的成绩后，增加水中目标的深度。结果发现，学习过折射原理的 A 组，成绩明显地优于未学过原理的 B 组。贾德认为，这是因为学习了折射原理的 A 组已经将原理概括化，从而能够更加快速地调整和适应新的深度，进而迁移到新的情境之中。从贾德的理论中可以看出，若要达到举一反三、触类旁通的学习效果，人们就需要掌握知识中各种原理的内在含义，并将其积极地应用到真实的问题解决情境之中。由此可见，掌握知识的内在原理，并有意识地进行迁移，对人们的学习活动将产生显著的推动作用。

3) 关系转换理论

关系转换是学习者突然觉察到两种学习经验之间关系的结果，它源于学习者对情境中各种关系的理解和顿悟，而不是经验之间存在的共同成分或原理。迁移发生的关键不在于掌握原理，而在于察觉到手段和目的之间的关系。格式塔流派的美国心理学家苛勒所做的小鸡啄米实验有力支撑了关系转换理论。

实验中，苛勒让小鸡在灰色和白色两张纸上寻找食物，但他只将食物放置在灰色纸上，由此来建立小鸡和食物之间的条件反射，让小鸡发现只有灰色纸上才有食物。之后苛勒进行调整，将原先的灰色和白色纸换成黑色和灰色纸。按照之前建立的条件反射，小鸡本应还在灰色纸上寻找食物，可令人惊奇的是，小鸡却选择去黑色纸上探寻，因为它们认为食物总会出现在两张纸中颜色更深的那张上，即它们觉察到了手段与目的之间的关系。

学习动机的激发与学习迁移的产生，对学习能否发生至关重要。在合适的水平与条件下，它们会对学习产生事半功倍的良好效果；但同时，我们也要科学地看待它们与学习效果之间的关系，避免因盲目、片面追求动机和迁移的产生，而给学习效果带来消极影响。

第 13 章　大学生创造力培养

习近平总书记指出："创新是民族进步的灵魂，是民族兴旺发达的不竭动力，是中华民族最深厚的民族禀赋，也是我们民族发展的根本动力。"我国一大批杰出的创造性人才在重大科技领域不断取得突破，为科技事业发展作出了突出贡献。在"中国制造 2025""互联网+"等重大发展战略背景下，我们仍然面临着严峻的"卡脖子"等关键问题，国家对高层次创新人才的规模和质量提出了更加迫切的需求，深入研究创造力以及创造性人才的成长规律，对培养高质量的创新人才、推动新质生产力的发展具有重要的意义。

13.1　创造力概述

培养大量创造性人才，是我国当前的重大需求，也备受国际社会和学术界关注。自"钱学森之问"提出以来，创造性人才培养问题引发全社会共同关注。《国家中长期人才发展规划纲要》《国家中长期教育改革和发展规划纲要》都将创造性人才培养作为我国未来 5～10 年的重要战略目标。

13.1.1　创造力的概念

创造力向来是推动人类发展的核心力量，理解并培养创造力是科学研究的首要任务。从古至今，从车轮的发明到构思飞行器和水下探测器，从竹简书信到电子通信的广泛普及，创造力以非凡的方式影响人类生活，推动社会面貌的更新。古希腊时期，人们认为创造力是缪斯女神的恩赐，神秘且难以知晓本质。随着人类文明的发展和科学思想的进步，19 世纪中叶，高尔顿开创创造力的科学研究；1950 年，吉尔福特在当选美国心理协会主席的就职演讲报告里，掀起创造力研究热潮。

创造力(Creativity)指个体产生新颖奇特且有社会价值的观点或产品的能力。例如，科学中新概念、新理论的提出，新机器的发明，文学艺术作品的创作，等等，都是不同实践领域中的创造性活动。创造性思维是创造力的核心，它既是发散式思维和聚合式思维的统一，也是形象思维和抽象思维的统一。

尽管研究者对创造力的定义存在诸多分歧，但对其实质的理解具有一定一致性。Plucker 等人将创造力界定为能力(Aptitude)、过程(Process)与环境(Environment)相互作用下产生的既新颖(Novel)又实用的(Useful)的可感知产品(Perceptible Product)。创造力包含多种不同的加工进程，因此，创造性思维是多种思维的结晶。按照创造力的两阶段加工理论，创造力的加工进程分为以下两个阶段：

(1) 初级阶段：涉及对信息的提取、组合，以及简单的比较、分类和自发联想(如想象、想法产生等)。

(2) 次级阶段：对信息进行较高层次的筛选，对初级过程进行监控，以及对认知策略和评价手段进行选择及运用，是较为依赖执行控制功能的阶段。

13.1.2 创造性思维的特点

创造力是涉及创造性思维、人格和环境的交互系统。创造性思维是创造力的核心，个体创造性思维能力的高低是其创造力的重要反映，创造性思维具有以下三个特点。

1. 流畅性

思维的流畅性，也叫思想的丰富性，指在限定时间内产生观念数量的多少。短时间内产生的观念多，思维流畅性就高；反之，则缺乏流畅性。创造性高的个体在给定时间内能产生、联想出更多观念，思维具有敏捷性。

2. 灵活性

思维的灵活性，也叫思维的变通性，指摈弃旧的习惯思维方法，开创不同方向的能力。富有创造力的人，思维能超越以往习惯的思维方式，从更广阔的视角开创各种不同的思路，向众多思考方向发散；而缺乏创造力的人，思维通常只想到一个方面，缺乏灵活性和广度。

3. 新颖性

思维的新颖性，也叫思维的独创性，指个体面对问题情境时能想出新颖、新奇、不同寻常的想法和观念。创造力高的个体，善于对信息重新组织，产生不同寻常、与众不同的见解。对同一个问题提出的想法越新奇独特，独创性越高。

13.1.3 创造性思维的产生过程

第一本阐述创造性思维过程的著作是华莱士(G . Wallas)的《思维艺术》(*The Art of Thought*)。他认为创造性思维大致经历准备、酝酿、明朗和验证四个阶段。

1. 准备阶段

准备阶段是创造性思维活动过程的第一个阶段，主要是搜集信息、整理资料、做前期准备的阶段。创造力需要广博的知识和相关技术准备，该阶段在创造性思维活动过程中是耗时较长的探索阶段。

2. 酝酿阶段

酝酿阶段是经过深入探索和思考仍难以产生有价值的想法，这时暂时搁置任务，但思维活动并没有停止，会萦绕心头，甚至转化为潜意识活动。赫拉克利特说过：“即使是熟睡的灵魂也在努力地思考世界。”

3. 明朗阶段

此阶段也称为灵感阶段、顿悟阶段。百思不得其解的问题，会突然灵光乍现，迎刃而解。灵感既有以“飞跃”的思维形式出现的“灵光乍现”，又有以“酝酿”式思维出现的“豁然开朗”。许多科学家、文学家都曾谈到过灵感在创造性思维中的作用。高斯在谈及求证数年未解数学题的经历时说："终于在两天以前我成功了……像闪电一样，谜一下就解开了。我自己也说不清楚是什么导线把我原先的知识和使我成功的东西连接了起来。"正如朱莉·哈里斯所说："灵感存在于生活中任一工作，在恰当的地点、恰当的时间迸发。"

4. 验证阶段

验证阶段是对明朗阶段提出的思想进行评价、检验或修正。在本阶段，人们可以通过逻辑推理把提出的思想观点确定下来，并完善假设，再通过实验或调查加以验证。

13.1.4　创造力理论

目前，创造力理论模型主要有：创造力的 4P 理论、创造力投资理论、创造力游乐园理论和创造力 4C 模型等。

1. 创造力的 4P 理论

梅尔罗德提出创造力的 4P 模型(见图 13.1.1)，该模型包括创造性产品(Product)、创造性过程(Process)、创造性人格(Person)和创造性环境(Place)，如图 13.1.1 所示。

图 13.1.1　创造力的 4P 模型

(1) 创造性产品。创造力聚焦于创造者所取得的成果，如艺术品、发明创作、作品、乐曲，等等。创造性产品的主要评价标准为新颖性、实用性和适宜性。创造性产品是创造力的最终导向，是判断一个人是否具有创造力最为客观的标准。

(2) 创造性人格。创造力总是垂青有准备的人，任何创造性活动都离不开创造者善于观察、接受新观念、具备条理性等行为习惯。高创造力的个体倾向于运用创新思维方式应对新问题和挑战；低创造力的个体习惯用已知的思维方式去解决问题。

(3) 创造性过程。创造性过程通常包含两个重要阶段：早期是发散思维的扩张阶段，后期是聚合思维阶段。后来，索耶进一步细化了创造性的过程，具体包括八个阶段：① 发现并形成问题；② 获得与问题相关的知识；③ 搜集相关信息；④ 反复酝酿；⑤ 产生各种各样的想法；⑥ 以出人意料的方式组合想法；⑦ 选择最优想法；⑧ 使用材料和表征将想法外化。

(4) 创造性环境。环境是推动创新灵感产生的重要支撑系统。勒温提出人类行为与环境的场动力公式 $B = f(P, E)$，其中 B 代表行为表现，P 代表个体，E 代表个体所处的环境。个体行为取决于人与环境的相互作用。活跃、轻松的外部环境可以感染、刺激个体产生新想法。经常处于多元刺激的环境下，大脑会更活跃，能更敏锐地应对环境刺激，产生更多创意。

2. 创造力投资理论

斯滕伯格提出创造力的投资理论。他认为，创造力在很大程度上是一种选择并且是可开发、可培养和提升的心理特质。创造力是由智力、知识、思维风格、人格、动机和环境六种独立又相互联系的资源汇合形成的多维度结构。

1) 智力

三种智力对创造力贡献特别重要：① 创造性智力：冲破常规思维限制，用新角度看待问题的能力；② 分析性智力：分析、判断、决定个体哪些想法值得付出努力实践的能力；③ 实践性智力：个体知道如何实施新想法产生创造性产品，并说服别人接受自己新奇想法的能力。

2) 知识

一定的知识储备及良好的知识结构是创造力的必备条件。大量研究表明，专家相比新手知识储备更多、储备方式更严谨。但并非知识积累越多，对创造性的贡献越大，创造力的产生还受个人思维风格影响。

3) 思维风格

思维风格是指人们运用或驾驭智力和知识的倾向。高创造力的个体不仅具有较好的处理新情况的能力，而且善于以新的方式看待问题，承担新的挑战，以自己的方式组织事件。有创造力的个体还具有“全面”而非局部的风格，即喜欢处理大的、有意义的问题，而不是小的、不连续的问题。

4) 人格

林崇德认为“创造性人才=创造性思维+创造性人格”。在创造力的产生过程中，仅有创造性思维是远远不够的，创造性人格的培养也不容忽视。斯滕伯格等人认为五种人格特征与创造力关系密切，包括忍受模糊的能力、克服障碍的意愿、成长的意愿、敢冒风险、自信。有创造力的个体需有克服障碍的勇气，具备对自身能力最大限度修正错误的信心，敢于冒险，不怕失败。

5) 动机

内部动机是推动创造力产生的动力因素。高创造性个体从事创造性的工作时，动机是任务中心而非目标中心，是内在而非外在。他们最关心的是正在做什么，而不仅仅是关注从中得到什么。

6) 环境

支持性环境是创造力产生的重要保障。环境至少可以通过三种方式支持创造：① 帮助传播创造思想；② 支持创造思想；③ 通过基础服务评价和修正这些思想。如果个人关于创造力的标准与环境标准相吻合，那么环境将促进个人创造力的形成。

3. 创造力的游乐园理论

贝尔和柯夫曼在 2005 年提出创造力的游乐园理论(The Amusement Park Theoretical Model of Creativity，APT)。该理论模型(见图 13.1.2)整合了创造力领域性问题的不同观点，认为创造力既具领域特殊性，又有领域一般性，并以游乐园这一“隐喻”形象说明创造力的领域性。APT 模型提出了创造力的四水平层级结构，分别是先决条件(Initial Requirements)、一般主题层面(General Thematic Areas)、领域(Domains)和微领域(Micro-Doma)。

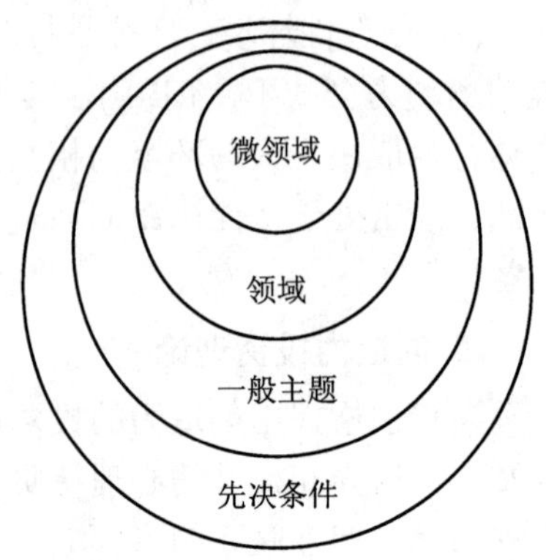

图 13.1.2　创造力的四水平层级结构

先决条件：处于层级结构基础水平，包括智力、动机和环境等因素。它们是所有创造性活动发生的最基本的条件，相当于进入游乐场都必须有门票。

一般主题层面：好比进入游乐场后，决定去哪个主题公园。一般主题层面是创造活动的基石，类似于我们日常生活中所说的领域”(如艺术、科学等)。

领域：比如第二个水平中的“艺术”主题，可细分为舞蹈、音乐等领域，如同在魔法王国里，有中央大街、冒险乐园和米奇小镇等选择。在这一水平，各领域之间的差异更加明显。比如创造性诗人和新闻工作者都属于文学艺术这一主题层面，他们都有很强的文字造诣，但也存在很大的差异(如思维风格不同，前者倾向于立法型，而后者倾向于执法型)。

微领域：好比中央大街上有优雅的老式马车、古色古香的店铺和餐厅茶室。同一领域的各任务之间有许多共性，但也存在显著差异。如同属于新闻的时事新闻和专题类节目，前者注重时效性，而后者则要求更加深入和详尽。

4. 创造力的 4C 理论

创造力包含微创造力(Mini-C)、小创造力(Little-C)、专业创造力(Pro-C)和杰出创造力(Big-C)四个层级，以及四个层级之间的过渡期(见图 13.1.3)，代表个体一生创造力的发展轨迹。微创造力是蕴含在学习过程中的创造力，体现为对经验、行为和事件新颖且有意义的阐释；小创造力侧重于日常生活，例如非专家个体参与的创造性行为；专业创造力代表高于小创造力(但未达到杰出创造力状态)，具有发展性且蕴含大量努力的创造力；杰出创造力是具有明确的划时代贡献的创造力。有学者提出，创造性人才的成长存在“十年规律”。

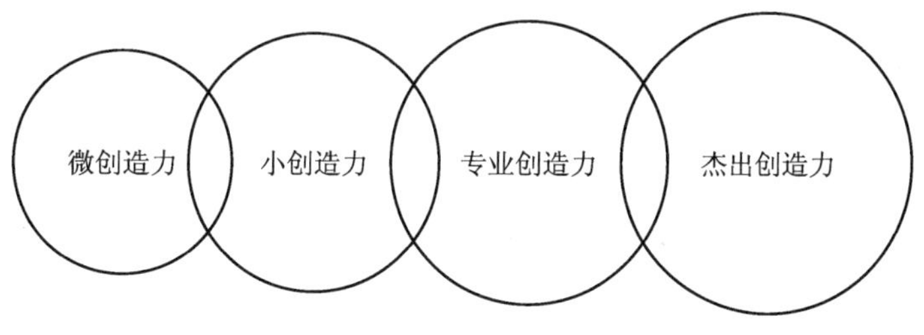

图 13.1.3　创造力 4C

13.2　创造性人才的成长规律

13.2.1　创造力的发展规律

在个体毕生发展中，创造力和其他能力一样，也是逐步形成、不断发展的。在创造力的形成和发展过程中，会受到先天基因、后天环境等各种因素的制约和影响。从个体层面来看，创造力的发展具有明显的个体差异；从宏观角度来看，创造力的发展是有规律可循的，不同年龄阶段呈现出不同的特点和发展趋势。

1. 幼儿期创造力的发展规律

幼儿期是指个体 3～6、7 岁的阶段，是儿童创造力的萌芽时期。幼儿创造力最初以模仿性、动作性表达呈现，随着语言能力的获得，开始出现言语形式的表达。学前阶段，幼儿出现更加复杂的表达形式，如以艺术、音乐或组合等方式进行创造性表达。总体而言，幼儿的创造性思维基本随年龄增长而发展，4 岁时快速发展，5 岁后发展速度趋于平缓。4～5 岁是幼儿创造性思维发展的关键期。

2. 儿童期创造力的发展规律

儿童期是指个体 6～11 岁的阶段，这个时期的个体处于小学阶段。这个阶段个体的主导活动不再是游戏，转而变为学习。个体通过系统、有组织的学习活动推动自身思维形式的过渡(从以具体形象思维为主，逐步过渡到以抽象逻辑思维为主)，并且促进了想象力进一步发展，让想象的有意性迅速增长、创造性成分日益增多且逐步贴合现实。整体来说，小学阶段个体的创造力随年龄增长呈上升趋势，但也具有非线性特征，即在创造力的发展过程中会出现一次或多次的高峰、低谷，其中最为普遍的是“四年级低谷”现象。

3. 青少年期创造力的发展规律

青少年期是指个体 12～18 岁的阶段。这个时期的个体进入青春期，身心迅速发展，为创造力进一步发展提供了生理和心理基础。当个体从小学进入初中后，其主要环境发生巨大变化，学习模式从以教师为主导转变为自主学习，身份从被管理者变为自我管理者。这些变化让个体的思维、行为获得更大的自由空间，为创造力的发展提供了有利条件。研究发现，我国青少年创造力水平在六年级到初一时明显提升，之后却呈明显下降趋势。

4. 成人期创造力的发展规律

18 岁后个体正式进入成人期，可以进一步划分为青年期(18～25 岁)、中年期(35～60 岁)和老年期(60 岁以后)。青年期是个体思维最敏捷的阶段，也是人生最具创造性的黄金时期。中年期后，个体生理、心理功能较之前有不同程度的改变，且随年龄增长逐渐老化，但因前期积累，中年期成为创造性收获的阶段。整体来看，个体进入成人期后，创造力趋于成熟和稳定，但仍存在两个高峰期：第一个高峰期是 30 岁后半期至 40 岁后半期，第二个高峰期在 55 岁左右。

13.2.2 高创造性个体的主要特征

高创造性个体究竟具备哪些特质，一直是研究者关注的核心问题。综合以往创造力研究成果，从个体层面来看，创造性个体主要具备以下特质。

1. 动力(Motivation)

(1) 动机与创造力。Amabile(1996)提出，影响创造力的因素包含相关技能、相关过程和内在动机。相较于外在动机，内在自发动力是影响创造力的重要因素，是创造力的核心要素之一，也是创造力产生的重要条件。Chianget(2014)提出，核心自我评价是个体内在动机的外在表现，内在动机塑造了个体的能力和人格，进而提升个体创造力。Sternberg(2001)也认为，创造动机应以内在、针对任务本身为主。研究显示，趋近动机的个体，倾向于采用冒险策略，认知灵活性更强，注意范围更广，思维方式更加高效，创造性表现更突出；回避动机的个体，倾向于采用更加谨慎、保守且高消耗的加工方式，注意范围较窄，灵活性弱，创造力表现通常不及趋近动机者。

(2) 好奇心与创造力。好奇心被视作个体特质和动机层面的变量。Mussel(2013)提出认知好奇心概念，认为认知好奇心是个体的一种情感动机状态，认知好奇心高的个体表现出较强的信息搜寻、学习和思考意图。好奇心对创造力有显著的正向预测作用，一方面，好奇心强的个体善于发现问题，有更大的创造性问题解决潜力；另一方面，创造性问题的解决并非一蹴而就，需要个体在“解决方法—检验—提出方法—再检验”的循环中验证。认知神经科学研究显示，高水平认知好奇心状态能激活参与奖赏期待动机的脑区——纹状体回路，更有利于个体在创造性认知加工过程中体验内在奖赏，并愿意投入更多时间和认知资源解决问题。

(3) 探究欲与创造力。探究欲是探索未知的欲望，表现为对未知领域的探索与冒险、对未知知识的渴求。好奇心和探究欲是创造力闪现的火花。杜威说过，学生的好奇心和探究欲是创造力发挥的起点。科学发明和发现往往源于人们的试验性探究和探索，扼杀学生的好奇心和探究欲，就等于扼杀了他们的创造力。

(4) 兴趣与创造力。赫尔巴特的兴趣学说阐释了兴趣与创造力的关系，即当一个人对创造某样东西或创新的想法产生浓厚兴趣时，会更倾向于完成这个想法，并在实现的过程中表现出强烈的创造力。因此，如果要激发一个人的创造力，就要努力培养他对创造力的兴趣，产生强烈的内部动机，这样才可以事半功倍。高创造性个体愿意花费更多时间和精力了解新事物，能更敏锐地捕捉前沿信息，更快、更频繁地提出新想法，不断发现、探求问题的本质，尽可能提出解决问题的新方法，这些都和兴趣均有着密不可分的关系。

2. 能力(Ability)

(1) 发散思维与创造力。发散思维(Divergent Thinking)是指产生多种备选方案/答案，或回答开放式问题时的认知过程。个体沿不同方向进行思考，重新组织当前信息和存储在记忆系统中的信息，产生大量新的独特观点。美国心理学家 Guilford 认为，发散思维是一种不同常规、从多角度探究答案的思维形式，是创造力的核心内容，对培养创新能力起关键作用。发散思维有四个显著特征：流畅性、灵活性、独特性、精致性。目前应用较广的发散思维测量工具有：吉尔福特的智力结构成套测验、托伦斯创造性思维测验、芝加哥大学生创造性测验、沃拉克和科根的发散思维测验等。

(2) 聚合性思维与创造力。聚合思维也叫作集中思维，能将广阔的思维逻辑进行汇总，使其在现有的认知背景下收束思维，是一种具有明确逻辑方向和逻辑范围的思考方式。发散思维是创造性思维的核心，但并不是创造思维的全部，聚合思维也是创造性思维的重要组。

(3) 逻辑推理能力与创造力。逻辑推理能力作为智力活动的核心要素，一直备受心理学界关注。高创造力的个体往往具有较强的抽象思维，善于判断和推理。逻辑推理能力是学生创造力的基础，具有较高逻辑思维能力的学生能够依据已有知识和事实，遵循既定法则，按照严密的步骤进行抽象、定义、判断、推理，从已知延伸到未知，把握事物的本质；还可灵活运用思维方法，进行归纳与演绎推理，最终产生新颖且有用的创造性想法或成果。

(4) 问题解决能力与创造力。问题是创造的前提，一切发明创造都源于问题。问题解决能力是指运用知识解决实际问题，以及创造性地探求新知的能力。问题解决是培养学生创新意识的有效途径。在问题解决的过程中，能充分调动学生情感和学习动机，提升其发现问题、提出问题和解决问题的能力。问题解决能力强的学生，更加注重探索问题和事物的多项解决方案，通过不断重组和解答问题，拓展思路，从而提升创造力。

3. 人格(Personality)

(1) 开放性与创造力。人格开放性是大五人格理论的维度之一，体现个体对新事物、新观念和新体验的探索程度，以及想象力、求异性和好奇心的强弱。和其他人格特质相比，开放性对创造性的预测作用最佳，高开放性人格通常具有更出色的创造性表现，较易接受新观点，乐于学习新的行为模式和文化经验，能更积极主动地融入多元文化环境，为创造力的产生积累更多素材，催生新颖想法。此外，作为衡量创造力关键指标的“新颖性”，也与人格的开放性紧密关联。Benet-Martinez 等人(2005)研究发现，高开放性人格个体的观点往往更具新颖性。

(2) 冒险性与创造力。高创造力个体具有竞争和冒险精神，愿意接受挑战性任务，喜欢在创新实践中刨根究底，敢于对既有观点、经验或成果提出质疑，勇于标新立异，突破常规；擅长想象猜测，不惧反抗权威，善于从问题对立面挖掘思路，有“不达目的不罢休”的劲头和高度责任感，能抓住创新突破的机遇。高创造性个体通常驱动性较强、富有野心且意志坚定。

(3) 灵活性与创造力。认知灵活性是指个体在问题情境中能意识到存在不同解决途径，从而采取更加灵活的方式适应新情景以实现特定目标的能力。Zabelina 和 Robinson(2010)发现，高认知灵活性的个体具有较高的创造力。低创造力的个体的认知控制能力远远不如高创造力的个体灵活。发散、流畅、灵活的思维方式更容易推动创造力的发展。

(4) 坚持性与创造力。按照创造力的双通道模型，创造性要么依赖灵活性通道，要么依赖坚持性通道，或者是两者相结合。灵活性通道指采用灵活的、发散的思维方式实现创造力；认知坚持性是指任务导向的认知努力持续和集中的程度，坚持性高的个体能够通过持续付出努力，更好地完成创造性任务。

除上述特质外，综合以往创造力的相关研究，我们概括出高创造性个体的主要人格特质(见表 13.2.1)。

表 13.2.1　高创造性个体的人格特质

研究者	时间	创造性人格特质
Guilford	1950	① 自觉性和独立性；② 有旺盛的求知欲；③ 有强烈的好奇心，对事物的运动动机有深究的动机；④ 知识面广，善于观察；⑤ 工作中讲求条理性、准确性、严格性；⑥ 有丰富的想象力，直觉敏锐，喜好抽象思维，对智力活动与游戏有广泛的兴趣；⑦ 富有幽默感，表现出卓越的文艺天赋；⑧ 意志品质出众
Sternberg	1986	① 对含糊的容忍；② 愿意克服障碍；③ 愿意让自己的观点不断发展；④ 活动受内在动机的驱动；⑤ 有适度的冒险精神；⑥ 期望被人认可；⑦ 愿意为争取再次被认可而努力
Marland	1972	① 一般智力；② 特定的学术能力；③ 创造性思维；④ 领导能力；⑤ 视觉和表演艺术；⑥ 运动能力

续表一

研究者	时间	创造性人格特质
Renzulli	1986	① 高于平均水平的一般/特殊能力；② 高水平动机；③ 高创造力
Heinelt	1986	① 不受利己主义干扰，不追求强权威望和功绩；② 不受冲突畏惧和强迫的干扰，敢于坚持真理，不怕风险；③ 不受紧张刺激的干扰；④ 能够减少不必要的信息输入，专心于自己的事业；⑤ 创造性地把动机和精力完全放在要解决的问题上，甚至将问题与自我视为同一；⑥ 与集体协作对话
Amabile	1988	① 拥有多项人格特质；② 高度的自我动机；③ 特殊的认知技能；④ 冒险导向；⑤ 丰富的专业经验；⑥ 高水准的所属团体成员；⑦ 广泛的经验；⑧ 良好的社交技巧；⑨ 聪颖；⑩ 不为偏见及旧方法所束缚的处事态度
Tuttle	1988	① 智力(记忆、知识、问题解决、分析推理等)；② 对特定学术领域(语言、数学、社会研究、科学)有较深的理解；③ 性格特征(兴趣、动机、坚持性、上进心、快速获取信息等)；④ 在数学/科学、社会研究/语言，艺术、音乐等领域表现出较高天赋和成就；⑤ 具有较高的组织、计划和协调能力，以及较强的领导能力，属于问题发现者，快速适应新环境，从不同角度看问题，保持任务相关注意力；⑥ 情绪调节能力强，独立，意志坚强，幽默，对自我和他人期望高，属于完美主义者
U. S. Department of Education	1993	① 取得非常高的成就；② 在智力、创造力和/或艺术领域表现出很高的能力；③ 拥有不同寻常的领导能力；④ 在特定的学术领域表现出色
Mihaly Csiksentmihalyi	2001	10 组明显正反相互对应的个体特质：① 精力充沛—沉静自如；② 聪明—天真；③ 责任心—游戏心；④ 幻想—现实；⑤ 内向—外向；⑥ 谦卑—自豪；⑦ 阳刚—阴柔；⑧ 叛逆—传统；⑨ 热情主观—冷静客观；⑩ 开放—敏锐
Gelade	2002	① 较高的责任心；② 较高的经验开放性；③ 较低的外向性
Csermely	2007	① 具有一般的学习能力或一般的智力水平；② 具有音乐、造型艺术、舞蹈、写作等艺术天赋；③ 具有数学、计算机、语言等学术领域的卓越天赋；④ 具有体育方面的天赋
Prabhu	2008	① 自我效能感高；② 毅力强；③ 经验开放性高；④ 内部动机强
Mimi Wellisch	2012	① 传达和获取幽默的能力；② 动机；③ 高超的表达沟通技巧；④ 有较强的问题解决能力
Gregory J Feist	2019	人格可塑性高而稳定性低的人最有可能表现出创造性思维和行为
K. A. Heller	2001	① 人格特质：成就动机，追求成功 vs 逃避失败；② 控制期待；③ 对知识的渴求；④ 压力应对能力；⑤ 自我认知(一般、学术、天赋)
林崇德	2000	① 责任感；② 兴趣；③ 求知欲；④ 事业心；⑤ 勤奋
张永宁	2005	① 责任感和使命感；② 具有良好的人际关系；③ 具有良好的道德认知能力
杜金亮		

续表二

研究者	时间	创造性人格特质
王英杰 刘宝存	2005	① 文化积淀和人文精神；② 身心健康；③ 求知欲、好奇心；④ 实践经验丰富；⑤ 有团队合作精神；⑥ 扎实的科技创新和解决实际问题的能力；⑦ 判断力
史玉环	2008	① 创新的思维方法；② 广博的知识结构；③ 求实的科学精神；④ 与人合作的素质；⑤ 持之以恒的勤奋
衣新发	2011	① 专门领域知识心智；② 内在动机心智；③ 多元文化经验心智；④ 问题发现心智；⑤ 专门领域判断标准心智；⑥ 说服传播心智
郭世田	2012	① 无私无畏；② 独立个性；③ 超常思维；④ 综合素养；⑤ 合作意识；⑥ 显现绩效
余佳平	2014	① 创新智能；② 创新思维；③ 创新品质
赵东亚	2014	① 知识结构：基础理论知识、精深专业知识、方法论相关知识；② 能力结构：创新意识与创新能力、知识获取和知识运用能力、沟通协调与组织能力；③ 个性特征：事业心、责任感、终身学习、自主学习、意志力、竞争意识、合作意识、团队精神
陈　权	2015	① 完善的人格和独特个性素养；② 超凡的创新素养；③ 高情商；④ 一定的领导和管理技能；⑤ 高科学素养
徐英雪	2016	① 能力：智力能力、知识、思维风格、个性、动机与环境；② 人格：自我效能与攻坚克难的意志、明智的冒险和忍耐力；③ 动机：内部动机与外部动机
刘润香	2017	① 个性动机：开放性、自信心、成就动机、坚强意志、责任心、独立；② 自我调适：情绪调节、心理韧性、时间管理能力、专注；③ 创新特质：创新意识、创新思维、创新精神、创新能力；④ 人际能力：团队合作、沟通协调、领导力
远梦妮	2017	① 高水平学术研究能力；② 强烈社会责任感；③ 工匠精神
谢佩芯	2019	① 纯粹的感性；② 喜欢孤独；③ 对自己的感性持有自信；④ 自己想做的事优先；⑤ 喜欢不安定；⑥ 不害怕失败；⑦ 重视各种“刺激”；⑧ 具有高度的集中力
查子秀	2019	① 智能：感知觉敏锐，观察力强；注意力集中，记忆力强；思维敏捷，逻辑性强。② 个性：好奇心强，求知欲旺盛，兴趣广泛；好胜、自信、有独立性；执着、勤奋、有坚持性。③ 创造力：想象丰富、联想活跃；创造性思维突出，闪现灵感、直觉的火花
许　军	2020	① 眼界宽阔；② 格局高远；③ 思维理性；④ 能力卓越
唐　宇	2020	① 科学报国情怀；② 扎实的学科基础；③ 科学研究能力(数理能力、言语能力、计算能力)；④ 发明创造思维(设计思维、创造性思维、批判性思维)；⑤ 良好的心理素质
江美慧	2020	① 强烈的好奇心；② 科学的探索兴趣；③ 明确的追求目标；④ 丰富的想象力；⑤ 深刻的观察力以及勤奋思考和坚定的自信心

4. 创造性人才的 MAP 模型

基于以上对高创造性个体的主要特征的分析，段海军等人(2021 年)从动力、能力、人格三个维度构建了创造性人才 MAP 模型(见图 13.2.1)。该构想模型包括三个一级维度，共 12 个二级指标。

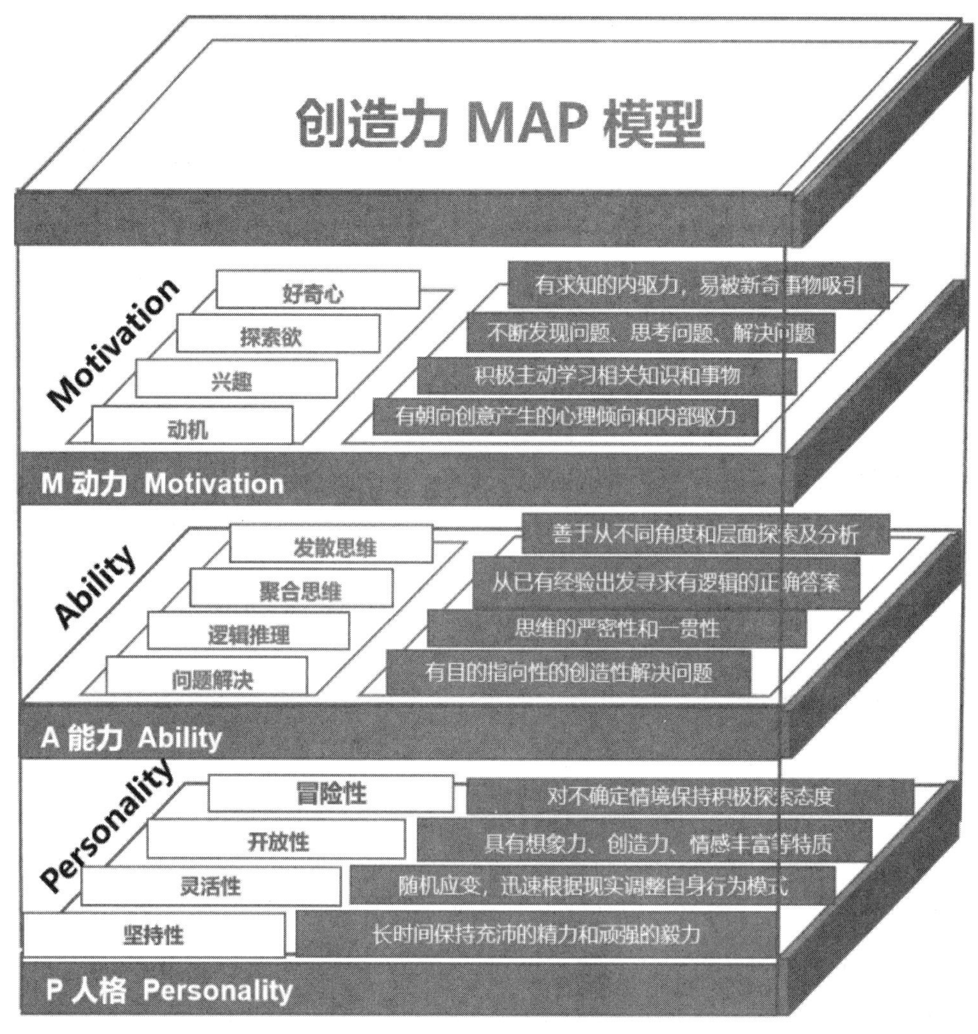

图 13.2.1　创造力 MAP 模型(段海军，2021)

(1) 动力：代表创造性的动力特征，包括好奇心(有求知的内驱力，容易被新奇事物吸引)、探索欲(不断发现问题、思考问题、解决问题)、动机(朝向创意产生的心理倾向和内部驱力)和兴趣(积极主动学习相关知识和事物)四个二级维度；

(2) 能力：代表创造性的认知能力特征，包括发散思维(善于从不同角度和层面探索及分析)、聚合思维(能从已有经验出发寻求有逻辑的正确答案)、逻辑推理(思维的严密性和一贯性)和问题解决(有目的指向性的创造性问题解决)四个二级维度；

(3) 人格：代表创造性的人格特质，包括冒险性(对不确定情景保持积极探索态度)、开放性(具有想象力、创造力、情感丰富等特质)、灵活性(能随机应变，迅速根据现实调整自身行为模式)和坚持性(长时间保持充沛的精力和顽强的毅力)四个二级维度。

该模型基于国内外创新人才培养的理论和实践提出。我们可以从动力、认知能力、人格特质三个维度出发，培养创造力特质。

13.3 大学生创造力的培养

随着技术呈大爆炸式发展，当代社会进入乌卡时代，整个时代充满了易变性(Volatility)、不确定性(Uncertainty)、复杂性(Complexity)和模糊性(Ambiguity)，想象力、创造力和创新是我们应对不确定未来的三大利器。因此，我们的最佳资源就是通过培养创造力去迎接充满挑战性的未来。

13.3.1 创造性的人：高校人才培养的目标

美国早在20世纪80年代就提出教育应当加强思维能力和创造能力的培养，要将开发创造力作为教育目的，一切教学活动都围绕“为培养创造性而开展”。

1. 创造性个体视角

创造性人格的培养是创造力培养的核心目标，其关键在于让个体习得创造性的行为模式。国外普遍重视学生的以下创造性行为：① 从不同视角看待问题；② 敢于承担责任；③ 坚持表达自己的观念；④ 通过与他人合作共同解决问题；⑤ 积极寻找解决困难和挑战的方法。

2. 创造性产品视角

创造力最终主要通过创造性产品表达出来。创造往往从模仿开始，再到实质性的创新产品。产品设计的过程往往需要不断突破原有的思维模式，运用不同创造性思维策略来实现创新。常见的有加法思维策略和减法思维策略。加法思维策略强调通过附加要素来突破产品功能设计的单一性，或者通过数量来弥补功能上的不足，再或者开发新功能。减法思维策略强调通过替换或消除产品的缺点，达到创新目的。

3. 创造性过程视角

创造力是由学习、思考、问题解决过程等各种过程所产生的，是一种心理活动历程。因此，需要对思维活动进行过程化管理与监控。同时，创造力产品是认知灵活性和认知持久性两种加工策略共同作用的结果，其形式是逐渐积累的过程，只有在学习过程中对相关思维活动进行实时监控，才能生产出创造性产品，培养创造力。

4. 创造性环境视角

创造力存在于个体与环境的互动之中，创设有利的环境是实现培养创造力的关键。哈尔曼总结出了有利于培养创造力的12种方法：① 培养主动学习的热情和方法；② 学会合作；③ 鼓励勤奋；④ 创造性思维的专门训练；⑤ 延迟判断；⑥ 提升思维灵活性；⑦ 鼓励独立评价；⑧ 训练感觉的敏锐性；⑨ 重视提问；⑩ 尽可能地创造各种条件；⑪ 重视培养耐挫能力；⑫ 注重整体结构。

13.3.2　创造型教师：创造性人才培养的前提

教师在创造性发展中起到关键作用。教师既是学生榜样，也是学生激励者(班杜拉，1997)。要培养创造型人才，首要的前提，教师是创造型教师。所谓创造型教师，是指具备培养学生创造力的理念、支持学生创造力的心理素质，掌握多种创造力培养策略并能灵活运用于教育教学，且能够采取有效的教育教学措施来培养和促进学生创造力发展的教师(张景焕，2008)。判断是否是创造型教师，有目标指向、心理素质和行为特征三个标准。

1. 目标指向

目标指向是创造型教师的出发点和归宿。创造型教师教育理念中最重要的成分是他们将学生创造力培养作为教学的重要目标。创造型教师必须立足于促进学生创造力的发展，设计教学活动，并以促进学生创造力发展为标准来反思和评价自己的教学活动。

2. 心理素质

心理素质是创造型教师发展的基础与动力。教师的创造理念需通过教师心理素质这一中介，最终转化为教师的创造性教学行为。创造型教师的心理素质包括性格特征、教学风格、教学能力等方面。创造型教师的性格特征：对学生热情，有移情能力，富于变通性、开放性、创造性和想象力；创造型教师的教学风格：尊重学生，以开放性提问引导、鼓励学生发现、探究问题，促使其自主学习与思考；创造型教师的教学能力：拥有创造型教学设计、培养学生创造思维、开展创造性评价及课堂教学反思等能力。

3. 行为特征

教师只有把内在的教育理念、心理素质外化为实际的教学行为，才可对学生创造力的发展产生影响。日本学者恩田彰(1978)提出了创造型教师的 7 种特征：① 具有创造力；② 拥有强烈的求知精神；③ 努力建设具有创造力的集体；④ 营造宽容、理解、温暖的课堂气氛；⑤ 具有与学生一起学习的态度；⑥ 创造激发学生学习欲望的环境；⑦ 注意对创造活动过程的评价。

13.3.3　多层面互动策略：课堂教学中培养创造力的有效手段

1. 师生互动：保持教师主导性与学生主体性的平衡

师生互动最关键的是保持课堂中教师主导性与学生主体性之间的平衡。教师的主导性主要体现在以下四个方面：① 设置创造性活动目标、内容框架及方法与步骤；② 提供知识与技能支持，营造安全、开放、创造性的活动氛围；③ 通过提问的方式，帮助学生在遇到思维定式或僵局时转换思考角度，或者组织学生相互讨论；④ 活动结束后，借助对话、团队讨论和作品展示等，引导学生对创造过程进行评价、反思和总结。

2. 同伴互动：建立良好的合作与交流模式

同伴的互动主要体现在小组讨论、小组合作、头脑风暴以及活动分享、总结和作品展示等环节。例如，头脑风暴是由教师先提出问题，鼓励学生发散思维，提出尽可能多的解决方法，不必纠结方案的正确与否，直到所有可能方案都被提出为止。然后，小组成员对这些想法进行讨论、评价，修改、合并，形成一个创造性的解决方案。

3. 学生与环境的互动：创设有利于互动的时间与空间

丰富多样的主题课程能为想象提供空间，学生与环境进行互动后转换为其自身的体验，从而提升创造力。构建多元环境、预留充足的时间和空间，是实现互动不可或缺的两个因素。创造力源于个体与环境的互动之中，优质的环境是学生创造力培养的关键。

13.3.4 思维目标的学习活动：创造性人才培养的课堂教学策略

创造性思维是创造力的核心。课堂教学活动要以思维能力训练为核心，其教学模式是创造性人才培养模式的核心，开展基于思维的教学活动是培养学生创造力的关键手段。

1. 注重学生思维能力训练

课堂教学实践中，可以从基础思维能力训练和综合思维能力训练两个层次培养学生的思维能力。其中，基础思维能力训练指培养学生基本的思维方法，如形象思维(观察、联想、想象和空间认知等)、抽象思维(比较、分类、推理、分析综合、抽象概括)和创造性思维(重组、发散思维、突破定势、迁移)；而综合思维能力训练则主要从整体性任务出发，培养高级创造性思维，包括创作、问题提出、问题解决和科学探究等。

2. 尊重教学的本质和规律

结合国外创造力培养项目的实践，教师开展培养创造力的教学活动时，应当尊重教学的本质和规律，具体可以从以下方面着手：

(1) 接受并鼓励发散思维。在课堂讨论中，教师要经常问“谁能对这个问题提出不同的方法？”鼓励学生用非常规方法解决问题，即便结果不完美也应给予肯定。

(2) 容纳异议。要求学生尊重、接纳不同的见解，鼓励学生质疑，确保持反对意见的学生也能得到尊重与鼓励。

(3) 鼓励学生相信自己的判断。学生面对一些经过努力可以自己回答的问题时，教师应该引导、鼓励其形成独立的分析判断。还可以多布置一些不做对错评价的作业，给学生更多自主思考空间。

(4) 强调每个人都可以创造。避免过分夸大艺术家、发明家或行业专家的才能，要承认并鼓励每个学生在学习过程中的创造性努力，让学生明白创造并非少数人的“特权”。

(5) 为创造性思维提供示范。教师可以有意识地给学生提示非常规的解答方法，演示如何创造性地解决问题，给学生搭建学习“样板”。

(6) 为创造性思维提供自由开放的气氛。放宽对思考活动的时间限制，适当松绑创造活动中的纪律约束，为学生提供沉思、探索的机会和环境。

3. 激发学生积极思维

教师在课堂教学中培养学生创造力，应坚持“一个核心、两个主体、三个目标、六个教学环节”：

(1) 一个核心：在活动中以激发学生积极思维为核心。

(2) 两个主体：教学活动以教师为主体，学习活动以学生为主体。

(3) 三个目标：丰富学生知识经验，提高学生创新能力，培养学生好奇心和探索欲。

(4) 六个教学环节：包括情境创设、提出问题、自主探究、合作交流、总结反思和应用迁移。

① 情境创设环节：通过创设教学情境，将活动内容与学生的先验知识相结合，从而激发学生的内在动机；

② 提出问题、自主探究和合作交流环节：通过问题情境，引发学生的认知冲突或直观的情感体验，激发学生进行积极思维，并通过师生互动和同伴互动建构知识；

③ 总结反思环节：对活动进行分享和总结，提高学生的元认知水平；

④ 应用迁移环节：通过设置作业或扩展活动，让学生将活动中运用到的思维方法应用到其他领域的问题解决中，以强化跨领域迁移能力。

总之，基于思维的教学活动，要坚持以激发学生动机与兴趣为基础，以启发学生积极思维为核心，以教学情景创设和教师引导下的学生探究为主要途径，以思维方法训练和思维能力培养为重点，以提升学生创造力为核心目标，丰富学生的创造性体验，形成良好的创新素养。

13.3.5　由知到行：创造性人才培养的自我提升策略

创造力总是垂青有准备的人。路易斯 • 巴斯德曾经说过："机遇只偏爱那些有准备的人。他们通过耐心研究，不断地努力去发现新东西。"在需要大胆假设和尝试的创造早期阶段，创造性思维是最重要的。因此，我们必须抵制只能沿着既定轨道发展的思想倾向。那么如何打破思维定式，有效提升自身创造力呢？

1. 打破行为习惯

习惯既是社会倾向也是心理倾向，它总是让我们在考虑问题时，用固定的模式或思路去进行思考与分析，以特定的方式来解释事物，从而迎合需求。尽管习惯是维持稳定性和有序行为的核心，但也会让人变得机械。真理是变化的，而且这种变化取决于创造性想象力，也取决于我们以不同视角看待事物，使个人的想法和行为适配新观点的能力。创造性行为通过参考以前不相关的经验，使人们能够实现更高层次的精神进化，是一种创造力突破习惯束缚的行为解放。库斯勒将创造力与习惯进行了对比，见表 13.3.1。

表 13.3.1　创造力与习惯的对比

习　惯	创 造 力
固定模型范围内的联想	独立模型下的异类联想
前意识或超意识指导的流程	被内敛潜意识指导的流程
动态平衡	再生潜力的激活
在事物上从刚性到柔性的变化	超级的灵活性
重复性	新颖
一成不变	破坏性和建设性

2. 改变心智模式

心智模式(Mental Model)由苏格兰心理学家肯尼思 • 克雷克(Kenneth Craik)在 1943 年首次提出。彼得 • 圣吉将其定义为：根深蒂固存在于人们心中，影响人们理解世界(包括自身、他人、组织及整个世界)，以及采取行动的诸多假设。心智模式是隐而不见的，具有自我增强的特性，往往难以改变，还会约束和限制我们的创造力。

影响人类发展的十大心智模式主要有：① 观念就是世界，即我的想法就是真理，我的头脑中的观念就是真实的世界；② 唯我独醒，即我是唯一正确的人，和我意见不同的都是错误的；③ 异议即挑战，即提出不同意见就是对我发出挑战，是需要反击的行为；④ 成年定性，即人类成年后就不可能有重大发展；⑤ 本性难移，即成年人的本性是不可能改变的，我就只能是现有样子；⑥ 归罪于外，即我是系统的受害者，其他人应该承担改变的责任；⑦ 眼见为实，即我亲眼所见就是事实，我亲身经历过就一定了解真相；⑧ 掩盖无知，即暴露自己的无知是令人尴尬甚至是可耻的行为；⑨ 固守经验，即以往让我成功的经验，未来一定还可以让我成功；⑩ 二流心态，即我们已经够好了，无论怎么做，都不可能做到最好。

改善心智模式的过程就是把“镜子”转向自己，看清自身思考与行为的形成逻辑，再以新视角、新的方式进行解读。因此改变个体不良的心智模式，是提升创造力的关键。改变心智模式的过程包含以下四个步骤：

(1) 觉察。觉察是改变的前提。通过觉察，让隐藏于内心深处隐而不见的假设、规则、成见等“浮现”，才能更加主动地对心智模式进行检验和改善。觉察可以源自内省，也离不开外界条件的触发。

(2) 检验。新资料是生成新的心智模式的必备“原料”。“心门”打开后，人们可以通过新的视角去获得新的资料，或以新的视角去检验原有的资料。

(3) 改善。在接纳了新的资料之后，需要用新的规则或逻辑对其进行解读，以便检验心智模式的有效性及其适用范围。因思维具有连续性，这一过程与检验几乎是同步发生的。

(4) 植入。心智模式隐藏于思维背后，要想让其发挥作用，必须持续练习新形成的心智模式，使其成为下意识的习惯。

3. 培养创新性行为习惯

美国约翰·斯维尼和艾琳娜·伊梅尔茨卡等人采访了不同领域拥有创造性思维的个体，总结出创新思维五大行为习惯。

(1) 学会倾听。倾听在创新文化和创新活动中可以发挥多种作用。倾听能让对方感觉到被信任和尊重，有利于在合作中产生更好的创意；还能帮助个体超越现有的理解与认知，接受新观念、开拓新思路，尤其是在不同观点碰撞时激发新的思维灵感。

(2) 延迟评判。延迟评判主要指实施某种创新方案时，将判断环节往后放一放。实践证明，延迟评判可以让思考更丰富、创意更多元。延迟评判的关键在于“延迟”，因为太快做出判断会限制很多可能性。

(3) 公开声明。公开声明即公开表达自身观点。培养公开声明的习惯可从五方面着手：① 提前总结观点，以便在正式发言中能够更轻松地阐述；② 尽量不用“我只是随便说一说”和“这可能不是个好主意”这样的表述方式；③ 表达时留意面部表情、目光等，确保信息能有效传达；④ 确认对方理解声明和陈述；⑤ 对核心观点行评估，确保表达精准。

(4) 重构观念。重构能力是创新活动不可或缺的部分。在创新活动的各个阶段为思维重构预留时间，能够持续带来全新、丰富多样的观点，从而避免思维僵化。培养重构观念的习惯时，可从以下几方面入手：① 在创新活动中为重构预留时间；② 从不同的领域寻找不同的观点；③ 培养忧患意识。

(5) 即刻行动。即刻行动就是“想做就去做”。我们常担忧开始做某件事后出现不良结果，因此难以迈出第一步。然而在现实生活中，真正行动之后我们会对自己所做的事有更清晰的认知，思维也不会陷入僵化。

4. 制订个人行动计划

创造性人才的培养并非一蹴而就，需要长期坚持和努力，更需要制订个人行动计划后即刻行动。制订个人行动计划时可利用 GROW 模型——Goals setting(目标设定)、Reality(现状分析)、Options(发展路径)、Will(行动计划)，分别对应以下问题：你的目标是什么？你现在的状态怎么样？你有哪些选择？你将要做什么？

(1) 目标设定。引导自己设定提升创造力的阶段性目标，挖掘个人潜能。可借助提问来明确方向：你目前的目标是什么？如何判断目标已经实现？什么时候开始为目标奋斗？

(2) 现状分析。注重对自身当前现状进行分析，关键在于：① 心智模式觉察：思考自己解决问题的方式，开展自我评估，分析是否存在不妥当的地方；② 改善心智模式：运用多种提问技巧实现心智模式转变。

(3) 发展路径。通过现状分析，进一步厘清未来的发展路径，并采用“愿景”式引导方法让自己憧憬未来，增强实现目标的信心。

(4) 行动计划。明确要实现的目标，分析目前所面临的情况和可以采取的措施以后，设计具体行动计划，并付诸创造性实践。

总之，创新人才的成长既有普遍性规律，也有特殊性规律，是个体努力、外部环境与机制共同作用的结果，呈现渐进积累、动态发展的过程。对创造性人才的需求是建设创新型国家的必然要求。新时代背景下，大学生唯有努力成长为创新性人才，才能实现个人理想，报效祖国。

第 14 章　大学生职业生涯规划

苏格拉底曾经说过：“未经思考的人生不值得过。”生涯规划是个体自我探索、自我肯定，不断实现自我价值的旅程。当前，大学生就业形势严峻，2022 年高校毕业生已突破 1076 万人，有限的就业岗位远不能满足毕业生的需求，甚至部分大学生“毕业即失业”。因此，加强大学生生涯教育，对于调整就业心态，提高就业技能，促进学生的未来发展具有重要的引导作用。

14.1　大学生的生涯规划

现代社会竞争日益激烈。预则立，不预则废。处在这样一个史无前例的新时代，每个大学生都需要竭尽全力地去应对一系列全新的挑战。目前，高等教育由精英化走向大众化，大学生数量连年攀高，就业压力不断增加，就业形势不容乐观。近年来，我国高校毕业生人数逐年攀升，2020 届高校毕业生 874 万人，同比增加 40 万人；2021 届全国高校毕业生总规模 909 万人，同比增加 35 万人；2022 届高校毕业生规模 1076 万人，同比增加 167 万人(见图 14.1.1)。大学阶段是人生的一个关键时期，要逐步实现从学生转变为职场新人的目标，开展生涯规划教育，这对于调整就业心态、提高就业能力就显得尤为重要。

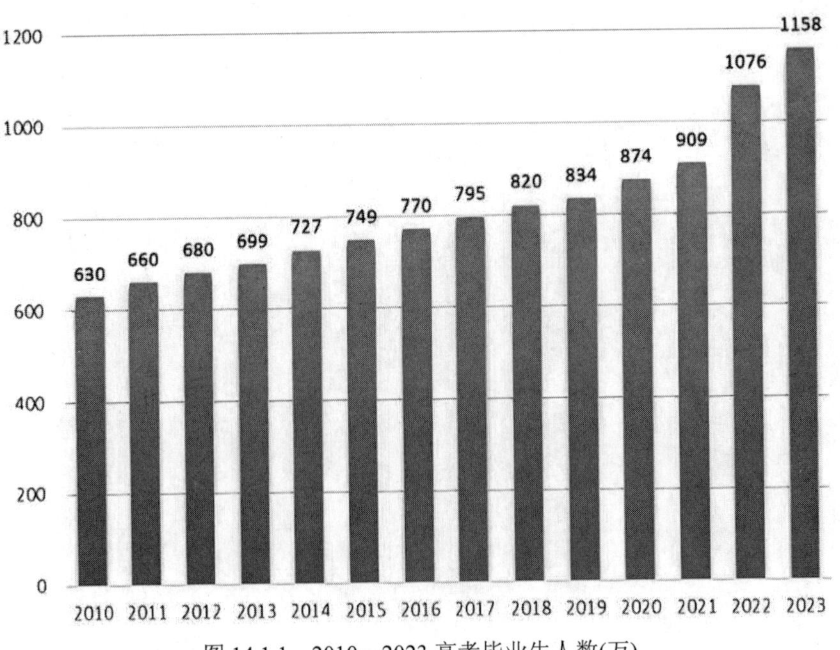

图 14.1.1　2010—2023 高考毕业生人数(万)

14.1.1　什么是生涯规划

大学生生涯规划是指大学生通过自我评估和对环境因素的分析，结合职业理想与职业生涯的预期，在教师的帮助下，规划大学学习生活，提高综合素质与就业竞争力，为未来的就业奠定良好的基础，实现大学教育与市场需求的无缝对接。

职业生涯规划对于大学生今后的生活具有决定性作用，对于未来的发展具有关键性意义。萧伯纳说过："人生的真正欢乐是致力于一个自己认为是伟大的目标。"大学时期是探索职业目标、蜕变为优秀职业人的黄金时期。树立人生的远大理想，明确未来的发展目标能够激励学生珍惜韶华、奋发有为、不负青春。

14.1.2　生涯规划的特点

生涯包含了与工作、职业相关的所有生命历程，具有如下特点：

(1) 发展性。生涯是一个连续不断、循序渐进而且不可逆转的过程。生涯规划是一个终身学习、终身发展的过程，具有很强的连续性和发展性。生涯教育的核心在于帮助大学生对未来进行系统性和针对性的安排。

(2) 积极性。生涯规划有助于实现自我特征和职业的最佳匹配，实现个人价值的最大化，达成个人兴趣、能力、事业和价值多赢的局面。通过生涯规划，个体能更好地察觉自己的优势和劣势，激发职业热情并挖掘自身潜力，让个人的才能得到充分发挥。

(3) 动态性。现代社会的职业流动性增加，一个人可能会从事多种不同的职业，这决定了生涯规划必然是一个不断调整的动态变化过程。个人要根据环境的变化，不断评估和调整生涯规划，抓住机遇并顺势而为，提高生涯适应力。

(4) 个性化。生涯发展是个体构建人生路径的自我发展过程。不同的人有不同的职业理想和职业选择。因此，每一个人的发展都是一个独特的生涯历程。生涯规划没有对错，只有适合与不适合，能够充分发挥自己特长的规划就是最好的生涯规划。

14.1.3　生涯规划的理论

1. 霍兰德职业兴趣理论

约翰 • 霍兰德(John Holland)提出了职业兴趣理论。他认为，职业兴趣与个性特征之间存在很高的相关性。该理论有四个核心假设：① 个性特征可以划分为六种类型：现实型、研究型、艺术型、社会型、企业型和常规型(见图 14.1.2)；② 职业环境也存在对应的六种类型；③ 与个性类型相匹配的工作环境，能更好地发挥个人特长、实现自身价值、获得幸福感；④ 个人的职业表现是个性特征和职业环境相互作用的结果。

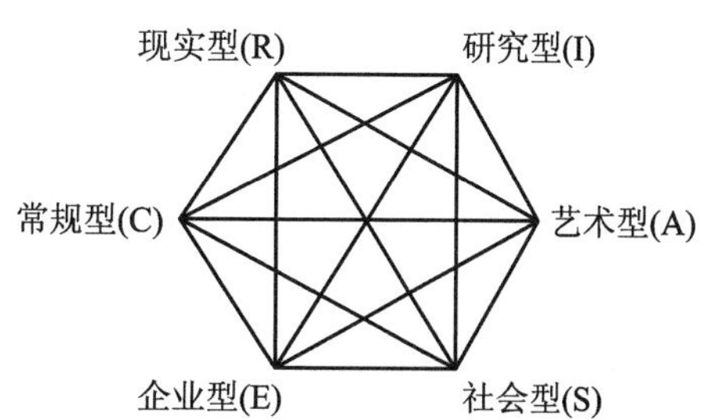

图 14.1.2　职业兴趣理论的六边形模型图

(1) 现实型(R)：具有现实倾向，喜欢操纵诸如机器工具等有形的物体，具有较强的操作技巧和协调能力；语言表达能力相对较弱，不擅长交流。典型的职业包括技能性职业(如劳工、技工、修理工等)和技术性职业(如制图员、机械装配工等)。

(2) 研究型(I)：具有研究倾向，对于理论思维和数理统计具有浓厚的兴趣，喜欢解决抽象性的问题；比较擅长分析和判断，思维能力较强，社交能力相对较弱，性格较为内向。典型的职业包括科学研究人员、教师、工程师等。

(3) 艺术型(A)：具有艺术倾向，富有原创性，充满想象力，敢于打破传统；擅长艺术创作，喜欢在非结构性的环境下工作，不善于处理烦琐事务。典型的职业包括艺术方面的(如演员、导演、艺术设计师、雕刻家等)、音乐方面的(如歌唱家、作曲家、乐队指挥等)与文学方面的(如诗人、小说家、剧作家等)。

(4) 社会型(S)：具有社交倾向，具有很强的社交能力，能够较好地处理人际关系相关的事情；善于表达，喜欢社会交往，关心社会问题，具有人文主义倾向，责任心较强。典型的职业包括教育工作者(如教师、教育行政工作人员)与社会工作者(如咨询人员、公关人员等)。

(5) 企业型(E)：具有进取倾向，喜欢制订新的工作计划，建立新的组织；热衷于对他人进行影响、管理和领导，具有较高的成就需求，自信，精力充沛，支配欲和冒险性强。典型的职业包括政府官员、企业领导、销售人员等。

(6) 常规型(C)：具有传统倾向，喜欢高度有序、要求明晰的工作；不喜欢承担领导者的责任，愿意服从命令，善于根据指令行事，能够按照具体的程序有条不紊地完成相应的工作；一般较为忠诚、可靠，偏保守，工作仔细、有毅力、有条理、责任心强。典型的职业包括银行职员、图书管理员、会计、出纳、统计人员、计算机操作人员、办公室职员等。

拓展阅读

六小岛——测测你的职业偏好

你和朋友一起去海上旅游，在航行过程中你看到了六个小岛，这六个小岛各有特色。

A 岛：美丽浪漫的岛屿。岛上弥漫着浓厚的艺术气息，很多文艺界的朋友来此寻找灵感。

S 岛：友善亲切的岛屿。居民个性温和友善、乐于助人，人们重视互助合作，重视教育，充满人文气息。

E 岛：显赫富庶的岛屿。居民善于从事企业经营和贸易活动，能言善道。这个岛经济高度发展，来往者多是企业家、经理人、政治家、律师等。

C 岛：现代、井然的岛屿。岛上的建筑十分现代化，有着完善的户政管理、地政管理体系。居民个性冷静保守，处事有条不紊，善于组织规划，细心高效。

R 岛：自然原始的岛屿。岛上的自然环境保护得很好，有各种野生动物。居民以手工技艺见长，会自己种植花果蔬菜，还擅长修缮房屋、打造器物、制作工具，且热衷于户外运动。

I 岛：深思冥想的岛屿。岛上设有多处天文馆、科技博览馆及图书馆。居民喜好观察、学习，崇尚和追求真知，常有机会和来自各地的哲学家、科学家、心理学家等交流思想。

请同学们思考下列问题：

1. 你只有七天的假期，如果让你选择一个岛屿去生活，你会选择哪个岛屿？为什么？
2. 如果你要在某个岛屿度过一生，你会选择哪个岛屿？为什么？

3. 你有什么发现？你的两个选择一致吗？

你正在进行的是霍兰德职业兴趣测验，六个岛屿代表着六种典型的职业兴趣类型。R 岛的职业兴趣类型是实用型，I 岛是研究型，A 岛是艺术型，S 岛是社会型，E 岛是企业型，C 岛是事务型。

2. “职业锚”理论

“职业锚”理论是著名的职业指导专家埃德加·H. 施恩(Edgar. H. Schein)提出的。他认为职业生涯发展是一个持续不断的探索过程，在这一过程中，每个人都在根据自己的天资、能力、动机、需要、态度和价值观等逐渐形成较为明晰的与职业有关的自我概念。随着一个人对自己越来越了解，就会形成一个占主要地位的“职业锚”。职业锚是个人规划和选择职业的核心，是个体进行职业规划时绝不会放弃的至关重要的职业要素或价值观。

职业锚分为八种类型：职能型、管理型、独立型、稳定型、创业型、挑战型、生活型、服务型(见图 14.1.3)。各类型的具体内涵如下：

(1) 职能型职业锚：该类型的人更愿意从事专业领域的工作，喜欢追求技术或功能领域技能的成长，对管理职业并不感兴趣。典型的职业包括咨询公司的项目经理、工厂的技术副厂长、企业中的研究开发人员、统计人员和会计人员等。

(2) 管理型职业锚：该类型的人有成为管理者的强烈愿望，具有很强的晋升动机和价值观，追求并致力于职位和收入的提升，同时具备较好的分析能力、人际沟通能力和情感能力。典型的职业包括政府机构、企事业组织的主要负责人等。

(3) 独立型职业锚：该类型的人更喜欢独处，通常按自己的喜好安排自己的工作习惯、风格和生活方式，喜欢待在能发挥个人所长的工作环境中，不愿被限制和约束，甚至为了追求自由和独立，宁愿放弃晋升机会。典型的职业包括科研人员、职业作家、个体咨询人员、手工业者和个体工商户等。

(4) 稳定型职业锚：该类型的人最关心的是事业的长期稳定和安全。他们认为稳定的工作、合理的收入、优越的福利和良好的退休保障是必不可少的。个人目标和组织目标发生矛盾时，他们往往选择服从组织目标。对组织较强的依赖性，在一定程度上限制了他们职业生涯的开拓与发展。典型的职业主要是公务员和事业单位在编人员。

(5) 创造型职业锚：该类型的人需要完全构建自己的东西，或者开发出以自己的名字、公司或私有财产命名的产品或技术，以彰显个人成就。他们有很强的创新需求和野心，有决心，敢于冒险。典型的职业包括发明家、产品开发人员和企业家等。

(6) 挑战型职业锚：该类型的人喜欢解决常人无法解决的问题，战胜强大的对手，克服挑战度极高的困难和障碍等。对他们而言，完成工作中各种极具难度的任务是终极目标。

(7) 生活型职业锚：该类型的人喜欢在一个能够平衡并结合个人需求、家庭需求和职业需求的工作环境中工作。他们想把生活的所有主要方面整合为一个整体。

(8) 服务型职业锚：该类型的人的特征是服务性，并将此作为自己认可的核心价值观。他们喜欢帮助他人、改善人们的居住环境安全状况，等等。他们无法接受以自我为中心、一味追求极端利益的行为模式。

职业锚理论为人们提供了职业选择的方向，最大的价值在于告诉人们什么才是职业生涯中最重要的。职业选择没有对错之分，哪种选择会让自己更快乐，才是职业生涯应该探索的核心问题。

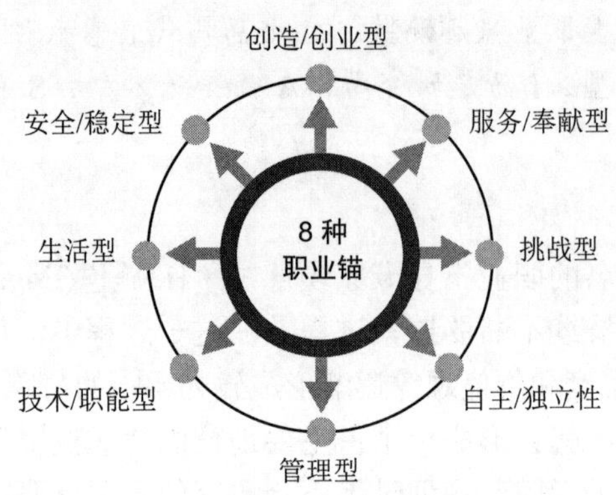

图 14.1.3　职业锚理论——八种职业锚

3. 职业生涯发展理论

唐纳德·舒伯(Donald E. Super)提出了职业生涯发展理论，他关注个体横向的职业发展任务和纵向的角色冲突，强调横向与纵向之间的交互作用，认为两者交织形成的立体结构构成一个人的职业生涯历程。该理论主要包括以下方面。

1) 职业发展理论

舒伯将职业生涯发展阶段分为成长期、探索期、建立期、维持期与退出期五个阶段，每个阶段都有独特的任务。

(1) 成长期(出生至 14 岁)。该阶段的儿童开始发展自我概念，以不同方式来满足自己的需要，并逐渐认识自己的社会角色。此阶段的发展任务是：提高自我认知，发展对劳动的正确态度，并了解工作的意义和必要性。

(2) 探索期(15～24 岁)。该阶段的青少年对自我能力及角色、优势进行探索。这个阶段的发展任务是，使职业偏好逐渐具体化、特定化，开始择业和就业尝试。具体包括三个时期：一是试探期(15～17 岁)；二是过渡期(18 岁至 21 岁)；三是初步试验承诺期(22 岁至 24 岁)。该阶段的完成代表个体职业生涯的初步确定，并且探索其可行性。

(3) 建立期(25～44 岁)。该阶段的个体要找到合适的职业领域，谋求发展，致力于实现人生目标，还要学会在家庭和事业之间保持平衡。这个阶段的发展任务是统筹、稳固、求上进。

(4) 维持期(45～65 岁)。个体不断努力工作，巩固已有的职业地位，维持家庭与工作两者之间的和谐关系，从工作中获得成就感和幸福感，同时也要应对新人的挑战。这一阶段的发展任务是维持既有成就与地位。

(5) 退出期(65 岁以上)。由于生理及心理机能日渐衰退，个体不得不面对现实，实现从积极参与到隐退的过程。这一阶段个体要完成角色转换，适应退休后的生活，寻求其他方式以获得幸福。

2) 循环发展阶段理论

舒伯认为，生涯发展的每一阶段都有特定的发展任务需要完成，每一阶段都需要达到一定的发展水平或成就水平，而且前一阶段发展任务的完成与否关系到后一阶段的发展。在人一生的生涯发展中，每个阶段都面对成长、探索、建立、维持和退出的问题，因而形成

“成长—探索—建立—维持—退出”的循环(见图 14.1.4)。

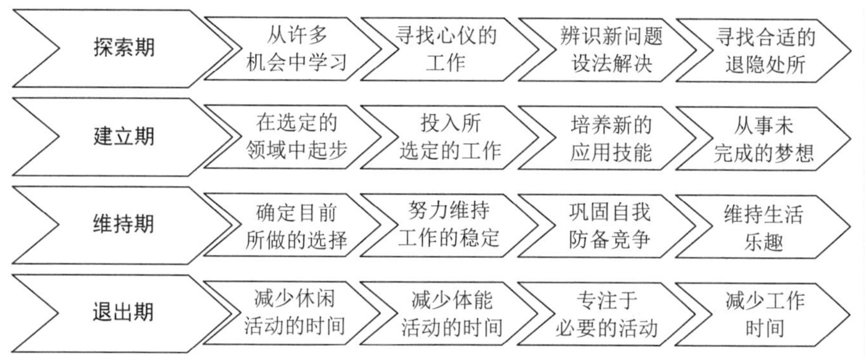

图 14.1.4 循环发展阶段论

14.1.4 大学生常见的面试形式及考察标准

1. 无领导小组讨论

1) 什么是无领导小组讨论

无领导小组讨论(Leaderless Group Discussion，LGD)是一种常用的测评方法。目前，在世界 500 强企业中，LGD 的应用达到 80%以上，成为各行业人才评价与选拔最常用的手段之一。

无领导小组讨论是一种通过观察人们在模拟实际情景中的行为表现来预测其未来行为的评价方法。具体的操作流程是：临时构建的小组成员在规定时间内对设定的某具体问题进行充分、高质量的讨论，并最终达成一致意见。小组规模通常为 6～8 人，不指定领导者。在无领导小组讨论过程中，评价者对小组成员的具体行为表现作出评价。

2) 无领导小组的实施流程

无领导小组讨论经常被运用于招聘面试，具有选拔或甄选功能(见图 14.1.5)。

图 14.1.5 无领导小组讨论现场

具体实施过程如下：

(1) 介绍流程。这一环节主要由主持人向小组成员介绍无领导小组讨论的要求，明确指导语。首先，了解讨论主题和小组任务，时长为 5 分钟；其次，自由讨论，时长为 20 分钟；最后，推荐一名成员就小组讨论的意见作总结陈词。讨论开始后，主持人不再回答任何提问，也不干预讨论。指导语如下：

“大家好！现在我们召开一场无领导小组讨论会。从现在开始，你们组成今天的讨论小组。各位先用 5 分钟准备时间了解讨论内容，之后进入 20 分钟的自由讨论环节，最后小组需要推荐一名成员对讨论结果进行总结陈词。讨论开始后，我不再回答你们的任何提问，也不会干预你们的讨论过程。今天自由讨论的情景为‘沉船求生’。”

【情境】 沉船求生

一艘在海上航行的轮船不幸触礁，还有半个小时就要沉没了。船上有 15 个人，但是唯一的救生小船只能载 6 人，哪 6 个人能够获救呢？请团队成员展开讨论，达成小组一致意见：从以下 15 人中选出 6 人，并对选出的 6 人按照获救的优先顺序进行排序。船上 15 个人的信息如下：

A 船长	男	32 岁
B 船员	女	36 岁
C 音乐天才(盲童)	男	15 岁
D 某公司总裁	男	45 岁
E 省长(博士)	男	42 岁
F 大学校长	女	41 岁
G 省委书记儿子(研究生、数学尖子)		
H 某公司推销员(少数民族)	女	20 岁
I 植物学家(获国家重大科技进步奖)	男	48 岁
J 植物学家的女儿(智力残疾)		16 岁
K 因见义勇为而负伤的重病人(昏迷)	女	24 岁
L 某外企总经理(白种人)	男	39 岁
M 罪犯(孕妇)	女	25 岁
N 医生	男	45 岁
O 护士	女	32 岁

(2) 小组自由讨论。围绕小组任务进行自由讨论，20 分钟后得到小组一致的决议。要求如下：

首先，全体成员需积极参与讨论，通过充分且高质量的交流，形成小组的集体决议；其次，不得采用举手表决或无记名投票的方式产生小组决议；再次，各个成员不仅要阐述自己的观点，也要与别人进行沟通，对不同的观点提出意见并达成共识；最后，将小组最终一致结果记录在小组答案纸上。

(3) 汇报讨论结果。推荐一名成员就小组讨论的最终结果进行总结陈词。

(4) 反思与评价。每个成员对自己的表现进行自我评价和反思；小组成员互相进行评价与反馈；评价者对小组成员的表现进行点评和现场反馈。

3) 无领导小组的评价标准

无领导小组讨论的评价标准一般包括分析判断、积极主动性、组织协调、影响力、人际敏感性等维度(见表 14.1.1)。

表 14.1.1　无领导小组讨论评价表

一级维度	二级维度	典型行为描述	评　价
分析判断	① 把握问题的关键点		
	② 逻辑思路清晰		
	③ 善于整合他人意见		
	④ 修正他人观点		
	⑤ 善于总结概括		
积极主动性	① 主动发言		
	② 积极参与		
	③ 阐述自己观点		
	④ 承担额外任务		
	⑤ 自信、充满活力		
组织协调	① 征求他人意见		
	② 确立讨论原则		
	③ 推进团队任务		
	④ 协调成员分歧		
	⑤ 阻止过度发言		
影响力	① 感染他人		
	② 主导团队行动方向		
	③ 观点被他人认可		
	④ 建议得到执行		
	⑤ 团队贡献最大		
人际敏感性	① 善于倾听他人意见		
	② 友好回应他人		
	③ 态度平和		
	④ 体察他人情绪		
	⑤ 语言表达有艺术		

2. 结构化面试

1) 什么是结构化面试

结构化面试(Structured Interview)是一种对面试内容、程序和评价三个方面进行结构化规范的标准化面试形式。20 世纪 80 年代以来，随着全球化竞争的愈发激烈，如何有效选拔员工成为各行业普遍关注的话题。正是在这样的背景下，结构化面试应运而生。由于结构化面试的结果相比传统的经验性面试更为客观，因此它成为目前最受青睐的面试方法之一。

结构化面试具有以下优势：① 标准化。对所有个体采用标准化的题本、相同的流程，确保公平。② 效度高。完整的结构化面试包括面试内容、面试形式、面试程序、评分标准及评价结果等。③ 综合性强。结构化面试通过过与胜任力维度相关的多项问题进行标准化提问，综合考察个人能力。④ 评价客观。结构化面试是在特定场景和施测流程下进行的，评价者根据个体在面试过程中的表现进行客观评价。

2) 结构化面试的流程

过去的行为是对未来行为的最好预测。基于事件的评价往往比基于假设性问题的评价更有效度，因此结构化面试成为招聘面试和选拔评测的一种重要形式。

在结构化面试过程中，根据结构化提纲进行提问，评估各胜任力维度指标。评价者通过一个开放式问题对面试者进行提问，要求面试者根据具体事件进行回答，然后针对行为和结果等方面，进一步追问具体细节，如“具体背景是什么”“你怎么解决的”或“结果是怎样的”，等等。

3) 结构化面谈流程及题目

指导语：你好，欢迎你来参加今天的面试。接下来，你需要根据自己真实的经历来回答提问，你所分享给我们的内容会通过其他渠道确认真实性，每个问题的回答时间大概 3～5 分钟。请注意把握好时间，如果你没有听清楚问题，也可以要求我再重复一遍问题。如果没有问题，我们现在开始(见表 14.1.2)。

表 14.1.2 结构化面试题目

<table>
<tr><th>维度</th><th>题 目</th><th>可能的追问</th></tr>
<tr><td rowspan="4">素质</td><td>请分享你在开展实习过程中处理不当的一个案例</td><td rowspan="16">1. 此事的具体背景是什么？
2. 要达到怎样的目标？
3. 面对哪些困难和挑战？该如何解决？
4. 具体采用哪些方法？结果如何？成功的原因是什么？
5. 如果再次面临相同的困境，你有更好的解决办法吗？
6. 你对此有什么总结或反思</td></tr>
<tr><td>请分享你运用某一种专业方法解决问题的一次经历</td></tr>
<tr><td>请分享你有效管理自己负面情绪的一次经历</td></tr>
<tr><td>请分享各用四个词描述自己的优点和缺点</td></tr>
<tr><td rowspan="4">态度</td><td>请分享你面临某个具体问题时的解决方法</td></tr>
<tr><td>请分享你创造性解决困难的一次经历。其间遇到了哪些困难？如何解决</td></tr>
<tr><td>请分享你在应对学习压力和挑战时的具体做法</td></tr>
<tr><td>请分享你大学期间某一学期的发展规划和设定的挑战性目标</td></tr>
<tr><td rowspan="4">脑力</td><td>请分享你对未来工作的整体思考及其具体的工作方案</td></tr>
<tr><td>请分享你创造性地运用新理念、新方法来解决具体问题的一次经历</td></tr>
<tr><td>请分享你学习之余参加培训和阅读书目的具体情况</td></tr>
<tr><td>请分享你策划某次大型活动的反思经历</td></tr>
<tr><td rowspan="4">人际</td><td>请分享你联合各方力量解决现实问题的一次经历</td></tr>
<tr><td>请分享你解决人际交往矛盾的一次经历</td></tr>
<tr><td>请分享你在竞争条件下争取某次机会的一次经历</td></tr>
<tr><td>请分享你策划过的最具有成就感的一次活动</td></tr>
</table>

3. 情境模拟面试

1) 情境模拟面试的概念

情境模拟技术是现代人才素质测评的一种新方法、新工具，也是国际上普遍流行的一种具有高效度的人才选拔技术。按照现代人才测评理论的观点，如果要准确评价一个人的工作能力，必须深入他所从事的具体工作环境中进行深入的观察和评估。情境模拟技术就是通过创设一种逼真的工作场景，将面试者置于模拟情境当中，要求其模拟完成该场景下的多项典型任务，然后评价者根据面试者在模拟情境下的真实行为表现，对其作出评价的一种测评方法。情境模拟技术能够在模拟情境下有效鉴别个体的工作胜任力，具有仿真性强和可靠性高的特点。它可实现对人个性素质特征、心理动机倾向和能力素质特性等较为准确的把握，并与岗位胜任素质要求及企业文化特性进行匹配，做到人岗相适、人企相适。目前，情境模拟技术得到了广泛的应用，是客观评价个体胜任力、预测未来工作绩效的良好工具。

2) 情境模拟面试的流程

(1) 创设情境。根据面试者未来从事工作的实际，创设既能使其自然发挥，又具有一定难度的工作情境。

(2) 情境模拟。要求面试者根据设置的情境进行角色扮演和情境模拟。常用的指导语是：“如果换作是你，你会怎么做？”做好角色扮演需注意以下几点：① 了解情境内容后，预留准备时间；② 正确把握情境的背景，实现角色转换，快速进入情境；③ 结合情境需求进行角色扮演；④ 角色扮演结束后，对自己的表现进行说明，阐明这样做的意图及原因。

无论是哪种形式的面试，背后都有相应的评价标准。大学生需要结合自身优缺点，找准职业定位，明确职业发展路径，学习掌握面试技巧，实现从校园到社会的良好过渡，进一步提升综合素质和就业竞争力。

14.2　生涯规划六步法

爱默生说过：“我们对真理所能表示的最大崇拜，就是要脚踏实地地去履行它。”大学阶段是一个人进行职业生涯规划的关键期，大学生通过职业生涯规划可将理想变为现实。生涯规划六步法可以有效帮助大学生制订适合自身发展的职业生涯规划，主要包括自我觉知与认同、自我探索、探索工作世界、生涯决策、行动和再评估六个步骤(见图 14.2.1)。

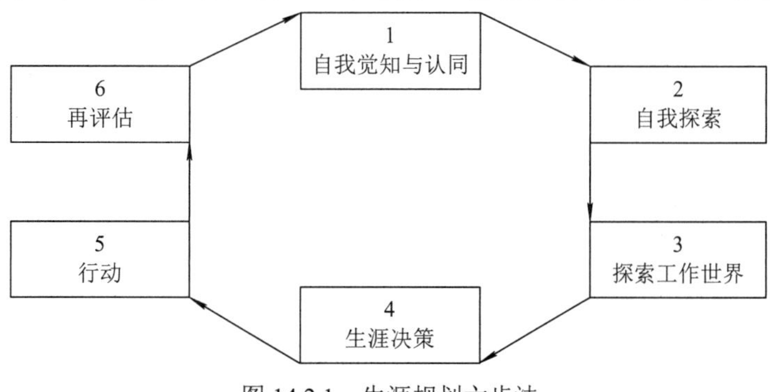

图 14.2.1　生涯规划六步法

14.2.1 自我觉知与认同

1. 什么是自我知觉与认同

“知人者智，自知者明”。生涯规划的起点在于自我觉知，进行生涯规划的主要任务是了解自己目前的状况和发展潜能。弗兰克曾经说过：“人类不需要一个没有挑战的世界，需要有一个值得为之奋斗的目标职业。”生涯规划的第一步要帮助学生认识到生涯规划对于个人发展的重要性，进而感悟人生意义，确定未来目标。只有对自己进行全面、理性的认知和评价，才能明确向往的职业目标，做出正确的职业生涯决策。美国知名企业家比尔·拉福的故事能够帮助学生认识到生涯规划对成功至关重要，规划制订得越早、步骤越详细，实现自己梦想的可能性越大。

拓展阅读

比尔·拉福的职业生涯规划成功之路

比尔·拉福是美国著名企业家。1994 年 10 月，比尔·拉福率团来中国进行商业考察，在北京长城饭店接受《中国青年报》采访时谈到，他自小立志经商，而他的成功应归功于父亲的指导，他们共同制订重要的职业生涯规划，助力他功成名就。具体生涯规划路线如下：

第一阶段：工科学习。他考入麻省理工学院后，学习机械制造专业。

第二阶段：经济学学习。大学毕业后，他没有立即投身商海，而是进入芝加哥大学，攻读经济学硕士学位。

第三阶段：政府部门工作。硕士毕业后，他在政府部门工作了 5 年，磨砺自己的人际交往能力。

第四阶段：通用公司高管。他在通用公司工作了 2 年，积累了丰富的管理经验，完成了原始资本的积累。

第五阶段：自创公司，大展拳脚。他具备成为成功商人的各种素质，熟练掌握商情和商务技巧，果断辞职开办了拉福商贸公司。

乍看起来，比尔·拉福每个阶段的人生经历似乎毫不关联，但事实上都与他的终极职业目标紧密关联。工科学习培养专业知识，收获严谨求实的思维方式；经济学的学习历程使他在知识方面拥有经商的素质；政府部门工作的经历培养了他良好的人际交往能力，建立人脉资源；通用公司的阅历为他积累了丰富的管理经验。时机成熟后，他果断辞职开创公司，追逐自己的梦想。他的生涯设计脉络清晰，步骤合理，充分考虑了个人兴趣、个人素质，并着重进行职业技能的培养。在他坚持不懈的努力下，他的梦想最终变成了现实。比尔·拉福找准自己的方向，借由规划，通过努力充实自己、挖掘自身潜能，最终功成名就，走向人生巅峰。

2. 提高自我觉知的方法

1) 穿越时空的隧道

播放舒缓音乐，通过指导语引导学生穿越未来时间隧道，想象未来，活动结束后进行个人分享和讨论(见图 14.2.2)。

伫立岁月长河之畔，时光如流水般缓缓流淌。我们每个人都随时间的长河从过去走到现在，又迈向将来。大家在自己的人生道路上不断前行，曾经向往的事也渐成现实。下面让我们一起搭乘穿越时空隧道的宇宙飞船，前往未来的世界，看一看未来的自己。

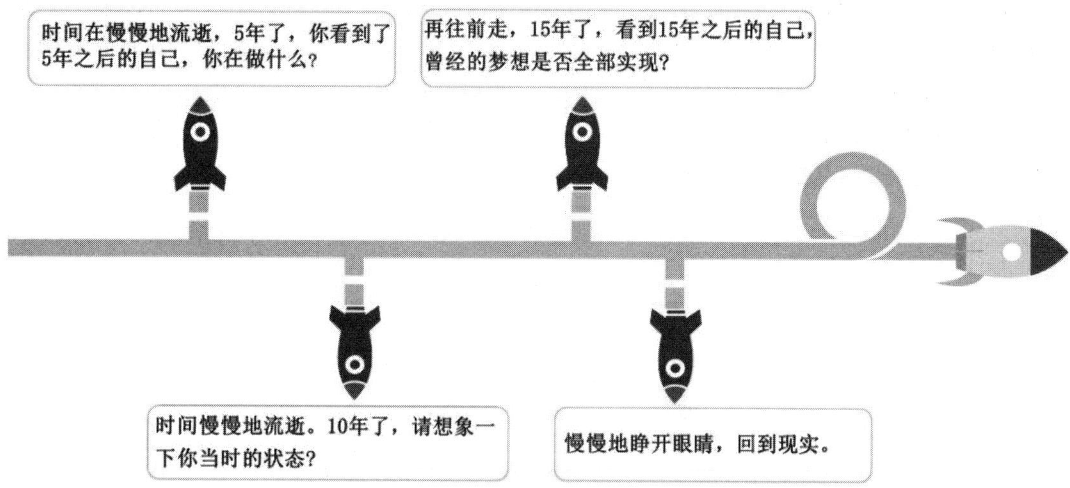

图 14.2.2　穿越时间隧道……重新回到现实

2) 写给未来自己的一封信

给 10 年后的自己写一封信，内容可以包含对自己的期望、对未来计划的描绘，或是想对未来自己说的话。借由此，让学生认识到，追逐梦想的过程恰似一场马拉松，需要坚持和努力，更需要理想信念的指引和强大意志力的支撑(见图 14.2.3)。

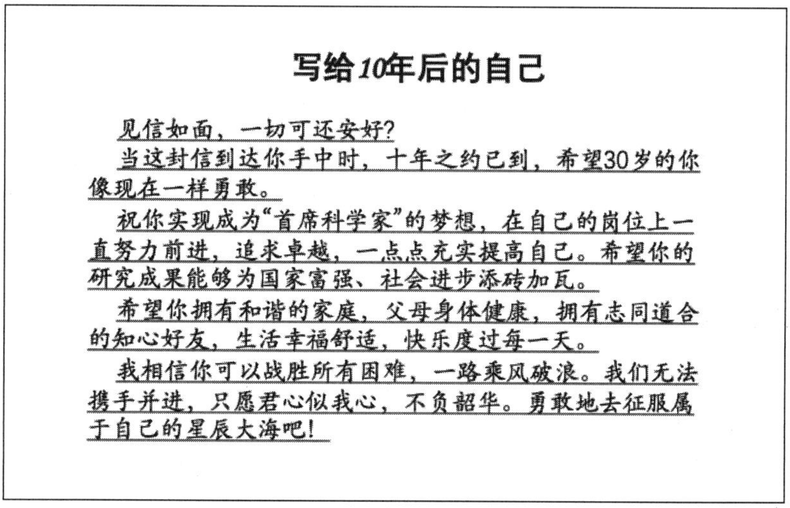

写给10年后的自己

见信如面，一切可还安好？

当这封信到达你手中时，十年之约已到，希望30岁的你像现在一样勇敢。

祝你实现成为“首席科学家”的梦想，在自己的岗位上一直努力前进，追求卓越，一点点充实提高自己。希望你的研究成果能够为国家富强、社会进步添砖加瓦。

希望你拥有和谐的家庭，父母身体健康，拥有志同道合的知心好友，生活幸福舒适，快乐度过每一天。

我相信你可以战胜所有困难，一路乘风破浪。我们无法携手并进，只愿君心似我心，不负韶华。勇敢地去征服属于自己的星辰大海吧！

图 14.2.3　写给未来自己的一封信

3) 绘制生涯彩虹图

生涯彩虹图是由舒伯根据个体所扮演的不同角色间的相互作用以及职业与角色间的交互作用，描绘出的多维角色生涯发展的综合模式图。该图将人的一生归纳为三个层面：

(1) 时间层面：一个人的生命历程。

(2) 广度层面：一个人所扮演的所有社会角色。

(3) 深度层面：一个人在扮演社会角色的投入程度。

舒伯认为人在一生当中可能扮演九种主要角色，依次是：子女、学生、休闲者、公民、工作者、(可能成功)夫妻、家长、父母和退休者。角色之间是交互作用的，某一个角色上的成功或失败，将会影响其他角色。他提出了“显著角色”概念，即每个阶段对每个角色的投入程度可以通过所涂颜色来表示，颜色面积越大表示对该角色投入越多。一个人一生中所经历的工作、家庭、休闲、学习研究以及社会活动对个人的重要程度都能够在显著角色的概念中体现(见图 14.2.4)。

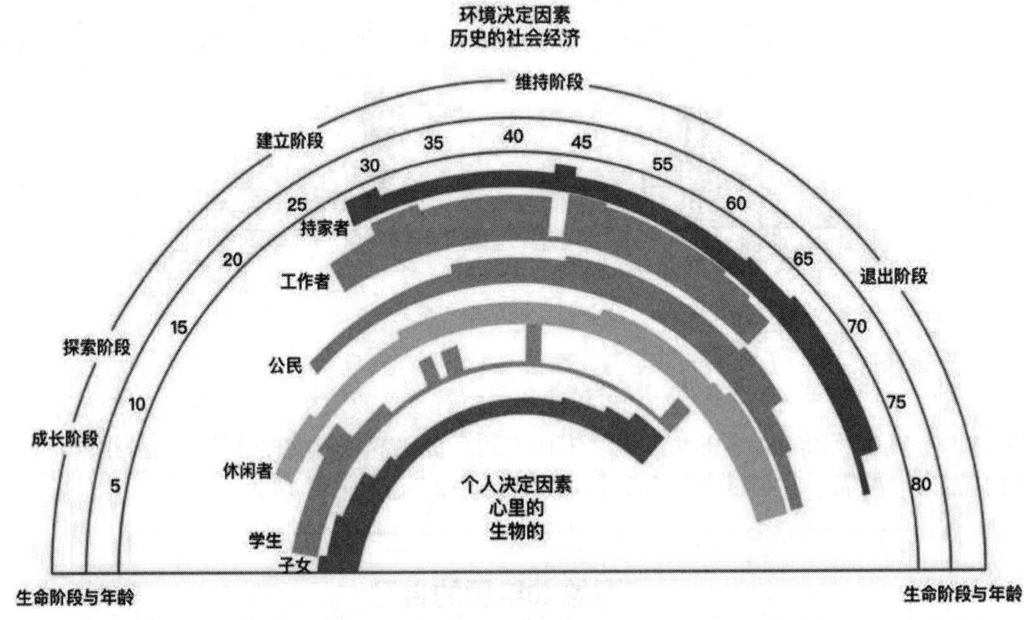

图 14.2.4 生涯彩虹图

一个人没有办法改变生命的长度，但可以增加生命的厚度。生涯彩虹图有利于学生思考自己的职业生涯规划，思考不同角色的出场顺序和持续时间，体会生命长河的绚烂多彩。同时能够引领学生思考人生各阶段的主要任务，让大学阶段的生活过得更加精彩。

14.2.2 自我探索

阿波罗神庙上最有名的箴言是“Know yourself”，这也是苏格拉底最喜欢的一句话，他常言“人呀！认识你自己”。认识自己的过程就是自我探索的过程，通过反思自身的特长与不足，不断提高自我认知的能力。自我探索的关键不仅在于思考自己是怎样的人，明晰喜欢做什么、想做什么、适合做什么，也在于用发展的眼光看待自己，挖掘自身潜力并确定未来目标，为未来职业生涯奠定良好的基础。

自我探索主要包括四个维度，分别是兴趣、性格、能力、价值观(见图 14.2.5)。

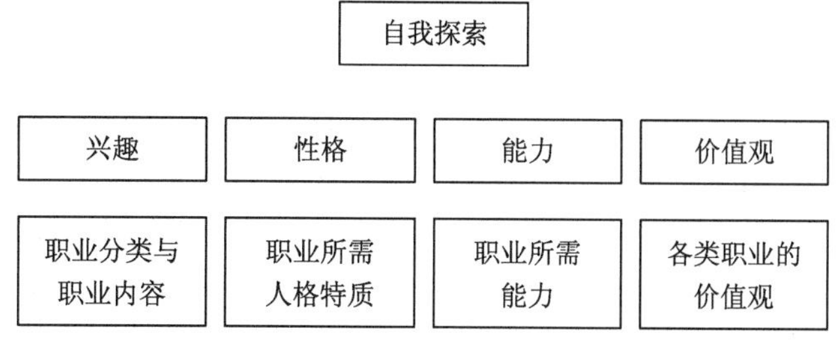

图 14.2.5　自我探索的维度图

1. 兴趣

诺贝尔奖获得者丁肇中说过：“兴趣比天才重要。”知之者不如好之者，好之者不如乐之者。兴趣能够增加职业适应性，如果工作与兴趣相匹配，那么工作就会变成享受和乐趣。专业兴趣是大学生职业生涯规划的重要基础。有调查发现，近一半大学生对所学专业的兴趣不高，选择专业时更多考虑就业等现实需求，而不是个人的兴趣和爱好。因此，我们有必要探索自己的专业兴趣，端正学习态度，培养职业兴趣，树立积极向上的职业价值观，做到干一行、爱一行、精一行。只有以兴趣为基础进行职业选择，才能在工作中更好地实现自身价值。

中国工程院院士金东寒认为，时代呼唤着人才培养供给侧的结构性改革，高校要打破专业壁垒，破除学院之“墙”，重构课程体系，促进学科之间的交叉融合。新时代大学生应该不拘泥于专业和形式，要主动融会贯通、学以致用。以企业管理专业为例，就业统计显示：有人在公司从事人力资源管理或担任培训讲师，有人在企业负责销售或市场策划，有人在学校做心理咨询或教学研究，也有人在政府职能部门工作……用人单位看重的是整体素质，实际工作中，除专业知识外，还需要责任心、进取心、诚信等品质。总之，新时代大学生在职业选择时，应让兴趣成为助力，不断提升综合素养，拓宽职业发展之路。

2. 性格

美国著名投资人摩根认为，性格是成功的关键。谚语云：“播种性格，收获命运。”性格指个体行为方式中较稳定的个性心理特征，是个性的核心部分。性格探索是自我认知中的重要组成部分。按照职业心理学的观点，人体性格特征不同，行为习惯也不同，而行为习惯的差异会直接影响职业或岗位的选择。大学生设定职业发展目标，找到与自身性格相适应的职业，此过程便是实现人-职匹配的过程。

人-职匹配理论由美国波士顿大学的帕森斯(Frank Parsons)教授提出，基本思想是：个体差异普遍存在于个人心理与行为中，每个人都具有自己独特的性格和人格特质，每种性格都有其相适应的职业。不同职业由于其工作性质、环境、条件、方式的不同，对工作者的能力、知识、技能、性格、气质、心理素质等有不同的要求。因此，进行职业生涯规划时，就要根据个人的个性特征来选择与之相对应的职业种类。当性格与职业相匹配时，能够大幅提升工作效率；反之，就会过度消耗精力，导致做大量无用功。

对于面临职业选择的毕业生来说，恰当的人-职匹配非常重要。我们要充分了解自身的性格特点，尽量做到职业与性格相匹配。同时，大学生要有意识地培养和塑造自身性格，扬长避短，从而在社会中找到适合自身的职业发展方向，实现人生价值，最终获得成功。

3. 能力

孔子言："不患人之不己知，患其不能也。"能力是个体顺利完成工作任务的必备条件。胜任力(Competence)是指个体所具备的、使其在某一领域取得优异成绩的潜在特质。职业胜任力是对自身能力的综合考量，体现为个人在职业岗位上展现出的专业素养、沟通、学习、协作能力以及环境适应力。美国心理学家麦克利兰认为，胜任力是与工作或工作绩效直接相关的一组知识、态度和技能。胜任特征模型反映了某一既定工作岗位中影响个体成功的所有重要方面。

1) CAMP 胜任力模型

段海军(2019)提出了胜任力"营地"模型——CAMP 模型(见图 14.2.6)，具体说明如下：

(1) C(Competence)代表素养，包括职业道德、专业知识、专业技能和健全人格四个二级维度。具体要求：具有良好的职业道德，有奉献精神；专业知识扎实，熟练掌握常用技能，能有效开展各项常规工作；性格开朗，真诚耐心，具有良好的情绪管理能力和健全的人格。

(2) A(Attitude)代表态度，包括责任担当、积极主动、承压能力和追求卓越四个二级维度。具体要求：有爱心、责任心强、勇于担当；积极乐观、热情、富有感染力；积极主动的态度和良好的承压能力；有上进心和追求卓越的成就动机。

(3) M(Mental Capability)代表脑力，包括系统思维、创新思维、学习意识和自我反思四个二级维度。具体要求：注重观念、方法和技术的创新；有良好的学习意识，积极主动学习知识和技术；善于总结经验，反思教训和自身短板，不断实现自我提升。

(4) P(People Skills)代表人际技能，包括沟通能力、合作能力、协调能力和领导能力四个二级维度。具体要求：能和他人有效沟通合作，能协调各方矛盾分歧，确保各项活动有序进行；具备较强的组织、策划和管理能力。

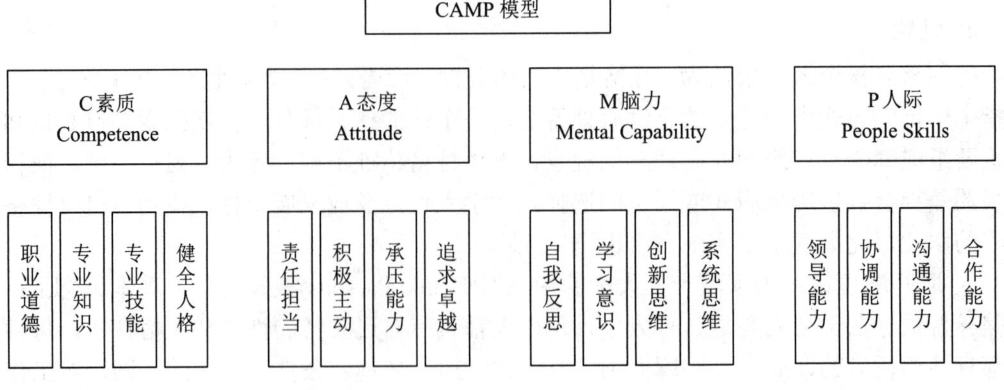

图 14.2.6 职业胜任力 CAMP 模型

2) 基于 CAMP 自我评估与反思

按照 CAMP 模型自我评估核查(见表 14.2.1)，对各个维度的能力现状进行自我评估，在对应的"优势"和"待发展"前打"√"，并结合自身实际思考应该如何发现短板。

表 14.2.1　CAMP 模型自我评估核查表

一级维度	二级维度	个人现状		如何发展?
C素质	职业道德	□ 优势	□ 待发展	
	专业知识	□ 优势	□ 待发展	
	专业技能	□ 优势	□ 待发展	
	健全人格	□ 优势	□ 待发展	
A态度	责任担当	□ 优势	□ 待发展	
	积极主动	□ 优势	□ 待发展	
	承压能力	□ 优势	□ 待发展	
	追求卓越	□ 优势	□ 待发展	
M脑力	系统思维	□ 优势	□ 待发展	
	创新思维	□ 优势	□ 待发展	
	学习意识	□ 优势	□ 待发展	
	自我反思	□ 优势	□ 待发展	
P人际	沟通能力	□ 优势	□ 待发展	
	合作能力	□ 优势	□ 待发展	
	协调能力	□ 优势	□ 待发展	
	领导能力	□ 优势	□ 待发展	

3) 按照能力管理矩阵进行自我反思

进行生涯规划时，大学生需对个人能力进行客观评估。按照能力管理矩阵，个人能力可按照“喜欢”和“擅长”两个维度划分为四个象限(见图 14.2.7)。

(1) 优势能力：个体在喜欢且擅长的活动中所表现出的能力，应继续强化。

(2) 潜能：个体在喜欢但不擅长的活动中所表现出的能力，要用兴趣引领其发展。

(3) 后备能力：个体在不喜欢但擅长的活动中所表现出的能力，要通过培养成就感来激发兴趣，转化为优势能力。

(4) 劣势能力：个体在不喜欢和不擅长的活动中可能欠缺的能力。

大学生的能力发展可塑性强，在四个象限中的分布并非固定，可以通过努力来改变。学生要以发展眼光看待评估结果，避免绝对化。正确认识自身能力，才能扬长补短、综合发展。

潜　　能	优势能力
劣势能力	后备能力

图 14.2.7　能力管理矩阵图

4. 价值观

俗话说："人各有志。"这个"志"在职业选择上表现为职业价值观。它是一种具有明确目的性、自觉性和坚定性的职业选择态度和行为，对个人职业目标和择业动机起着决定性作用。大学生职业生涯规划教育归根结底是培养大学生树立正确的人生价值观与职业价值观，两者密不可分、相辅相成。

习近平总书记指出："一个民族的文明进步，一个国家的发展壮大，需要一代又一代人接力努力，需要很多力量来推动，核心价值观是其中最持久最深沉的力量。"价值观是个体成长奋斗的强大动力，作为新时代的大学生，只有将人生理想融入国家和民族的事业，将职业选择与国家重大需求紧密结合，将个人发展与中华民族的伟大复兴事业相融合，方能在服务社会、服务人民的过程中真正实现个人的人生价值。

14.2.3 探索工作世界

探索工作世界是实现生涯规划落地的关键，主要目的是了解真实的职场，包括具体职业的工作时间、工作任务、岗位职责、薪酬待遇以及工作压力等。知己知彼，方能百战不殆。通过综合分析政策环境和时代背景，能够了解各个行业的现状和前景，还能预判世界经济发展趋势和走向，尤其要充分认识新经济、新产业和新科技给就业带来的多元化灵活就业方式，顺应时代潮流，精准把握未来就业新趋势。

职业生涯规划教育贯穿整个大学过程。针对大一新生，生涯教育的重点在于帮助学生认识专业特点、了解就业前景、厚植专业情怀。针对大二、大三学生，生涯教育的侧重点在于培养职业兴趣、增强专业自信、夯实专业知识、加强专业实践、提升专业能力。针对大四学生，生涯教育的侧重点在于帮助学生研判就业形势、增强求职意识、训练求职技巧、提高就业能力。

作为在校学生，探索工作世界更多意味着走入社会，通过社会实践、见习实习等了解并认知工作世界的真实面貌，结合亲身经历，分析自己与不同种类工作的适配性，从理想步入现实，规划更适合自身各方面需求的职业发展路径，同时提前做好适应社会、融入社会的准备。

14.2.4 生涯决策

生涯决策关乎未来道路选择，是生涯规划的关键环节。从某种意义上讲，生涯决策是一个循环的过程，贯穿整个职业生涯的始终。只有慎重权衡，将职业能力、职业目标和职业岗位协调一致，才能找到最适合自己的生涯发展路径。

美国伊利诺伊大学斯维因(Swain)博士提出了"生涯决策金三角"理论(见图 14.2.8)。生涯目标的确定必须考虑以下三个重要因素：① 自我因素，即对自我的了解，包含兴趣、性格、能力、价值观、个人需求与个人特质等；② 自我与环境因素，包括家人及社会的期待与支持、家庭经济状况、同伴关系、国内外政治与经济局势或未来全球趋势等；③ 教育与职业资料因素，主要是职场信息的掌握，包括参与实习实践、了解专业就业方向、未来职场形态与工作发展趋势等。好的生涯决策既需要结合自我认知，充分发挥自己的特长和能力，又需要兼顾各种家庭、社会等复杂因素。个体对三个维度的信息越了解，就越容易做出恰当的职业选择。

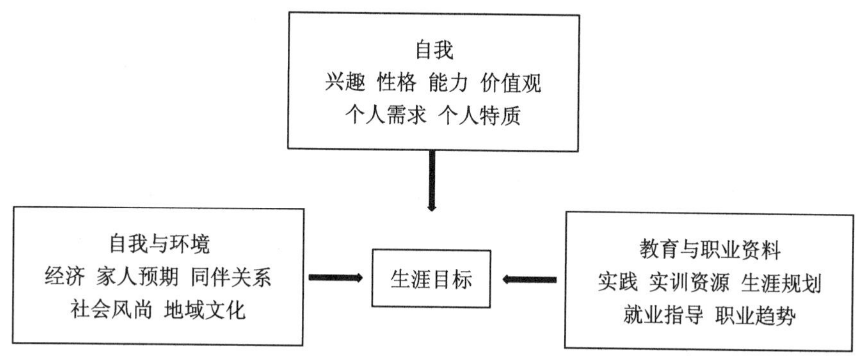

图 14.2.8　生涯金三角图

“SWOT 分析法”和“理性决策法”可为个体的生涯决策提供工具支持。

1. SWOT 分析法

SWOT 分析法由哈佛大学提出，是知名决策辅助工具，也是决策阶段常用的权衡方法(见图 14.2.9)。通过分析自己的优势(Strength)、劣势(Weakness)、机会(Opportunity)和威胁(Threat)，制订职业生涯目标。其中，优势和劣势是对自身特点的分析，机会和威胁是对环境特点的分析。

(1) 优势分析(Strength)：关注自身最擅长之处，尤其是相对于其他人的优势(知识、技能等)。

(2) 劣势分析(Weakness)：关注自身欠缺、不足之处(能力、经验等)。

(3) 机会分析(Opportunity)：挖掘有利于自我发展的因素和机遇。

(4) 威胁分析(Threat)：识别外部环境存在的危险和不利因素。

通过 SWOT 自我分析，大学生能更好地做出生涯决策。

图 14.2.9　SWOT 分析模型图

以电子信息工程专业毕业生为例，SWOT 分析如表 14.2.2 所示。

表 14.2.2 电子信息工程专业毕业生 SWOT 分析

外部因素	内部因素	
	优势(Strength) 1. 专业理论扎实，专业技能熟练 2. 积极上进，进取心强 3. 逻辑思维，问题解决能力较强	**劣势(Weakness)** 1. 实习经历不足，工作实践欠缺 2. 缺乏创新思维 3. 沟通能力较差，抗压能力弱
机会(Opportunity) 1. 就业面广，选择较多 2. 社会发展进步对电子专业人才需求量大 3. 电子方向专业性较强，竞争性较小	**优势-机会(SO)** 利用优势，抓住机会 1. 夯实专业基础，提高专业能力 2. 强化规划意识，提升综合素质 3. 打破舒适区，发掘自身优势	**劣势-机会(WO)** 消除不足，抓住机会 1. 积极参与工作实习实践 2. 注重自身创新能力的培养 3. 培养自我沟通与交往能力，适应社会
威胁(Threat) 1. 专业人才趋于饱和，对个人能力要求高 2. 专业涉猎面广但不够精深，需要再次选择具体的发展方向 3. 工作情景相较于校园学习对社交能力要求较高	**优势-威胁(ST)** 利用优势，规避风险 1. 挖掘自身独特性，在求职中脱颖而出 2. 明确自身发展规划，确定自身求职意向 3. 转变学生思维，适应工作环境	**劣势-威胁(WT)** 扭转劣势，迎接挑战 1. 在不同类型的工作实习实践中找到适合自身的就业选择与职业发展方向 2. 加强综合素质的提升，争做拔尖人才

结合上述例子，请你进行 SWOT 自我分析，完成自我分析后，请讨论与分享如下问题：

① 你的优点能否弥补职业面临的威胁？如果不能，你会如何回避威胁？

____

____

____

② 你的缺点能不能用行业机会去弥补？如果不能，你该如何提升自己？

____

____

____

③ 从大家的分享中你学到了什么？

____

____

____

2. 理性决策法

理性决策法是帮助学生做出职业生涯选择最佳决策的有效方法(见图 14.2.10)。具体步骤为：① 确定问题边界和想要达到的目标，找到努力的方向；② 确认决策准则，厘清价值，衡量自己的才华与适合方向，探索自己的能力；③ 确认资源并评估各种可行方案，搜集相关资料和信息，依据问题的核心找出所有可能的解决方案；④ 衡量不同方案的优劣，做好相关的生涯准备与计划，选定一个方案并执行；⑤ 评估结果，实时监控，及时调整，以期最终成功达成目标。

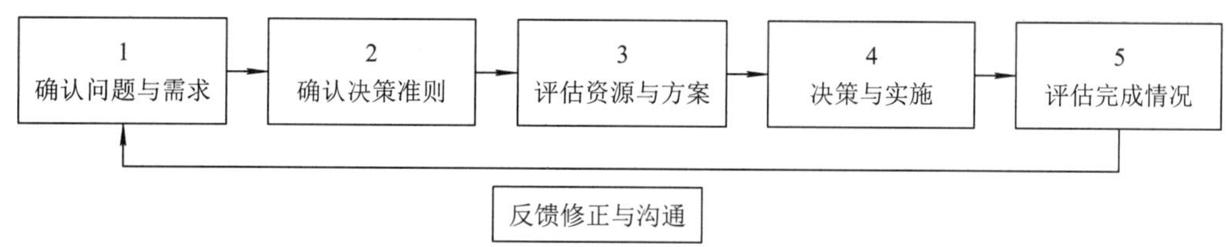

图 14.2.10　理性决策法模型图

14.2.5　行动

职业生涯发展是自我不断提升的过程。陕西省教育厅厅长刘建林提出打造“三个课堂”，推动教育高质量发展。同样地，学生可以通过“三个课堂”接受职业生涯教育，将理论知识和社会实践有机结合起来，让三个课堂相互融合、相互促进，从而提升生涯教育的实用性和有效性。

“第一课堂”：以课堂教学为“主阵地”。将生涯教育渗透到大学课程体系，在课堂学习中，结合情景创设、角色扮演、案例分析、课程思政等多种形式，学生可以增强学科兴趣、了解行业动态，形成正确的职业价值。

“第二课堂”：以校内实践活动为主渠道。通过课外作业、课堂延伸活动、专业实训、社团活动、实践调查、志愿服务、特色活动等方式，提高专业知识的迁移应用能力，提高专业技能。

“第三课堂”：以校外社会实习实践活动为载体。通过“请进来，走出去”模式，让学生了解行业发展动态；通过参加实践调研、企业参观和短期职业体验等活动，助力学生丰富社会实践经历，提升职业素养。

生涯教育最终要引导学生实现从“知”到“行”的转变，需制订切实可行的行动目标和计划方案，并付诸行动。学生可以运用目标金字塔法进行职业生涯规划，明确阶段性的目标，制订具体行动方案(见图 14.2.11)。按照目标金字塔法，制订生涯发展目标时，要将终极目标分解为具体的短期目标、中期目标和长期目标。

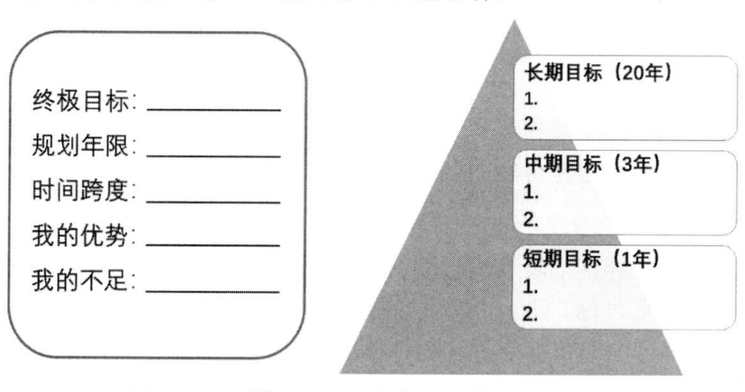

图 14.2.11　目标金字塔

14.2.6 再评估

职业生涯是一个动态过程，需不断地对职业生涯规划进行评估和修正。罗伯特·里尔登(Robert C. Reardon)提出 CASVE 循环理论，将生涯决策分成了沟通(Communication)、分析(Analysis)、综合(Synthesis)、评估(Valuing)和执行(Execution)五个阶段(见图 14.2.12)。

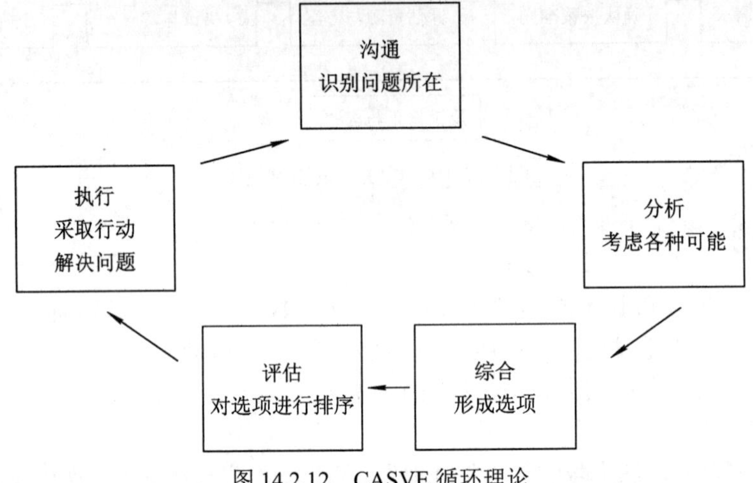

图 14.2.12 CASVE 循环理论

1. 沟通阶段

沟通阶段重点在于发现理想职业与现实的差距，主要任务是暴露或提出问题。现实与理想之间的差距会造成一种认知的紧张或失调，这种紧张或失调为寻求进一步解决职业决策问题提供了多种可能性。

2. 分析阶段

分析阶段重点在于了解产生差距的原因，并探索解决问题的可能途径。个体需要反思问题的各个方面，通过对自身和环境进行评估，确定现有状态与理想状态之间的差距，进而思考解决方案。

3. 综合阶段

综合阶段重点在于比较解决方案，明确解决措施，主要包括精细化和具体化两个过程。精细化是指创造性地产生一系列可能的解决办法，通过头脑风暴、创造类比等方式，使头脑摆脱现实的限制；具体化是指将可能的选择缩小到一组可行的备选方案。

4. 评估阶段

评估阶段重点在于衡量每种选择对自身的潜在影响，并对选择进行排序。个体需预估消除差距的可能性，以及选择可能为自己和社会带来的成本和利益。

5. 执行阶段

执行阶段重点在于将计划转变为行动。该阶段的主要任务是制订具体行动步骤、进程及子目标，以达到职业目标。

CASVE 循环是一个不断重复的过程。在完成了执行计划之后，个体可能需要返回到第一个阶段(沟通)，以评估自己的生涯决策是否成功消除了理想和现实的差距。如果初步消除了差距，个体就可以继续解决后续问题；如果差距未被消除，个体就需要带着新的问题再次返回 CASVE 循环之中。

拓展阅读（活动）

学会运用 CASVE 职业生涯规划决策技术

① 沟通阶段

我现在对自己的职业选择有什么想法和感受？

____

____

____

我希望通过职业规划得到什么结果？

____

____

____

② 分析阶段

我喜欢做什么？我擅长做什么？

____

____

____

我习惯关注宏观抽象的事物还是具体细节？

____

____

____

③ 综合阶段

我的现实状态和理想状态之间的差距是什么？

____

____

____

我可以采取哪些有效措施来缩小或消除差距？

____

____

____

④ 评估阶段

对我来说，哪种选择是最好的选择？

____

对我生活中的重要他人而言，哪种选择是最好的？

⑤ 执行阶段

我如何将职业选择转变为计划，并付诸行动？

我将为未来职业做哪些方面的准备？

总之，大学生生涯规划教育的目的是让每个学生找到属于自己和适合自己的生涯之路。六步生涯规划法，能够为大学生的发展绘制一张最清晰、最具远见的蓝图，指引他们开创辉煌人生。

14.3 大学生的时间管理

“人生天地之间，若白驹之过隙，忽然而已。”大学是人生中最为关键的时期，堪称走向工作岗位的“充电站”。相较于中学，大学生活更加自由，管理好时间是高效学习的前提，学会管理时间能让学习更有效，获得事半功倍的效果。

14.3.1 大学生时间管理的常见问题

时间管理是个体为有效利用时间资源进行的计划和控制活动。科学的时间管理可以使人们从被动地使用时间，转变为系统、有目的、有计划地主动分配与使用时间，从而开展更高效、更富有创造性的工作。大学期间做好时间管理，可以有效提高学习效率、减轻学习压力，遵循职业生涯规划迈向更幸福的未来。在时间管理方面，大学生常出现以下几类问题。

1. 缺乏规划，分配失衡

多数学生上课时间与日常生活时间安排不够紧凑，课余时间充裕却安排不科学，聊天、影视、聚会等娱乐时间过多。在学期和年级的不同阶段，时间安排也不平衡，表现为学期初期用于学习的时间占比少，临近期末考试，学习时间占比才逐步提升。

2. 沉迷网络，虚度光阴

当代大学生是互联网的主要使用人群之一。网络、智能设备为大学生提供了快捷的学习方式，但也带来了弊端，很多人沦为智能手机的“奴隶”。据调查显示，目前大学生网络成瘾的比例约在 2%～6%，网络过度使用者约为 15%。面对虚拟网络的诱惑，部分大学生丧失了自我控制和时间管理能力，在虚拟和现实之间逐渐失去自我平衡能力。

3. 自我宽容，消极拖延

拖延是一种即使可以预料后果对自身不利，仍推迟计划任务的行为。它是最普遍、最顽固且最复杂的个人挑战。中国社科院的一项调查显示，目前中国 80%的大学生和 86%的职场人士都存在不同程度的拖延问题。50%的人不到最后一刻不开始工作；13%的人如果无人催促就无法完成工作。拖延的恶习会给人们的学习、工作和生活造成严重的困扰。一时的拖延往往需要日后更多时间补偿，让人陷入焦躁不安甚至萎靡不振的状态。拖延会在无形之中浇灭激情、消磨斗志。

14.3.2　大学生时间管理的原则

1. 目标管理 SMART 原则

设立明确的目标，是时间管理的首要环节。“现代管理学之父”彼得·德鲁克(Peter. FDrucker)在《管理的实践》中提出了经典的目标管理原则。制订目标需遵循 SMART 原则，其精髓在于制订目标时充分考虑以下五大方面(见图 14.3.1)。

(1) 具体化(S, Specific)：目标的范围是明确具体的，具体化目标有利于执行。

(2) 可量化(M, Measurable)：目标应是可量化的，能够用具体的数据来度量。

(3) 可实现(A, Attainable)：目标在付出努力后可以实现，避免设立过高或过低的目标。

(4) 相关性(R, Relevant)：目标与工作的其他目标是相关联的。

(5) 时限性(T, Time-bound)：目标管理要在确定期限内完成。

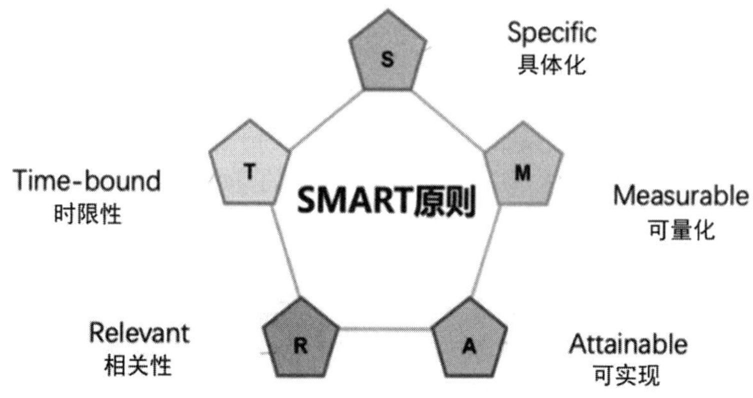

图 14.3.1　SMART 原则图

2. 时间管理“四象限”法则

时间“四象限”法则是美国管理学家科维提出的著名时间管理理论。该理论按照重要和紧急两个的维度将工作划分为“四大象限”：既重要又紧急、重要但不紧急、紧急但不重要、既不紧急也不重要(见图 14.3.2)。

(1) 第一象限：既重要又紧急的事。这类事务诸如准时完成限定任务期限的工作、临时的重要会议等。此象限考验个人的经验和判断力，需要及时解决，若拖延，易造成重大损失。

(2) 第二象限：重要但不紧急的事。这类事务主要与生活品质有关，包括长期的规划、问题的发掘与预防等。若忽略该象限，第一象限的事务会不断扩大，后续将陷入更大的压力，疲于应对。

(3) 第三象限：紧急但不重要的事。该象限的活动往往“高度紧急却令人烦躁”，如低效的会议，不必要的电话、社交活动等。

(4) 第四象限：不紧急也不重要的事。这类事物无实质价值，如阅读无聊的言情小说、看毫无营养的电视节目、闲聊等。

按照“四象限”法则，需先梳理事物的轻重缓急，绘制时间管理矩阵，将事件按紧迫性和重要性分成四类，并遵循以下优先级进行时间管理：重要且紧急、重要不紧急、紧急不重要、不重要不紧急。

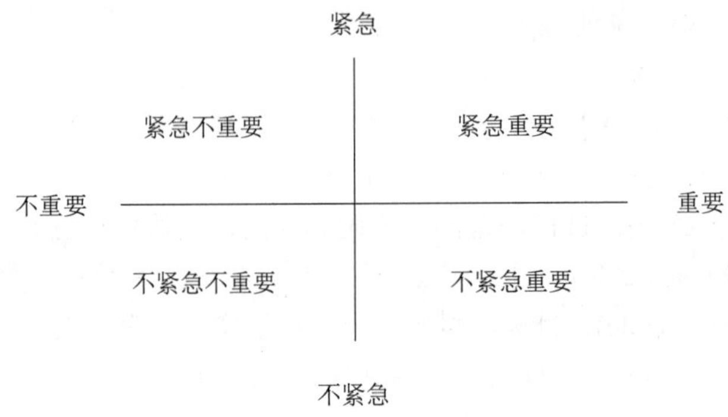

图 14.3.2　时间管理“四象限”

3. 时间管理 80/20 法则

80/20 法则(又称“二八法则”)由意大利经济家帕累托提出，也就是大家所熟悉的帕累托定律(见图 14.3.3)。80/20 法则指在众多现象中，80%的结果来自 20%的原因；付出 20%的努力常收获 80%的结果。这一法则应用广泛：如 80%的劳动成果取决于 20%的前期努力，20%的人做了 80%的工作，或者 20%的维基网民贡献了 80%的维基百科的条目，等等。

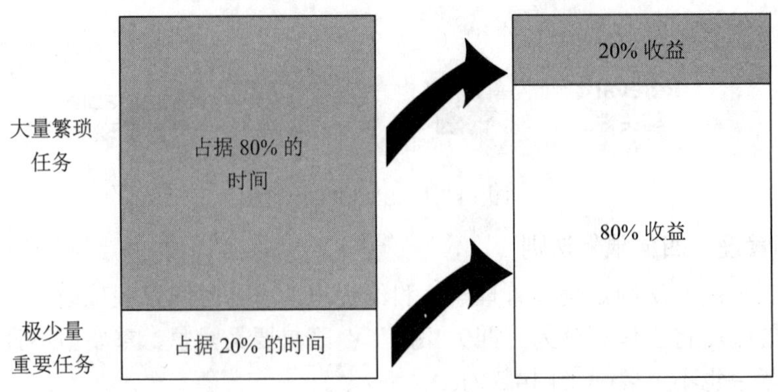

图 14.3.3　时间管理“二八法则”

由此可以得到启示：我们应把 80%的注意力放在 20%的关键事情上。在生活中，我们要有所为有所不为，按照“二八法则”就是20%的事是重要的，80%的事是不重要的。最快速的解决方法就是把 20%的关键事做精，剩下 80%的事就会被 20%带动。如果能找到最关键、效率最高的20%，人人都可以节约时间、提高效率、简化生活。我们可忽略那些不必要的事，甚至从生活中彻底剔除，集中精力解决主要矛盾，实现自我价值。

4. 时间管理艾维利法则

艾维利法则也称艾维利时间管理法、六点优先工作制，核心理念是缩短计划时限，加强自我感知(见图 14.3.4)。它要求实践者每天用纸笔记录当天需要完成的最重要的六件事，并用数字标明每件事的重要性次序。

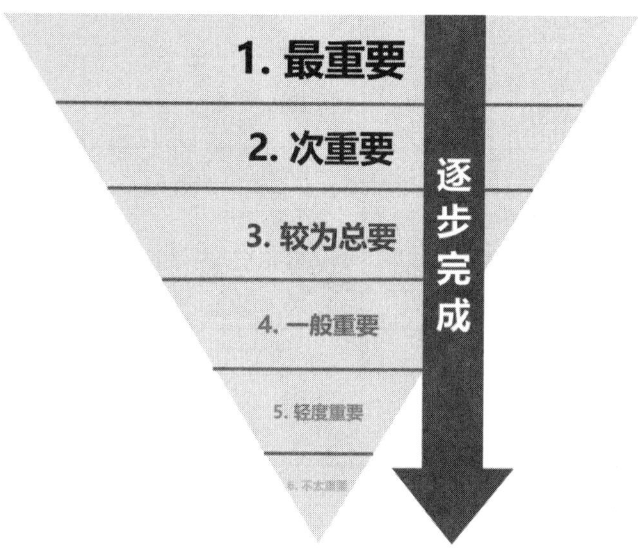

图 14.3.4　艾维利法则

艾维利认为，通常情况下，如果一个人每天都能全力以赴地完成 6 件最重要的事情，那么他一定是一位高效率人士。优先工作制要求人们把每天所要做的事情按重要性排序，用“1”到“6”标出 6 件最重要的事。每天一开始，先全力以赴做好标号为“1”的事，直到它被完成或被完全准备好，然后全力以赴地做标号为“2”的事，依次类推。艾维利时间管理法的三个原则：① 把最重要事情摆在第一位；② 先解决最重要的问题；③ 依次解决下一个问题。

14.3.3　大学生时间管理的技巧

1. 制订时间计划

时间管理旨在实现目标，核心是分配时间，所以要根据个人计划来制订。目标、计划都是对自身行为的约束，时间管理就是监督自己切实执行计划，明确计划完成的进程、步骤及最后时限。

学生可以将大学四年的生活进行整体规划，制订阶段性时间计划表，明确前进方向，如表 14.3.1 所示，根据大学生比较典型的未来发展方向(就业、考研、出国)列出阶段性时间规划表。

表 14.3.1　阶段性时间规划表

<table>
<tr><th></th><th>就业</th><th>考研</th><th>出国</th></tr>
<tr><td>大一上</td><td colspan="3">√适应大学生活
√改变角色</td></tr>
<tr><td>大一下</td><td colspan="3">√学习
√进行专业调查</td></tr>
<tr><td>暑假</td><td colspan="3">√参加英语培训，提高英语水平</td></tr>
<tr><td>大二上</td><td colspan="3">√考大学英语四级
√职业决策</td></tr>
<tr><td>大二下</td><td>√加入社团
√考试</td><td>√加入社团</td><td>√托福学习
√参加活动</td></tr>
<tr><td>暑假</td><td>√游学</td><td>√游学</td><td>√积累个人经历</td></tr>
<tr><td>大三上</td><td rowspan="2">√专业课学习
√实习工作</td><td rowspan="2">√专业课学习
√准备考研需要的科目</td><td rowspan="2">√保持专业课 GPA
√GRE 培训及考试</td></tr>
<tr><td>大三下</td></tr>
<tr><td>暑假</td><td>√全职实习</td><td>√考研基础</td><td>√托福考试</td></tr>
<tr><td>大四上</td><td>√求职</td><td>√考研冲刺</td><td>√签证材料</td></tr>
<tr><td>大四下</td><td>√毕业设计
√就业</td><td></td><td>√面试
√签证</td></tr>
</table>

我们也可以制订单日作息时间表，养成规律的生活、学习习惯。如图 14.3.5 所示为考研期间的作息时间表，根据时间表的安排，可以精确地规划每日时间，尽量按照计划执行，必要时可设置闹钟提醒自己。

<table>
<tr><td rowspan="6">上午</td><td>07:00 ~ 07:30</td><td>起床、洗漱、早餐</td></tr>
<tr><td>07:30 ~ 08:00</td><td>背英语单词，从高频词到低频词</td></tr>
<tr><td>08:00 ~ 08:10</td><td>休息缓解10分钟</td></tr>
<tr><td>08:10 ~ 10:10</td><td>复习数学 / 专业课背诵</td></tr>
<tr><td>10:10 ~ 10:20</td><td>休息缓解10分钟</td></tr>
<tr><td>10:20 ~ 11:30</td><td>政治知识点总结，选择题练习</td></tr>
<tr><td>中午</td><td>11:30 ~ 13:00</td><td>午饭、午休记得定闹钟</td></tr>
<tr><td rowspan="3">下午</td><td>13:00 ~ 15:30</td><td>英语阅读、作文、各题型练习</td></tr>
<tr><td>15:30 ~ 15:40</td><td>休息缓解10分钟</td></tr>
<tr><td>15:40 ~ 17:30</td><td>刷数学题 + 错题整理 / 安排专业课</td></tr>
<tr><td rowspan="5">晚上</td><td>17:30 ~ 19:00</td><td>晚饭、休息，出去散散步</td></tr>
<tr><td>19:00 ~ 22:00</td><td>自由安排复习政治 / 数学 / 专业课</td></tr>
<tr><td>22:00 ~ 22:30</td><td>复盘白天学习内容，做明天的学习计划</td></tr>
<tr><td>22:30 ~ 23:00</td><td>洗漱、放松、听音频课磨耳朵</td></tr>
<tr><td>23:00 ~ 23:30</td><td>准备睡觉，睡前再背会单词</td></tr>
</table>

图 14.3.5　作息时间表

制订作息规划要有一定弹性，不要将所有时间都排满，要符合自己实际。当然，定好的规划也并非一成不变。遇到特定情况，需要依据客观情况进行调整。计划修改的原则是：可升级和刷新，不能降低原来的标准，不能改变原有的目标等。如果经过反复思考后，确认原有的目标确实不切实际，或制订时考虑不周全、盲目冲动，则应重新制订新计划，用更切合实际的计划来代替原来的计划。

2. 打卡记录法

打卡记录法适用范围广、操作简单。可列出两个清单，一个记录按照计划已经完成的事项，一个罗列未完成待处理的内容，并用便笺纸贴在醒目位置提醒自己(见表 14.3.2)。

表 14.3.2 任 务 清 单

已完成	未完成
背诵 50 个英语单词	收集实验数据
完成课程小作业	预习专业课知识
复习高数错题	进行实践作业
制作 PPT	制订下周学习计划

一天的工作结束后，回顾原定计划完成情况，完成了就在对应的事件前打“√”。每个月进行总结，看看任务完成的结果，是很愉快地完成每一项任务，还是很多时候没有达标、没有按时完成，反思原因。该方法简单实用，看到每天完成的工作能给人强烈的提醒和激励作用，有助于建立自信。

3. 利用碎片化时间

5 分钟我可以做什么？10 分钟我可以做什么？1 小时我又可以做什么？2 小时呢？碎片时间清单法需要我们先列出时间长度，如 5 分钟、10 分钟、30 分钟、1 小时、2 小时甚至 2 天，然后思考在这些时间长度内自己可以做什么？比如，5 分钟我可以刷朋友圈，或者看一则简短的新闻报道；30 分钟我能完成背单词的任务，或者能梳理课程作业的框架等；1 小时可以阅读一篇文献。

碎片化时间清单法能使我们清晰地知道不同时长可以完成的任务量，给那些盲目无序设定目标的人一个有效指引，避免浪费时间、虚度光阴(见图 14.3.6)。

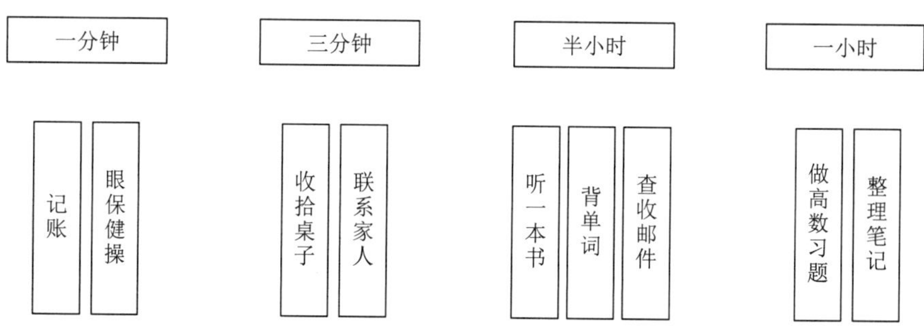

图 14.3.6 碎片化时间清单

4. “剥洋葱法”拆分目标

剥洋葱法是一种分解目标、规划行为的有效工具。顾名思义，就是像剥洋葱一样，将大目标分解成若干个小目标，再将每个小目标分解成若干更小的目标，一直分解下去(见图14.3.7)。比如，将每一个短期目标分解成月目标，将月目标变成若干个周目标，周目标变成若干个日目标，最终分解到当下该去做什么。无论目标多大，都要分解到“现在就能行动”的程度为止。例如，我们设置“5 年读完 100 本书”的大目标，分解后 1 年就要读 20 本，1 个月读 2 本。我们按照一本书 300 页来计算，1 天读 20 页左右，假设 5 分钟看完 1 页，每天需要 100 分钟，也就是 1 小时 40 分钟；坚持下去，5 年读完 100 本书这个目标就能轻松实现。通过分解目标，我们能明确问题从何入手，发现看似复杂的问题其实也很简单。拆分目标可以帮助我们提高目标可操作性，克服畏难情绪，在完成小任务中获得成就感和自我效能感，逐步实现最终目标。

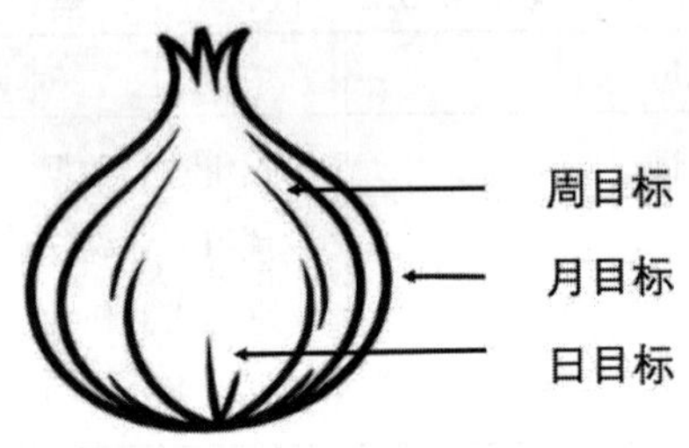

图 14.3.7　剥洋葱法

5. 提高执行力

执行力包括一系列具体的能力，如有效利用资源、保质保量达成目标的能力、贯彻战略意图、完成预定目标的操作能力等。执行力强的人，一旦做好规划，无论遇到多大困难，都会不达目的不罢休。提高执行力，能让我们更高效地安排时间、利用时间。提高执行力是加强大学生时间管理不可或缺的一环。可以从如下方面提高执行力：① 执行开始前，决心第一，成败第二；② 端正态度，明确目标，设置截止期限；③ 执行过程中，速度第一，完美第二；④ 注重快速行动，战胜拖延最好的办法是立即行动；⑤ 执行结束后，结果第一，理由第二，根据完成情况做好复盘，反思改进。

总之，时间是宝贵的财富，往往在紧迫时，我们才感受其珍贵。莎士比亚说：“放弃时间的人，时间也放弃他。”每个人的时间和精力都是有限的，如何把有限的时间更充分地利用，是时间管理的要义。安东尼罗宾斯说：“行动才能克服恐惧，犹豫拖延将不断滋养恐惧。”大学，是青春绽放的舞台，我们把一生中最美的时光交付于此。珍惜大学时光，优化时间管理策略，善用时间，成为时间的主人，方能成就未来最美好的自己。

第五部分

绽放生命的美好：挫折应对与生命教育

《向日葵》系列油画之一

荷兰画家文森特·梵高创作于1888年8月—1889年1月期间

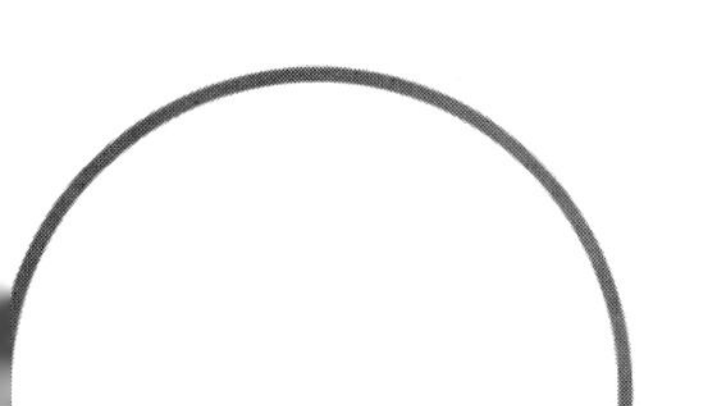

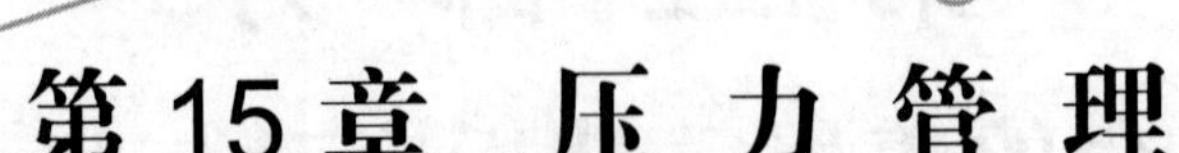

第 15 章 压 力 管 理

压力是近十年来生物学、心理学和认知神经科学等多学科共同关注的热点话题和前沿领域。个体在变化的生存环境中不可避免地经历着不同程度的压力。一方面，压力能够促使我们在面对紧迫与危险时快速、有效地重新分配生理和心理资源，从而提高适应和生存能力；另一方面，压力又可能对注意、记忆的信息提取，决策等认知过程造成阻碍，尤其是长时间或超负荷的压力甚至会引发一系列精神障碍和生理疾病。因此，压力作为生活的“调味品”，对机体生理功能、心理与行为活动有着极大的调节作用。

15.1 认 识 压 力

这是一个遍地焦虑的时代，在日常生活中，当代人面临着形形色色的压力，来自学业、健康、婚育、贷款、养老、工作、个人发展等方面的重担使我们感到身心疲惫。快节奏的生活常使我们疲于奔命，忘却对自己的关注。什么是压力，我们遇到了哪些压力，我们能否及时感知到压力，都是压力管理的前提基础。因此，正确认识压力、有效识别压力，有助于我们全面了解压力，为后续开展压力管理打下坚实基础。

15.1.1 压力的定义

“压力”一词派生于拉丁语“stringere”，有“费力地抽取”之意。在不同领域，它有着不同释义：在物理学中多用于指施加在物体上的外力；在工程科学中多指“负荷”。而在生物学、心理学等相关领域也有不同的释义，多学科对压力的理解随其外延的拓展而不断深入。

Cannon 最早将压力引入社会领域，提出压力的体内平衡理论，即这种平衡状态可以被任何生理或心理威胁破坏。Cannon 认为，压力“战或逃” (Fight to Flight)反应机制包含交感神经系统的唤醒和肾上腺素分泌之间的复杂交互作用，能让有机体受到外力作用时，借身体生理唤醒的动力性，保持内稳态(Homeostasis)，即体内环境的平衡状态以应对威胁。

1956 年，Selye 首次系统定义压力概念，他认为压力是机体对外界或内部各种刺激产生的非特异性应答反应的总和，并将这种非特异性变化总和称为全身适应综合症(General Adaption Syndrome，GAS)。Selye 把压力过程大致分为警觉—阻抗—衰竭三个阶段，系统提出了压力非特异性理论。

随后，Lazarus 和 Folkman(1984)提出，由于个体与环境通过心理压力形成特定关联，有机体在这种环境中过度消耗自身心理能量，进而导致身心问题的产生。Lazarus 将认知引入压力与反应的联系中，强调认知因素在压力反应中的作用，进一步扩充了压力模型。

McEwen 通过“应变稳态”“应变稳态负荷”重新解释了 Selyes GAS 模型的衰竭阶段。他认为应变稳态是身体的自适应机制，是为了在经历压力后维持或重建稳态反应(McEwen，2005)。然而，应变稳态会因反复压力(the Repeated Stress)、关闭失败(the Failure of Shutting Down)、不恰当反应(the Inappropriate Response)积累成应变稳态负荷，当这种负荷不断叠加时，就会引发 GAS 模型中的衰竭阶段。

因此，压力是有机体受到真实或潜在威胁刺激时所表现出来的全身性非特异性反应。这种非特异性反应包括焦虑、恐惧、心率增加等与刺激因素性质无直接关联的心理或生理变化。

15.1.2　压力的种类

压力源被认为是威胁的情境、环境或刺激，也就是制造或引发压力的事物。按照压力源的持续时间，可以将压力反应分成急性压力(Acute Stress)和慢性压力(Chronic Stress)两种。慢性压力时程久，会给生理、行为反应带来长时间或永久性改变，还会提升个体对疾病的易感性。慢性压力可以理解为我们长期受到的压力，比如工作压力、学业压力、婚育压力等，或许不会那么强烈，却可能持久到让人无法忍受，备受折磨。

如果忽视慢性压力，它会严重且不可逆转地损害我们的身心健康。当人长期承受慢性压力时，会不断损耗身体、大脑以及认知进行消磨，使得体力和脑力资源因长期消耗而枯竭，最终导致自杀、暴力行为、精神病、心脏病发作和中风的发生。在生物学、医学、心理学领域，均从不同层面对慢性压力影响有机体的作用通路、调节机制展开探索。慢性压力包括以下表现：体弱多病、抑郁沮丧、周身不适、饱受便秘等消化问题困扰、表现不佳、做出冲动决定、孤身独处、暴饮暴食或茶饭不思、昏昏欲睡或缺觉少眠、性欲降低等。

与慢性压力相比，急性压力持续时间更短、强度更高，像突如其来的天灾人祸、毫无征兆的变故等。人们处于这种急性压力状态可能会出现压力相关障碍，如创伤后压力障碍(Post-Traumatic Stress Disorder，PTSD)。人们在急性压力下最常见的表现如下：

短暂的情绪困扰：愤怒或烦躁、焦虑和抑郁的某种组合。

暂时性肌肉不适：紧张、头痛、背痛、颈部疼痛、下巴疼痛，以及其他引发肌肉、肌腱和韧带拉伤的肌肉紧张状况。

暂时的胃、肠道问题：胃灼热、胃酸、胀气、腹泻、便秘。

短暂性过度觉醒：血压升高、心跳加快、脉搏加快、手掌出汗、心悸、头晕、偏头痛、手脚冰凉、呼吸急促、睡眠问题和胸痛。

需说明的是，并非所有人面对急性压力都有相同的反应。有两类主要人格类型属于急性压力的易感性人群：A 型人格和焦虑型人格。A 型人格存在过度竞争冲动、好斗、急躁和时间紧迫感强的特点，几乎总是对外界表现出根深蒂固的不安全感，这些个性特征导致频繁的急性压力发作，A 型人格的个体患冠心病的风险也较高。焦虑型人格的个体则呈现几乎无休止的消极想法，给身心健康带来偶发性急性压力。他们的核心信念是，世界是一个危险的、无回报的、惩罚性的地方，可怕的事情总会发生。

15.1.3 压力的阶段性过程

Selye 将压力分为警戒期(Alarm Stage)、阻抗期(Resistance Stage)和衰退期(Exhaustion Stage)三个阶段(见图 15.1.1)。

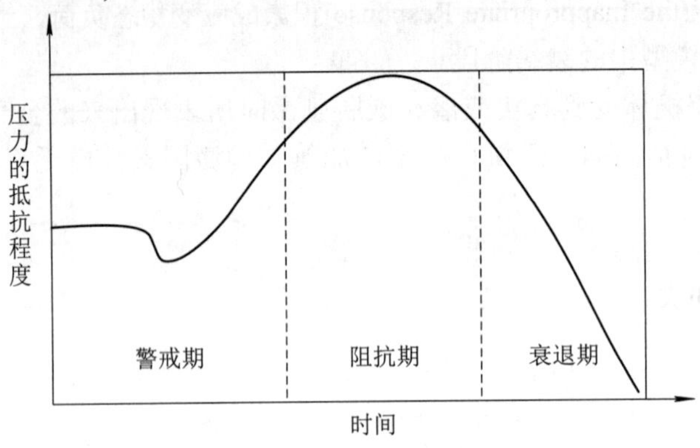

图 15.1.1 压力的阶段性过程

1. 警戒期

当威胁或压力第一次出现时，在短时间内，人体会产生一种低于正常水平的抗拒。这种短时的抗拒，会引起人体的胃肠失调、血压升高，随后人体会迅速采取各种防御措施并进行保护性的自我调节，进入“战或逃”反应，压力激素(如肾上腺素和皮质醇等)水平上升。这是机体为了应对有害刺激而唤起体内的整体防御能力，可称之为动员阶段。如果防御性反应有效，抗拒就会消退，人体的生理活动也将恢复正常。这个过程产生的反应就是警戒反应。由于多数短期压力都会在这个阶段得到解决，因此警戒反应常被称为急性压力反应。

2. 阻抗期

如果警戒反应不能排除前面的威胁或压力而使压力持续，人体就会动员全身的能量和资源进行反抗。随着能量和资源的逐渐消耗，反抗的力量会减弱，同时溃疡、动脉粥样硬化等严重的身体症状也会随之出现。这种调动全身能量和资源对抗危机的过程就是阻抗。

3. 衰退期

如果威胁或压力非常严重，人体无法消除，衰退阶段就会出现。在这一阶段，神经内分泌系统的分泌能力变弱，免疫系统功能下降，人体易感染各类疾病，严重时可能致病或致死。

15.1.4 压力反应

压力反应包括生理反应、情绪反应和行为反应三方面。生理反应指遇到压力时，生理系统释放的压力激素以及外周神经系统产生的相应反应等；情绪反应指遇到压力时产生的焦虑、抑郁、愤怒与恐惧等情绪；行为反应指针对压力事件采取的应对行动，如逃避、积极面对、自责等。

1. 压力的生理反应

当个体遭遇压力刺激时，机体正常有序的内稳态会迅速失衡，伴随一系列非特异性的生理性反应，主要表现为交感神经系统(Sympathetic Nervous System，SNS)迅速兴奋和下丘脑-垂体-肾上腺皮质轴(Hypothalamic Pituitary Adrenal，HPA)的共同激活。存在快速反应系统和慢性反应系统两个通道。

具体来说，快速反应系统(SNS)首先会激活中枢神经系统中与压力体验相关的杏仁核，再通过下丘脑迅速激活肾上腺髓质，释放儿茶酚胺(肾上腺素和去甲肾上腺素)，从而引发外周神经系统中交感神经兴奋。具体表现为心率、血压、皮肤电水平的升高、瞳孔的增大，以及唾液中 α 淀粉酶(Salivary Alpha Amylase，SAA)浓度的升高，加快代谢分解，为机体应对压力储备能量；与此同时，慢速反应系统(HPA)的激活使下丘脑向血液中释放促肾上腺皮质激素释放激素(Corticotropin-Releasing Hormone，CRH)，进而使垂体前叶分泌促肾上腺皮质激素(Adrenocorticotropic Hormone，ACTH)，最终让肾上腺皮质释放大量糖皮质激素(Glucocorticoids，GC)，主要是皮质醇(Cortisol)(见图 15.1.2)。

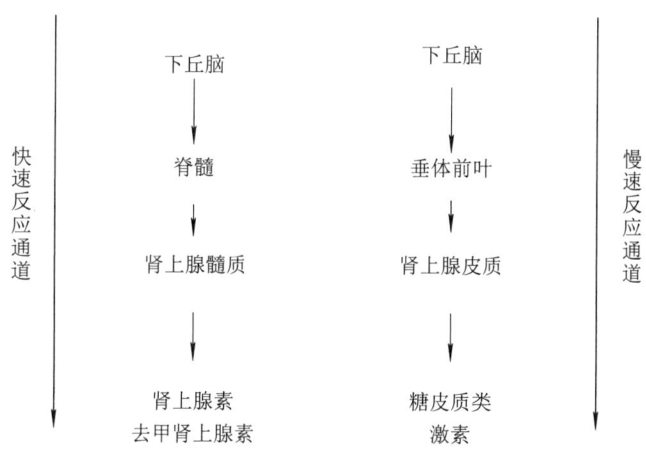

图 15.1.2 压力反应的双通道模型

两个通道共同参与压力反应过程，快慢系统在中枢神经系统(Central Nervous System，CNS)、神经内分泌系统(Neuroendocrine System，NES)和免疫系统(Immune System，IMS)的相互调节和制约下恢复机体内稳态的平衡。

2. 压力的情绪反应

1) 焦虑(Anxiety)

焦虑是压力情境下最常出现的情绪反应。当个体预料到即将出现某种模糊性威胁时，会产生一种负性情绪，即焦虑。焦虑是一种痛苦的个人体验，会让个体产生明显且强烈的挫败感。在压力情境下，适度的焦虑可提高人的警觉性，但如果焦虑过度，就是可能产生有害结果。焦虑可以分为状态焦虑(State Anxiety)和特质焦虑(Trait Anxiety)，前者由压力源诱发，后者与人格特质相关，指无明确原因的焦虑。

2) 抑郁(Depression)

抑郁是一种情绪障碍，会让我们对原来喜欢的事物产生悲伤和不感兴趣，还会影响食欲、睡眠习惯以及集中注意力的能力。外源性抑郁由亲人离世、失恋、失学、失业，遭受重大挫折和长期病痛等原因引发。内源性抑郁则与个体内在生理素质相关。无论是哪种形式的抑郁，都需要及时关注，采取恰当的防范措施。

3) 愤怒(Anger)

愤怒是目标受到阻碍、自尊心受到打击后，为排除阻碍或恢复自尊所产生的一种激烈的内部感情状态。这种情绪主要在个体表达不满时激活，激活时个体通常会遇到困难或障碍。不过在克服不利因素时，愤怒情绪在激活的同时也能够为个体提供能量。个体在愤怒状态下，通常伴有交感神经兴奋、肾上腺分泌增加、心率加快、心输出量增多、血液重新分配、支气管扩张等生理表现。

以往的研究根据愤怒的状态-特质理论，将愤怒分为状态愤怒和特质愤怒(Spielberger，1995)。

(1) 状态愤怒：个体在当前情境或正在经历的事件中体验到的愤怒，是生理及主观感受变化的一种即时状态。状态愤怒包括愤怒体验和愤怒表达意向两部分，愤怒体验包括个体的生理唤醒和主观感受，涉及面部及肌肉的紧张以及交感神经的激活。短时间内，愤怒体验可以从无到有、从弱变强。不同个体对待愤怒体验的态度不同，可分为愤怒表达和愤怒控制。愤怒表达意向通常指人们在产生愤怒情绪时，内心想要通过某种方式将这种情绪表现出来的倾向或意图，它主要受愤怒强度、愤怒诱发情境影响。

(2) 特质愤怒：一种稳定的愤怒倾向，指个体在诱发情境或事件中愤怒情绪容易被激发。通过激活愤怒网络，引发愤怒表情、动作反应，以及生理、情绪、思维及记忆反应(Berkowitz & Harmon-Jones，2004)。

4) 恐惧(Fear)

恐惧是指人或动物面对现实或想象的危险、自己厌恶的事物等产生的处于惊慌、紧急状态，伴有交感神经兴奋、肾上腺髓质分泌增加、心率改变、血压升高、盗汗、颤抖等生理反应，有时甚至发生心搏停止、休克等强烈生理反应。

上述压力引发的情绪反应不仅会直接影响身体健康，还会通过个体认知功能改变后续行为模式。

3. 压力的行为反应

当个体面临压力时会产生不同的行为变化，这些变化取决于压力的程度以及个体所处环境。压力下的行为反应可分为直接反应与间接反应。

(1) 直接反应：直接面对引起紧张的刺激时，为了消除压力源所做出的反应。Cannon在一系列动物实验中发现，身体面对压力的即时行为反应有两种模式：一是实施攻击以保护自己，即战斗反应；二是逃走以躲避危险，即逃跑反应。其中，战斗反应由愤怒或侵犯引发，通常在保护自身视野范围或攻击比自己弱小的侵犯者时出现，战斗反应需要生理上的准备。逃跑反应由恐惧引发，机体可能会出现退缩反应或僵直反应。例如，在路上遇到歹徒时，人会选择逃跑或搏斗。

(2) 间接反应：借助某些物质暂时减轻与压力体验相关的苦恼。例如，通过打游戏来减缓压力带来的拖延感，通过酒精缓解压力带来的痛苦，通过运动缓解压力带来的肌肉疲劳。

一般而言，低强度的压力会促发或增强一些正向的行为反应，如寻求有效的社会支持系统帮助。但压力过大过久，会引发不良适应的行为反应，如谈话结巴、刻板动作、过度进食、攻击行为、失眠、拔毛癖等。

15.2 压 力 作 用

在当前快节奏时代，人们不仅面临各种突如其来的压力考验，也承受着来自多方的慢性压力。然而，面对同样的压力，人们得到的结果却大相径庭，有人能化压力为动力逆流而上，也有人因压力日积月累直至一触即溃。压力面前究竟是“急中生智”还是“呆若木鸡”？这需要我们辩证地去认识压力。

15.2.1 压力的积极影响

科学和媒体的关注焦点一直放在压力的不良影响上，毕竟压力对健康的有害影响广为人知。相比之下，急性或短期压力却可能具有保护性和有益作用。当短期压力却与免疫激活相结合时——例如在手术或接种疫苗期间——免疫反应会增强。短期压力存在有益影响是有道理的，因为战或逃的压力反应是大自然的基本生存机制。如果没有这种反应，狮子就没有动力猎杀羚羊维持生命，羚羊也没有机会逃脱。在战或逃反应中，皮肤和下层组织等器官可能会受到压力源(捕食者的损伤、攻击造成的伤口)影响，而压力时期增强这些器官的免疫功能将确保更好地防护，因此利用这种自然压力反应可增强手术或伤口愈合、疫苗接种、感染和癌症期间的保护性免疫功能。

著名心理学家 Robert Yerkes 与 John Dodson 研究发现，与毫无压力相比，适度压力可以提升人们的学习表现。中等程度的压力对工作绩效的促进作用是最为理想的。压力过小，由于没有挑战，易让人产生无聊情绪，进而表现出低水平的绩效；压力过大，则会过度增加个体的心理负担，导致不必要的逃避反应。同样，根据 Gardner 的激活理论(1990)，压力只有在特定水平才会提升创造力，过多的压力反而会降低成绩水平，在复杂的创造性任务中尤为如此。中等激活水平对创造力是最有利的，因为中等激活水平能增加任务的参与度，让认知资源的使用处于最佳模式，此时个体会降低压力的不利影响，提高压力的有利影响；相反，过少或过多的激活可能使参与度缺乏，引发认知干扰，阻碍认知需求任务的正常进行。

15.2.2 压力的消极影响

众所周知，压力会给我们带来很多负面影响，不仅干扰我们的正常学习与生活，长期、过量的压力还可能导致许多生理和心理疾病(见图 15.2.1)。在对压力反应的学习中，我们需了解压力对身体和心理的负面作用。

首先，压力会直接引发生理反应，使人们出现身体不适，进而产生精神痛苦和疾病。

(1) 神经系统疾病：偏头痛、风湿性关节炎、紧张性头痛、背痛、焦虑症、抑郁症；

(2) 内分泌系统疾病：月经不规律；

(3) 消化系统疾病：溃疡、肠道发炎；

(4) 呼吸系统疾病：气喘病、花粉热；

(5) 循环系统疾病：高血压、中风、冠状动脉心脏病；

(6) 生殖系统疾病：性无能、性交疼痛；

(7) 免疫系统疾病：癌症、湿疹、荨麻疹、干癣、过敏症。

图 15.2.1 压力的不良生理影响

压力甚至还可能通过生理-心理交互作用机制，让已有的精神和躯体疾病加重，最终使得机体免疫力下降，在偶发因素的作用下引发新的疾病。

以上提及的都是有明显生理表现或被内心觉察到的压力。人们通常认为压力是亲人离世、婚姻破裂等重大变故引发的反应，这类压力很容易被感知。但事实上，压力也可能通过生活中的琐事不断积累，如今天出门忘带手机，明天不小心打碎心爱的水杯，后天与朋友发生口角。随着时间推移，这种累积效应对我们的身心产生不同程度的影响。因此，我们需要定时整理、排解压力带来的烦恼，及时进行压力管理。

15.2.3 心理弹性的影响

1. 何为心理弹性

心理弹性(Resilience)指个体从悲剧、灾难、困难中恢复或者学会适应，实现与应激源和平共处的能力(Tugade & Gredrickson，2007)。遭受创伤性事件时，每个人都会暂时失去心理平衡。然而，正如身体能通过内部稳态调节体温一样，人类有着不可思议、近乎神奇的保持心理平衡的能力(Masten，2001)，这使得我们能在遭受创伤后通过心理弹性，让生活恢复到之前的幸福状态。来自心理弹性的研究发现，人类拥有惊人的精神力量，可以从逆境中恢复并收获好的结果。

2. 培养有益于心理弹性的习惯

文献综述表明，人格特质、经验和行为能够帮助人们建构起心理弹性并缓冲压力(见图 15.2.2)。

图 15.2.2　建构心理弹性以及缓冲压力

可以通过促进个体适应性应对压力、修复由消极情绪所引发的生理损害、增强认知灵活性、构建持续的社会关系，以及为未来积蓄正能量的方式，增强个体的心理弹性。建构心理弹性，一个十分重要的方法是积累积极情绪，包括快乐、乐趣、兴趣、好奇、惊讶、心流、满意和爱。

如果积极情绪能够在生理和心理上帮助人们走出逆境，那么大笑就是最好的一剂良药。大笑能够帮助人们应对创伤性事件，也能够增强免疫系统。心理弹性好的人将幽默当作一种应对机制(Tugade &. Fredrickson，2004，2007)。

心理弹性好的人拥有随时可以依赖的人际关系网络。根据自我决定理论，关系或者是他人能够给予我们的兴趣、时间以及能量(这让我们感到被重视)是一个重要的心理需求(Connell，1990)。

心理弹性在压力与心理健康的关系中，发挥着中介作用。具体来说，压力可直接影响人们的心理健康水平，同时也通过心理弹性对心理健康产生间接影响。面临相同的压力时，个体心理弹性越小，越难理性应对挫折和压力，最终导致其心理健康状况越差；反之，个体心理弹性越大，心理健康状况越好。

15.3　压 力 管 理

压力是普遍存在的，因此我们每个人都无法避免承受压力。本节将从压力管理的视角，帮助大家实现对压力的有效调控。

15.3.1 压力管理原则

1. 正确认识自己

良好的自我意识是自我觉知的前提。拥有适度的自尊自信和自我调控能力，能够帮助个体在压力面前敏锐察觉到自己的身体变化和心理变化，以便能够更好地去识别、调整自身压力反应，积极寻求各种解决压力的方法。

2. 拥有稳定情绪

个体在压力面前往往会觉知到危机来临，从而产生紧张、焦虑的情绪，甚至伴随生理上的反应，如心跳加快、呼吸急促。这些消极的情绪体验和生理反应会加重个体对压力的无力感和失控感。因此，面对压力时，调控好自己的情绪、保持清醒的头脑、积极寻求解决问题的方案，是有效应对压力的重要原则，防止出现过激行为。

3. 采取合理的认知方式

个体面临压力时，会通过评估压力的性质和程度，来主动调动自身的防御机制，以应对压力。根据认知行为疗法，个体的认知方式决定其后续的态度和行为。若对压力的认知是合理、积极的，则利于有效压力的应对；若认知是非理性、消极的，则会阻碍压力应对。

4. 行动有条理、有步骤

压力应对是一个有条理有步骤的思维和行动过程。个体通过对压力源的觉察、对压力情境的再评价、对应对策略的分析及行动实施这一系列步骤，逐步将压力源对机体的损害程度降到最低，从而完成个体压力应对的全过程。该过程受到个体自身特点、压力情境等因素影响。解决压力应循序渐进，避免急于求成、激进盲动。

5. 应对策略综合化

一般来说，压力的出现是生物、心理和社会诸因素共同交织的结果，当一种压力策略无法满足我们的需求时，并不意味着压力管理本身无效，还可尝试其他管理方式降低压力所带来的负面影响。

6. 建立良好的社会支持系统

社会支持系统是我们缓解压力风险的坚强后盾。良好的人际关系、家庭关系、社区关系等，均是个体社会支持系统的重要组成部分。在遭遇无法承受的压力时，我们还可向外寻求帮助。那些可以分担压力、提供支持的资源包括朋友、家人、老师、社会团体以及专业心理辅导等。

15.3.2 压力管理策略

1. 科学归因

压力之下，我们不免会遇到各种挫折与挑战，对于事情的认知评价会进一步影响后续的行为反应。在压力事件发生时，科学的归因能够帮我们改变悲观的归因模式，进而调整自身在压力状态下的挫败、抑郁情绪，以积极主动的态度去应对压力。归因是指对结果产生的原因进行评价。我们常常有意无意地为自己的学习和考试结果寻找原因，这些归因方式往往影响着我们对自己的认识和对目标的规划。例如，期中考试成绩不理想时，我们会对自己的结果进行归因，比如：A. 我怎么这么笨；B. 老师没有选择自己熟悉的内容进行测试；C. 这次身体不舒服。人对前次结果的归因会影响其对下一次成就行为的期望、情绪和努力程度等。归因为 A 的同学会认为是自己能力不足，从而产生否定、悲观态度，进而影响后续学习；归因为 B 或 C 的同学则会认为是偶然因素导致失败，因而可能为后续考试做出更充分的准备。

著名心理学家 Weiner 认为，个体对成功和失败的解释有三个特征：是内部的(个体本身的)还是外部的；是稳定的还是不稳定的；是可控的还是不可控的(见图 15.3.1)。

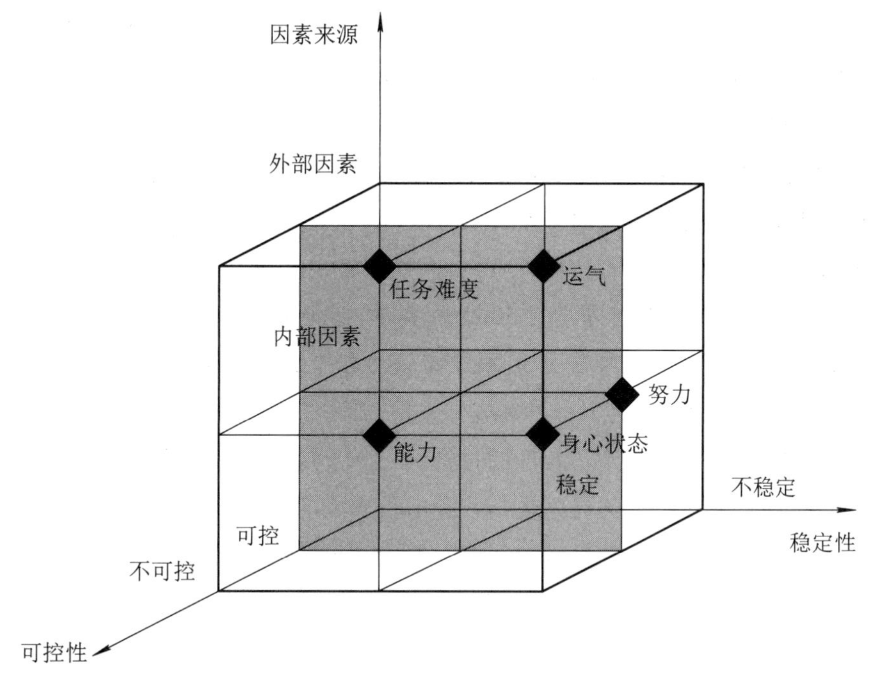

图 15.3.1　维纳的归因理论

归因理论的核心假设是人们试图维持一种积极的自我意象，所以在活动中表现良好时，个体倾向于把成功归结为自身努力和能力；表现不佳时，会认为失败源于自身无法控制的原因。人们对成就情境中的成功和失败的解释主要有四种：能力、努力、任务难度和运气。能力和努力属于个体内部的原因，而任务难度和勇气属于外部的原因。能力被认作相对稳定、不易改变的，而努力则容易改变；任务难度本身是稳定的，运气却不稳定、不可控。因此，当个人将成功归因于能力和努力等内部稳定因素时，会感到骄傲、满意、信心十足；而将成功归因于任务难度和运气好坏等外部原因时，产生的满意感则较少。总的来说，能力低但努力的人往往会得到最高评价，而能力高却不努力的人则得到最低评价。合理归因，能够增强个体对以后成就行为的信心，增加后续的努力。

Dweck(1975)发现：把成功归于努力的学生比把成功归于能力的学生，在后续工作中坚持的时间更长；把失败归于能力的人比把失败归于努力的人，在未来的工作中花费的时间更少。

2. 目标分解

压力源往往来自多重事件的叠加，多重事件的背后是若干目标的累积。因此，为了实现这些目标，我们会投入大量的精力以确保目标的达成，一旦这些目标超过自身所能承受的范围，就会觉得目标很庞大而难以达成，给个体带来额外的心理压力。

面对大目标，可以使用“拆解法”——就像剥洋葱一样，将大目标分解为一个个小目标，再将小目标分解为更小的任务，以此类推，一直分解到明确当下应当做什么。SMART 原则可以帮助我们更加合理地设置目标。

例如，我的基本目标是“提高英语水平”，用 SMART 原则可以进行如下拆分：

Specific(具体化)：提升阅读理解能力；

Measurable(可量化)：1 个月内学习 5000 个单词；

Attainable(可实现)：1 个月内学习 5000 个单词，自己能做到；

Relevant(相关性)：1 个月内学习 5000 个单词，和“提高英语水平”是相关的；

Time-bound(时限性)：设定 1 个月完成。

根据 SMART 原则我们确定了合理的目标，下一步是将目标再拆解成小目标，并安排到每年、每月、每周甚至每日的时间之内，让自己养成习惯，日积月累坚持下去便能完成一项大任务。同时，通过目标的分解，能够对行为结果做出及时反馈，每当完成一项小目标，信心也会随之提升，推动自己不断朝着大目标奋进。

3. 认知重评

认知重评(Cognitive Reappraisal)是认知改变的一种，指个体改变对情绪事件的理解，改变对情绪事件中有关个人意义部分的认识(见图 15.3.2)。认知重评有两种具体的调节方式：评价忽视和评价重视。

评价忽视属于减弱型调节方式，表现为个体以忽视、回避和减弱等方式，对情境中可能诱发情绪的刺激进行评价，尽可能不去感受情境可能引起的情绪。

评价重视则属于增强型调节方式，表现为个体通过提升对可能引起情绪的情境的评价，增强情境与个人之间的关联性。

认知重评试图以更加积极的方式帮助人们去理解那些使人感到挫折、生气、厌恶等负性情绪的事件，或对情绪事件进行合理化。

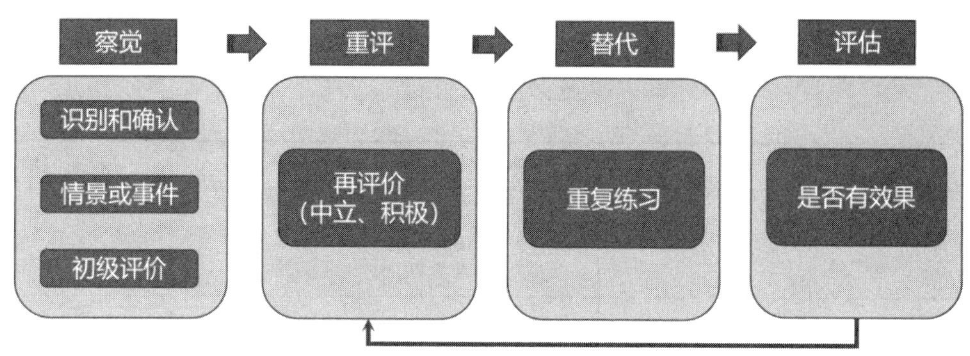

图 15.3.2 认知重评步骤流程图

认知重评的习惯性使用与个体积极的心理社会性结果相关联。例如，认知重评的习惯性使用不仅不会导致有限的认知资源被占用，还会使个体的人际关系变得良好，产生更高水平的幸福感。同样，习惯性使用重评策略与潜在的危险性行为(如由吸烟以及酗酒引起的斗殴)之间还存在着负相关。由于愤怒等消极情绪占用大量的认知成分，因此，如果个体能在认知上重构消极情绪刺激的意义，则更有可能下调消极情绪的强度，达到积极的心理社会性结果。认知重评在很大程度上是一个持续不断的过程，具体包括以下几个阶段：

(1) 察觉。察觉的过程有三个步骤：第一步，识别和确认压力源，可能需要写下你脑海里所想的，包括所有的挫折和苦恼；第二步，识别形成压力源的情景或事件，进而识别与压力源相关联的情绪态度；第三步，对最主要的压力源进行初级评价。

(2) 重评。重评即第二次评价或再评价，是大脑产生的次级想法，提供了与初级评价不同的(客观的)观点，对相关因素重新集结或重组。这一阶段，若个体能生成并选择一个中立的或积极的立场，就能更好地应对问题。

(3) 替代。态度转变中最困难的一步在于执行，新的心理构念形成后，就必须马上采纳和执行，起初可能会觉得脆弱，但如同其他技能一样，在压力反复出现并不断重复练习后，再评价的心理构念就会逐渐代替初级评价。

(4) 评估。任何新的冒险和尝试都要通过检验来看看效果，从而判断这种新的态度是否起作用，起初可能无效，但仍需对其作出评估、尝试。如果新的构念发挥作用，就带着未解决的问题重复这一过程；如果评估的结果证明新的构念彻底失败，那么需重新回到第二个阶段再做评价。

上述认知重评的方法，还可以借助压力管理日记来进行练习。这些步骤能指导我们学会运用可行、有效的思维、感受和行为来应对压力。

拓展阅读(活动)

压力管理日记

压力源	压力反应	初级评价	再评价	效果评估
①				
②				
③				
④				

4. 打造COTE盔甲

压力管理专家亨德利•韦辛格和J. P. 保利弗雷在对12 000多人进行了跟踪调查后，提出了著名的COTE盔甲理论。他们认为，构成COTE盔甲的四大元素，即自信(Confidence)、乐观(Optimism)、坚毅(Tenacity)和激情(Enthusiasm)。COTE盔甲能够更好地帮助我们控制自己的焦虑和压力(见图15.3.3)。

图15.3.3 COTE盔甲

5. 行动机制

耶鲁大学教师福格提出了用户行为模型(Fogg’s Behavior Model)。该模型指出，行为的发生需同时满足三个关键要素，即动机(Motivation)、能力(Ability)和提示(Prompt)(见图15.3.4)。对于压力的管理，我们明确了训练目标、训练方案，但是如果没有行为机制的建立，那些非理性信念有可能会重新占据我们的认知领地。因此，如何建立起一个有效的行为模式机制是将认知-行为建立长效机制的前提保障。

图 15.3.4 认知-行为长效机制

当动机、能力、提示同时具备时，行为才会发生。动机是做出行为的欲望，能力是执行某个行为的能力，而提示则是提醒做出行为的信号。

动机很强时，无须提示就能采取行动，甚至能够完成更困难的行为；动机一般时，往往只会做出比较容易的行为。可以先评估自身管理压力的动机强度：如果动机较强，就全力做出行为的改变；如果动机处于中等水平，可以选择目前面临的最大压力进行有针对性的管理和调节。

此时，我们可以通过明确愿望与列出行为集群设计行为的步骤：① 明确愿望，梳理愿望的成果和行为，尽量将其描述为可实施的、可看到的行为，以此作为基准；② 设计行为步骤，可以列出探索行为选项，越多越好，发挥自己的创造力或向朋友征集，但要警惕误区，不可全凭猜测、从网上找灵感或照搬朋友的成功经验，而要找到与我们自身相匹配、能助力实现愿望，且自己有动机、有能力做到的行为(见图 15.3.5)。

行为设计步骤

明确愿望　探索行为选项　为自己匹配具体行为　从微习惯开始　找到“对”的提示

图 15.3.5 行为设计步骤

人的天性决定了难以长期坚持做令自己痛苦的事，但如果从容易的事开始，就几乎可以做到你想做的任何事。通过专业的技能领域提升，你的动机峰值就变化为一种优势，能够帮助你更轻松地开展后续行为。之后借助工具和资源，外界的支持能够帮助你更好地完成这类行为，尝试用这种策略跨越“从不太难到容易”的界限。

在福格行为模型中，动机和能力是持续存在的，提示却并非如此，可能被注意，也可能会被忽略。如果没有注意到提示，或提示未实际出现，行为就不会发生。有时需要为自己设计提示。

有时提示的设置被称为“珍珠习惯”(Pearl Habit)，其本质是将原本惹人厌烦的事情转化成美好的提示。它包含三个组成部分：锚点时刻、微行为和庆祝时刻。锚点时刻是生活中某个可以提醒你执行微行为(新习惯)的既有日常；微行为是你想要培养且已经缩小到超微小、极易完成的新习惯；庆祝时刻则是可以在你内心营造积极感受的事。

例如：

锚点时刻：在我听到空调关停的声响之后。

微行为：我会放松放松自己的脸部和颈部肌肉。

庆祝时刻：为了让大脑牢记这个习惯，我要立刻微笑。

第 16 章　生命教育与危机应对

生命是一个直观且神圣的概念，我们常常将其挂在嘴边，似乎它早已与我们的生活融为一体，无须多言。但生命又复杂而神秘，每个人都会追问：生命的价值与意义究竟是什么？本章，就让我们一起走近生命，了解生命原有的样子，一起学会尊重生命、珍爱生命、善待生命。

16.1　生命的含义

生命是什么？生命可以是路边的小草，也可以是山间的野花，还可以是奔跑的小狗。在众多的生命体中，人的生命最活跃、最复杂也最发达。它是人生理、心理、社会属性的高度统一，是每个人从受精卵开始，用全部人生去体验的奇妙旅程。

16.1.1　感受生命

在开始本节学习之前，我们首先邀请大家一起走近生命、感受生命。

找一个安静的地方，闭上眼睛，用鼻子深深地吸一口气，憋住三秒，再缓缓长长地吐出。重复这样的呼吸，深深地吸气、吐气，直到让自己的心情平静下来。

接着，我们继续闭上眼睛，静静地去聆听外界的声音。此时，你能听到哪些声音呢？是教室外轻轻拂过的风声，还是树上小虫嗡嗡的鸣叫声？是外界汽车嘈杂的喇叭声，还是窗外人们稀疏的谈话声？是来自胸膛那热烈的心跳声，还是自己平静而舒展的呼吸声？

记住这些声音，思考哪些声音让你感受到了强大的生命力，让你发现自己是一个鲜活的生命体？

此时，请不要停下感受生命的脚步。接着思考：在我们的生命中，都存在着哪些美好？这些美好可能是我们在孩提时得到的一个心爱的玩具、一包好吃的零食；也可能是我们在成长过程中，结识的某个人、某件事；还有可能是我们曾经拥有的一段美好旅程、我们看到的绚丽风景；是自己在无聊时的涂鸦，是雨后挂在天边的彩虹。现在，将自己发现的生命中的美好瞬间记录下来：

____

____

____

____

____

____

同样，生命中也存在着各种各样的遗憾与哀伤。它们可能是我们与家人的一次激烈争吵，可能是人与人之间的冷漠与隔阂，可能是一次失败的学业经历，又或是一些突然闪现的“意外”。现在，也请你将生命中出现的遗憾记录下来：

____

____

____

____

____

____

此刻，生命已经完全地展现在我们的面前，它既可能是我们人生旅程中的“小确幸”，也可能是“小困扰”。

不难看出，生命是我们各种情绪的混合体，是美与丑的交织，有笑有哭，有愤怒也有自由。生命是对世间一切真实的感受，是对此时此刻内心的真实记录。

16.1.2 生命的构成

从结构上看，人的生命由生理(自然属性)、心理(社会属性)和精神(精神属性)三个部分共同组成。

自然属性是人的自然生命，它包含着人的物质身体，遵循生物学规律，是生命的载体。生命的自然属性决定着我们生命的长度，即寿命的长短。

社会属性是人的社会生命，它以我们所处的文化为根基，包含人的意识、情感和认知活动，受到社会文化的塑造。生命的社会属性决定着生命宽度，需要我们穷尽一生去扩展。

精神属性即人的精神生命，它包含了超越个体生存与社会的精神追求，关乎生命存在的意义。精神属性决定着生命所能达到的高度。在这个高度中，既有着顺境中的“巅峰时刻”，也有着逆境中的“整装待发”。

综上所述，生命是自然、社会和精神三个维度的综合与统一，是生命长度、宽度和高度的有机结合。生命的宝贵，不在于它的长度，而在于它的宽度与高度。如果我们能很精彩地过好生命中的每一分钟，那么这些分钟的总和，也必定精彩。生命线只有一个主人，那就是我们自己。所以，无论生命线是长是短，每一笔都需要由我们来描绘。

拓展阅读(体验活动)

我的生命线

从生到死，每个人都有属于自己独特的生命历程。通过生命线的绘制，我们便能将自己的一生清晰地呈现在眼前。现在，请跟随以下步骤，一起来绘制属于自己的生命线：

(1) 请准备一支笔、一张纸，在纸上写下标题：“×××(自己的姓名)的生命线”(见图16.1.1)。

(2) 从纸的中间部分开始，从左向右各画一条长长的横线，并在横线的右端，给这条线加上一个箭头，让它成为一条有方向的线。将横线的起点作为生命的起点，箭头的终点作为生命的终点。请为自己预测一个死亡的年龄并写在箭头的下方。同时，在线段中找到自己现在年龄所处的位置并用一个三角形将其标记在线段上，以此作为衡量生命的坐标。

(3) 坐标左边代表过去岁月，把曾对自己产生重大影响的事件记录下来。在书写时，如果你觉得它是快乐的事，就将它写在生命线的上方，快乐的程度越高，书写的位置就越高；如果你觉得它是难过的事，就将它写在生命线的下方，难过的程度越高，书写的位置就越低。

(4) 写完后，请你数一数、看一看：在过往影响你的重大生命事件中，是位于横线上方的事件多，还是位于横线下方的事件多？它们上升和降落的幅度又如何？

(5) 坐标右边代表未来时光，把未来想做的事，比如想要从事什么职业、想要何时结婚、想要培养的兴趣等都写出来。尽可能明确希望它们在自己生命中出现的时间，越清晰越好。同样，如果你觉得它是快乐的事，就将它写在生命线的上方，快乐的程度越高，书写的位置就越高；如果你觉得它是难过的事，就将它写在生命线的下方，难过的程度越高，书写的位置就越低。

这样，你就拥有了一条完整的生命线，如图 16.1.1 所示。

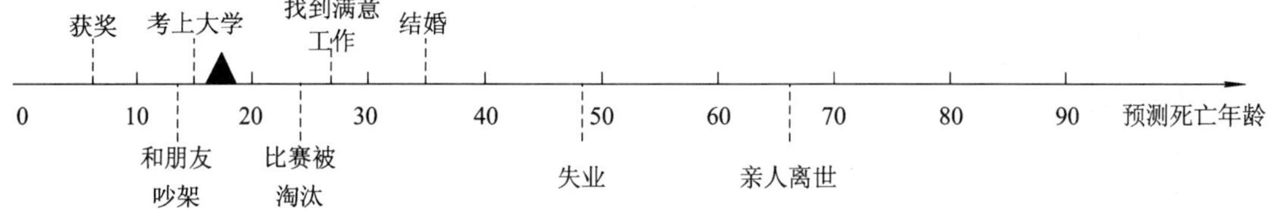

图 16.1.1　XXX 的生命线

看到自己绘制的生命线之后，你有怎样的感受？请记录下来：

____

____

____

____

____

____

16.2　生命的意义

随着年龄的增长，自我意识快速发展，我们会开始“探问”生命，思考生命的意义和价值。在“探问”生命的过程中，有时会因获得意义而欣喜感动，有时会因缺失意义而乏味迷茫，其实这都是我们在探寻过程中的正常现象。

生命的意义源于对生命的积极思考，是对生命意义的执着追求和深刻理解。

16.2.1　发现生命的意义

世界上没有什么能比“知道生命的意义”更有效地帮助人们生存下去，即便身处最恶劣的条件下。正如哲学家尼采所说：“知道为何而活的人几乎可以承受一切。”

1. 挖掘存在的意义

“人生的意义是什么？”这个问题似乎很难回答，但困难并不能阻止我们探寻意义的脚步。想要获得生命的意义，就需要我们主动去发现和挖掘。

我们无法“创造”意义，只能主动“发现”生命的意义。在生活中，生命的意义会以各种不同的表现形式出现。有时，它会在我们的生活中赫然出现，显得热烈而隆重；有时，它会在几乎无人察觉的情况下，悄无声息地进入我们的生活。尽管我们不一定能随时随地感受到生命的意义，但无论我们去哪里，生命的意义都时时刻刻陪伴在我们身边。

没有人能决定别人生命的意义，挖掘生命瞬间的意义是每个人不可推卸的责任。只有通过挖掘生命的意义，失败才能转变为有用的“遗产”。只有把失败转化为助力，我们才能成为生活中真正的勇士。

2. 紧张的重要性

紧张是维持个体心理健康的重要因素。“毫无紧张”的心理状态看似轻松、稳定，但往往不能为生命的意义注入积极的结果。紧张源于个体理想与现实之间的差距，适度的紧张可以为我们的生命带来鲜活的精神动力，促使我们更好地探寻生活的真谛。

3. 苦难的意义

生命的意义虽然总是处于变化之中，但却永远不会消失。有时，经受苦难是帮助我们找到生命意义的有效方法之一。当我们开始接受苦难挑战的那一刻起，生命的意义便会迸发。

但我们也要清楚地认识到，痛苦创伤并不是寻找生命意义的先决条件。如果苦难是可以避免的，那么生命的意义便在于如何减轻苦难及其产生的长远影响，而不是选择“没苦硬吃”。在顺境中同样能找到生命的意义。无论何种情况，选择寻找意义都是探寻生命价值的必经之路。

4. 允许冲突

每个人都希望生活能一帆风顺，但现实却迫使我们经历风雨。在成长的过程中，挫折、失败、困扰等都在所难免。有时我们可能会因为遇到各种各样的冲突和压力，如学业压力、人际冲突、家庭矛盾等而感到惊慌失措，不知该如何应对，甚至采取了某些错误的应对方式，让结果变糟。我们极力想要去消灭、摆脱冲突，但冲突本身就是生活中的重要部分，只有接纳它、允许它出现，生命的意义才得以展现。

5. 承认错误

只有通过失败，人才能察觉自己的做法是错误的，进而摒弃那些阻碍成功的行为。其实，错误只是采用了一种我们不太适应的方式，来为我们提供需要学习的经验与教训。没有人喜欢犯错，但如果我们能承认错误、接受错误，便能从中获得更多积极的力量。

16.2.2 为生命注入积极的力量

现代社会存在着“生命意义的危机”现象，许多人会莫名感到空虚，模糊地觉得生活中好像缺少了什么，但又说不清、道不明。这种感受常常让人们感到不知所措，产生孤独感与低成就感。那么，我们该如何为自己的生命注入积极的力量呢？

1. 尝试停止抱怨

人生既有快乐，也有悲伤。面对悲伤时，抱怨便成了最普遍的应对方式。但抱怨在疏解情绪的同时，也会切断自己与他人之间的联系，最终陷入孤立无援、难以自拔。

若想为生命注入积极的力量，要学会停止抱怨；学会跳出自己的视角，去觉察抱怨背后的缘由和诉求；学会接纳自己的不完美；学会看到现状与目标之间的差距，给自己时间，更从容地向目标迈进。

2. 培养乐观主义

生活总是充满了对立，比如白天与黑夜、疾病与健康、善与恶、富有与贫穷等。尽管我们都希望人生只拥有快乐的经历，但是真实的生活本就饱含痛苦和挑战。应对苦难的方法，便是培养乐观主义的精神与态度。真正的乐观主义者不只是有积极向上的想法，还有乐观的态度与行动。乐观主义者能够预见并接纳自身选择所带来的不同结果，并为它们找到合适的应对方案。同时，他们始终保持将想法转化为行动的热情。

16.2.3　承担生命中的责任

人不应该总在内心追问“生命的意义是什么”，而要清醒地意识到：生命向我们抛出了哪些问题。换言之，生命给每个人都提出了问题，为每个生命都赋予了责任。

一个人的生命不仅要满足自己生命存在和发展的需要，也要满足他人生命存在和发展的需要。从诞生起，我们就享受着来自他人生命的服务与关照，因此，我们的生命中也注定要承担起为他人生命提供服务的责任。这是生命对他人的意义和价值。因此，一个人越是能够忘却自我，投身到服务他人的社会责任之中，就越能彰显人性光辉，越能实现自身价值。

拓展阅读

弗兰克尔“活出生命意义”七大原则

原则 1：自由地选择你的态度。

无论发生什么，我们都可以自由地选择应对的态度。在《活出生命的意义》中，弗兰克尔用一句名言进行精准诠释：“生活的艰难和困苦可以剥夺人类的其他一切，但唯独剥夺不了人类最后的一点儿自由，即人类无论在何种境况下都有选择处世态度的自由和选择自己行为方式的自由。”

原则 2：实现有意义的目标。

按照弗兰克尔的观点，“人存在的主要目的是做有意义的事，实现人生的价值，而不是仅仅满足本能需要和获取回报”。我们可以有意识地做出真实承诺，去明确有意义的价值观和目标，以此来实现意义，而不是为了获取金钱、影响、地位或声望才完成工作。

原则 3：发现生命瞬间的意义。

意义存在于日常生活和工作中，在每个生命瞬间自我显现。我们的基本假设是，只有自己才能为自己的生活负责，才能发现自己生命中每个瞬间的意义，编织出自己独特而丰富多彩的生活。

原则 4：千万不要违心做事。

有时，强烈愿望和意图会因过度关注结果而受挫。弗兰克尔称这种自我伤害形式为“过度意向”。在某些情况下，我们实际得到的结果确实与最初的想法截然相反，这就是“矛盾意向”。我们要学习并了解自己如何“对抗”自己，然后集中精力创造自己想要的生活和工作环境。

原则 5：从远处审视自己。

弗兰克尔说：“只有人类才能和自己保持距离，换个角度从远处审视自己。”这种方法可以帮助我们放松心情，不再为琐事过度担忧。我们要学习如何从远处审视自己，学会以全新的视角深入了解自己，包括自嘲。

原则 6：改变你的关注焦点。

弗兰克尔被关押在纳粹集中营时，为了缓解压力、痛苦和矛盾，他学会了把注意力从令人痛苦的事转向其他可以令人愉悦的事上。所以，当我们面临困境与痛苦时，要学会转移关注焦点。

原则 7：要敢于超越自己。

不管境况如何、规模大小，走出去与别人建立联系，为别人提供帮助服务，就能实现深层意义的目标。我们要与比自己更重要的崇高目标建立联系，并为之不懈奋斗，超越自我为我们提供了找到终极意义的途径。

这七大核心原则很好地阐释了弗兰克尔的主要观点：我们总能发挥自己的潜能，找到生活的意义并对生活中发生的事做出恰当反应。生活中的事并不都是偶然事件，我们应该为自己的生活负责。弗兰克尔在纳粹集中营找到生命的意义，我们今天也要像他一样，在生活中积极寻找生命的意义。我们不能让自己沦为受害者，不能再被动生活，最为重要的是，不能再做自己思维的囚徒。

16.3 大学生的心理危机

大学生的心理危机是指大学生个体或群体在面临其无法承受的压力时，所产生的一种心理失衡的状态。大学生心理危机的产生，会对个体、他人(包括亲人、师生)以及社会产生强烈的破坏性影响。

16.3.1 大学生的心理危机源

大学生心理危机的出现主要与其自身的年龄阶段和所处的生活环境密切相关。引发大学生心理危机的来源主要分为来自自身的个体内在危机源和来自环境的外部危机源。

1. 内在危机源

(1) 自我同一性危机。“自我同一性”是由美国心理学家埃里克森提出的重要概念，指个体在经历不同社会角色、心理变化和生命阶段时，仍能保持内在的连续性和统一性，形成对"我是谁"的稳定认知。需要特别指出的是，个体的自我统一性不仅是静态的自我定义，更是动态的整合过程。

心理危机的产生，源于个体自我同一性引发的内在冲突。个体常对自我的状态产生疑问，无法将已获得的自我认识与对自我评价协调起来。引发理想自我与现实自我之间的矛盾。当一个人不能客观正确地评价自己与他人时，便会产生强烈的挫折感，由过分的自尊转变为过分的自卑甚至自暴自弃，从而导致心理危机的产生。大学生生理和心理的发展正处在特殊时期，对人生和社会问题的认识有时正确深刻，有时错误肤浅；有时客观全面，有时主观偏激。大学生的意识之中也常有自相矛盾的情况。例如，独立性与依赖性交织，情绪与理智并存，强烈的求知欲和相对较差的识别力博弈，理想与现实脱节等。如果此时再受到来自外界因素的影响与干扰，就很容易诱发心理危机。

(2) 性生理的成熟与性心理的不完善。大学生已经进入青年期，性生理已经基本成熟，性意识不断增强，有性冲动的需求，对异性的友谊和爱情产生渴望。但由于性心理不完善和不成熟，生活经验欠缺，对青春期性冲动和性要求理解不当，大学生常会产生紧张、恐惧、羞涩甚至不正当的行为。还有的同学因失恋、单相思等问题的困扰，产生苦闷、惆怅、失望、悔恨与愤怒的情绪，给身心健康带来严重的影响。

(3) 躯体疾病的影响。罹患严重疾病或身体残疾，往往会引发个体出现焦虑、恐惧等负性情绪，让个体心理变得极为敏感。在这种情况下，如果疾病得不到良好的治疗，又缺乏积极的心理调适，个体就会情绪低落、悲观绝望、言语减少、不愿与人交往，严重时甚至出现自杀念头或行为。

2. 外部危机源

生活中突发的负性生活事件，往往是引发个体心理危机的直接原因。

(1) 学业压力。学业压力是引发大学生出现心理危机的常见原因。重要课程的学业失败往往会打破他们对于自身学业的规划，降低自我价值感，使其陷入绝望的困境难以自拔，最终引发心理危机。

(2) 哀伤。哀伤反应是指当事人在居丧期间出现焦虑、抑郁，或自己认为对逝者生前关心不足而感到自责，脑子里常浮现逝者形象或出现幻觉等。哀伤反应会影响当事人的正常生理、心理活动，出现疲乏、失眠、食欲降低、抑郁、情绪低落、社交回避等症状，严重时会产生自杀、自伤观念。

(3) 人际冲突和失恋。严重的人际关系冲突或失恋往往会引发当事人强烈的情绪反应，产生痛苦、悲伤、愤怒、不满等负性情绪，大幅降低其自身的价值感、削弱其对人生的意义感，最终导致心理危机的产生。

除上述所列的事项外，自然灾害、意外事件、社会霸凌、孤独与隔绝、求职被拒、经济困难等都是引发大学生心理危机的重要外部来源。

16.3.2 大学生心理危机的种类

从种类上看，大学生心理危机主要可分为发展性危机、境遇性危机、存在性危机和病理性危机。

1. 发展性危机

发展性危机是个人在正常成长和发展过程中，对急剧的变化或转变所产生的异常反应，如升学危机、性心理危机等。这类危机是大学生生命中必要且重大的转折点，每一次发展性危机的成功解决都成为大学生走向成熟和完善的阶梯。

2. 境遇性危机

境遇性危机是指突如其来、难以预料和控制的心理危机，如交通事故、人质事件、突发绝症或死亡、遭遇犯罪、自然灾害等。

3. 存在性危机

存在性危机是一种伴随重要人生目标、人生责任和未来发展等内部压力的冲突和焦虑的危机，是个体在人生重要事件上出现问题，从而引发内心冲突和焦虑。

4. 病理性危机

大学生的某些心理障碍或心理疾病本身可能就是一种心理危机，如抑郁症、焦虑症、躁狂症等。研究表明：精神病患者的自杀率比一般人高10～90倍，导致自杀的精神病种很多，尤以精神分裂症和抑郁症最多，而抑郁症是大学生自杀率最高的精神障碍。

16.3.3 大学生心理危机的特征

大学生处于走向成熟的过渡阶段，生理方面多具备了成人的特征，但社会阅历和经验相对不足，处理问题的社会经验和能力有限。这种反差使得心理危机在大学生身上非常容易爆发。

1. 突发性

危机常常是出人意料、突如其来的，具有不可控制性。

2. 紧急性

危机的出现如同急性疾病的暴发，具有紧急特征，需要大学生紧急应对。

3. 痛苦性

危机在事前、事后给人带来的体验都是痛苦的，有时还可能涉及人的尊严丧失。

4. 无助性

危机的降临常使人不知所措，同时使人们未来的计划受到威胁和破坏。在面对危机时，如果个体的心理自助能力欠佳、社会心理支持系统不完善，会使他们更加强烈地感到绝望和无助。

5. 危险性

危机之中隐含着危险，这种危险可能影响人们的正常生活与交往，严重时还可能危及自己和他人的生命。

16.3.4 大学生常见的危机反应

危机发生后，大学生会在躯体、认知、情绪和行为等方面发生种种变化。从过程来看，他们在经历危机后可能会出现以下一系列反应。

1. 震惊

危机发生后，当事人表现出周期性或持续性颤抖、长期心烦意乱、不断否认事实、极端不安、精神恍惚且混乱的状态。

2. 责怪

当事人会不断责怪自己或他人，反复假想“如果当初做什么或不做什么，事情的结局就会不同”，此时强烈的内疚感会伴随而来。他们往往认定事情因自己的错误引发，不断自责。

3. 焦虑

处于危机中的个体，可能因为害怕、恐怖、忧虑而不知所措，情绪可能会突然暴发，经常坐立不安，并且借助抽烟、喝酒、吃东西、打电话等行为来减轻焦虑，还会伴随出汗、头痛、心悸、胸痛、战栗、过度换气等生理症状。如果经历危机的个体不断思索、幻想和诉说，反复体验创伤，即便事情并没那么严重，一般问题也会被夸大。

4. 抑郁

人们在面临危机时往往表现出抑郁状态，在极端情况下，会陷入极度悲伤、痛心和绝望。在这种情况下，个体会表现得很无助，认为面对如此情景，无论用什么方法和手段都无济于事，无论怎样做都摆脱不了困境。

5. 逃避和假装适应

危机当事人可能会装作若无其事，假装适应，这是所有心理危机反应中最敏感的一种。有些人看似成功应对了创伤和压力，但事实上他们只是故作轻松。假装适应的反应是一种靠自我抑制、自我克制等综合作用形成的防御方式，在短时间内具有一定作用，但实际上这种防御是相当脆弱的。假装适应的个体很少主动寻求帮助，一旦遇到相似或新的挫折与压力，就可能崩溃。

6. 情绪休克

大学生遭遇创伤事件后，会因不知所措而感到茫然和麻木，时常产生“这并没有真正发生在我身上”的感受。他们也经常表现出眼神呆滞、说话恍惚、难以集中注意力、走路僵硬，并且很容易受到暗示的影响。部分个体由于突发事件产生压力反应，会将对他人的攻击视为发泄心中怒火、重新获得自尊的唯一途径，认为毁灭伤害自己的人就能达成目的。还有些个体则会采用自我毁灭的方式，如酗酒、飙车或其他极端方式。

7. 寻求改变

危机中的个体虽然对事件的不确定感到难受，处理问题的能力也受到了限制，但他想获得别人的帮助，并且寻求摆脱困境的途径，只不过其寻求改变的方式常常较为隐晦。

16.4　大学生心理危机的预防与干预

心理危机干预是指干预者对处于心理危机状态的个体(被干预对象)采取明确有效的措

施，使被干预对象的症状得到缓解，心理功能恢复到危机前的水平，并获得新的应对技能，以预防将来心理危机的再次发生。危机干预的主要目标是降低急性、剧烈的心理危机和创伤的风险，稳定和减少危机或创伤情境的直接严重后果，促进个体从危机和创伤事件中恢复或康复。帮助的及时性、迅速性是危机干预突出的特点，有效的行动是危机干预成败的关键。

16.4.1 大学生心理危机的发展过程

1. 冲击期

处于冲击期的人会出现震惊、恐慌、不知所措等情绪反应。

2. 防御期

在这个阶段，人们为恢复心理上的平衡，会出现否认、合理化等应对方式。

3. 解决期

这个时期，经历过心理危机的人往往尝试接受现实，设法解决问题。

4. 成长期

心理危机过后，有的人会变得更成熟，掌握应对危机的技巧；有的人会消极应对并出现种种心理不健康的表现。

16.4.2 大学生心理危机的自我干预方法

1. 主动寻求帮助

出现心理危机时，可在第一时间向自己身边的同学、朋友、老师寻求必要的帮助。

2. 树立解决问题的信心

要相信，当前困难是暂时的，即便当下解决不了问题，也一定有人愿意且能够帮助我们脱离困境。

3. 借助专业的力量

心理危机的干预是一项专业性极强的工作。面对危机时，如果觉得难以克服，可以联系学校的心理健康教育中心，向专业的心理老师寻求积极干预。

4. 将问题解决看作是过程

解决心理危机通常需要一个过程，不要急于一时解决所有问题，应给危机解决合理的时间范围。

5. 及时就医

如果心理危机由疾病引发，或在危机状态时出现病理性表现，则应立即前往专业的医疗机构对自身心理状态进行科学的评估与诊断。

6. 避免物质滥用

在危机状态下，应避免物质(如酒精、毒品等)滥用来麻痹痛苦，这类行为非但无法真正解决问题，还会加剧身心负担。

7. 不急于做决定

危机状态往往会引发个体的强烈情绪，使个体失去理智判断能力。巨大的痛苦会让人更难做出合理的决策，甚至可能出现自杀等极端行为。因此在危机状态下，应尽量避免做出各种人生决策。

16.4.3 朋辈心理危机干预技术

针对中国大学生的心理健康调查显示，超半数大学生遇到心理问题或心理危机时，会先考虑向同学或朋友求助。因此，朋辈心理辅导是大学生心理危机干预的重要手段与途径。以下将围绕危机排查、危机现场处理、危机后处理三个方面介绍朋辈心理危机的干预手段与技巧。

1. 危机排查

(1) 询问。怀疑身边的朋友或同学存在潜在的自杀风险和可能时，不要表现出任何犹豫，可以以平静的语气直截了当地向其询问其自杀的想法。例如：“我能看到你有多绝望，很多时候，有这样感受的人会想到自杀，你想过自杀吗？”一个人的自杀观念越强烈、自杀计划越详细，心理危机的程度越高，实施自杀的可能性越大。

(2) 倾听。当对危机进行排查时，要做到不带评价地倾听，尤其不要试图评判当事人自杀想法的好与坏、对与错，而要尝试理解当事人选择自杀的原因，共情其当前痛苦，让其有倾诉、被理解的机会，能在生死边缘多一份对“生”的留恋。

(3) 评估自杀的风险。通过讨论自杀计划(越详细具体，自杀风险越高)，评估当事人自杀的危险性，包括计划的潜在致命性、自杀成功的可能性。

经过以上步骤，若判断当事人具有很高的自杀可能性，则需进行陪伴，并尽快联系外界予以帮助。

2. 危机现场处理

如果遇到正处于心理危机中(打算或正在实施自杀行为)的同学或朋友，或者接到危机当事人的电话或短信，在专业人士抵达之前，可以采取以下措施：

(1) 给予帮助。理解和接纳当事人的痛苦，例如我们可以说：“很感谢你能告诉我自杀的想法，我知道你现在很痛苦，而且想摆脱痛苦”，而不是去反驳他自杀的想法，说：“一切都会好的”“不要这么想不开”。同时，我们需要直截了当地向当事人表达关心。例如，“我真的很担心你，我很想帮助你，也希望你得到有效的帮助。”承认他们的痛苦，理解他们的感受，让他们敞开心扉、倾诉痛苦、舒缓情绪，就是对他们最好的帮助。

(2) 确保安全。如果你就在当事人身边，那么你在陪伴他的同时，还需要清除他身边所存在的、危及生命的危险因素，如关窗，收起刀具、皮带、绳索等物品。

如果对方通过电话或短信联系你，那么需问清对方此时所在位置，正在做什么。如果发现对方正位于楼顶或河边等环境，那么一定要将对方引导至相对安全的地方。处于危机之中的个体往往存在窄化现象，所以我们给出的提示一定要具体并且可操作，给予当事人直接、明确、清晰的行为要求。例如，“你从楼顶沿左边的楼梯下来，走到楼下的广场，我马上赶过来陪你”，而不能笼统地告诉对方“你这样的想法不对、很危险”。

(3) 寻求帮助。为当事人提供力所能及帮助的同时，及时向危机处理的专业人员寻求帮助。例如，直接带他去医院，或者拨打老师、家长、警察或心理健康中心电话等。危机干预是一项专业性很强的工作，不要尝试独自面对和处理当前的危机状态。

3. 危机后处理

心理危机得到暂时缓解后，尽管当事人已从危险的状态解脱，但我们仍需对其进行一段时间的积极关注。此时，可以从以下几方面入手：

(1) 表达关心。不回避问题，坦诚相待，直接向当事人表达自己的关心。例如，我们可以说“这几天我真的很担心你。我想为你做点什么，但又不知道该怎么做，如果你需要我的帮助，请告诉我。”此时，应避免同情心泛滥，用异样的眼光看待当事人；不能趁机进行说教，不断强调自杀行为的错误。例如，“你真傻，怎么想到自杀呢？”“生活里有很多美好的东西，而且你的条件多好啊。”

(2) 给予帮助。当事人情绪相对稳定时，要鼓励当事人参与各种社会活动。处于心理危机中的当事人，往往会觉得孤独，没有归属感，此时我们应当有意识地邀请他们参与一些集体的活动，为其提供更多的社会支持。

(3) 提供情感支持。当事人摆脱自杀危机后，我们仍需为其提供一段时间的情感支持。我们可以为当事人建立一个情感约定：如果遇到困难，可及时联系。这样我们可以参与当事人解决自身问题的过程之中。

16.4.4 自杀的预防

在悲剧发生之前，每个人都会觉得自己距离自杀很遥远。实际上，在现代社会，每个人都有必要了解一些关于自杀的预防知识。这包括两个方面，一方面是自杀的自我预防，即避免自身走向自杀；另一方面是对他人自杀的预防，即预防我们周围的人(包括同学、朋友、恋人等)自杀。

1. 自杀的自我预防

(1) 重视自身心理素质提升。日常生活中，我们要学会主动关注自身心理健康，了解基本的心理健康知识，积极培养自身心理素质。大学生尤其要注意培养自己对挫折的忍受能力和对情绪的调控能力。此外，还要提高对自身心理状况的觉察力，一旦意识到自己产生自杀意念，便及时进行自我救助(如转移注意、避开刺激物等)。

(2) 学会向心理咨询专业人士寻求帮助。受文化环境的影响，大学生在面对个人生活困难时倾向于“自我消化”，认为“时间是最好的心理医生”。这种“时间疗法”对普通琐事是有效的，但是在面临个人重大生活事件的时候，往往难以起效。“自我消化”无异于“自我折磨”。独立解决问题固然是一项优秀特质，但学会求助也是现代人应具备的素质之一。尤其在面临自杀危机时，大学生应该尽快向心理老师等专业人员寻求帮助。

(3) 养成良好的生活习惯。参与体育运动或文娱活动，在一定程度上有助于不良情绪的释放和宣泄。因此，大学生应该积极参与各种文体活动，保持自身的情绪健康。

2. 他人自杀的预防

人在自杀前都会经历一个从观念到行动的过程，会有许多心理或行为上的预兆，只不过是很多人没有注意而已。一般来说，想要自杀的大学生，从面对生活中的危机到实施自杀之间往往要经过几天或几周的时间。其中大多数人同时存在自杀和期待得到帮助的矛盾心情。他们在采取行动之前，考虑到自己的死将给至爱亲朋带来极大痛苦和震惊时，心理压力极为沉重，因而会出现一些可觉察的反常表现。如果这些反常现象被注意到并及时反馈，悲剧就有可能不会发生。下面列出一系列自杀警告信号。

1) 语言上的线索

轻生的念头，可能直接以话语表示，也可能在作文、作诗、作词之中体现出来。如果当事人告诉他人自己想在何时、何处、如何自杀，说明其自杀的危险程度极高。

2) 行为上的线索

(1) 突然出现明显的行为改变。

(2) 突然把个人有价值、有纪念性的物品赠送他人。

(3) 突然增加饮酒量或滥用药物。喝酒和滥用药物可以说是大学生面对挫折、抑郁与痛苦时一种消极的自我治疗，其实是一种“慢性自杀”。人在酒精和药物的影响之下，往往会做出错误的判断，从而增加自杀的危险性。

(4) 既往存在自杀的经历。曾经企图自杀过的人再度企图自杀的可能性很大。

3) 环境上的线索

(1) 最近一段时间有重大的生活失落，如亲人故去、与朋友决裂、被人殴打或侮辱等。遭遇重大创伤往往使当事人彻底否定自我，没有颜面生存在世上。

(2) 家庭发生大变动，如家庭当中曾有人自杀过。如果家庭无意识地默许自杀行为，对有这类家庭背景的学生需提高警觉。

(3) 对改变现状感到无能为力的人。当个体对未来失去希望，认为自己无法改变现状时，他们便会产生无助、绝望情绪，这种感觉越强烈，越值得引起注意。

4) 并发性的线索

(1) 从社交团体中退出，不再参与社团活动。

(2) 显现出抑郁的征兆，对生活失去兴趣，对人或物不再留恋。

(3) 显现出不满情绪。

(4) 睡眠、饮食规则变得紊乱，失眠、疲惫，身体常有不适、生病。

这些现象说明当事人遭遇重大的情绪困扰，需进一步了解并评估有无自杀的可能性。

如果发现周围有同学存在语言、行为、环境和并发性的任何自杀线索，应马上向学院老师或学校心理咨询机构进行汇报，在第一时间寻求专业的心理危机指导。

拓展阅读

关于自杀的认识误区

1. 不能和想要自杀的人谈论自杀，因为谈论自杀会诱发其自杀的行为

不正确。以温和的、镇定的、接纳的态度与对方交谈自杀的话题，不仅可以让对方重

新思考自杀的决定，还可以为我们赢得进行危机干预的时间。更重要的是，理解、支持和接纳对想要自杀的人是非常重要的，当他们发现自己的苦闷得到了宣泄，不安情绪就会得到安抚。

2. 把自杀挂在嘴边的人不会自杀

确实有一些人会常常把自杀挂在嘴边，却没有任何自杀的行为。但大多数自杀者会先发出预警信号，再实施自杀行为。研究表明，80%的人曾在自杀前发出过各种预警信号和求救信号。因此，当我们没法辨别对方属于哪一类情况时，最保险的策略是充分重视。

3. 有过一次自杀念头的人总会想自杀

不完全正确。其实出现自杀念头和实施自杀行为之间，可能有很长一段距离。很多人在遇到危机时都曾动过一死了之的念头，但这只是短暂的念头，过后往往会克服危机，重新投入生活。

4. 当一个人自杀行为未遂后，危机就结束了

不完全正确。如果一个人的目的只是用自杀去威胁别人，那么自杀未遂或达到目的后，就会停止自杀行为。但如果一个人一心求死，只是因偶然的原因造成自杀未遂，那么他在后期连续实施自杀的可能性依然存在。因此，那些状态转变非常快的自杀未遂者尤其值得关注，因为其背后可能隐藏着更大的危机。

5. 自杀是冲动性行为

不完全正确。那些受到强烈情绪支配的自杀，确实有可能是冲动行为，但有些自杀行为却是在强大的理性支配下出现的，自杀者会对自杀行为进行充分的准备和周密的安排。

6. 只有严重的抑郁症患者才会自杀

不完全正确。有些严重的抑郁症患者可能连实施自杀的动力和精力都没有，而那些处于抑郁加重、想要摆脱而又无力摆脱抑郁状态的人，自杀的可能性往往更大。

参考文献

[1] 菲利普·津巴多，迈克尔·利佩，津巴多，等. 态度改变与社会影响[M]. 北京：人民邮电出版社，2007.

[2] 林金辉. 高等学校创造教育的理论研究[M]. 厦门：厦门大学出版社，2007.

[3] 罗伯特·里尔登. 职业生涯发展与规划[M]. 北京：高等教育出版社，2016.

[4] 习近平：坚持中国特色社会主义教育发展道路 培养德智体美劳全面发展的社会主义建设者和接班人[N]. 人民日报，2018-09-11(01).

[5] 张庆林，李艾丽莎. 创造性培养与教学策略[M]. 重庆：重庆出版社，2006.

[6] 哈贝马斯. 交往与社会进化[M]. 张博树，译. 重庆：重庆出版社，1989.

[7] 把握新理念，领会新要求：扎实推进新形势下共青团服务大学生就业工作[J]. 中国共青团，2020(24)：17.

[8] 陈力丹. 精神交往论：马克思恩格斯的传播观[M]. 北京：中国人民大学出版社，2008.

[9] 程刚. 大学生心理健康教育教程[M]. 杭州：浙江大学出版社，2018.

[10] 段海军，王微妙，杨婷. 创造性产品设计的要素及创新路径[J]. 包装工程. 2020，(10)：19-23.

[11] 段海军. 心理健康教育能力实训[M]. 北京：高等教育出版社，2019.

[12] 段乔雨. 教育小说《未央歌》中的大学生人际交往研究[D]. 兰州：西北师范大学硕士论文，2018.

[13] 弗兰克尔，活出生命的意义[M]. 吕娜，译. 北京：华夏出版社出版，2018.

[14] 黄文雅. 公务员考录中结构化面试研究综述[J]. 现代经济信息，2019(03)：405-406.

[15] 蒋雪梅，龚彬. 大学生社会交往及能力培养研究[M]. 成都：四川人民出版社，2003.

[16] 林崇德. 创造性心理学[M]. 北京：北京师范大学出版社，2018.

[17] 刘娜，王秀阁. 大学生人际关系问题研究[J]. 学校党建与思想教育，2009(3)：18.

[18] 刘宣文，张明敏. 高中生生涯规划与辅导：我的精彩自己决定[M]. 杭州：浙江人民出版社，2017.

[19] 马克思恩格斯全集(第三卷)[M]. 北京：人民出版社，2002.

[20] 孟昭兰. 情绪心理学. 北京：北京大学出版社，2005.

[21] 孟昭兰. 人类情绪[M]. 上海：上海人民出版社，1989.

[22] 宁亮. 大学生职业生涯规划与就业指导[M]. 南京大学出版社，2015.

[23] 中华文化讲堂. 谦德国学文库. 论语[M]. 北京：团结出版社，2017.

[24] 瞿珍. 大学生心理健康[M]. 上海：华东理工大学出版社，2018.

[25] 宋宝萍. 大学生积极心理健康教育：理论与实践[M]. 3 版. 西安：西安电子科技大学出版社，2022.

[26] 宋宝萍. 心理健康手书[M]. 西安：西安电子科技大学出版社，2020.

[27] 田效勋. 应用“LGD”选拔管理者[J]. 中国商业评论. 2005，(7)：10.
[28] 田效勋，等. 发现领导潜能：情景模拟测验技术应用手册[M]. 北京：人民邮电出版社，2011：59.
[29] 汪少海. 大学生人际交往障碍及解决途径[J]. 管理学家，2010(1)：88-91.
[30] 吴才智，包卫. 大学生心理健康[M]. 上海：华东师范大学出版社，2009.
[31] 王博韬. 学不躐等[M]. 天津：天津大学出版社，2022.
[32] 韦辛格，保利・弗雷，周芳芳. 高效抗压行动法[M]. 北京：中信出版集团，2018.
[33] 夏翠翠. 大学生心理健康教育[M]. 北京：人民邮电出版社，2019.
[34] 肖尚君，张丹. 职业生涯规划与发展[M]. 南京：南京大学出版社，2017.
[35] 杨定明. 中国特色社会主义理论自信的路径选择[J]. 中国社会科学文摘，2018(03)：37.
[36] 杨鲜花，彭菊花. 交往与青少年道德修养[M]. 北京：中国社会科学出版社，2013.
[37] 杨秀莲. 论人格的文化形成[D]. 东北师范大学博士学位论文，2007.
[38] 叶平枝，马倩茹. 2～6 岁儿童创造性思维发展的特点及规律[J]. 学前教育研究，2012，(8)，36-41.
[39] 俞国良. 大学生心理健康[M]. 北京：北京师范大学出版社，2019.
[40] 张宝玉. 大学生就业能力及职业胜任力培养模式创新研究[J]. 长春大学学报，2020，(08)：29-32.
[41] 张斌. 青少年手机依赖及其协同治理研究[M]. 北京：中国社会科学出版社，2021.
[42] 张景焕，申燕. 创造型教师的心理素质与课堂教学行为[J]. 山东师范大学学报，2008，(2)：134-138.
[43] 赵国忠. 班主任最需要的心理学[M]. 南京：南京大学出版社，2009：242-246.
[44] 周莉，刘海娟. 大学生心理健康教育[M]. 3 版. 北京：中国人民大学出版社，2020.
[45] AMABILE T M. How to kill creativity. Harvard Business Review[J]. 1998, 76(5), 76.
[46] BERKOWITZ L, HARMON-JONES E. Toward an understanding of the determinants of anger[J]. Emotion, 2004, 4(2): 107.
[47] BONANNO G A. Loss, trauma, and human resilience: have we underestimated the human capacity to thrive after extremely aversive events?[J]. American psychologist, 2004, 59(1): 20.
[48] CANNON W B. Homeostasis[J]. The wisdom of the body. New York: Norton, 1932.
[49] CASPI A, SILVA P A. Temperamental qualities at age three predict personality traits in young adulthood: Longitudinal evidence from a birth cohort[J]. Child development, 1995, 66(2): 486-498.
[50] CONNELL J P. Context, self, and action: A motivational analysis of self-system processes across the life span[J]. Chicago University of Chicago, 1990.
[51] DDTRE J A, FLOYD T F. Functional MRI and its applications to the clinical neurosciences[J]. The neuroscientist, 2001, 7(1): 64-79.
[52] DWECK C S. Mindset: The new psychology of success[M]. Random House, 2006.
[53] EKMAN P, FRIESEN W V. Constants across cultures in the face and emotion[J]. Journal of

personality and social psychology, 1971, 17(2): 124.

[54] EYSENCK, M W, KEANE M T. Cognitive psychology: A student's handbook[M]. Abingdon, UK: Taylor & Francis, 2000.

[55] FREDRICKSON B L. The role of positive emotions in positive psychology: The broaden-and-build theory of positive emotions[J]. American psychologist, 2001, 56(3): 218.

[56] IZARD C E. Differential emotions theory[M]. Human emotions. Springer, Boston, MA, 1977: 43-66.

[57] IZARD C E. The psychology of emotions[M]. Springer Science & Business Media, 1991.

[58] JAMES W. What is an emotion?[J]. In Collected Essays and Reviews, 1983, (34), 188-205.

[59] JOHN S. 创新者的心智模式[M]. 龙红明，译. 北京：人民邮电出版社，2016.

[60] KEITH S. 创造性：人类创新的科学[M]. 师宝国，译. 上海：华东师范大学出版社，2012.

[61] KEN R. 让思维自由[M]. 闾佳，译. 杭州：浙江人民出版社，2015.

[62] LANGE C G. The mechanism of the emotions[J]. The classical psychologists, 1885: 672-684.

[63] LAZARUS R S, FOLKMAN S. Stress, appraisal, and coping[M]. Springer publishing company, 1984.

[64] MASTEN A S. Ordinary magic: Resilience processes in development[J]. American Psychologist, 2001, 56(3): 227.

[65] MCCLELLAND D C. Testing for competence rather than intelligence[J]. American Psychologist, 1973, 28(1), 1-14.

[66] PLUTCHIK R. Emotions and life: Perspectives from psychology, biology, and evolution[M]. American Psychological Association, 2003.

[67] PLUTCHIK R. Emotions, evolution, and adaptive processes[C]. Feelings and emotions: the Loyola Symposium. New York: Academic Press, 1970: 1-14.

[68] ROBERTS B W. A revised sociogenomic model of personality traits[J]. Journal of personality, 2018, 86(1): 23-35.

[69] SCHLOSBERG H. Three dimensions of emotion[J]. Psychological Review, 1954, 61, 81-88.

[70] SELYE B H. The stress of life[J]. Quarterly Review of Biology, 1978, 47(5): 366.

[71] SPIELBERGER C D, JOHNSON E H, RUSSELL S F, et al. Experience and expression of anger: Construction and validation of an anger expression scale[J]. In M.A. Chesney and R.H. Rosenman (Eds.), Anger and hostility in cardiovascular and behavioral disorders. Washington, D.C.: Hemisphere,1985, 5-30.

[72] SPRANGER E, PIGORS P J W. Types of men: the psychology and ethics of personality[M]. M Niemeyer, 1928.

[73] SRIVASTAVA S, JOHN O P, GOSLING S D, et al. Development of personality in early and middle adulthood: Set like plaster or persistent change?[J]. Journal of personality and social psychology, 2003, 84(5): 1041.

[74] TOMKINS S S. Affects as primary motivational system[J]. Feelings and emotions, 1970:

101-110.

[75] TOMKINS S. Affect imagery consciousness: Volume I: The positive affects[M]. Springer publishing company, 1962.

[76] TUGADE M M, FREDRICKSON B L. Regulation of positive emotions: Emotion regulation strategies that promote resilience[J]. Journal of happiness studies, 2007, 8(3): 311-333.

[77] WILLIAMSON L G, CAMPION J E, MALOS S B, et al. Employment Interview on Trial[J]. Journal of Applied Psychology, 1997, 82.

[78] WUNDT, W. Grundriss der Psychologie [Outlines of Psychology]. Leibzig: Engelman, 1896.

大学生心理健康与创新素质培养
——理论与实践

习　题　集

随堂练习得分	
课后拓展得分	

姓　　名	
学　　号	
学　　院	
专　　业	
班　　级	
任课教师	
开课学期	20　　年—20　　年　　　季学期

编 写 说 明

本习题册严格按照教育部关于心理健康教育教材大纲编写，作为《大学生心理健康与创新素质培养——理论与实践》一书的配套练习使用。

分享交流、博采众长、共同提高是大学生心理健康教育发展的必经之路。本书在编写的过程中，参考了诸多专家、学者的相关著作；特别是与来自西北工业大学心理健康教育团队、上海交通大学心理健康教育团队关于本门课程教学设置和教学方法上的分享，使我们深受启发。在此向他们致以最诚挚的感谢。

引　　子

在过往经验中，你曾遇到过哪些迷茫与困惑?

经历过怎样的煎熬与不容易?

回顾这些经历，有哪些是你已经解决的，你是如何做到的?

有哪些是还没有完全解决的，你又是如何应对的?

对于即将开始学习的“大学生心理健康”课程，你有着怎样的期待?

第一部分　揭开心灵的面纱：走进科学心理学

第 1 章　心理与心理学

随堂练习：我眼中的心理学

在课程正式开始之前，请根据自己的经验，写下你对心理学这个学科的理解，无论对错，只要是真实想法即可。

课后拓展：

1. 广而告之

请根据你自己的理解，为心目中的心理健康教育课程设计一张宣传海报。制作完成后分享并记录自己在活动中的体验与感悟，然后将其写在手册后面的记录本上(不少于 800 字)。

第 2 章　心理发展的规律、影响因素和内在机制

随堂练习：神奇的神经元

请根据老师的讲解，一同用双手模拟和扮演神经元的结构以及神经环路的建立过程。

我的活动感受：

课后拓展：

2. 成长日记

选择一个时间段(如一个月)，每天记录自己的心理状态、情绪变化和应对方法。完成后分享并记录自己在活动中的体验与感悟，然后将其写在手册后面的记录本上(不少于800 字)。

3. 等待花开

请和自己的同学一起养护一盆绿植，记录植物成长的状态和大家的心路历程。完成后分享并记录自己在活动中的体验与感悟，然后将其写在手册后面的记录本上(不少于800 字)。

第二部分　健康“心”观念：心理健康第一印象

第3章　心理健康的概念与标准

随堂练习：彩绘曼陀罗

静下心来，为自己的创作想一个主题，然后选用自己喜欢的线条和颜色来填充下面的图形，并记录自己感受。

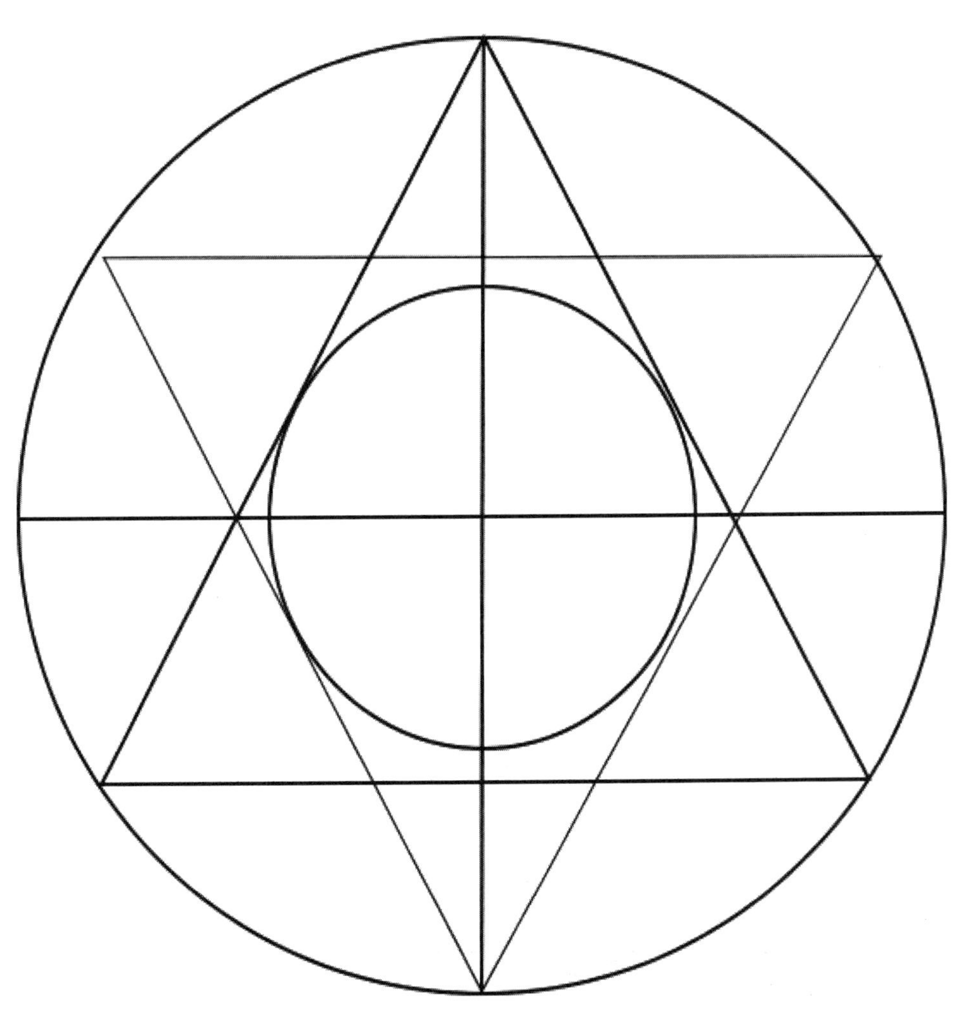

我的活动感受：

课后拓展：

4. 我为心理健康代言

与同学合作制作一个心理健康主题的短视频，视频内容可以是对心理健康知识、心理调节方法的介绍，也可以是自己在生活中的真实心理体验与感受。完成后分享并记录自己在活动中的体验与感悟，然后将其写在手册后面的记录本上(不少于 800 字)。

第 4 章 个体心理咨询

随堂练习：知心“姐姐”

在大学生活中，我们可能会遇到很多常见烦恼，比如身为大一新生的小 A 同学就有以下烦恼：

“遇到强劲的学习对手，他又很勤奋，我该怎么办？”

“怎样高情商地发脾气？”

“不愿意走出自己的舒适区，怎么办？”

“如何增强自我意识，了解并找到自己最期待的生活方式？”

“天气不好(阴雨天)的时候心情也会变差，为什么会这样？”

“有心理困扰的话该怎样去解决？”

……

请挑选一个问题，帮助小 A 想想有哪些好方法，并把它们写下来。

我选择的问题是：

____

我想到的方法是：

____

请进一步思考：

在生活中，你遇到过哪些烦恼？能否和同学们一起分享一下？

你又是怎么解决的？

当我们跟他人诉说这些烦恼时，你希望别人该向你做出怎样的回应？你认为心理咨询该怎么做，才能更好地帮助到他人？

课后拓展

5. 快来帮帮他

请根据课程所学内容，为心理健康教育中心设计一份心理咨询的宣传手册，手册中应包含心理咨询的作用、原则、方法和寻求的途径。完成后分享并记录自己在活动中的体验与感悟，然后将其写在手册后面的记录本上(不少于 800 字)。

第 5 章　团体心理咨询

随堂练习：很高兴认识你

请根据授课老师的示范，为自己想出几种有创造性的介绍方式，和身边“陌生”的同学进行相互的自我介绍。

请和同学们探讨，哪些方式能让我们在人际交往中，快速地放下心中的紧张与不安，迅速拉近人与人之间的距离和信任感。

课后拓展：

6. 我要把我唱给你听

请和同学一起创作一首歌曲，在歌词中要包含每个同学的名字、家乡和爱好这些与个人相关的信息。创作完成后进行排练，并在课堂中完成展示。请分享并记录自己在活动中的体验与感悟，然后将其写在手册后面的记录本上(不少于 800 字)。

第 6 章　大学生心理发展特点与常见心理健康问题

随堂练习：我是“演员”

请根据授课老师的讲解，和同学一起学习扮演不同心理健康问题的表现(焦虑、抑郁、强迫、恐惧等)。

我的活动感受：

____

____

____

____

____

____

____

____

请同学们思考，心理问题是怎么来到自己身边的？

____

____

____

____

____

____

____

____

____

____

课后拓展：

7. 挫折不过如此

请结合课程内容，撰写一篇关于挫败应对的心得体会，并制订一份个人应对挫折的计划，包括心理调适、情绪管理、积极心态培养等方面的具体方法和措施。分享自己在学习过程中的感悟和成长，将其写在手册后面的记录本上(不少于 800 字)。

第三部分　遇见更好的自己：认识自我、提升自我

第 7 章　大学生自我意识的发展

随堂练习：我的身体和我

请根据提示，完成造句大赛

我是眼睛　　我想对自己说

我是鼻子　　我想对自己说

我是耳朵　　我想对自己说

我是嘴巴　　我想对自己说

我是头发　　我想对自己说

我是大脑　　我想对自己说

我是胳膊　　我想对自己说

我是手　　我想对自己说

我是皮肤　　我想对自己说

我是心脏　　我想对自己说

我是胃　　我想对自己说

我是腿　　我想对自己说

我是　　我想对自己说

请按照要求完成对上述答案的统计：

自我态度	积极表述	消极表述
个　　数		

课后拓展：

8. 给自己的惊喜

自洽的人总是能照顾好自己，满足自己内心合理的需求。请和同学们一起分享一个自己内心深处想要实现的愿望，或与同学们分享一些让自己感到快乐的小妙招。与同学们一起去相互实现彼此内心的愿望。记录并分享自己在活动中的体验与感悟，然后将其写在手册后面的记录本上(不少于 800 字)。

第 8 章　大学生人格的发展

随堂练习：探索内心深处的自己(陈会昌气质量表)

请依次阅读以下句子，根据自己的第一直觉，给每个句子打分。如果觉得句子的表述非常符合自己情况的记“+2”，比较符合的记“+1”，拿不准的记“0”，比较不符合的记“-1”，完全不符合的记“-2”。

序号	题　目	得分	标注
1	做事力求稳妥，一般不做无把握的事		★
2	遇到可气的事就怒不可遏，想把心里话全说出来才痛快		▲
3	宁可一个人干事，不愿与很多人在一起		■
4	到一个新环境很快就能适应		○
5	厌恶那些强烈的刺激，如尖叫、噪音、危险镜头等		■
6	和人争吵时，总是先发制人，喜欢挑衅别人		▲
7	喜欢安静的环境		★
8	善于和人交往		○
9	羡慕那种善于克制自己感情的人		▲
10	生活有规律，很少违反作息制度		★
11	在多数情况下情绪是乐观的		○
12	碰到陌生人觉得很拘束		■
13	遇到令人气愤的事，能很好地自我克制		★
14	做事总是有旺盛的精力		▲
15	遇到问题总是举棋不定，优柔寡断		■
16	在人群中从不觉得过分拘束		○
17	情绪高昂时，觉得干什么都有趣；情绪低落时，又觉得什么都没意思		▲
18	当注意力集中于一事物时，别的事很难使我分心		★
19	理解问题总比别人快		○
20	碰到危险情境，常有一种极度恐怖感		■
21	对学习、工作、事业怀有很高的热情		▲
22	能够长时间做枯燥，单调的工作		★
23	符合兴趣的事情，干起来劲头十足，否则就不想干		○

续表一

序号	题　　目	得分	标注
24	一点小事就能引起情绪波动		■
25	讨厌做那种需要耐心、细致的工作		○
26	与人交往不卑不亢		★
27	喜欢参加热烈的活动		▲
28	爱看感情细腻、描写人物内心活动的文学作品		■
29	工作学习时间长了，常感到厌倦		○
30	不喜欢长时间谈论一个问题，愿意实际动手干		★
31	宁愿侃侃而谈，不愿切切私语		▲
32	别人总是说我闷闷不乐		■
33	理解问题常比别人慢些		★
34	疲倦时只要短暂的休息就能精神抖擞，重新投入工作		○
35	心理有话宁愿自己想，不愿说出来		■
36	认准一个目标就希望尽快实现，不达目的，誓不罢休		▲
37	学习、工作一段时间后，常比别人更疲倦		■
38	做事有些莽撞，常常不考虑后果		▲
39	老师讲授新知识时，总希望他讲得慢些，多重复几遍		★
40	能够很快地忘记那些不愉快的事情		○
41	做作业或完成一件工作总比别人花的时间多		■
42	喜欢运动量大的剧烈体育运动或参加各种文艺活动		▲
43	不能很快地把注意力从一件事转移到另一件事上去		★
44	接受一个任务后，就希望能把它迅速解决		○
45	认为墨守成规比冒风险强些		★
46	能够同时注意几件事物		○
47	当我烦闷的时候，别人很难使我高兴起来		■
48	爱看情节起伏跌宕激动人心的小说		▲
49	对工作抱认真严谨、始终一贯的态度		★
50	和周围人的关系总相处不好		▲
51	喜欢复习学过的知识，重复做能熟练做的工作		■
52	希望做变化大、花样多的工作		○

续表二

序号	题　目	得分	标注
53	小时候会背的诗歌，我似乎比别人记得清楚		■
54	别人说我“出语伤人”，可我并不觉得这样		▲
55	在体育活动中，常因反应慢而落后		★
56	反应敏捷、头脑机智		○
57	喜欢有条理而不甚麻烦的工作		★
58	兴奋的事情常使我失眠		▲
59	老师讲新概念，常常听不懂，但是弄懂了以后很难忘记		■
60	假如工作枯燥无味，马上就会情绪低落		○

现在请把相同备注符号题目的得分相加起来。

符　号	▲	○	★	■
得　分				
气质类型	胆汁质	多血质	粘液质	抑郁质

请写出自己得分最高的气质类型为____________

若在其他气质类型维度上的得分，与最高气质类型的得分小于 3 分，则为混合型气质类型。

即____

请与同学相互分享自己的测量结果，并谈一谈：

你的气质类型给自己的生活带来了哪些好处？

你的气质类型又给自己的生活带来了哪些烦恼？

课后拓展：

9. 一起跳舞

请与同学和朋友一起排练一个舞蹈。观察并记录舞蹈排练过程中，每个人的行为习惯和表现。看看彼此之间的不同在哪里。记录并分享自己在活动中的体验与感悟，然后将其写在手册后面的记录本上(不少于 800 字)。

第四部分　幸福生活的密码：提升心理潜能，累积心理资本

第9章　情 绪 管 理

随堂练习：谁是大“情种”

请选择一个你认为最会表达情绪的人(既可以是现实中的人物，也可以是小说里、电影、电视剧作品中的人物)，尝试分析他出现这些情绪的原因是什么？他采用了哪些情绪表达的方式？其情绪的表现效果又如何？

课后拓展：

10. 我的情绪我创造

请根据课程中所讲授的情绪 ABC 理论，选择一件近期(一周内)自己所遇到的情绪事件，找出情绪背后所秉持的认知观念；邀请同学们一起帮自己想一想，还有哪些合理观念可以被用来创造性的解释和调节这些情绪？分享并记录自己在活动中的体验与感悟，然后将其写在手册后面的记录本上(不少于 800 字)。

第 10 章　大学生人际交往

随堂练习：优点大轰炸

请在课堂中选择一位自己的好友，为他至少找到 10 条优点，并亲口告诉他。

我的活动感受：

课后拓展：

11. 云中谁寄锦书来 在生命中，我们都曾得到过很多来自他人的帮助，遇到过很多值得我们感恩的人，这个人也许是我们的家人，也许是我们的老师，也许只是一个陌生人。请同学们从生活的经历中选出这样一个人，给他写一封感谢信。如果有机会，最好能把这封信发给他。分享并记录自己在活动中的体验与感悟，然后将其写在手册后面的记录本上(不少于 800 字)。
12. 你的微笑是世界上最美丽的风景 通过短片、摄影、手绘等多种形式捕捉校园最纯真的、最美好的微笑，并从人际交往角度辅以文案加以介绍。分享并记录自己在活动中的体验与感悟，然后将其写在手册后面的记录本上(不少于 800 字)。

第 11 章　大学生恋爱与性心理

随堂练习：爱的语言

爱是人类最美好的语言。爱有着多种多样的表达方式。现在，请你想想，在现实生活中都有哪些合理的爱的表达方式。

课后拓展：

13. 西电爱情故事

请和身边的朋友相互分享一个你喜欢的爱情故事，它既可以来自现实生活之中，也可以来自你喜欢的小说、电影和电视剧。说说故事里的哪些细节让你深深的感动。分享并记录自己在活动中的体验与感悟，然后将其写在手册后面的记录本上(不少于 800 字)。

14. 爱的 N 种语言

选择阅读一本关于爱的书籍(《一定要爱着点什么》《亲密关系》《爱的五种语言》《必要的丧失》)。分享并记录自己在活动中的体验与感悟，然后将其写在手册后面的记录本上(不少于 800 字)。

第12章　学习心理

随堂练习：一心二用

第一步，请通过心算或者出声口算的方式进行连续的减法运算，如将 539 连续减 3，536、533、530……计时 1 分钟。请在计时铃声响起时停止，并将所减到的数字写下来。

第二步，请连续默写英文字母顺序表，不论大写小写，哪种写得快，就选择哪种，但选定后就不要再更改，计时 1 分钟。请在计时铃声响起时停止，并统计一分钟内写了多少遍。

第三步，请将前面两个分解动作结合起来，同时进行：一边心算用 539 连续减 3，一边连续默写英文字母顺序表。二者必须同时进行，不能心算时不写或者写的时候不心算。计时 2 分钟，请在计时铃声响起时停止。

第四步，对比同样时长为两分钟的任务，分开进行和同时进行，哪种方式效果更好？请分享你的感受或想法。

课后拓展：

15. 广告背后的原理

找到一则自己喜欢的广告，用所学的有关学习心理学知识，尝试分析其背后采用了哪些心理学原理，并在此基础上为广告中信息能够更加有效地传播提供自己独特的见解。分享并记录自己在活动中的体验与感悟，然后将其写在手册后面的记录本上(不少于 800 字)。

第 13 章　大学生创造力培养

随堂练习：不一样的苹果

请尽可能多的为“苹果”找到不同寻常的用途，想法越多越好，越新奇越好。

课后拓展：

16. 和尚与梳子

与同学一起，采用头脑风暴的方式，想一想“怎样才能把梳子卖给和尚？”想法越新奇越好，越独特越好。分享并记录自己在活动中的体验与感悟，然后将其写在手册后面的记录本上(不少于 800 字)。

第 14 章 大学生职业生涯规划

随堂练习：完美的一天

请在下列的表格中为自己制定出完美的“一日计划”。请在表格的左栏内按照从早到晚的顺序标注不同的时段(可以按上午、下午标注，也可以按小时、分钟、秒标注)，在右边对应的时间度内写下自己想做完成的事。当完成后，请和身边的同学相互交流分享自己“完美的一天”。

序号	时间段(例如：9：00—9：15)	事件(例如：吃早饭)

课后拓展：

17. 重生之我在西电当 HR(人力资源主管)

请和自己的朋友分别扮演“招聘者”和“求职者”。模拟开展一场招聘面试。分享并记录自己在活动中所扮演的角色，以及在参加活动时，自己内心真实体验与感悟，然后将其写在手册后面的记录本上(不少于 800 字)。

第五部分　绽放生命的美好：挫折应对与生命教育

第 15 章　压 力 管 理

随堂练习：手掌减压

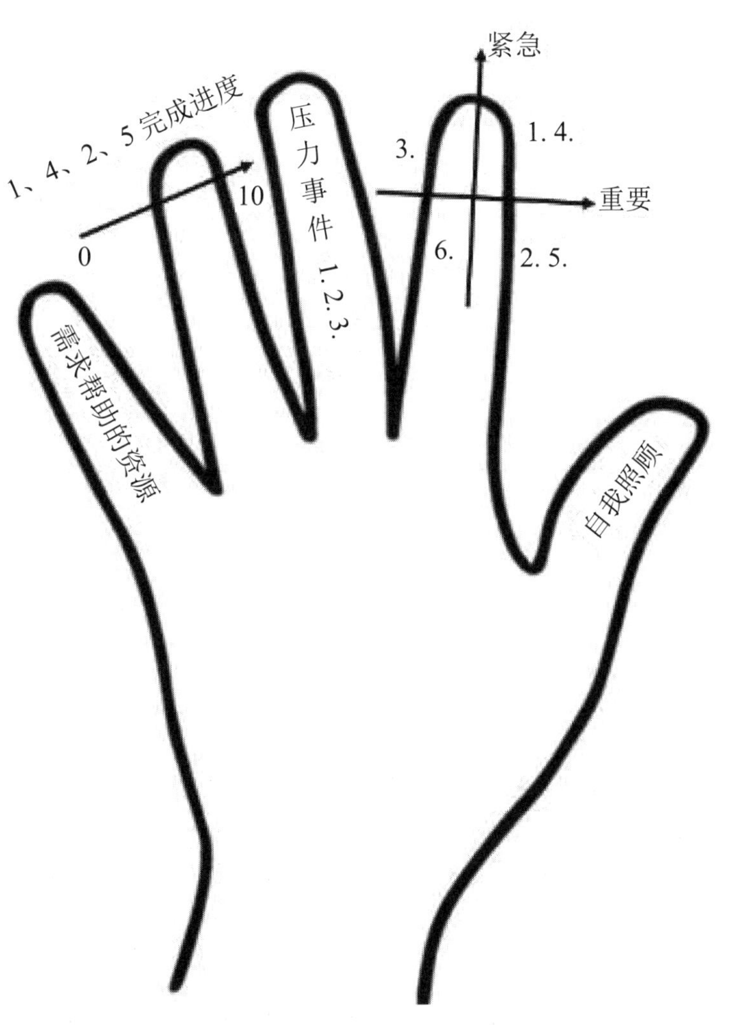

(1) 将左手张开放在纸上，用右手握笔将左手轮廓描在下一页的画框里。

(2) 在中指处罗列最近需要做的各种压力事件，并标出序号。

(3) 在食指处画十字坐标，分别写上重要、紧急、不重要、不紧急等。将(2)中的压力事件序号分别对应到相应的象限里。看哪些事是重要紧急的，哪些是重要不紧急的，哪些是紧急不重要的，哪些是不重要不紧急的。

(4) 在无名指处，将重要紧急、重要不紧急的各项事情的完成进度进行评估，0 分是完全没做，10 分是完美做完，分别评估。

(5) 在小拇指处写下的各项事情往前推进 1 分时，可以做哪些事？有哪些资源可以寻求？

(6) 在做这些压力事件的同时，如何照顾好自己，写在大拇指处。

(7) 再回头看，这些压力事件对自己的影响有没有变化。

我的活动感受：

课后拓展：

18. 自律 21 天：养成一个有益身心的好习惯 请自主选择一个有益于心理健康的习惯，包括但不限于坚持阅读、健康饮食、运动健身、每天夸夸自己、记录生活中的小确幸等，进行 21 天的打卡记录。记录包括每日活动、自我发现等，分享、记录自己在活动中的体验与感悟并将其写在手册后面的记录本上(不少于 800 字)。
19. 压力大作战 请为自己制订一份个人压力管理计划，包括识别压力源、压力缓解方法和压力预防策略。计划应具体、可行，并能够适应个人实际的学习和生活情况。在手册后面的记录本上写一篇反思日记，记录自己在课程学习过程中对压力管理的认识和体会(不少于 800 字)。

第 16 章　生命教育与危机应对

随堂练习：生命的美好

请在手机的相册中，选择一张你最喜欢的，有关生命的照片。通过“学在西电”将其分享到课堂板书的 PPT 上，并说明你选择这张照片到理由。

我的活动感受：

课后拓展：

20. 永恒的瞬间，记录最触动心灵的一件事

人生的长河中，总有那么一些瞬间，触动到我们内心最柔软的地方。请自主选择并记录过往生活中最触动你心灵的一件事或者一个人，说明你选择它的原因、自己在当时的情绪感受，以及现在回过头看当时的心情和感受。分享并记录自己在活动中的体验与感悟，然后将其写在手册后面的记录本上(不少于 800 字)。

推荐书目清单

1. 《自卑与超越》
2. 《批判性思维：在跨文化视角下》
3. 《这样想不焦虑：普通人焦虑自助指南》
4. 《蛤蟆先生去看心理医生》
5. 《真爱之道》
6. 《情绪健身房》
7. 《早安，怪物》
8. 《也许你该找个人聊聊》
9. 《不原谅也没关系》
10. 《深度关系》
11. 《少有人走的路》
12. 《我们为什么总是在防御》
13. 《亲密关系》
14. 《当尼采哭泣》
15. 《幸福的方法》
16. 《应对焦虑》
17. 《天才在左，疯子在右》
18. 《积极情绪的力量》
19. 《理性情绪》
20. 《我们时代的神经症人格》
21. 《正念：此刻是一枝花》
22. 《穿越抑郁的正念之道》
23. 《消极情绪的力量》
24. 《拖延心理学》
25. 《自控力》
26. 《被讨厌的勇气》
27. 《脑锁：如何摆脱强迫症》
28. 《挑战压力如何塑造我们》
29. 《当压力来敲门》
30. 《大脑在作怪》
31. 《重塑大脑回路：如何借助神经科学走出抑郁症》
32. 《白事会》
33. 《学不躐等》
34. 《我的阿勒泰》
35. 《记一忘三二》

推荐电影清单

1. 《贫民窟的百万富翁》
2. 《地球上的星星》
3. 《放牛班的春天》
4. 《五个扑水的少年》
5. 《心灵捕手》
6. 《天使爱美丽》
7. 《盗梦空间》
8. 《流浪地球》
9. 《霸王别姬》
10. 《肖申克的救赎》
11. 《阿甘正传》
12. 《泰坦尼克号》
13. 《阿凡达》
14. 《千与千寻》
15. 《入殓师》
16. 《当幸福来敲门》
17. 《海上钢琴师》
18. 《楚门的世界》
19. 《寻梦环游记》
20. 《这个杀手不太冷》
21. 《天堂电影院》
22. 《飞跃疯人院》
23. 《触不可及》
24. 《美丽心灵》
25. 《你想活出怎样的人生》
26. 《心灵奇旅》
27. 《超体》
28. 《爱德华大夫》
29. 《雨人》
30. 《深海》
31. 《疯狂原始人》
32. 《机器人瓦力》
33. 《花木兰（动画版）》
34. 《功夫熊猫》
35. 《头脑特工队》
36. 《头脑特工队 2》
37. 《三十二》
38. 《二十二》

心理服务资源

西安电子科技大学心理健康教育中心

中心地址

北校区：图书馆南侧教辅楼 121 室

南校区：E 楼三区 118 室

预约方式

网络预约：https://xlzx.xidian.edu.cn

电话预约：029-81891125

网络资源

心灵驿站：https://xl.xidian.edu.cn

中心邮箱：zxzx@mail.xidian.edu.cn

以下为作业区域：